中国能源统计年鉴

CHINA ENERGY STATISTICAL YEARBOOK

2023

国家统计局能源统计司 编

Compiled by
Department of Energy Statistics,
National Bureau of Statistics

图书在版编目（CIP）数据

中国能源统计年鉴. 2023 = CHINA ENERGY STATISTICAL YEARBOOK 2023 : 汉英对照 / 国家统计局能源统计司编. -- 北京 : 中国统计出版社, 2024.4
ISBN 978-7-5230-0417-3

Ⅰ. ①中… Ⅱ. ①国… Ⅲ. ①能源经济－经济统计－中国－2023－年鉴－汉、英 Ⅳ. ①F426.2-54

中国国家版本馆 CIP 数据核字(2024)第 069225 号

中国能源统计年鉴 2023

作　　者／国家统计局能源统计司
责任编辑／冯诗萌
装帧设计／李雪燕
出版发行／中国统计出版社有限公司
通信地址／北京市丰台区西三环南路甲 6 号　邮政编码/100073
发行电话／邮购（010）63376909　书店（010）68783171
网　　址／http://www.zgtjcbs.com
印　　刷／河北鑫兆源印刷有限公司
经　　销／新华书店
开　　本／880 × 1230mm　1/16
字　　数／555 千字
印　　张／23
版　　别／2024 年 4 月第 1 版
版　　次／2024 年 4 月第 1 次印刷
定　　价／298.00 元

《中国能源统计年鉴 2023》

编辑出版人员

China Energy Statistical Yearbook 2023

EDITORIAL BOARD AND STAFF

编 辑 说 明

一、《中国能源统计年鉴》是一部全面反映中国能源建设、生产、消费、供需平衡的权威性资料书，从 1986 年开始，由国家统计局工业交通统计司主编。2008 年版起，由国家统计局能源统计司主编，中国统计出版社有限公司出版，向国内外公开发行。

二、为满足广大读者对中国能源统计数据的需求，提高数据应用的时效性，从 2004 年起，《中国能源统计年鉴》由每两年出版一册改为每年出版一册。

三、《中国能源统计年鉴》共分为 7 个篇章：1.综合；2.能源建设；3.能源生产；4.能源消费；5.全国能源平衡表；6.地区能源平衡表；7.香港、澳门特别行政区能源数据；附录内容为台湾省及有关国家和地区能源数据、主要统计指标解释以及各种能源折标准煤参考系数。

四、本书大部分资料来源于国家统计局年度统计报表及《中国统计年鉴》。全国统计数字均未包括香港、澳门特别行政区和台湾省。能源平衡表核算范围不包括非商品能源，西藏自治区能源平衡表数据暂缺。“固定资产投资”中部分绝对数指标改为速度或比重等相对性指标。

五、本书中，中国能源数据截止到 2022 年（香港、澳门特别行政区和台湾省部分数据截止到 2021 年），世界和各国及地区能源大部分数据截止到 2021 年。部分指标存在总计不等于分项之和情况，是数据四舍五入所致，未作机械调整。

六、符号使用说明：年鉴各表中“空格”表示该项统计指标数据不足本表最小位数、数据不详或无该项数据；“#”表示其中的主要项。

七、本书中，行业分类均采用 2017 年版最新行业分类标准。

PREFACE

China Energy Statistical Yearbook is an annual statistical publication, which covers comprehensive data in energy construction, production, consumption, equilibrium of supply and demand in an all-round way, established in 1986, edited by Department of Industry and Transport Statistics, National Bureau of Statistics. Since 2008, the Yearbook is edited by Department of Energy Statistics, National Bureau of Statistics, published by China Statistics Press Co., Ltd, to the domestic and international public.

In order to satisfy the masses of readers' demands for China energy statistics, improve the efficiency and timeliness of the data use, since 2004, *China Energy Statistical Yearbook* is published one volume every year instead of one volume every 2 years.

China Energy Statistical Yearbook consists of seven chapters: 1. General Survey; 2. Construction of Energy Industry; 3. Energy Production; 4. Energy Consumption; 5. Energy Balance Table of China; 6. Energy Balance Table by Region; 7. Energy data for Hong Kong and Macao Special Administrative Region. Additional information provided in the appendices include major energy data for Taiwan province, energy data for related countries or areas, explanatory notes of main statistical indicators and conversion factors from physical units to coal equivalent.

Annual statistical reports from the National Bureau of Statistics and the *China Statistical Yearbook* are the main data sources of this yearbook. However, the national data in this book does not include that of the Hong Kong and Macao Special Administrative Region, the Taiwan province. Also, the data in the energy balance tables does not cover non-commercial energy. The Xizang energy balance data is unavailable yet. Of the chapter “Construction of Energy Industry” amount indicators change to relative indicators such as growth rate and proportion.

The China energy data were by the year of 2022 (Some data of the Hong Kong and Macao Special Administrative Region, the Taiwan Province were by the year of 2021), most energy data for the world and other countries or area were by the year of 2021. Statistical discrepancies on totals due to rounding are not adjusted in the yearbook.

Notations used in the yearbook: the (blank space) indicates that the figure is not large enough to be measured with the smallest unit in the table, or data are unknown or are not available; " # "indicates a major breakdown of the total.

Classification for national standard of industry classification is implementing new version of 2017.

目　　录

CONTENTS

一、综合
Chapter 1　General Survey

二、能源建设
Chapter 2　Construction of Energy Industry

六、地区能源平衡表

Chapter 6 Energy Balance Table by Region

附录 2　有关国家和地区能源数据

Appendix Ⅱ　Energy Data For Related Countries Or Areas

一、综　　合

Chapter 1　General Survey

1-1 能源生产、消费与国内生产总值增长速度
Growth Rate of Energy Production and Consumption Compared with Growth Rate of GDP

年 份 Year	国内生产总值增长速度 (%) Growth Rate of GDP (%)	能源生产增长速度 (%) Growth Rate of Energy Production (%)	电力生产增长速度 (%) Growth Rate of Electricity Production (%)	能源消费增长速度 (%) Growth Rate of Energy Consumption (%)	电力消费增长速度 (%) Growth Rate of Electricity Consumption (%)	能源生产弹性系数 Elasticity Ratio of Energy Production	电力生产弹性系数 Elasticity Ratio of Electricity Production	能源消费弹性系数 Elasticity Ratio of Energy Consumption	电力消费弹性系数 Elasticity Ratio of Electricity Consumption
1980	7.8	-1.3	6.6	2.9	6.6		0.85	0.37	0.85
1981	5.1	-0.8	2.9	-1.4	3.0		0.57		0.59
1982	9.0	5.6	6.0	4.4	5.9	0.62	0.67	0.49	0.66
1983	10.8	6.7	7.2	6.4	7.3	0.62	0.67	0.59	0.68
1984	15.2	9.2	7.3	7.4	7.4	0.61	0.48	0.49	0.49
1985	13.4	9.9	8.9	8.1	9.0	0.74	0.66	0.60	0.67
1986	8.9	3.0	9.5	5.4	9.5	0.34	1.07	0.61	1.07
1987	11.7	3.6	10.6	7.2	10.6	0.31	0.91	0.62	0.91
1988	11.2	5.0	9.6	7.4	9.7	0.45	0.86	0.66	0.87
1989	4.2	6.1	7.3	4.2	7.3	1.45	1.74	1.00	1.74
1990	3.9	2.2	6.2	1.8	6.2	0.56	1.59	0.46	1.59
1991	9.3	0.9	9.1	5.1	9.2	0.10	0.98	0.55	0.99
1992	14.2	2.3	11.3	5.2	11.5	0.16	0.80	0.37	0.81
1993	13.9	3.6	15.3	6.3	11.0	0.26	1.10	0.45	0.79
1994	13.0	6.9	10.7	5.8	9.9	0.53	0.82	0.45	0.76
1995	11.0	8.7	8.6	6.9	8.2	0.79	0.78	0.63	0.75
1996	9.9	3.1	7.2	3.1	7.4	0.31	0.73	0.31	0.75
1997	9.2	0.3	5.1	0.5	4.8	0.03	0.55	0.05	0.52
1998	7.8	-2.7	2.7	0.2	2.8		0.35	0.03	0.36
1999	7.7	1.6	6.3	3.2	6.1	0.21	0.82	0.42	0.79
2000	8.5	5.0	9.4	4.5	9.5	0.59	1.11	0.53	1.12
2001	8.3	6.4	9.2	5.8	9.3	0.77	1.11	0.70	1.12
2002	9.1	6.0	11.7	9.0	11.8	0.66	1.29	0.99	1.30
2003	10.0	14.1	15.5	16.2	15.6	1.41	1.55	1.62	1.56
2004	10.1	15.6	15.3	16.8	15.4	1.54	1.51	1.66	1.52
2005	11.4	11.1	13.5	13.5	13.5	0.97	1.18	1.18	1.18
2006	12.7	6.9	14.6	9.6	14.6	0.54	1.15	0.76	1.15
2007	14.2	7.9	14.5	8.7	14.4	0.56	1.02	0.61	1.01
2008	9.7	5.0	5.6	2.9	5.6	0.52	0.58	0.30	0.58
2009	9.4	3.1	7.1	4.8	7.2	0.33	0.76	0.51	0.77
2010	10.6	9.1	13.3	7.3	13.2	0.86	1.25	0.69	1.25
2011	9.6	9.0	12.0	7.3	12.1	0.94	1.25	0.76	1.26
2012	7.9	3.2	5.8	3.9	5.9	0.41	0.73	0.49	0.75
2013	7.8	2.2	8.9	3.7	8.9	0.28	1.14	0.47	1.14
2014	7.4	1.0	6.7	2.7	6.7	0.14	0.91	0.36	0.91
2015	7.0	0.0	0.3	1.3	0.3		0.04	0.19	0.04
2016	6.8	-4.5	5.5	1.7	5.5		0.81	0.25	0.81
2017	6.9	3.7	7.7	3.2	7.7	0.54	1.12	0.46	1.12
2018	6.7	5.6	8.5	3.5	8.5	0.84	1.27	0.52	1.27
2019	6.0	4.9	4.7	3.3	4.7	0.82	0.78	0.55	0.78
2020	2.2	2.5	3.7	2.2	3.7	1.14	1.68	1.00	1.68
2021	8.4	4.9	9.7	5.5	9.8	0.58	1.15	0.65	1.17
2022	3.0	8.6	3.7	2.9	3.7	2.87	1.23	0.97	1.23

注：国内生产总值增长速度按可比价格计算，能源生产和消费增长速度采用等价值总量计算。

Note: The growth rate of GDP are calculated at constant prices. The growth rates of energy production and consumption are calculated by coal equivalent.

1-2 国民经济和能源经济主要指标

指　　标	Item	2000	2001	2002	2003	2004	2005	2006
1.年底人口总数(万人)	1.Year-end Population (10^4 persons)	126743	127627	128453	129227	129988	130756	131448
城镇	Urban	45906	48064	50212	52376	54283	56212	58288
乡村	Rural	80837	79563	78241	76851	75705	74544	73160
2.国内生产总值(亿元)*	2.Gross Domestic Products (10^8 yuan)	100280	110863	121717	137422	161840	187319	219439
第一产业	Primary Industry	14717	15503	16190	16970	20904	21807	23317
第二产业	Secondary Industry	45664	49659	54104	62696	74285	88082	104359
工业	Industry	40259	43854	47775	55362	65775	77958	92236
建筑业	Construction	5534	5946	6482	7511	8721	10401	12450
第三产业	Tertiary Industry	39899	45701	51423	57756	66651	77430	91762
3.进出口总额(亿元)	3.Total Value of Exports and Imports (10^8 yuan)	39273	42184	51378	70483	95539	116922	140975
出口总额	Exports	20634	22024	26948	36288	49103	62648	77598
进口总额	Imports	18639	20159	24430	34196	46436	54274	63377
4.一次能源生产总量(发电煤耗计算法)** (万吨标准煤)	4.Total Primary Energy Production (coal equivalent calculation) (10^4 tce)	138570	147425	156277	178299	206108	229037	244763
一次能源生产总量(电热当量计算法)*** (万吨标准煤)	Total Primary Energy Production (calorific value calculation) (10^4 tce)	132384	139928	148450	170305	196418	218355	233269
5.能源消费总量(发电煤耗计算法)** (万吨标准煤)	5.Total Energy Consumption (coal equivalent calculation) (10^4 tce)	146964	155547	169577	197083	230281	261369	286467
能源消费总量(电热当量计算法)*** (万吨标准煤)	Total Energy Consumption (calorific value calculation) (10^4 tce)	140993	148264	161935	189269	220738	250835	275134

注：* 国内生产总值按当年价格计算。
** 发电煤耗计算法是指电力按当年平均火力发电煤耗换算成标准煤(下表同)。
*** 电热当量计算法是指电力按自身的热功当量换算成标准煤。采用的折标系数为1万千瓦时=1.229吨标准煤(下表同)。

Main Indicators of National Economy and Energy Economy

2007	2008	2009	2010	2011	2012	2013	2014	2015	2016	2017	2018	2019	2020	2021	2022
132129	132802	133450	134091	134916	135922	136726	137646	138326	139232	140011	140541	141008	141212	141260	141175
60633	62403	64512	66978	69927	72175	74502	76738	79302	81924	84343	86433	88426	90220	91425	92071
71496	70399	68938	67113	64989	63747	62224	60908	59024	57308	55668	54108	52582	50992	49835	49104
270092	319245	348518	412119	487940	538580	592963	643563	688858	746395	832036	919281	986515	1013567	1149237	1204724
27674	32464	33584	38431	44782	49085	53028	55626	57775	60139	62100	64745	70474	78031	83216	88207
126631	149953	160169	191627	227035	244639	261952	277283	281339	295428	331581	364835	380671	383562	451544	473790
111691	131724	138093	165123	195139	208901	222333	233197	234969	245406	275119	301089	311859	312903	374546	395044
15348	18808	22682	27259	32927	36896	40897	45402	47761	51499	57906	65493	70648	72445	78741	80766
115788	136828	154765	182062	216124	244856	277984	310654	349745	390828	438356	489701	535371	551974	614476	642727
166924	179921	150648	201722	236402	236402	258169	264242	245503	243386	278099	305008	315627	322215	387415	418012
93627	100395	82030	107023	123241	129359	137131	143884	141167	138419	153309	164128	172374	179279	214255	237412
73297	79527	68618	94700	113161	114801	121037	120358	104336	104967	124790	140880	143254	142936	173159	180600
264173	277419	286092	312125	340178	351041	358784	362212	362193	345954	358867	378859	397317	407295	427115	463808
251772	262992	271067	294807	323045	330203	336452	336314	334162	315217	325917	342312	357130	364419	380135	412866
311442	320611	336126	360648	387043	402138	416913	428334	434113	441492	455827	471925	487488	498314	525896	540956
299271	306455	321336	343601	370163	381515	394794	402649	406312	410984	423108	435649	447597	455737	479161	490237

Note: * GDP is calculated at current prices.

** Electricity is converted to TCE by average quantity of fuel used for power generation (The same as in the following tables).

*** Electricity is converted to TCE by 10^4 kWh=1.229TCE (The same as in the following tables).

1-3 万元国内生产总值能源消费量
Energy Intensity by GDP

年 份 Year	万元国内 生产总值 能源消费量 (吨标准煤/万元) Total (tce/10^4 yuan)	万元国内 生产总值 煤炭消费量 (吨/万元) Coal (tce/10^4 yuan)	万元国内 生产总值 焦炭消费量 (吨/万元) Coke (tce/10^4 yuan)	万元国内 生产总值 石油消费量 (吨/万元) Petroleum (tce/10^4 yuan)	万元国内 生产总值 原油消费量 (吨/万元) Crude Oil (tce/10^4 yuan)	万元国内 生产总值 电力消费量 (万千瓦时/万元) Electricity (10^4 kWh/10^4 yuan)
	国内生产总值按1980年可比价格计算 **GDP is calculated at 1980 constant price**					
1980	13.14	13.30	0.94	1.91	2.01	0.66
1981	12.33	12.56	0.81	1.93	1.81	0.64
1982	11.81	12.20	0.76	1.56	1.65	0.62
1983	11.34	11.80	0.71	1.44	1.56	0.60
1984	10.57	11.18	0.66	1.29	1.37	0.56
1985	10.08	10.72	0.62	1.21	1.25	0.54
1986	9.75	10.38	0.63	1.17	1.23	0.54
1987	9.36	10.03	0.62	1.11	1.15	0.54
1988	9.03	9.65	0.59	1.08	1.09	0.53
1989	9.04	9.64	0.59	1.08	1.08	0.55
1990	8.85	9.47	0.62	1.03	1.06	0.56
	国内生产总值按1990年可比价格计算 **GDP is calculated at 1990 constant price**					
1990	5.23	5.59	0.37	0.61	0.62	0.33
1991	5.03	5.36	0.35	0.60	0.60	0.33
1992	4.63	4.84	0.33	0.57	0.56	0.32
1993	4.32	4.51	0.33	0.55	0.52	0.31
1994	4.05	4.24	0.30	0.49	0.46	0.31
1995	3.90	4.09	0.32	0.48	0.44	0.30
1996	3.66	3.79	0.32	0.48	0.43	0.29
1997	3.36	3.41	0.27	0.48	0.43	0.28
1998	3.13	3.10	0.26	0.45	0.40	0.27
1999	3.00	2.97	0.23	0.45	0.40	0.26
2000	2.89	2.67	0.21	0.44	0.42	0.26
	国内生产总值按2000年可比价格计算 **GDP is calculated at 2000 constant price**					
2000	1.47	1.35	0.11	0.22	0.21	0.13
2001	1.43	1.32	0.11	0.21	0.20	0.14
2002	1.43	1.30	0.11	0.21	0.19	0.14
2003	1.51	1.41	0.12	0.21	0.19	0.15
2004	1.60	1.48	0.13	0.22	0.20	0.15
2005	1.63	1.52	0.16	0.20	0.19	0.16
	国内生产总值按2005年可比价格计算 **GDP is calculated at 2005 constant price**					
2005	1.40	1.30	0.13	0.17	0.16	0.13
2006	1.36	1.28	0.13	0.17	0.15	0.14
2007	1.29	1.20	0.13	0.15	0.14	0.14
2008	1.21	1.14	0.12	0.14	0.13	0.13
2009	1.16	1.12	0.13	0.13	0.13	0.13
2010	1.13	1.09	0.12	0.14	0.13	0.13
	国内生产总值按2010年可比价格计算 **GDP is calculated at 2010 constant price**					
2010	0.88	0.85	0.09	0.11	0.10	0.10
2011	0.86	0.86	0.09	0.10	0.10	0.10
2012	0.83	0.85	0.09	0.10	0.10	0.10
2013	0.79	0.81	0.09	0.10	0.09	0.10
2014	0.76	0.73	0.08	0.09	0.09	0.10
2015	0.72	0.66	0.07	0.09	0.09	0.10
	国内生产总值按2015年可比价格计算 **GDP is calculated at 2015 constant price**					
2015	0.63	0.58	0.06	0.08	0.08	0.08
2016	0.60	0.53	0.06	0.08	0.08	0.08
2017	0.58	0.50	0.06	0.08	0.08	0.08
2018	0.56	0.47	0.05	0.07	0.07	0.09
2019	0.55	0.45	0.05	0.07	0.08	0.08
2020	0.55	0.44	0.05	0.07	0.08	0.09
	国内生产总值按2020年可比价格计算 **GDP is calculated at 2020 constant price**					
2020	0.49	0.40	0.05	0.06	0.07	0.08
2021	0.48	0.39	0.04	0.06	0.07	0.08
2022	0.48	0.40	0.04	0.06	0.06	0.08

1-4 能源加工转换效率
Efficiency of Energy Transformation

单位：% (%)

年 份 Year	总效率 Total Efficiency	发电及供热 Power Generation and Heating	炼 焦 Coking	炼油及煤制油 Petroleum Refining and Coal-to-liquids
1980	69.5	36.0	88.7	99.0
1981	69.3	36.7	90.9	99.1
1982	69.2	36.8	90.5	99.1
1983	69.9	36.9	91.2	99.2
1984	69.2	37.0	90.1	99.2
1985	68.3	36.9	90.8	99.1
1986	68.3	36.7	90.6	99.0
1987	67.5	36.8	90.5	98.8
1988	66.5	36.3	90.8	98.8
1989	66.5	36.7	90.3	98.6
1990	66.5	37.3	91.3	90.2
1991	65.9	37.6	89.9	98.1
1992	66.0	37.8	92.7	96.8
1993	67.3	39.9	98.1	98.5
1994	65.2	39.4	89.6	97.5
1995	71.1	37.3	92.0	97.7
1996	70.2	36.6	94.1	97.5
1997	69.8	35.9	94.0	97.4
1998	69.3	37.1	95.0	96.4
1999	69.3	37.0	96.1	97.5
2000	69.4	37.8	96.2	97.3
2001	69.7	38.2	96.5	97.6
2002	69.0	38.7	96.6	96.7
2003	69.4	38.5	96.1	96.4
2004	70.6	38.6	97.1	96.5
2005	71.1	39.0	97.1	96.9
2006	70.9	39.1	97.0	96.9
2007	71.2	39.8	97.5	97.2
2008	71.5	40.5	98.5	96.2
2009	72.4	41.2	98.0	96.7
2010	72.5	42.0	96.4	97.0
2011	72.2	42.1	96.3	97.4
2012	72.7	42.8	95.7	97.1
2013	73.0	43.1	95.6	97.7
2014	73.1	43.5	93.7	97.5
2015	73.4	44.2	92.1	96.9
2016	73.5	44.6	92.8	96.4
2017	73.0	45.0	92.8	96.0
2018	72.8	45.5	92.4	95.6
2019	73.3	45.8	92.6	95.3
2020	73.7	46.2	93.1	95.3
2021	73.2	47.1	93.2	95.4
2022	73.2	47.9	93.3	95.5

1-5 人均能源生产量和消费量
Energy Production and Consumption Per Capita

年 份 Year	人均能源生产量 Per-Capita Energy Production				人均能源消费量 Per-Capita Energy Consumption			
	能源总量（千克标准煤）Total Energy (kgce)	原煤（千克）Raw Coal (kg)	原油（千克）Crude Oil (kg)	电力（千瓦时）Electricity (kWh)	能源总量（千克标准煤）Total Energy (kgce)	煤炭（千克）Coal (kg)	石油（千克）Petroleum (kg)	电力（千瓦时）Electricity (kWh)
1980	650	632	108	306	614	622	89	306
1981	636	625	102	311	598	610	84	311
1982	662	661	101	325	615	636	81	325
1983	696	698	104	343	645	671	82	344
1984	751	761	111	364	684	723	83	364
1985	814	830	119	391	730	776	87	392
1986	826	838	123	421	758	806	91	422
1987	842	856	124	459	799	856	95	460
1988	870	889	124	495	844	902	101	496
1989	909	942	123	523	867	925	104	524
1990	915	951	122	547	869	930	101	549
1991	911	945	123	589	902	960	108	591
1992	921	958	122	647	937	979	115	651
1993	942	976	123	711	984	1026	125	715
1994	996	1040	123	779	1030	1078	125	777
1995	1071	1129	125	836	1089	1143	133	832
1996	1093	1147	129	888	1110	1150	145	884
1997	1085	1128	131	923	1105	1120	157	917
1998	1045	1073	130	940	1097	1087	160	934
1999	1053	1089	128	989	1122	1112	168	982
2000	1097	1096	129	1074	1164	1075	178	1067
2001	1159	1157	129	1164	1223	1125	180	1158
2002	1221	1211	130	1292	1324	1200	194	1286
2003	1384	1424	132	1483	1530	1426	214	1477
2004	1590	1638	136	1700	1777	1637	247	1695
2005	1757	1814	139	1918	2005	1867	250	1913
2006	1867	1960	141	2186	2185	2064	266	2181
2007	2005	2094	141	2490	2363	2204	278	2482
2008	2094	2192	144	2617	2420	2269	282	2608
2009	2149	2340	142	2790	2525	2441	290	2782
2010	2333	2563	152	3145	2696	2609	330	3135
2011	2529	2799	151	3504	2878	2892	339	3494
2012	2592	2913	153	3683	2970	3040	353	3675
2013	2632	2915	154	3984	3058	3113	367	3976
2014	2640	2824	154	4224	3122	3015	378	4215
2015	2625	2715	155	4214	3146	2898	406	4205
2016	2493	2458	144	4419	3181	2802	416	4410
2017	2570	2524	137	4730	3265	2803	433	4721
2018	2701	2636	135	5109	3364	2833	444	5098
2019	2822	2732	136	5330	3463	2855	458	5318
2020	2886	2765	138	5513	3531	2869	463	5501
2021	3024	2921	141	6043	3724	3042	484	6032
2022	3284	3228	145	6266	3831	3174	482	6257

注：本表按年平均人口数计算，下表同。
Note:This table is calculated by annual average population, the same applies to table following.

1-6 人均生活能源消费量
Residential Energy Consumption Per Capita

年 份 Year	人均生活能源消费量（千克标准煤）Annual Average (kgce)	煤炭（千克）Coal (kg)	电力（千瓦时）Electricity (kWh)	液化石油气（千克）Liquefied Petroleum Gas (kg)	天然气（立方米）Natural Gas (cu.m)	煤气（立方米）Gas (cu.m)	城镇人均生活能源消费量（千克标准煤）Urban (kgce)	乡村人均生活能源消费量（千克标准煤）Rural (kgce)
1980	112	118	11	0.4	0.2	1.4	332	60
1981	101	122	12	0.5	0.2	1.4	290	55
1982	102	124	12	0.5	0.2	1.5	281	56
1983	107	128	13	0.6	0.1	1.5	283	59
1984	113	135	15	0.6	0.4	1.6	288	63
1985	127	149	21	0.9	0.4	1.3	307	72
1986	127	148	23	1.1	0.6	1.3	306	71
1987	132	152	26	1.1	0.7	1.6	300	76
1988	141	159	31	1.2	1.4	1.6	307	84
1989	139	152	35	1.4	1.5	2.4	297	84
1990	139	147	42	1.4	1.6	2.5	298	83
1991	139	143	47	1.8	1.6	3.2	292	83
1992	134	127	55	2.1	1.8	4.4	267	85
1993	133	123	63	2.5	1.5	4.6	258	86
1994	129	109	73	3.2	1.7	6.3	238	86
1995	131	112	83	4.4	1.6	4.7	242	86
1996	121	83	88	5.9	1.7	6.4	238	71
1997	119	77	99	6.2	1.7	8.9	226	71
1998	119	73	104	6.9	1.9	9.7	218	71
1999	122	70	109	6.8	2.1	9.3	213	75
2000	132	67	115	6.8	2.6	10.0	213	88
2001	136	66	127	6.7	3.3	9.4	210	93
2002	146	66	138	7.6	3.6	9.8	215	103
2003	166	70	160	8.6	4.0	10.1	238	119
2004	191	75	184	10.4	5.2	10.7	264	140
2005	211	77	221	10.2	6.1	11.1	288	155
2006	230	77	256	11.5	7.8	12.7	248	169
2007	250	74	308	12.4	10.9	14.1	327	186
2008	254	69	332	11.0	12.8	13.9	324	194
2009	264	69	366	11.2	13.3	12.5	328	206
2010	273	68	383	11.5	17.0	12.5	320	227
2011	294	68	418	11.9	19.7	10.9	329	258
2012	312	68	459	12.1	21.3	10.1	339	283
2013	334	68	513	13.5	23.7	7.9	351	314
2014	344	68	523	15.8	25.0	7.1	356	329
2015	366	70	548	18.5	26.1	5.8	368	363
2016	392	68	607	21.3	27.4	4.5	384	402
2017	412	66	650	23.1	30.1	3.7	399	430
2018	431	55	717	22.4	33.4	3.4	418	451
2019	438	47	756	20.3	35.7	3.3	423	464
2020	456	45	808	20.3	39.7	3.5	434	495
2021	478	42	869	19.3	41.9	3.1	450	529
2022	500	39	987	18.9	41.7	2.6	461	571

1-7 年末交通运输设备拥有量
Number of Transportation Equipment (Year-End)

指 标 Item	2000	2005	2010	2015	2016	2017	2018	2019	2020	2021	2022
铁路机车合计(台) Total Railway Locomotives(unit)	15253	17473	19431	21366	21453	21420	21482	21733	21865	21741	22063
蒸汽机车 Steam Locomotives	911	193	72	15	15	15	20	20	11	20	11
内燃机车 Diesel Locomotives	10826	12114	10990	9132	8974	8568	8296	8048	8013	7805	7839
电力机车 Electric Locomotives	3516	5166	8369	12219	12464	12837	13166	13665	13841	13916	14213
铁路客车(辆) Railway Passenger Coaches(coach)	35989	40328	50391	67706	70872	72262	73199	74848	76033	77572	77341
铁路货车(辆) Railway Freight Cars(coach)	439943	541824	622284	768516	764783	808736	839213	877134	912735	966361	997312
民用汽车合计(万辆) Total Civil Motor Vehicles(10^4 unit)	1609	3160	7802	16284	18575	20907	23231	25376	27341	29419	31184
#载客汽车 Passenger Vehicles	854	2132	6124	14096	16278	18470	20555	22474	24166	26016	27716
#载货汽车 Trucks	716	956	1598	2066	2172	2339	2568	2783	3043	3258	3318
其他机动车(万辆) Others(10^4 unit)	4168	8595	11306	9570	7450	7608	6979	6899	7267	8293	8792
公路部门营运车辆(万辆) Motor Vehicles Owned by Highway Department(10^4 unit)	703	733	1133	1473	1436	1450	1435	1165	1172	1232	1222
私人汽车(万辆) Private Vehicles(10^4 unit)	625	1848	5939	14099	16330	18515	20575	22509	24291	26152	27792
民航飞机合计(架) Total Civil Aircraft(unit)	982	1386	2405	4554	5046	5593	6134	6525	6795	7072	7351
民用运输船舶合计(艘) Total Civil Transport Vessels(unit)	229676	207294	178407	165905	160144	144924	136975	131555	126805	125890	121868
机动船 Motor Vessels	185018	165900	155624	149659	144568	131746	125754	121440	117931	118025	114507
驳船 Barges	44658	41394	22783	16246	15576	13178	11221	10115	8874	7865	7361
#私人运输船舶 Private Transport Vessels	142117	95838									

1-8 主要能源品种进、出口量
Imports and Exports of Major Energy Products

指 标 Item	2000	2005	2010	2015	2016	2017	2018	2019	2020	2021	2022
进口量 Import											
煤(万吨) Coal(10^4 tons)	218	2622	18307	20406	25555	27092	28210	29977	30361	32327	29320
焦炭及半焦炭（万吨) Coke and Semi-coke(10^4 tons)		1	11			1	9	52	298	133	51
原油(万吨) Crude Oil(10^4 tons)	7027	12682	23768	33548	38101	41946	46189	50568	54201	51292	50823
汽油(万吨) Gasoline(10^4 tons)				17	21	2	45	33	48	36	2
煤油(万吨) Kerosene(10^4 tons)	255	328	487	348	352	376	413	367	266	157	114
柴油(万吨) Diesel Oil(10^4 tons)	26	53	180	43	92	75	71	119	119	76	44
燃料油(万吨) Fuel Oil(10^4 tons)	1480	2609	2299	1540	1174	1357	1666	1486	1253	1381	1304
液化石油气(万吨) Liquefied Petroleum Gas (10^4 tons)	482	617	327	1244	1679	1922	1966	2109	2005	2478	2692
其他石油制品(万吨) Other Petroleum Products(10^4 tons)	161	443	1731	2083	2067	2396	2592	2288	2606	2629	2962
天然气(亿立方米) Natural Gas(10^8 cu.m)			165	611	746	946	1246	1332	1397	1674	1507
电力(亿千瓦小时) Electricity(10^8 kWh)	15	50	56	62	62	64	57	49	48	59	71
出口量 Export											
煤(万吨) Coal(10^4 tons)	5505	7172	1910	534	879	802	494	603	319	260	401
焦炭及半焦炭（万吨) Coke and Semi-coke(10^4 tons)	1520	1276	335	965	1012	808	976	652	349	643	892
原油(万吨) Crude Oil(10^4 tons)	1031	807	303	287	294	486	263	81	164	261	205
汽油(万吨) Gasoline(10^4 tons)	455	560	517	589	969	1051	1288	1637	1600	1454	1257
煤油(万吨) Kerosene(10^4 tons)	199	269	605	1237	1310	1313	1467	1761	997	858	1095
柴油(万吨) Diesel Oil(10^4 tons)	55	148	464	716	1540	1719	1853	2138	1976	1721	1093
燃料油(万吨) Fuel Oil(10^4 tons)	33	230	990	1052	986	1109	1230	1118	1583	1961	1866
液化石油气(万吨) Liquefied Petroleum Gas (10^4 tons)	2	3	93	144	132	132	113	141	95	99	87
其他石油制品(万吨) Other Petroleum Products(10^4 tons)	280	473	386	348	367	338	400	375	323	360	345
天然气(亿立方米) Natural Gas(10^8 cu.m)		30	40	33	34	35	34	36	52	55	58
电力(亿千瓦小时) Electricity(10^8 kWh)	99	112	191	187	189	195	209	217	218	202	201

1-9 主要高耗能产品的进、出口量
Imports and Exports of Energy Intensive Products

指　　标　　Item	2000	2005	2010	2015	2016	2017	2018	2019	2020	2021	2022
进口量　Import											
钢材（万吨） Rolled Steel(10^4 tons)	1596	2582	1643	1278	1322	1330	1317	1230	2023	1427	1056
未锻轧的铜及铜合金(万吨) Unwrought Copper and Copper Alloys(10^4 tons)	81	142	338	425	439	411	475	448	668		
未锻轧的铝及铝合金(万吨) Unwrought Aluminum and Aluminum Alloys(10^4 tons)	91	64	36	22	26	19	20	29			
纯碱(万吨) Soda Ash(10^4 tons)	13	7									
肥料(万吨) Chemical Fertilizers(10^4 tons)	1189	1397	718	1116	832	918	950	1111	1060	909	894
纸浆(万吨) Paper Pulp(10^4 tons)	335	759	1137	1984	2107	2372	2479	2718	3050	2969	2916
纺织用合成纤维(万吨) Synthetic Fiber Suitable for Spinning(10^4 tons)	100	84	37	34	32	40	45	42			
出口量　Export											
水泥及水泥熟料(万吨) Cement and Cement Clinkers(10^4 tons)	605	2216	1616	1575	1785	1286	904	553	313	220	188
平板玻璃(万平方米) Plate Glass(10^4 sq.m)	5592	19925	17398	21460	22661	21032	19347	18822			
钢材（万吨） Rolled Steel(10^4 tons)	621	2052	4256	11240	10853	7541	6933	6429	5367	6686	6671
铜材(吨) Rolled Copper(ton)	144484	463560	508580	466077	452313	477898	509868	524233	744434		
铝材(万吨) Rolled Aluminum(10^4 tons)	13	71	218	420	407	424	523	515	486	562	860
未锻轧的锌及锌合金(吨) Unwrought Zinc and Zinc Alloys(ton)	593336	146845	43395	96683	22642	16445	24283	64040			
纸及纸板(未切成形)(万吨) Paper and Paperboard in Rolls(10^4 tons)	65	167	380	593	683	652	565	629			

1-10 分地区废气中主要污染物排放情况（2022年）
Main Pollutant Emission in Waste Gas by Region (2022)

地 区	Region	废气中主要污染物排放量 Main Pollutant Emission in Waste Gas		
		二氧化硫（万吨） Sulphur Dioxide (10^4 tons)	氮氧化物（万吨） Nitrogen Oxides (10^4 tons)	颗粒物（万吨） Particulate Matter (10^4 tons)
全 国	**National Total**	**243.52**	**895.74**	**493.38**
北 京	Beijing	0.11	7.42	0.41
天 津	Tianjin	0.65	8.84	0.90
河 北	Hebei	14.62	75.45	23.65
山 西	Shanxi	12.85	38.72	26.63
内蒙古	Inner Mongolia	20.27	39.53	99.30
辽 宁	Liaoning	13.05	52.39	21.77
吉 林	Jilin	5.51	20.07	16.61
黑龙江	Heilongjiang	10.26	26.64	34.76
上 海	Shanghai	0.67	12.55	0.83
江 苏	Jiangsu	7.48	45.00	9.09
浙 江	Zhejiang	4.06	35.71	6.61
安 徽	Anhui	7.11	35.94	9.73
福 建	Fujian	6.00	22.12	7.98
江 西	Jiangxi	7.60	27.65	10.68
山 东	Shandong	14.59	76.96	19.11
河 南	Henan	5.89	44.33	6.93
湖 北	Hubei	8.50	30.43	12.70
湖 南	Hunan	6.96	22.82	12.89
广 东	Guangdong	8.82	60.77	13.40
广 西	Guangxi	6.16	24.07	7.11
海 南	Hainan	0.36	3.49	0.75
重 庆	Chongqing	4.59	15.30	4.96
四 川	Sichuan	12.22	31.07	15.19
贵 州	Guizhou	12.25	20.69	9.26
云 南	Yunnan	18.46	27.58	24.43
西 藏	Xizang	0.27	4.52	0.73
陕 西	Shaanxi	6.72	22.78	21.08
甘 肃	Gansu	7.67	17.94	12.14
青 海	Qinghai	4.10	6.19	4.99
宁 夏	Ningxia	5.48	13.53	5.83
新 疆	Xinjiang	10.20	25.24	52.90

1-11 分地区废水中主要污染物排放情况（2022年）
Main Pollutant Emission in Waste Water by Region (2022)

地 区	Region	废水中主要污染物排放量 Main Pullutant Emission in Waste Water							
		化学需氧量（吨）COD (ton)	氨氮（吨）Ammonia Nitrogen (ton)	总氮（吨）Total Nitrogen (ton)	总磷（吨）Total Phosphorus (ton)	石油类（吨）Petroleum (ton)	挥发酚（千克）Volatile Phenol (kg)	氰化物（千克）Cyanide (kg)	重金属（千克）Heavy Metal (kg)
全 国	**National Total**	**25958408**	**820341**	**3171907**	**345571**	**1558**	**45205**	**22337**	**48124**
北 京	Beijing	44834	2040	9555	359	5	29	22	42
天 津	Tianjin	155365	2124	16738	1624	7	11	60	132
河 北	Hebei	1527761	33102	126794	14691	110	5175	4030	672
山 西	Shanxi	681429	14688	57264	6799	24	1192	848	1512
内蒙古	Inner Mongolia	791370	15702	62741	4346	26	312	15	204
辽 宁	Liaoning	1214518	15449	101237	13428	112	8236	882	251
吉 林	Jilin	887126	11595	63282	7816	19	434	245	516
黑龙江	Heilongjiang	887350	13245	82460	7726	16	745	253	75
上 海	Shanghai	77724	2660	27233	670	114	390	296	490
江 苏	Jiangsu	1240065	40120	173910	17787	127	3008	1795	1274
浙 江	Zhejiang	468657	28683	120408	10076	109	1334	580	2833
安 徽	Anhui	1345953	43081	163324	19936	64	761	992	2305
福 建	Fujian	563196	36313	115823	13242	47	716	749	2186
江 西	Jiangxi	1076185	43705	134934	16678	94	9318	1941	5148
山 东	Shandong	1420555	44870	158906	13665	148	2316	1080	3357
河 南	Henan	1847950	46613	189738	21494	34	245	364	1391
湖 北	Hubei	1540824	54991	198646	25863	49	845	2318	729
湖 南	Hunan	1593795	57179	199965	26094	54	1936	1569	5424
广 东	Guangdong	1544620	74958	290596	29476	121	917	1598	5881
广 西	Guangxi	922694	47908	193649	22813	18	399	612	2988
海 南	Hainan	182665	6718	29865	3917	1	268	11	79
重 庆	Chongqing	325723	17549	56963	4832	49	3040	313	241
四 川	Sichuan	1268793	58002	187859	17162	62	320	29	856
贵 州	Guizhou	1179538	23744	101978	15244	16	279	335	674
云 南	Yunnan	658676	21971	106469	9966	46	371	159	2094
西 藏	Xizang	132808	3665	9403	998				18
陕 西	Shaanxi	453029	23813	66825	4522	25	464	560	671
甘 肃	Gansu	683112	5435	34055	5170	18	309	206	848
青 海	Qinghai	293731	5985	19220	1334	5	240	153	4605
宁 夏	Ningxia	257644	2064	13669	2271	2	144	151	57
新 疆	Xinjiang	690718	22367	58397	5573	37	1450	170	570

二、能源建设

Chapter 2　Construction of Energy Industry

2-1 国有经济能源工业分行业固定资产投资比上年增长情况
Growth Rate of Investment in Fixed Assets of State-Owned Units in Energy Industry over Preceding Year by Sector

单位：% (%)

项　目 Item	2018	2019	2020	2021	2022
能源工业 Energy Industry	-12.7	8.7	-9.9	1.4	21.3
煤炭开采和洗选业 Mining and Washing of Coal	-4.9	34.0	-10.9	18.3	5.4
石油和天然气开采业 Extraction of Petroleum and Natural Gas	-42.6	18.9	-45.0	-61.0	44.7
电力、热力生产和供应业 Production and Supply of Electric Power and Heat Power	-9.6	5.9	-1.6	5.7	21.7
石油、煤炭及其他燃料加工业 Processing of Petroleum, Coal and other Fuels	-7.3	-3.8	-55.6	8.9	-10.8
燃气生产和供应业 Production and Supply of Gas	-23.3	22.8	7.5	17.7	35.1

注：自2011年起，除房地产开发投资和农户投资，固定资产投资统计起点由50万元提高到500万元；城镇固定资产投资数据发布口径改为固定资产投资(不含)农户)，该口径等于原来城镇固定资产投资加上农村企事业组织的项目投资,下表同。

根据第三次全国农业普查、第四次全国经济普查、统计执法检查和统计调查制度规定，对相应年度固定资产投资数据进行了调整，2017年以后各年增速按可比口径计算，下表同。

Note: Since 2011, the cut-off size of project investment in fixed assets rose from a total planned investment above 500,000 yuan to 5 million yuan, except for real estate investment and investment by rural households. The published scope of investment in fixed assets in urban areas has changed to investment in fixed assets(excluding rural households), this scope equals to the previous investment in fixed assets in urban areas plus the project investment of enterprises and public institutions in rural areas. The sample applies to the following tables.

According to the Third National Agricultural Cencus, the Fourth National Economic Cencus, the Statistical Law Enforcement Inspection and the Statistical Survey System, the value of investment in fixed assets are revised, the growth rates after 2017 are calculated at comparable coverage. The sample applies to the following tables.

2-2 国有经济能源工业分行业固定资产投资构成
Composition of Investment in Fixed Assets of State-Owned Units in Energy Industry

单位：% (%)

项　目 Item	1995	2000	2005	2010	2015	2016	2017	2018	2019	2020	2021	2022
能源工业 Energy Industry	100.0	100.0	100.0	100.0	100.0	100.0	100.0	100.0	100.0	100.0	100.0	100.0
煤炭开采和洗选业 Mining and Washing of Coal	13.9	7.0	13.1	13.2	8.3	4.8	5.0	4.4	5.1	5.0	5.8	5.1
石油和天然气开采业 Extraction of Petroleum and Natural Gas	24.7	12.5	5.8	16.0	13.4	6.9	7.9	5.8	13.4	8.2	3.2	3.8
电力、热力生产和供应业 Production and Supply of Electric Power and Heat Power	51.5	75.0	72.4	62.9	70.4	79.2	78.3	81.9	74.3	81.2	84.6	84.9
石油、煤炭及其他燃料加工业 Processing of Petroleum, Coal and other Fuels	8.0	3.3	6.3	5.0	3.9	4.9	3.9	5.0	4.2	2.0	2.2	1.6
燃气生产和供应业 Production and Supply of Gas	1.9	2.1	2.4	3.0	4.0	4.2	4.8	2.9	3.0	3.6	4.2	4.7

2-3 分地区国有经济能源工业固定资产投资比上年增长情况
Growth Rate of Investment in Fixed Assets of State-Owned Units in Energy Industry over Preceding Year by Region

单位：% (%)

地 区	Region	2018	2019	2020	2021	2022
北 京	Beijing	-47.2	-21.5	-15.5	-22.8	14.1
天 津	Tianjin	16.1	19.9	-16.5	-3.5	-17.9
河 北	Hebei	19.6	-22.1	-20.6	-14.2	-27.5
山 西	Shanxi	18.1	-5.7	-0.6	-21.8	23.0
内蒙古	Inner Mongolia	-21.9	19.0	-10.5	14.0	4.6
辽 宁	Liaoning	-24.1	33.9	-24.4	56.9	45.9
吉 林	Jilin	-26.4	-25.4	68.6	31.0	5.2
黑龙江	Heilongjiang	-31.1	-10.0	-33.6	93.8	12.7
上 海	Shanghai	6.2	-22.9	-18.1	14.5	2.3
江 苏	Jiangsu	-35.1	-8.6	74.1	-30.0	60.1
浙 江	Zhejiang	-7.2	-8.8	-1.1	3.0	50.3
安 徽	Anhui	-15.0	-23.1	14.6	12.2	45.5
福 建	Fujian	0.0	39.3	-36.3	-2.1	-16.0
江 西	Jiangxi	-23.9	3.1	30.9	-2.1	21.9
山 东	Shandong	-28.9	14.7	-34.1	-5.7	59.8
河 南	Henan	17.3	23.2	13.0	3.8	9.1
湖 北	Hubei	-0.1	11.6	1.8	1.1	32.2
湖 南	Hunan	13.3	26.6	81.8	6.3	-3.8
广 东	Guangdong	4.5	5.4	12.7	60.5	-7.4
广 西	Guangxi	1.7	71.3	29.9	-49.1	51.5
海 南	Hainan	36.0	15.4	-40.8	-66.5	374.9
重 庆	Chongqing	-19.6	-2.4	22.2	15.9	33.7
四 川	Sichuan	-3.4	11.4	-43.4	74.5	-5.7
贵 州	Guizhou	-0.7	90.6	14.8	4.3	-7.2
云 南	Yunnan	39.2	42.2	-53.1	29.3	78.2
西 藏	Xizang	-25.4	-19.4	-12.9	-2.6	43.2
陕 西	Shaanxi	-11.5	-8.5	4.4	12.8	17.7
甘 肃	Gansu	-15.3	63.7	-31.3	50.5	98.1
青 海	Qinghai	42.9	82.3	-12.4	-35.9	-0.9
宁 夏	Ningxia	-39.0	46.6	13.5	1.6	32.7
新 疆	Xinjiang	-7.3	-10.5	29.3	-18.8	83.5

2-4 分地区国有经济煤炭开采和洗选业固定资产投资比上年增长情况
Growth Rate of Investment in Fixed Assets of State-Owned Units in Mining and Washing of Coal over Preceding Year by Region

单位：% (%)

地 区	Region	2018	2019	2020	2021	2022
北 京	Beijing					
天 津	Tianjin					
河 北	Hebei	42.9	26.2	-19.0	-91.2	1349.8
山 西	Shanxi	29.5	21.8	-46.6	-5.6	25.9
内蒙古	Inner Mongolia	-31.7	45.7	-69.2	29.7	-7.8
辽 宁	Liaoning	97.8	7.7	-75.7		
吉 林	Jilin	212.6	-43.4	52.0	-42.5	-63.2
黑龙江	Heilongjiang	30.7	-4.1	2.6	46.2	-9.1
上 海	Shanghai					
江 苏	Jiangsu					
浙 江	Zhejiang					
安 徽	Anhui	45.3	-7.8	25.6	25.8	7.7
福 建	Fujian					
江 西	Jiangxi	283.0	-61.8	-60.5	-96.6	1053.1
山 东	Shandong	3.7	56.0	-54.5	-26.9	147.5
河 南	Henan	-4.7	350.0	110.2	-19.3	-28.1
湖 北	Hubei					
湖 南	Hunan	-31.8	93.7	-66.6	26.6	496.1
广 东	Guangdong					
广 西	Guangxi					
海 南	Hainan					
重 庆	Chongqing	-84.6	-67.3	223.0		
四 川	Sichuan	-21.0	66.3	145.8	-9.5	49.8
贵 州	Guizhou	-56.5	168.3	17.3	55.1	-20.9
云 南	Yunnan	34.4	80.1	-0.9	-9.8	79.4
西 藏	Xizang					
陕 西	Shaanxi	-34.1	75.3	-1.0	48.1	-5.3
甘 肃	Gansu	133.7	-19.4	162.3	-30.0	-25.1
青 海	Qinghai					
宁 夏	Ningxia	50.2	-7.6	1.0	-9.9	7.8
新 疆	Xinjiang	-36.4	93.6	-29.3	70.8	74.7

2-5 分地区国有经济石油和天然气开采业固定资产投资比上年增长情况

Growth Rate of Investment in Fixed Assets of State-Owned Units in Extraction of Petroleum and Natural Gas over Preceding Year by Region

单位：% (%)

地 区	Region	2018	2019	2020	2021	2022
北 京	Beijing					
天 津	Tianjin	-91.5				
河 北	Hebei					-55.7
山 西	Shanxi	20.1	141.8	55.3	-24.7	-55.0
内蒙古	Inner Mongolia	-46.5	438.6	-15.2	35.5	95.9
辽 宁	Liaoning	126.6	255.5	-11.4	-65.6	21.3
吉 林	Jilin	-25.2	-54.3		-2.2	7.1
黑龙江	Heilongjiang					
上 海	Shanghai					
江 苏	Jiangsu	-6.1	-84.9			
浙 江	Zhejiang					
安 徽	Anhui					994.5
福 建	Fujian					
江 西	Jiangxi					
山 东	Shandong	38.5	-33.6	-95.5	-61.5	0.8
河 南	Henan	20.9	-23.7	8.7	-2.4	42.7
湖 北	Hubei				-69.2	
湖 南	Hunan					
广 东	Guangdong					
广 西	Guangxi					
海 南	Hainan	-10.2	10.1			
重 庆	Chongqing	-95.6		154.9	58.8	112.3
四 川	Sichuan	44.0	-6.6	-50.5	24.1	81.3
贵 州	Guizhou			267.7	-17.0	-4.7
云 南	Yunnan		-49.9	-35.0	-85.5	
西 藏	Xizang					
陕 西	Shaanxi	-3.9	67.8	26.2	-20.3	49.2
甘 肃	Gansu	295.3	2.3	-41.4	709.0	642.8
青 海	Qinghai					
宁 夏	Ningxia					31.7
新 疆	Xinjiang	14.6	-1.7	110.5	-82.0	-3.4

2-6 分地区国有经济电力、热力生产和供应业固定资产投资比上年增长情况
Growth Rate of Investment in Fixed Assets of State-Owned Units in Production and Supply of Electric Power and Heat Power over Preceding Year by Region

单位：% (%)

地 区	Region	2018	2019	2020	2021	2022
北 京	Beijing	-46.6	-19.5	-15.3	-24.8	15.0
天 津	Tianjin	22.9	20.2	-17.2	3.8	-10.3
河 北	Hebei	34.4	-22.5	-24.5	-16.5	-25.7
山 西	Shanxi	19.7	-15.3	17.3	-24.3	29.8
内蒙古	Inner Mongolia	-16.6	10.8	2.2	12.5	0.3
辽 宁	Liaoning	-27.6	22.5	-22.6	73.6	47.2
吉 林	Jilin	-28.2	-27.2	-16.2	83.3	5.7
黑龙江	Heilongjiang	-38.2	-15.5	-51.7	156.5	12.1
上 海	Shanghai	13.6	-25.2	-16.5	15.7	1.6
江 苏	Jiangsu	-35.7	-5.0	80.5	-30.7	48.7
浙 江	Zhejiang	-7.3	-8.0	-1.0	3.1	50.7
安 徽	Anhui	-19.2	-25.5	6.5	6.7	43.2
福 建	Fujian	-13.3	34.2	1.1	-2.5	-16.4
江 西	Jiangxi	-25.4	1.6	38.5	-1.5	21.2
山 东	Shandong	-30.9	20.3	-32.9	-9.1	49.8
河 南	Henan	15.8	15.8	11.2	10.6	10.1
湖 北	Hubei	-0.5	10.4	-0.5	3.9	36.4
湖 南	Hunan	14.4	25.5	88.2	-0.4	-2.8
广 东	Guangdong	15.7	-0.5	13.7	64.2	-7.1
广 西	Guangxi	-1.1	78.2	10.9	-47.8	63.7
海 南	Hainan	40.4	9.9	-36.8	-72.8	496.7
重 庆	Chongqing	-8.1	-5.4	18.7	14.9	18.2
四 川	Sichuan	-14.7	17.4	-46.3	87.8	-18.5
贵 州	Guizhou	9.3	76.6	10.1	-11.3	-7.9
云 南	Yunnan	37.3	43.7	-54.3	34.4	80.1
西 藏	Xizang	-25.5	-19.3	-12.9	-2.8	43.5
陕 西	Shaanxi	-12.5	-15.5	21.1	1.3	40.3
甘 肃	Gansu	-28.1	88.0	-46.7	77.3	101.1
青 海	Qinghai	43.4	80.5	-13.6	-34.8	-0.8
宁 夏	Ningxia	-64.0	108.9	20.5	-26.2	22.7
新 疆	Xinjiang	-3.9	-10.3	29.9	-18.2	85.6

2-7 分地区国有经济石油、煤炭及其他燃料加工业固定资产投资比上年增长情况

Growth Rate of Investment in Fixed Assets of State-Owned Units in Processing of Petroleum, Coal and other Fuels over Preceding Year by Region

单位：%　　(%)

地 区	Region	2018	2019	2020	2021	2022
北 京	Beijing	-78.7				0.4
天 津	Tianjin	134.2	38.1			
河 北	Hebei	-59.5	-17.2	-82.0	-15.2	144.2
山 西	Shanxi	67.5	-60.6	-87.5	-68.3	47.9
内蒙古	Inner Mongolia	-27.7	12.0	-28.9	26.5	-75.0
辽 宁	Liaoning	85.5	174.1	-54.8	-84.5	-70.9
吉 林	Jilin					
黑龙江	Heilongjiang	-89.0		63.9	-47.0	-43.6
上 海	Shanghai					
江 苏	Jiangsu	-6.5	159.2			
浙 江	Zhejiang	-74.7		-75.9	132.9	
安 徽	Anhui	-29.6	131.7	7.6	366.7	159.7
福 建	Fujian	42.7	47.4			
江 西	Jiangxi	-18.9	13.7	-94.8	617.6	-78.1
山 东	Shandong	-47.3	-70.2	-83.6	61.2	-42.4
河 南	Henan	29.0	63.1			
湖 北	Hubei	8.0	90.9	-73.1	-44.9	-31.2
湖 南	Hunan	115.6	81.1	242.9	108.1	-80.5
广 东	Guangdong	-87.5	-13.0	53.4	204.3	-36.9
广 西	Guangxi	-4.1			-60.9	-67.8
海 南	Hainan					
重 庆	Chongqing	-47.9	36.5	-88.8		
四 川	Sichuan	39.0	-97.1		4.9	183.3
贵 州	Guizhou		235.6	-24.4	-57.8	213.0
云 南	Yunnan		-18.5		-85.7	122.2
西 藏	Xizang		-87.3	16.8	679.1	
陕 西	Shaanxi	5.1	-31.7	-29.7	7.8	-11.5
甘 肃	Gansu		-38.4	-72.3	112.8	-69.0
青 海	Qinghai	-58.0				
宁 夏	Ningxia				-2.2	1151.4
新 疆	Xinjiang	-34.1	-53.9	-96.6	989.4	-84.9

2-8 分地区国有经济燃气生产和供应业固定资产投资比上年增长情况

Growth Rate of Investment in Fixed Assets of State-Owned Units in Production and Supply of Gas over Preceding Year by Region

单位：% (%)

地　区	Region	2018	2019	2020	2021	2022
北　京	Beijing	-61.5	-92.5			-57.1
天　津	Tianjin	-77.2	-87.6		-44.2	-99.2
河　北	Hebei	-63.2	-24.5	174.2	10.9	-58.7
山　西	Shanxi	-59.8	2.9	-35.2	-24.9	168.3
内蒙古	Inner Mongolia	-89.4	31.2	-53.8	-66.2	1355.8
辽　宁	Liaoning	-77.0	-76.6			23.7
吉　林	Jilin	-38.7	110.0	-69.8	1.9	-24.8
黑龙江	Heilongjiang	-30.1	-24.6		-67.3	2528.8
上　海	Shanghai	-93.5		-67.0	-79.6	304.0
江　苏	Jiangsu	-65.9	-30.7	114.1	18.8	548.5
浙　江	Zhejiang	-0.3	-39.0	-0.2	-4.7	30.6
安　徽	Anhui	-11.5	-47.2		-43.7	23.4
福　建	Fujian	18.8	66.6	-93.0	97.5	21.8
江　西	Jiangxi	-43.9	174.4	-49.1	-36.0	98.1
山　东	Shandong	1.7	-11.1	11.0	68.2	156.4
河　南	Henan	56.4	163.9	-0.3	-40.1	4.6
湖　北	Hubei	5.6	14.7	26.8	-8.8	-12.7
湖　南	Hunan	10.8	29.0	16.8	108.4	-9.6
广　东	Guangdong	-17.8		-4.0	-21.8	10.3
广　西	Guangxi		-45.0	-80.1	229.5	245.4
海　南	Hainan	-56.1		-55.1	96.0	-59.6
重　庆	Chongqing	-66.8	8.0	7.3	-6.2	229.7
四　川	Sichuan	157.6	-4.7	-2.7	70.9	-0.1
贵　州	Guizhou	21.4	114.6	-33.9	286.2	9.8
云　南	Yunnan	24.0	32.9	-67.7	15.5	2.1
西　藏	Xizang	159.6	-92.1	150.0		
陕　西	Shaanxi	-12.4	-38.1	12.3	26.5	-12.7
甘　肃	Gansu	-28.3	25.8	9.9	71.0	257.3
青　海	Qinghai	-34.8		50.1	-72.3	-6.0
宁　夏	Ningxia	123.0	222.0	-93.7		1156.9
新　疆	Xinjiang	-34.3	-79.2	240.3	22.6	131.0

2-9 能源工业分行业投资比上年增长情况
Growth Rate of Investment in Energy Industry over Preceding Year by Sector

单位：% (%)

项　　目 Item	2018	2019	2020	2021	2022
能源工业 Energy Industry	-7.1	7.7	6.9	4.1	18.6
煤炭开采和洗选业 Mining and Washing of Coal	5.9	29.6	-0.7	11.1	24.4
石油和天然气开采业 Extraction of Petroleum and Natural Gas	-0.7	25.7	29.6	4.2	15.5
电力、热力生产和供应业 Production and Supply of Electric Power and Heat Power	-12.3	-0.2	17.0	3.2	24.3
石油、煤炭及其他燃料加工业 Processing of Petroleum, Coal and other Fuels	10.1	12.4	9.4	8.0	-10.7
燃气生产和供应业 Production and Supply of Gas	6.4	18.1	8.6	-2.2	6.6

2-10 能源工业分行业投资构成
Composition of Investment in Energy Industry

单位：% (%)

项　　目 Item	1995	2000	2005	2010	2015	2016	2017	2018	2019	2020	2021	2022
能源工业 Energy Industry	100.00	100.00	100.00	100.00	100.00	100.00	100.00	100.00	100.00	100.00	100.00	100.00
煤炭开采和洗选业 Mining and Washing of Coal	12.05	5.30	11.40	17.50	12.30	9.25	8.21	7.3	8.6	8.0	8.5	8.9
石油和天然气开采业 Extraction of Petroleum and Natural Gas	21.27	19.78	14.34	13.54	10.52	7.10	8.21	11.0	15.5	10.2	10.3	10.0
电力、热力生产和供应业 Production and Supply of Electric Power and Heat Power	56.43	68.76	63.72	55.09	62.22	68.94	68.37	65.8	59.5	65.0	64.5	67.6
石油、煤炭及其他燃料加工业 Processing of Petroleum, Coal and other Fuels	8.20	4.32	7.85	9.41	7.80	8.21	8.30	10.0	10.1	10.4	10.8	8.1
燃气生产和供应业 Production and Supply of Gas	2.05	1.85	2.69	4.46	7.16	6.50	6.91	5.9	6.3	6.4	6.0	5.4

2-11 分地区能源工业投资比上年增长情况
Growth Rate of Investment in Energy Industry over Preceding Year by Region

单位：% (%)

地　区	Region	2018	2019	2020	2021	2022
北　京	Beijing	-47.0	-16.8	-21.0	-13.3	27.7
天　津	Tianjin	19.3	26.1	3.8	4.8	0.1
河　北	Hebei	16.5	-2.5	5.0	-5.0	0.2
山　西	Shanxi	5.8	13.6	21.8	-10.6	10.5
内蒙古	Inner Mongolia	-12.4	12.7	12.9	21.8	42.4
辽　宁	Liaoning	-4.0	22.3	-12.8	4.9	9.3
吉　林	Jilin	-11.5	-34.2	7.1	46.7	31.8
黑龙江	Heilongjiang	5.3	16.3	1.5	23.6	9.4
上　海	Shanghai	4.7	-9.2	-8.9	39.3	-6.8
江　苏	Jiangsu	-24.5	-6.5	55.5	-17.0	1.9
浙　江	Zhejiang	-21.1	-9.4	37.0	9.3	24.4
安　徽	Anhui	-23.8	-10.2	16.1	13.4	19.9
福　建	Fujian	-11.4	11.6	19.5	-13.2	0.2
江　西	Jiangxi	-24.6	9.8	11.8	-6.4	12.5
山　东	Shandong	-21.2	-13.9	1.8	-4.0	17.1
河　南	Henan	-4.6	17.6	10.8	-0.7	0.4
湖　北	Hubei	-4.6	-2.3	-5.3	22.4	43.7
湖　南	Hunan	18.6	10.4	49.7	-4.2	24.9
广　东	Guangdong	5.1	13.1	16.7	38.0	-1.0
广　西	Guangxi	-16.7	15.5	27.2	-7.1	51.2
海　南	Hainan	81.1	18.2	17.9	11.3	34.8
重　庆	Chongqing	-16.6	14.7	22.6	-0.3	30.0
四　川	Sichuan	-5.4	11.2	-22.3	31.7	-4.4
贵　州	Guizhou	10.3	65.5	30.9	15.1	-5.7
云　南	Yunnan	12.8	17.3	-5.1	9.3	79.8
西　藏	Xizang	-20.0	1.0	24.5	-38.3	42.4
陕　西	Shaanxi	2.0	13.5	-12.8	13.9	11.8
甘　肃	Gansu	-10.4	26.6	-13.4	89.1	76.0
青　海	Qinghai	27.7	34.7	9.0	-14.6	14.9
宁　夏	Ningxia	-1.7	-22.5	43.3	2.5	28.9
新　疆	Xinjiang	1.3	10.5	5.3	-1.7	66.6

2-12 分地区煤炭开采和洗选业投资比上年增长情况
Growth Rate of Investment in Mining and Washing of Coal over Preceding Year by Region

单位：% (%)

地　区	Region	2018	2019	2020	2021	2022
北　京	Beijing					
天　津	Tianjin					
河　北	Hebei	5.2	-35.9	-36.7	-24.1	153.6
山　西	Shanxi	6.3	16.7	-13.0	10.3	18.4
内蒙古	Inner Mongolia	-34.7	20.1	-16.7	8.5	29.2
辽　宁	Liaoning	10.9	65.5	-36.8	62.8	60.8
吉　林	Jilin	33.4	39.5	-27.4	60.1	107.8
黑龙江	Heilongjiang	32.7	5.8	-11.4	61.5	61.8
上　海	Shanghai					
江　苏	Jiangsu	10.2	4.3	18.0		
浙　江	Zhejiang					
安　徽	Anhui	36.7	4.7	27.1	20.2	2.9
福　建	Fujian	204.2	-75.6	-7.1	9.0	21.5
江　西	Jiangxi	-49.8	-72.2	157.4	-46.7	-28.4
山　东	Shandong	-45.2	35.7	-1.1	-54.0	90.2
河　南	Henan	-17.4	31.9	78.2	-30.1	82.3
湖　北	Hubei	-68.7	-61.9	-37.6	-80.0	2046.7
湖　南	Hunan	15.4	-25.0	-16.2	-25.1	143.6
广　东	Guangdong					
广　西	Guangxi	-57.3	-38.8	-11.4	152.4	-30.7
海　南	Hainan					
重　庆	Chongqing	-53.2	-19.1	142.2	-69.3	-48.2
四　川	Sichuan	81.8	32.9	-17.2	-3.0	2.0
贵　州	Guizhou	132.9	105.5	6.3	39.7	6.0
云　南	Yunnan	-11.4	51.9	-19.1	15.8	20.0
西　藏	Xizang					
陕　西	Shaanxi	6.8	41.7	1.9	7.8	16.6
甘　肃	Gansu	61.1	-3.7	40.0	6.2	-1.6
青　海	Qinghai	-54.8	-27.1	264.3	170.0	-39.7
宁　夏	Ningxia	7.4	1.8	1.9	-2.5	27.1
新　疆	Xinjiang	9.1	28.1	31.6	-0.4	94.7

2-13 分地区石油和天然气开采业投资比上年增长情况
Growth Rate of Investment in Extraction of Petroleum and Natural Gas over Preceding Year by Region

单位：% (%)

地 区	Region	2018	2019	2020	2021	2022
北 京	Beijing					
天 津	Tianjin	36.0	47.5	-4.5	10.2	11.6
河 北	Hebei	-19.2	51.5	-34.9	17.2	8.4
山 西	Shanxi	20.5	55.0	60.1	-0.3	-12.7
内蒙古	Inner Mongolia	-54.4	118.3	57.3	210.1	5.7
辽 宁	Liaoning	-11.8	9.2	8.2	12.0	-10.3
吉 林	Jilin	-20.0	6.8	-16.2	9.7	6.3
黑龙江	Heilongjiang	-19.2	22.5	-4.9	29.4	12.9
上 海	Shanghai					
江 苏	Jiangsu	-28.2	-80.6	-30.0	232.2	205.7
浙 江	Zhejiang					
安 徽	Anhui				-88.7	994.5
福 建	Fujian					
江 西	Jiangxi					
山 东	Shandong	21.0	19.4	-21.4	24.7	29.5
河 南	Henan	-16.8	60.8	-11.4	-2.1	61.8
湖 北	Hubei	150.6	14.1	33.0	-32.4	-13.5
湖 南	Hunan					
广 东	Guangdong	32.6	23.8	19.6	14.4	48.9
广 西	Guangxi	40.1				285.6
海 南	Hainan		14.0	102.1	-39.5	-6.5
重 庆	Chongqing	-33.3	69.9	51.5	-10.1	30.2
四 川	Sichuan	67.5	17.6	-61.1	11.4	64.2
贵 州	Guizhou	-38.2	41.6	161.3	35.3	-26.6
云 南	Yunnan		-42.7	7.1	-88.7	
西 藏	Xizang					
陕 西	Shaanxi	53.4	22.6	-70.9	164.2	1.4
甘 肃	Gansu	-30.4	161.6	9.3	37.5	83.8
青 海	Qinghai	22.5	11.0	-39.5	21.2	24.6
宁 夏	Ningxia					31.7
新 疆	Xinjiang	21.9	31.7	-18.8	8.0	12.6

2-14 分地区电力、热力生产和供应业投资比上年增长情况
Growth Rate of Investment in Production and Supply of Electric Power and Heat Power over Preceding Year by Region

单位：% (%)

地 区	Region	2018	2019	2020	2021	2022
北 京	Beijing	-47.9	-14.5	-16.4	-18.7	33.4
天 津	Tianjin	-12.0	15.3	-4.1	-0.1	-5.9
河 北	Hebei	15.5	-3.0	6.2	-2.9	6.6
山 西	Shanxi	6.5	-2.7	24.8	-28.7	22.4
内蒙古	Inner Mongolia	0.2	4.0	14.4	10.5	59.1
辽 宁	Liaoning	-13.7	6.5	-7.8	35.6	23.9
吉 林	Jilin	-14.4	-49.2	38.2	60.5	39.8
黑龙江	Heilongjiang	14.0	-0.3	4.2	51.3	-3.7
上 海	Shanghai	11.5	-20.9	-0.4	38.7	-9.5
江 苏	Jiangsu	-25.5	-11.6	61.2	-34.8	5.8
浙 江	Zhejiang	-21.6	-10.7	33.0	10.7	35.8
安 徽	Anhui	-29.6	-17.5	8.6	11.0	21.6
福 建	Fujian	-20.4	3.2	38.2	-2.0	-3.4
江 西	Jiangxi	-27.8	6.0	20.9	-4.0	10.1
山 东	Shandong	-25.6	-13.4	9.8	-9.2	19.6
河 南	Henan	-5.1	10.3	6.6	-2.6	-4.3
湖 北	Hubei	-11.7	0.3	-3.5	28.3	47.8
湖 南	Hunan	14.3	-0.1	64.2	-4.0	30.1
广 东	Guangdong	5.3	9.5	14.9	36.8	1.8
广 西	Guangxi	-20.3	12.6	27.0	-4.8	54.4
海 南	Hainan	67.4	12.4	-24.0	-0.3	83.0
重 庆	Chongqing	-3.4	2.1	4.3	10.1	28.2
四 川	Sichuan	-22.6	13.2	-21.6	53.0	-11.2
贵 州	Guizhou	-23.3	38.2	59.5	-4.6	-23.6
云 南	Yunnan	17.6	9.3	-1.3	12.5	93.1
西 藏	Xizang	-19.9	1.2	23.7	-38.0	42.6
陕 西	Shaanxi	-24.9	2.0	25.1	1.2	18.3
甘 肃	Gansu	-21.4	31.2	-21.5	129.4	86.5
青 海	Qinghai	29.7	37.5	17.7	-18.2	14.3
宁 夏	Ningxia	-18.9	-28.7	53.2	-11.8	17.5
新 疆	Xinjiang	-12.6	-9.3	39.1	-11.4	127.2

2-15 分地区石油、煤炭及其他燃料加工业投资比上年增长情况
Growth Rate of Investment in Processing of Petroleum, Coal and other Fuels over Preceding Year by Region

单位：% (%)

地 区	Region	2018	2019	2020	2021	2022
北 京	Beijing	42.3	31.1	-50.1	37.1	-35.9
天 津	Tianjin	122.0	45.4	52.9	-55.8	-37.9
河 北	Hebei	27.3	-22.7	-30.2	32.2	17.6
山 西	Shanxi	17.3	148.2	126.2	9.8	-14.3
内蒙古	Inner Mongolia	-40.3	102.6	66.3	67.5	-5.0
辽 宁	Liaoning	17.7	64.7	-24.1	-49.4	-46.4
吉 林	Jilin	71.7	-34.2	-46.9	51.7	58.8
黑龙江	Heilongjiang	193.5	100.9	20.7	-71.6	-32.8
上 海	Shanghai	-55.1	185.6	-47.3	121.0	5.3
江 苏	Jiangsu	-14.6	47.6	34.4	98.1	-18.7
浙 江	Zhejiang	-19.1	-15.1	107.4	17.7	-41.7
安 徽	Anhui	65.8	34.6	59.5	36.7	40.1
福 建	Fujian	24.1	38.9	-14.4	-67.1	27.5
江 西	Jiangxi	12.9	35.3	-18.2	-10.9	34.9
山 东	Shandong	-15.9	-39.0	-18.5	-5.9	-26.7
河 南	Henan	11.0	24.1	-1.6	71.0	-12.2
湖 北	Hubei	56.3	-17.2	-13.3	-13.6	41.1
湖 南	Hunan	306.1	83.5	14.8	13.4	-16.7
广 东	Guangdong	0.0	13.6	29.5	61.1	-37.8
广 西	Guangxi	77.7	64.2	48.3	-52.6	-5.4
海 南	Hainan	-40.2	78.9	257.4	138.8	7.2
重 庆	Chongqing	-39.0	-30.2	207.3	-12.9	-22.1
四 川	Sichuan	-41.7	11.3	40.3	-15.3	-48.5
贵 州	Guizhou	846.0	-5.1	-30.9	-43.7	586.4
云 南	Yunnan	63.3	110.0	30.3	-42.9	137.0
西 藏	Xizang	-81.6	-87.3	16.8	679.1	
陕 西	Shaanxi	19.6	-8.5	-29.6	-15.6	5.3
甘 肃	Gansu	87.6	16.1	-29.8	17.9	21.9
青 海	Qinghai	-84.7	480.8	1.5	-43.8	-52.1
宁 夏	Ningxia	337.6	-16.4	64.7	13.3	44.3
新 疆	Xinjiang	15.0	-12.8	-14.0	-13.4	17.2

2-16 分地区燃气生产和供应业投资比上年增长情况
Growth Rate of Investment in Production and Supply of Gas over Preceding Year by Region

单位：% (%)

地 区	Region	2018	2019	2020	2021	2022
北 京	Beijing	-46.6	-39.7	-51.0	49.0	1.2
天 津	Tianjin	170.1	-22.1	65.3	39.0	-15.9
河 北	Hebei	13.1	30.8	38.2	-29.2	-49.8
山 西	Shanxi	-20.0	27.4	-33.7	-20.2	23.6
内蒙古	Inner Mongolia	-38.2	38.6	-11.2	-53.9	98.3
辽 宁	Liaoning	91.0	-16.6	-18.3	15.0	36.0
吉 林	Jilin	9.5	-37.2	-43.2	66.8	-37.8
黑龙江	Heilongjiang	-7.9	12.9	-2.8	-17.9	81.0
上 海	Shanghai	-27.7	179.2	-48.1	-87.6	317.5
江 苏	Jiangsu	-21.7	-3.1	17.5	-26.0	153.6
浙 江	Zhejiang	-16.4	22.0	-3.9	-30.7	8.4
安 徽	Anhui	-16.3	59.6	45.5	3.7	5.4
福 建	Fujian	1.5	36.5	-27.3	44.4	16.5
江 西	Jiangxi	6.6	45.2	-35.2	-25.4	34.6
山 东	Shandong	-21.0	-5.4	16.6	41.6	22.0
河 南	Henan	-0.5	62.7	23.1	-7.1	-4.4
湖 北	Hubei	17.7	-7.0	-24.9	34.0	13.4
湖 南	Hunan	17.7	79.4	21.6	-9.5	-1.8
广 东	Guangdong	-10.4	62.8	9.9	25.4	20.8
广 西	Guangxi	5.4	14.0	-9.3	52.4	36.3
海 南	Hainan	-11.2	346.2	-0.3	11.5	-31.1
重 庆	Chongqing	-42.8	27.2	41.4	-9.3	55.2
四 川	Sichuan	91.8	-15.1	14.9	-10.5	11.4
贵 州	Guizhou	58.2	71.1	2.7	24.5	17.5
云 南	Yunnan	-5.8	26.1	-34.5	0.5	0.1
西 藏	Xizang	22.3	-96.9		-97.2	48.0
陕 西	Shaanxi	38.0	8.3	-4.5	-8.6	-18.4
甘 肃	Gansu	-29.7	22.5	7.0	9.6	118.8
青 海	Qinghai	62.0	379.4	-52.4	-52.7	117.7
宁 夏	Ningxia	283.0	-29.6	-4.8	20.8	189.3
新 疆	Xinjiang	-47.0	-18.5	39.2	29.9	52.4

三、能源生产

Chapter 3　Energy Production

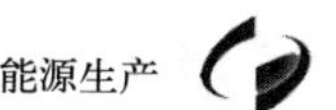

3-1 一次能源生产总量及构成
Total Primary Energy Production and Its Composition

年 份 Year	电热当量计算法 Calorific Value Calculation						
	一次能源生产总量（万吨标准煤） Total Primary Energy Production (10^4 tce)	比重 (%) Proportion (%)					
		原 煤 Raw Coal	原 油 Crude Oil	天然气 Natural Gas	一次电力及其他能源 Primary Electricity and Other Energy	#水电 Hydro Power	#核电 Nuclear Power
1980	62046	71.4	24.4	3.0	1.2	1.2	
1981	61364	72.4	23.6	2.7	1.3	1.3	
1982	64686	73.5	22.6	2.5	1.4	1.4	
1983	68877	74.1	22.0	2.4	1.5	1.5	
1984	75493	74.7	21.7	2.2	1.4	1.4	
1985	83005	75.1	21.5	2.1	1.3	1.3	
1986	85523	74.7	21.8	2.1	1.4	1.4	
1987	88524	74.9	21.6	2.1	1.4	1.4	
1988	92809	75.5	21.1	2.0	1.4	1.4	
1989	98418	76.5	20.0	2.0	1.5	1.5	
1990	100487	76.8	19.7	2.0	1.5	1.5	
1991	101490	76.5	19.9	2.1	1.5	1.5	
1992	103771	76.9	19.6	2.0	1.5	1.5	
1993	107059	76.6	19.4	2.2	1.8	1.8	
1994	114009	77.2	18.3	2.3	2.2	2.1	0.1
1995	123519	78.7	17.4	1.9	2.0	1.9	0.1
1996	127404	78.3	17.6	2.1	2.0	1.8	0.1
1997	127431	77.8	18.0	2.2	2.0	1.9	0.1
1998	123713	76.9	18.6	2.3	2.2	2.1	0.1
1999	126264	77.1	18.1	2.7	2.1	1.9	0.2
2000	132384	76.3	17.6	2.7	3.4	2.1	0.2
2001	139928	76.5	16.7	2.9	3.9	2.4	0.2
2002	148450	77.0	16.1	2.9	4.0	2.4	0.2
2003	170305	79.3	14.2	2.7	3.8	2.0	0.3
2004	196418	80.5	12.8	2.8	3.9	2.2	0.3
2005	218355	81.2	11.9	3.0	3.9	2.2	0.3
2006	233269	81.4	11.3	3.3	4.0	2.3	0.3
2007	251772	81.6	10.6	3.7	4.1	2.4	0.3
2008	262992	81.0	10.3	4.1	4.6	2.7	0.3
2009	271067	81.0	10.0	4.2	4.8	2.8	0.3
2010	294807	80.7	9.8	4.3	5.2	3.0	0.3
2011	323045	81.9	9.0	4.3	4.8	2.7	0.3
2012	330203	81.0	9.0	4.4	5.6	3.2	0.4
2013	336452	80.4	8.9	4.7	6.0	3.4	0.4
2014	336314	79.2	9.0	5.0	6.8	3.9	0.5
2015	334162	78.2	9.2	5.2	7.4	4.2	0.6
2016	315217	76.7	9.0	5.7	8.6	4.6	0.8
2017	325917	76.6	8.4	6.0	9.0	4.5	0.9
2018	342312	76.6	7.9	6.0	9.5	4.4	1.1
2019	357130	76.2	7.6	6.3	9.9	4.5	1.2
2020	364419	75.4	7.6	6.8	10.2	4.6	1.2
2021	380135	74.9	7.5	6.8	10.8	4.3	1.3
2022	412866	75.5	7.1	6.7	10.8	4.0	1.2

3-1 续表 Continued

年 份 Year	发电煤耗计算法 Coal Equivalent Calculation						
	一次能源生产总量（万吨标准煤） Total Primary Energy Production (10^4 tce)	比重 (%) Proportion (%)					
		原 煤 Raw Coal	原 油 Crude Oil	天然气 Natural Gas	一次电力及其他能源 Primary Electricity and Other Energy	#水电 Hydro Power	#核电 Nuclear Power
1980	63735	69.4	23.8	3.0	3.8	3.8	
1981	63227	70.2	22.9	2.7	4.2	4.2	
1982	66778	71.3	21.8	2.4	4.5	4.5	
1983	71270	71.6	21.3	2.3	4.8	4.8	
1984	77855	72.4	21.0	2.1	4.5	4.5	
1985	85546	72.8	20.9	2.0	4.3	4.3	
1986	88124	72.4	21.2	2.1	4.3	4.3	
1987	91266	72.6	21.0	2.0	4.4	4.4	
1988	95801	73.1	20.4	2.0	4.5	4.5	
1989	101639	74.1	19.3	2.0	4.6	4.6	
1990	103922	74.2	19.0	2.0	4.8	4.8	
1991	104844	74.1	19.2	2.0	4.7	4.7	
1992	107256	74.3	18.9	2.0	4.8	4.8	
1993	111059	74.0	18.7	2.0	5.3	5.2	0.1
1994	118729	74.6	17.6	1.9	5.9	5.4	0.5
1995	129034	75.3	16.6	1.9	6.2	5.8	0.4
1996	133032	75.0	16.9	2.0	6.1	5.7	0.4
1997	133460	74.2	17.2	2.1	6.5	6.0	0.4
1998	129834	73.3	17.7	2.2	6.8	6.4	0.4
1999	131935	73.9	17.3	2.5	6.3	5.9	0.4
2000	138570	72.9	16.8	2.6	7.7	6.1	0.5
2001	147425	72.6	15.9	2.7	8.8	7.1	0.4
2002	156277	73.1	15.3	2.8	8.8	6.8	0.6
2003	178299	75.7	13.6	2.6	8.1	5.8	0.9
2004	206108	76.7	12.2	2.7	8.4	6.2	0.9
2005	229037	77.4	11.3	2.9	8.4	6.2	0.8
2006	244763	77.5	10.8	3.2	8.5	6.3	0.8
2007	264173	77.8	10.1	3.5	8.6	6.3	0.8
2008	277419	76.8	9.8	3.9	9.5	7.1	0.8
2009	286092	76.8	9.4	4.0	9.8	7.1	0.8
2010	312125	76.2	9.3	4.1	10.4	7.4	0.8
2011	340178	77.8	8.5	4.1	9.6	6.5	0.8
2012	351041	76.2	8.5	4.1	11.2	7.8	0.9
2013	358784	75.4	8.4	4.4	11.8	8.0	1.0
2014	362212	73.5	8.3	4.7	13.5	9.1	1.1
2015	362193	72.2	8.5	4.8	14.5	9.6	1.4
2016	345954	69.8	8.3	5.2	16.7	10.4	1.9
2017	358867	69.6	7.6	5.4	17.4	10.0	2.1
2018	378859	69.2	7.2	5.4	18.2	9.7	2.3
2019	397317	68.5	6.9	5.6	19.0	9.8	2.6
2020	407295	67.5	6.8	6.0	19.7	9.9	2.7
2021	427115	66.7	6.7	6.0	20.6	9.3	2.8
2022	463808	67.2	6.3	5.9	20.6	8.6	2.7

3-2 分地区原煤生产量
Raw Coal Production by Region

单位：万吨 (10⁴ tons)

地 区	Region	2014	2015	2016	2017	2018	2019	2020	2021	2022
北 京	Beijing	457	450	318	255	176	36			
天 津	Tianjin									
河 北	Hebei	7345	7437	6484	6020	5559	5075	4975	4643	4706
山 西	Shanxi	92794	96680	83044	87221	92677	98795	107906	120346	132009
内蒙古	Inner Mongolia	99391	90957	84559	90597	99102	109068	102551	106990	121354
辽 宁	Liaoning	5001	4752	4170	3630	3403	3292	3129	3088	3158
吉 林	Jilin	3100	2634	1684	1639	1620	1256	1040	905	971
黑龙江	Heilongjiang	7059	6551	5890	6196	6133	5391	5558	6016	6955
上 海	Shanghai									
江 苏	Jiangsu	2019	1919	1368	1278	1246	1103	1022	934	964
浙 江	Zhejiang									
安 徽	Anhui	12804	13404	12236	11724	11412	10989	11084	11274	11177
福 建	Fujian	1589	1591	1384	1130	941	846	659	548	445
江 西	Jiangxi	2814	2271	1557	939	551	504	314	237	216
山 东	Shandong	14684	14220	12818	13160	12556	11918	10945	9312	8753
河 南	Henan	14416	13596	11947	11751	11467	10938	10647	9372	9804
湖 北	Hubei	1057	860	594	316	119	41	40	30	73
湖 南	Hunan	5554	3559	2787	1938	1900	1473	1068	727	800
广 东	Guangdong									
广 西	Guangxi	615	425	433	443	488	406	414	352	381
海 南	Hainan									
重 庆	Chongqing	3884	3562	2437	1194	1177	1171	939		
四 川	Sichuan	7663	6406	6165	4799	3736	3397	2240	1953	2269
贵 州	Guizhou	18508	17205	16851	16344	14335	13168	12055	13232	13069
云 南	Yunnan	4741	5184	4587	4675	4573	5523	5530	6099	6741
西 藏	Xizang									
陕 西	Shaanxi	52226	52576	51566	57102	62958	63630	67973	70192	74876
甘 肃	Gansu	4753	4400	4254	3738	3630	3685	3859	4407	5414
青 海	Qinghai	1833	816	787	842	821	1286	1092	1109	936
宁 夏	Ningxia	8563	7976	7069	7644	7840	7477	8152	8670	9479
新 疆	Xinjiang	14520	15221	16073	17782	21352	24165	26966	32148	41305

3-3 分地区焦炭生产量
Coke Production by Region

单位：万吨 (10⁴ tons)

地 区	Region	1995	2000	2005	2010	2015	2016	2017	2018	2019	2020	2021	2022
北 京	Beijing	401	402	344	161								
天 津	Tianjin	175	171	361	238	196	205	158	165	158	175	154	157
河 北	Hebei	938	792	2613	5046	5481	5312	4814	5263	4983	4826	4057	4134
山 西	Shanxi	5298	4967	7981	8505	8040	8186	8383	9252	9700	10494	9857	9800
内蒙古	Inner Mongolia	395	394	1034	2034	3041	2817	3046	3423	3677	4223	4658	4672
辽 宁	Liaoning	820	789	1238	1876	2097	2131	2216	2214	2281	2297	2294	2199
吉 林	Jilin	136	154	270	411	372	315	314	298	338	369	399	378
黑龙江	Heilongjiang	190	129	474	957	687	675	761	906	1076	1063	1235	1112
上 海	Shanghai	651	776	762	631	534	543	557	545	549	541	541	515
江 苏	Jiangsu	191	237	576	1394	2433	2527	2060	1497	1611	1313	1438	1537
浙 江	Zhejiang	57	60	55	282	294	228	229	203	209	213	216	209
安 徽	Anhui	293	330	488	875	958	973	1058	1130	1167	1228	1253	1298
福 建	Fujian	39	45	91	143	152	127	158	174	202	223	225	222
江 西	Jiangxi	167	187	401	799	815	749	594	608	661	689	694	646
山 东	Shandong	465	362	1709	3429	4365	4420	3934	4376	4921	3163	3187	2911
河 南	Henan	489	355	1381	2572	2942	2920	2291	2237	2030	1848	1515	1999
湖 北	Hubei	398	411	678	947	920	892	885	874	834	801	882	939
湖 南	Hunan	215	207	446	582	657	667	654	656	586	604	661	662
广 东	Guangdong	54	54	125	195	244	483	591	574	591	597	620	735
广 西	Guangxi	64	61	223	392	586	678	704	692	729	812	1072	1085
海 南	Hainan												
重 庆	Chongqing		136	223	359	218	134	174	251	259	280	286	313
四 川	Sichuan	708	382	828	1159	1304	1275	1072	1084	1066	1074	1059	1039
贵 州	Guizhou	426	134	716	713	729	659	510	401	392	428	418	331
云 南	Yunnan	370	221	1214	1607	1150	1090	964	930	1000	1093	1282	1268
西 藏	Xizang												
陕 西	Shaanxi	341	175	591	1571	3658	3921	4050	4025	4687	4897	4321	4736
甘 肃	Gansu	95	126	222	244	525	509	472	384	449	517	500	495
青 海	Qinghai	1	2	2	130		134	151	172	191	183	158	90
宁 夏	Ningxia	43	30	117	424	758	768	755	737	791	921	965	1225
新 疆	Xinjiang	92	95	249	1188	1662	1574	1591	1765	1989	2247	2500	2636

3-4 分地区原油生产量
Crude Oil Production by Region

单位：万吨 (10⁴ tons)

地 区	Region	1995	2000	2005	2010	2015	2016	2017	2018	2019	2020	2021	2022
北 京	Beijing												
天 津	Tianjin	620.8	764.0	1793.0	3332.7	3496.8	3273.3	3102.4	3085.5	3111.9	3242.2	3407.0	3575.3
河 北	Hebei	517.0	518.3	562.5	599.0	580.1	546.0	539.1	537.2	550.0	543.5	544.6	547.1
山 西	Shanxi												
内蒙古	Inner Mongolia					45.8	44.9	12.2	12.0	14.9	13.6	42.1	46.3
辽 宁	Liaoning	1552.7	1401.1	1261.0	950.0	1037.1	1017.3	1044.2	1040.7	1053.3	1049.4	1054.2	984.1
吉 林	Jilin	342.7	348.5	550.6	702.3	665.5	610.7	420.9	387.4	401.9	404.4	414.2	425.6
黑龙江	Heilongjiang	5601.5	5306.7	4516.0	4004.9	3838.6	3656.0	3420.3	3224.2	3090.0	3001.0	2945.5	2971.0
上 海	Shanghai		52.7	25.3	8.3	6.8	6.5	6.8	6.5	39.1	52.0	50.9	53.6
江 苏	Jiangsu	101.4	155.0	164.7	186.0	190.5	166.0	156.1	155.4	153.5	152.1	151.3	152.9
浙 江	Zhejiang												
安 徽	Anhui												
福 建	Fujian												
江 西	Jiangxi												
山 东	Shandong	3006.3	2675.7	2694.5	2786.0	2608.0	2295.3	2234.9	2242.1	2226.0	2219.2	2210.7	2200.3
河 南	Henan	602.0	562.2	507.2	497.9	412.1	315.7	282.9	258.8	251.1	239.9	234.7	236.2
湖 北	Hubei	85.0	75.1	78.1	86.5	71.0	58.1	55.5	54.3	53.6	53.5	53.2	53.7
湖 南	Hunan												
广 东	Guangdong	651.0	1393.2	1470.0	1287.1	1572.6	1556.3	1435.2	1393.5	1507.5	1613.1	1744.7	1884.6
广 西	Guangxi	3.6	3.3	3.4	2.7	50.5	47.4	44.1	51.9	50.3	48.8	46.8	65.8
海 南	Hainan	0.1		10.1	20.0	30.0	29.4	30.0	30.4	30.5	30.6	37.3	56.0
重 庆	Chongqing												
四 川	Sichuan	17.2	17.3	13.9	15.1	15.4	10.8	8.7	8.1	8.4	7.9	9.2	11.9
贵 州	Guizhou												
云 南	Yunnan	10.2		0.1									
西 藏	Xizang												
陕 西	Shaanxi	166.9	746.4	1778.2	3017.3	3736.7	3502.4	3489.8	3522.0	2700.1	2693.7	2552.8	2536.6
甘 肃	Gansu	267.8	55.3	78.9	58.2	66.6	40.4	47.0	51.8	903.5	968.7	1029.1	1092.2
青 海	Qinghai	121.7	200.0	221.5	186.1	223.0	221.0	228.0	223.3	228.0	228.5	234.0	235.0
宁 夏	Ningxia	39.0	139.0		3.1	13.4	6.2	0.7				135.3	130.7
新 疆	Xinjiang	1297.8	1848.2	2406.4	2558.2	2795.1	2564.9	2591.8	2647.4	2789.4	2914.8	2990.4	3213.3

3-5 分地区汽油生产量
Gasoline Production by Region

单位：万吨 (10⁴ tons)

地区	Region	1995	2000	2005	2010	2015	2016	2017	2018	2019	2020	2021	2022
北京	Beijing	101.95	146.20	170.90	257.10	297.98	267.26	273.67	276.21	285.45	208.55	227.31	201.68
天津	Tianjin	94.02	122.02	145.42	164.60	245.84	229.06	251.95	288.53	291.18	279.94	415.85	361.74
河北	Hebei	135.11	159.04	223.60	270.00	432.83	475.88	385.86	446.42	536.06	514.51	541.84	558.55
山西	Shanxi				3.20	0.34		0.11					
内蒙古	Inner Mongolia	23.43		44.99	42.10	147.91	176.62	176.69	151.70	178.63	167.02	169.50	139.45
辽宁	Liaoning	398.22	683.88	965.60	1057.74	1128.52	1212.11	1316.49	1592.76	1789.13	1766.89	2091.78	1667.76
吉林	Jilin	147.88	159.45	164.72	163.00	196.79	211.31	221.16	205.37	238.72	209.93	202.23	211.31
黑龙江	Heilongjiang	261.72	347.46	384.85	462.90	480.42	501.92	519.24	512.38	521.72	533.54	556.76	514.74
上海	Shanghai	111.00	263.69	263.45	259.70	537.31	536.12	570.01	528.43	607.57	552.79	541.60	483.80
江苏	Jiangsu	108.07	171.53	233.25	286.50	657.52	698.65	678.17	809.53	809.74	715.92	784.39	737.85
浙江	Zhejiang	124.15	178.98	288.69	305.10	333.27	307.69	352.08	338.83	351.70	440.08	878.19	900.20
安徽	Anhui	74.11	79.38	86.00	97.00	216.55	176.38	243.43	269.61	249.15	256.16	283.87	219.28
福建	Fujian	81.49	102.22	95.19	149.60	391.30	394.15	368.65	372.29	407.78	318.87	342.84	340.51
江西	Jiangxi	64.56	82.51	86.10	108.60	193.79	219.37	208.39	240.11	244.35	211.62	197.68	210.50
山东	Shandong	214.88	280.15	474.54	1195.46	2650.54	3252.16	3145.30	2782.04	2321.06	2042.49	2631.32	2840.71
河南	Henan	138.68	136.86	127.65	208.00	163.95	203.62	186.87	226.65	206.60	226.56	231.78	207.98
湖北	Hubei	126.32	154.97	178.87	239.80	317.14	324.13	375.17	373.28	402.47	344.40	430.00	358.45
湖南	Hunan	90.38	120.19	122.83	125.50	228.33	240.18	220.89	279.12	280.30	257.47	281.68	283.39
广东	Guangdong	286.47	331.50	367.23	635.70	885.73	904.67	946.76	1153.08	1165.50	1206.19	1417.41	1371.76
广西	Guangxi	15.09	15.64	19.38	77.30	432.15	432.04	497.45	519.67	516.93	397.26	536.42	484.68
海南	Hainan				263.20	248.19	233.44	224.41	276.56	301.03	267.81	286.35	218.73
重庆	Chongqing												
四川	Sichuan	5.92	8.42	23.20	57.80	217.44	256.58	280.34	181.21	262.39	232.30	260.67	213.88
贵州	Guizhou								84.68				
云南	Yunnan					2.08	0.66	103.76	347.32	397.65	330.00	314.27	309.86
西藏	Xizang												
陕西	Shaanxi	49.68	180.13	387.83	572.50	705.07	621.77	612.73	653.56	640.02	652.11	684.04	701.61
甘肃	Gansu	166.84	150.92	229.30	287.90	395.48	388.28	424.83	418.93	433.49	450.78	477.97	429.37
青海	Qinghai	29.48	20.78	29.40	40.80	53.91	52.47	51.68	45.83	53.01	53.27	49.68	52.44
宁夏	Ningxia	23.57	26.91	58.17	76.80	219.53	259.01	247.59	195.42	205.81	168.64	202.71	215.49
新疆	Xinjiang	178.53	211.86	238.06	268.15	323.63	356.48	392.49	395.17	423.24	366.60	419.17	398.84

3-6 分地区煤油生产量
Kerosene Production by Region

单位：万吨 (10^4 tons)

地 区	Region	1995	2000	2005	2010	2015	2016	2017	2018	2019	2020	2021	2022
北 京	Beijing	0.26		12.36	116.10	160.00	149.79	190.77	187.57	191.30	103.06	106.33	76.15
天 津	Tianjin	8.85	32.57	25.83	81.20	157.42	125.62	172.09	190.85	209.52	98.82	127.48	103.79
河 北	Hebei	4.83	12.69	11.94	4.30	44.15	57.90	42.64	58.29	70.81	90.45	96.18	64.08
山 西	Shanxi												
内蒙古	Inner Mongolia	0.02				9.13	14.22	24.00	13.03	19.79	16.55	20.39	7.93
辽 宁	Liaoning	84.34	231.53	220.00	224.20	429.10	495.91	504.59	612.31	768.88	409.48	363.08	292.63
吉 林	Jilin	1.96	1.28			21.61	28.22	29.54	26.91	32.45	30.77	27.26	22.11
黑龙江	Heilongjiang	22.27	23.27	19.28	31.50	68.46	82.14	87.75	63.82	69.86	54.43	54.93	42.91
上 海	Shanghai	35.84	48.38	144.25	149.30	292.93	292.39	292.80	257.91	341.81	229.87	213.68	184.55
江 苏	Jiangsu	50.64	67.21	99.41	165.60	410.60	434.35	390.89	484.54	499.50	298.32	289.30	255.96
浙 江	Zhejiang	32.31	107.28	130.97	154.60	226.26	213.31	246.55	273.34	293.65	324.17	423.63	207.59
安 徽	Anhui					0.44	12.98	34.83	40.37	39.57	46.83	55.01	36.14
福 建	Fujian	3.49	8.64	5.81	94.70	274.82	359.34	332.32	356.58	399.12	386.89	339.63	209.30
江 西	Jiangxi	2.14	4.44	4.67		34.17	54.95	57.47	67.15	70.73	54.24	45.73	36.21
山 东	Shandong	24.89	44.96	34.65	86.70	200.79	257.86	289.02	305.29	270.03	187.63	163.40	133.87
河 南	Henan	21.10	17.04	20.07	56.90	49.48	62.78	62.80	66.66	62.71	56.19	54.48	42.36
湖 北	Hubei	13.64	16.38	8.85	46.20	107.75	98.25	120.88	124.71	149.06	83.23	117.58	96.15
湖 南	Hunan	7.49	8.57	10.99	4.80	51.69	63.35	64.36	85.44	98.85	73.66	72.36	63.93
广 东	Guangdong	72.28	147.68	156.29	344.00	641.13	682.88	713.39	828.92	840.45	668.74	633.73	532.74
广 西	Guangxi	0.55	0.05	0.01	3.30	105.67	88.60	112.66	128.72	159.56	77.26	103.31	94.92
海 南	Hainan				44.60	150.21	151.19	133.09	142.25	157.07	113.39	126.86	88.52
重 庆	Chongqing			0.02									
四 川	Sichuan	2.76	4.23	1.44	1.10	29.07	46.88	46.05	46.94	84.78	97.78	122.10	108.94
贵 州	Guizhou												
云 南	Yunnan							21.84	96.12	110.01	105.36	97.67	62.43
西 藏	Xizang												
陕 西	Shaanxi	1.65	8.46		27.70	33.08	30.25	49.76	78.28	78.67	73.81	82.91	47.13
甘 肃	Gansu	38.64	55.88	49.61	32.30	74.21	82.04	108.52	112.32	115.40	86.52	100.51	75.34
青 海	Qinghai									3.37	0.70		0.59
宁 夏	Ningxia					14.22	19.64	18.70	24.11	25.00	14.44	17.96	10.49
新 疆	Xinjiang	15.80	31.75	32.14	45.60	72.25	79.00	83.57	96.34	110.61	66.82	88.42	66.17

3-7 分地区柴油生产量
Diesel Oil Production by Region

单位：万吨 (10^4 tons)

地 区	Region	1995	2000	2005	2010	2015	2016	2017	2018	2019	2020	2021	2022
北 京	Beijing	79.20	183.92	199.41	350.40	208.62	189.57	169.84	159.77	173.11	160.41	139.96	169.55
天 津	Tianjin	119.44	246.82	364.54	602.70	545.26	450.88	467.73	466.87	464.93	334.69	244.00	318.30
河 北	Hebei	165.81	271.19	403.42	486.90	497.79	501.92	437.34	412.39	556.48	474.08	448.36	646.85
山 西	Shanxi	0.16			0.20				1.79	47.29	15.00	42.81	0.44
内蒙古	Inner Mongolia	20.46		41.01	79.30	177.29	177.58	192.04	159.46	172.19	168.40	160.35	164.02
辽 宁	Liaoning	677.68	1202.07	1899.60	2379.82	2270.88	2044.31	2015.24	2176.62	2146.81	2223.10	2468.26	2772.89
吉 林	Jilin	99.83	178.81	367.43	322.20	349.61	349.65	317.87	283.60	299.29	261.88	207.71	278.69
黑龙江	Heilongjiang	379.68	532.61	627.52	615.50	534.42	482.28	425.86	412.50	340.40	317.71	355.90	382.50
上 海	Shanghai	129.13	401.30	717.86	773.60	761.00	708.79	707.14	637.01	696.99	690.66	552.58	543.79
江 苏	Jiangsu	207.31	408.69	725.87	808.30	718.67	761.14	844.97	763.81	664.03	671.35	610.68	715.42
浙 江	Zhejiang	201.52	387.40	728.09	832.60	685.23	630.50	671.51	633.35	641.52	724.41	1042.97	1251.20
安 徽	Anhui	98.87	151.85	177.36	196.00	280.04	197.47	251.88	183.40	181.57	183.93	168.73	134.44
福 建	Fujian	85.15	161.49	150.34	388.00	506.29	422.46	388.11	486.48	571.75	389.24	353.74	461.15
江 西	Jiangxi	83.17	127.09	132.53	190.80	211.92	307.32	288.26	289.44	293.81	236.69	203.65	237.54
山 东	Shandong	328.63	540.04	939.01	2263.86	3952.20	4882.10	5083.25	3986.00	3125.04	2897.33	3117.56	4357.21
河 南	Henan	121.69	213.42	219.02	297.57	138.43	143.80	176.43	218.12	204.16	230.19	222.57	221.76
湖 北	Hubei	153.05	247.01	329.83	379.60	450.42	426.58	489.65	447.14	465.94	395.03	428.22	437.54
湖 南	Hunan	104.36	215.53	229.25	215.00	287.41	258.99	193.40	221.37	219.22	211.79	221.95	233.93
广 东	Guangdong	377.36	654.02	875.28	1531.00	1419.41	1376.46	1370.60	1603.90	1469.20	1592.53	1649.54	1964.18
广 西	Guangxi	14.98	24.92	36.33	145.50	592.35	528.41	608.97	581.09	576.94	472.56	534.17	517.65
海 南	Hainan				346.00	331.16	268.26	229.27	260.27	278.43	280.79	265.96	260.72
重 庆	Chongqing				0.60								
四 川	Sichuan	5.78	11.14	48.52	83.30	340.91	289.16	291.88	179.27	243.48	216.84	206.16	234.53
贵 州	Guizhou												
云 南	Yunnan							156.23	406.36	419.74	384.74	329.18	377.05
西 藏	Xizang												
陕 西	Shaanxi	52.93	223.19	513.38	854.40	841.99	744.20	722.63	697.53	676.91	689.53	693.37	766.15
甘 肃	Gansu	188.59	276.23	535.67	619.90	584.38	526.28	532.60	531.39	548.82	542.53	511.30	562.28
青 海	Qinghai	20.99	22.63	44.31	56.70	67.32	63.45	66.90	61.17	65.59	66.90	63.47	68.78
宁 夏	Ningxia	24.92	33.44	76.57	92.30	205.31	237.21	302.22	250.88	237.44	200.89	217.13	250.03
新 疆	Xinjiang	231.88	364.79	697.27	976.10	1049.58	948.91	916.21	849.09	857.19	871.68	876.74	961.49

3-8 分地区燃料油生产量
Fuel Oil Production by Region

单位：万吔 (10⁴ tons)

地 区	Region	1995	2000	2005	2010	2015	2016	2017	2018	2019	2020	2021	2022
北 京	Beijing	220.31	78.95	75.29	35.08	4.11	2.79	3.89	4.16	0.72	4.82	3.59	1.06
天 津	Tianjin	142.38	40.60	29.38	62.68	5.69	2.67	0.64	2.11	2.07	4.70	24.28	123.33
河 北	Hebei	44.26	30.17	25.37	116.94	123.01	160.31	194.12	163.60	152.50	226.12	251.80	412.73
山 西	Shanxi												
内蒙古	Inner Mongolia	18.85		13.56	30.78	6.81	5.18	7.96	6.48	8.01	7.68	7.64	6.50
辽 宁	Liaoning	610.43	413.40	466.15	602.36	194.80	165.79	149.20	205.17	195.06	331.12	499.09	844.92
吉 林	Jilin	85.11	95.59	34.76	36.83	23.20	28.16	28.68	27.80	28.86	32.69	28.33	41.80
黑龙江	Heilongjiang	181.28	120.56	44.69	55.38	44.27	26.68	17.73	19.76	20.41	29.25	55.58	53.36
上 海	Shanghai	290.40	139.03	119.67	29.57	27.82	21.70	12.99	19.59	36.04	104.37	131.59	105.18
江 苏	Jiangsu	162.04	136.29	159.43	187.61	300.12	365.01	320.70	154.83	186.73	328.84	383.24	386.82
浙 江	Zhejiang	78.33	123.40	109.76	134.66	110.50	108.74	139.63	139.83	483.31	364.41	475.31	571.67
安 徽	Anhui	48.48	10.68	8.30	12.44	1.81	1.23	0.53	3.53	5.67	13.64	23.65	24.47
福 建	Fujian	10.44	10.01	8.86	2.60	68.75	35.81	29.79	28.68	63.79	168.28	182.22	176.98
江 西	Jiangxi	43.27	54.27	39.53	20.89	0.20		0.24	1.41	8.09	17.65	28.00	15.78
山 东	Shandong	334.33	274.66	602.62	365.19	928.84	1192.75	1245.07	840.70	724.31	954.81	1165.51	1238.76
河 南	Henan	19.56	30.42	40.02	17.20	41.55	26.22	12.07	8.42	3.93	3.60	5.26	53.68
湖 北	Hubei	95.49	40.24	28.38	21.93	7.77	1.89	1.76	5.85	7.06	13.87	28.42	30.09
湖 南	Hunan	55.29	33.95	31.55	22.66	24.87	5.27	4.53	4.69	4.31	13.06	15.10	24.00
广 东	Guangdong	214.73	186.13	248.08	156.38	190.92	204.66	186.12	166.80	178.74	391.10	644.22	568.28
广 西	Guangxi	3.60	4.37	9.16	30.82	19.41	17.63	6.30	5.91	11.66	14.30	55.14	103.60
海 南	Hainan		9.45	4.36	27.04	24.23	80.45	50.51	56.47	56.56	113.44	117.24	74.41
重 庆	Chongqing			0.06									
四 川	Sichuan	3.58	4.10		14.39	49.51	46.04	30.59	24.48	28.32	14.95	16.19	26.15
贵 州	Guizhou												
云 南	Yunnan	0.58						7.57	1.92				0.64
西 藏	Xizang												
陕 西	Shaanxi	55.64	41.54	83.69	85.30	23.32	12.41	157.08	152.93	162.58	147.68	138.73	146.03
甘 肃	Gansu	101.21	91.65	39.57	20.57	16.92	6.78	2.28	3.91	3.30	2.21	2.95	5.34
青 海	Qinghai	19.72	6.39	2.11	3.34	3.50	3.93	4.10	3.92	4.13	2.66	3.32	4.64
宁 夏	Ningxia	10.24	10.54	3.23	3.10	25.64	19.95	25.92	38.42	61.85	25.57	22.57	20.62
新 疆	Xinjiang	111.22	67.26	33.61	19.33	45.44	44.84	53.36	45.32	31.70	75.50	41.24	26.77

3-9 分地区天然气生产量
Natural Gas Production by Region

单位：亿立方米 (10[8] cu.m)

地　区	Region	1995	2000	2005	2010	2015	2016	2017	2018	2019	2020	2021	2022
北　京	Beijing					16.88	21.68	15.41	17.28	14.55	19.98	4.28	8.00
天　津	Tianjin	7.57	9.10	8.79	17.20	20.54	19.69	21.50	33.94	34.90	36.31	39.02	41.17
河　北	Hebei	3.49	5.14	6.92	12.70	10.43	7.78	7.39	6.15	5.84	5.61	5.28	5.66
山　西	Shanxi	0.47	1.14	3.24		43.08	43.22	46.76	53.06	82.55	85.93	123.35	132.10
内蒙古	Inner Mongolia		4.55			9.24	0.27	0.19	16.07	22.07	25.55	289.75	307.22
辽　宁	Liaoning	21.12	14.70	11.72	8.00	6.59	5.52	5.11	5.87	6.18	7.37	7.91	8.74
吉　林	Jilin	1.83	2.05	5.40	13.70	20.31	19.77	18.58	18.35	19.82	19.81	21.38	20.50
黑龙江	Heilongjiang	25.91	23.04	24.43	30.00	35.82	38.04	40.54	43.54	45.66	46.78	50.50	55.75
上　海	Shanghai		2.60	6.04	3.30	1.88	2.02	1.71	14.54	12.47	15.11	17.24	19.47
江　苏	Jiangsu	0.19	0.24	0.64	0.60	0.37	1.33	2.94	9.97	4.09	4.24	0.94	0.85
浙　江	Zhejiang		0.04	0.03				6.14					
安　徽	Anhui						3.38	2.60	2.25	2.12	2.24	2.32	2.46
福　建	Fujian												
江　西	Jiangxi					0.35	0.23	0.21	0.17	0.03			
山　东	Shandong	12.85	6.88	9.25	5.33	4.57	4.22	4.15	4.80	4.98	5.77	6.22	7.97
河　南	Henan	11.38	14.95	17.62	6.72	4.19	3.30	2.98	2.90	2.96	2.90	2.93	3.88
湖　北	Hubei	0.76	0.91	1.12	2.00	1.35	1.31	1.27	5.13	1.07	1.01	1.29	1.38
湖　南	Hunan										0.03	0.03	0.01
广　东	Guangdong	1.03	34.60	44.75	78.40	96.57	79.25	89.23	102.50	112.08	131.59	132.48	124.39
广　西	Guangxi					0.16	0.20	0.21	0.19	0.23	0.22	0.22	0.23
海　南	Hainan			1.66	1.80	1.88	1.37	1.10	1.06	1.03	1.04	8.03	31.54
重　庆	Chongqing		1.94	3.27	1.20	33.32	51.75	60.70	61.17	72.74	79.96	87.11	88.42
四　川	Sichuan	76.64	88.60	142.30	237.65	267.22	296.91	356.39	369.86	416.88	463.34	522.21	554.06
贵　州	Guizhou		0.70	0.53	0.12	0.93	3.41	4.15	2.97	3.15	5.04	5.22	7.92
云　南	Yunnan	1.81	0.05	0.22	0.06		0.02	0.04					
西　藏	Xizang												
陕　西	Shaanxi	0.22	21.10	75.46	223.50	415.92	411.91	419.40	442.89	481.55	527.38	294.13	307.11
甘　肃	Gansu	1.13	0.20	0.84	0.20	0.08	0.06	0.60	1.03	1.58	3.90	4.18	5.44
青　海	Qinghai	0.64	3.91	22.26	56.10	61.37	60.81	64.01	64.05	64.00	64.01	62.00	60.00
宁　夏	Ningxia	0.62	0.15									0.21	0.16
新　疆	Xinjiang	11.81	35.38	106.71	249.90	293.02	291.21	307.04	321.84	341.08	369.83	387.59	406.68

 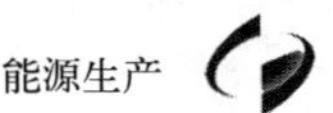

3-10 分地区发电量
Power Generation by Region

单位：亿千瓦时 (10[8] kWh)

地 区	Region	1995	2000	2005	2010	2015	2016	2017	2018	2019	2020	2021	2022
北 京	Beijing	132	145	213	269	421	434	397	451	464	457	473	467
天 津	Tianjin	134	211	369	589	623	618	638	725	733	772	800	765
河 北	Hebei	607	844	1339	1993	2498	2631	2983	3229	3298	3425	3513	3793
山 西	Shanxi	506	620	1312	2151	2449	2535	2861	3203	3362	3504	3926	4299
内蒙古	Inner Mongolia	279	439	1057	2489	3929	3950	4413	4961	5495	5811	6120	6619
辽 宁	Liaoning	540	646	904	1295	1665	1779	1844	1986	2073	2135	2258	2257
吉 林	Jilin	285	314	433	605	731	760	760	869	946	1019	1026	1057
黑龙江	Heilongjiang	388	427	596	777	874	900	954	1047	1112	1138	1201	1218
上 海	Shanghai	403	553	734	876	793	807	852	848	822	862	1003	955
江 苏	Jiangsu	700	910	2120	3359	4361	4709	4924	5146	5166	5218	5969	6077
浙 江	Zhejiang	401	625	1456	2568	3011	3198	3336	3493	3538	3531	4222	4350
安 徽	Anhui	310	355	648	1444	2062	2253	2478	2741	2887	2809	3083	3299
福 建	Fujian	262	404	778	1356	1901	2007	2226	2479	2578	2651	2951	3089
江 西	Jiangxi	176	203	373	664	982	1085	1160	1286	1376	1445	1563	1725
山 东	Shandong	739	1005	1911	3043	4685	5329	5775	5920	5897	5806	6210	6204
河 南	Henan	548	695	1415	2192	2625	2653	2747	3060	2888	2906	3039	3430
湖 北	Hubei	453	559	1290	2043	2341	2479	2631	2817	2958	3016	3292	3109
湖 南	Hunan	333	354	644	1226	1314	1385	1438	1540	1559	1554	1742	1768
广 东	Guangdong	821	1293	2279	3237	4035	4170	4517	4716	5051	5226	6306	6366
广 西	Guangxi	217	289	446	1032	1300	1347	1468	1732	1846	1971	2082	2116
海 南	Hainan	32	39	82	153	261	288	305	325	346	346	391	406
重 庆	Chongqing		168	254	504	680	701	738	812	812	841	991	998
四 川	Sichuan	576	500	1019	1795	3130	3274	3452	3693	3924	4182	4530	4846
贵 州	Guizhou	232	405	798	1386	1815	1904	1932	2021	2207	2305	2368	2299
云 南	Yunnan	228	298	624	1365	2553	2693	2950	3242	3466	3674	3770	4017
西 藏	Xizang	5	7	13	21	45	54	59	69	86	89	113	128
陕 西	Shaanxi	237	272	549	1112	1623	1757	1846	1920	2193	2379	2740	2852
甘 肃	Gansu	238	254	506	792	1242	1214	1303	1540	1631	1762	1897	1954
青 海	Qinghai	60	134	216	468	566	553	615	811	886	952	996	998
宁 夏	Ningxia	108	137	313	587	1155	1144	1406	1672	1766	1882	2083	2235
新 疆	Xinjiang	120	182	310	679	2479	2719	3037	3306	3670	4122	4684	4793

3-11 分地区水力发电量
Hydro Power Generation by Region

单位：亿千瓦时 (10^8 kWh)

地 区	Region	1995	2000	2005	2010	2015	2016	2017	2018	2019	2020	2021	2022
北 京	Beijing	3.18	8.64	4.71	4.40	6.64	12.29	11.25	9.91	10.19	11.46	13.66	9.43
天 津	Tianjin	0.21	0.14			0.16	0.03	0.07	0.15	0.12	0.10	0.21	0.14
河 北	Hebei	12.63	4.70	5.61	5.55	9.98	22.26	15.56	10.54	16.44	15.17	24.00	37.21
山 西	Shanxi	7.11	13.04	20.32	36.63	29.26	37.50	42.46	43.18	49.07	46.76	38.54	36.39
内蒙古	Inner Mongolia	1.43	5.59	11.55	16.29	36.42	27.48	20.11	36.49	58.07	57.35	49.02	42.71
辽 宁	Liaoning	41.71	14.89	56.73	43.98	32.28	47.03	30.31	33.57	43.58	56.55	78.42	79.70
吉 林	Jilin	83.16	47.84	78.30	105.50	58.42	82.42	63.47	63.40	66.76	93.84	104.86	118.00
黑龙江	Heilongjiang	6.69	13.19	14.70	22.53	16.86	16.87	21.02	26.20	27.71	31.99	39.13	39.69
上 海	Shanghai												
江 苏	Jiangsu	0.35	0.13	2.66	2.98	11.69	17.35	28.93	33.22	30.76	32.17	31.44	31.28
浙 江	Zhejiang	78.25	65.23	135.11	230.85	229.06	274.41	204.06	180.02	256.58	209.09	237.68	246.44
安 徽	Anhui	11.39	4.58	12.52	18.85	48.67	63.17	57.13	53.84	51.09	66.21	80.72	72.12
福 建	Fujian	154.91	195.22	291.00	453.69	466.07	644.39	463.66	351.17	442.35	291.77	274.28	386.95
江 西	Jiangxi	55.13	53.50	67.88	117.85	178.31	198.53	153.21	120.28	167.74	144.89	135.55	162.04
山 东	Shandong	0.40	0.03	1.30	2.14	7.77	13.92	6.46	4.64	5.23	8.66	12.36	28.08
河 南	Henan	15.64	15.52	67.91	91.67	110.16	95.54	101.23	143.95	145.06	140.21	116.29	122.49
湖 北	Hubei	258.82	281.40	813.65	1263.83	1328.47	1410.72	1504.24	1465.49	1356.98	1647.22	1598.89	1219.96
湖 南	Hunan	157.97	191.15	241.28	502.53	572.52	621.51	594.92	535.75	543.97	573.66	537.59	505.98
广 东	Guangdong	131.10	106.11	207.74	348.86	436.76	443.34	319.21	255.65	391.01	285.42	224.41	344.41
广 西	Guangxi	138.30	168.87	195.82	475.26	749.31	654.38	686.72	699.43	593.41	614.47	517.36	605.78
海 南	Hainan	11.32	11.54	10.64	13.34	11.39	19.13	26.37	25.51	17.27	16.68	18.07	28.22
重 庆	Chongqing		38.22	67.32	169.25	229.44	247.18	261.71	257.85	242.27	281.00	282.78	203.11
四 川	Sichuan	259.79	315.11	653.35	1213.42	2667.64	2852.07	3023.56	3162.67	3316.01	3541.38	3724.46	3886.56
贵 州	Guizhou	114.90	183.44	213.35	416.58	789.22	733.73	723.72	714.93	769.36	831.16	734.46	678.43
云 南	Yunnan	162.05	196.53	349.19	814.12	2177.57	2278.15	2489.67	2695.31	2855.85	2959.99	3028.16	3282.91
西 藏	Xizang	3.04	5.54	12.10	15.85	39.51	48.78	51.14	57.28	68.49	70.24	93.22	105.57
陕 西	Shaanxi	25.43	34.80	50.54	87.24	134.26	125.14	140.15	137.01	154.98	128.11	141.35	87.30
甘 肃	Gansu	96.18	102.54	165.57	262.32	335.98	313.51	350.58	411.37	496.12	506.81	451.80	374.65
青 海	Qinghai	42.57	107.69	160.58	371.11	364.33	300.85	328.14	517.90	554.04	599.00	504.94	426.78
宁 夏	Ningxia	9.30	8.18	16.41	18.02	15.53	14.02	15.45	19.76	21.87	22.50	20.72	18.45
新 疆	Xinjiang	22.82	30.83	42.33	97.08	209.05	224.75	244.12	251.42	292.00	268.20	275.63	341.20

3-12 分地区火力发电量
Thermal Power Generation by Region

单位：亿千瓦时 (10[8] kWh)

地 区	Region	1995	2000	2005	2010	2015	2016	2017	2018	2019	2020	2021	2022
北 京	Beijing	128.18	136.62	209.80	261.80	411.16	417.76	379.70	434.33	445.71	436.09	448.68	443.57
天 津	Tianjin	131.58	211.35	365.69	559.60	615.45	611.51	626.81	708.49	706.60	741.04	761.85	715.72
河 北	Hebei	593.72	839.53	1332.17	1926.28	2291.62	2372.47	2645.30	2809.74	2787.25	2831.73	2698.74	2725.56
山 西	Shanxi	498.85	607.27	1291.65	2104.00	2330.26	2362.85	2607.22	2853.44	2960.80	3032.50	3229.00	3576.88
内蒙古	Inner Mongolia	277.11	432.09	1042.28	2226.55	3427.49	3374.88	3741.98	4164.48	4608.41	4841.20	4891.80	5254.82
辽 宁	Liaoning	496.63	628.00	845.00	1204.04	1357.71	1399.56	1415.04	1453.80	1476.74	1506.84	1496.78	1394.12
吉 林	Jilin	201.45	265.48	354.16	463.29	597.05	592.28	620.75	676.94	725.24	750.21	730.69	678.79
黑龙江	Heilongjiang	381.30	413.54	581.13	720.35	790.43	803.48	821.13	876.20	911.73	921.77	948.66	878.93
上 海	Shanghai	401.93	553.09	728.74	864.79	787.55	800.14	836.13	823.75	797.45	832.98	969.37	912.60
江 苏	Jiangsu	698.42	909.57	2114.03	3166.32	4104.31	4403.02	4536.90	4578.08	4468.81	4433.91	4841.31	4752.69
浙 江	Zhejiang	300.67	539.18	1094.64	2075.47	2259.86	2374.01	2560.25	2595.26	2500.95	2442.63	3048.54	3062.44
安 徽	Anhui	297.94	350.87	636.37	1420.18	1988.11	2134.69	2319.56	2533.74	2663.97	2555.84	2741.26	2903.29
福 建	Fujian	106.60	208.45	486.88	890.43	1092.25	900.20	1132.44	1398.71	1411.24	1565.31	1722.42	1601.13
江 西	Jiangxi	121.35	149.85	305.61	545.36	785.61	856.93	949.00	1073.43	1100.96	1167.39	1243.82	1332.63
山 东	Shandong	738.83	1005.14	1909.59	3003.60	4545.63	5142.88	5546.69	5524.79	5292.91	5141.56	5281.04	5091.57
河 南	Henan	532.01	677.76	1346.77	2092.09	2498.99	2526.05	2581.06	2774.96	2553.50	2515.14	2458.77	2719.92
湖 北	Hubei	193.71	277.73	476.15	752.72	993.76	1016.50	1047.14	1238.39	1469.94	1222.23	1476.01	1595.53
湖 南	Hunan	174.86	163.27	403.13	723.75	712.65	723.32	787.67	923.42	914.60	851.87	1016.70	1027.43
广 东	Guangdong	583.62	1038.61	1764.53	2487.86	2934.43	2971.70	3327.59	3467.52	3433.89	3603.12	4638.57	4469.17
广 西	Guangxi	78.99	120.21	250.23	543.73	544.33	574.49	626.83	820.61	1006.51	1064.89	1194.62	1090.79
海 南	Hainan	20.21	27.51	72.46	137.39	236.07	199.95	195.34	211.23	212.46	213.06	254.39	245.28
重 庆	Chongqing		129.68	185.81	333.76	448.28	449.37	467.58	543.42	554.93	541.49	681.21	755.15
四 川	Sichuan	316.18	185.13	365.42	570.21	450.13	397.83	374.28	453.47	508.47	527.65	666.79	794.61
贵 州	Guizhou	116.64	221.27	584.30	969.05	986.64	1114.21	1136.51	1221.96	1339.53	1332.11	1446.58	1401.97
云 南	Yunnan	66.37	101.32	274.89	546.25	277.85	238.04	240.34	291.89	316.31	414.58	455.46	464.53
西 藏	Xizang	0.25	0.05	0.08	3.82	1.49	1.82	1.62	2.93	3.88	4.12	3.48	3.19
陕 西	Shaanxi	211.34	237.48	495.85	1024.89	1452.38	1581.48	1613.54	1639.69	1860.45	2037.87	2281.76	2395.88
甘 肃	Gansu	141.56	150.98	339.70	502.29	719.76	704.18	694.45	803.44	787.82	875.95	1006.78	1051.28
青 海	Qinghai	17.85	26.10	55.63	97.15	122.00	152.19	161.24	124.36	107.37	104.54	150.01	159.54
宁 夏	Ningxia	98.48	128.43	295.19	551.36	1017.09	953.56	1167.14	1367.77	1443.87	1529.99	1597.68	1721.16
新 疆	Xinjiang	97.27	149.29	265.48	550.90	2061.52	2219.36	2384.74	2572.95	2829.19	3262.87	3675.91	3667.81

3-13 分地区核能、风力、太阳能发电量

单位：亿千瓦时

地 区	Region	核能发电量 Nuclear Power Generation					
		2017	2018	2019	2020	2021	2022
北 京	Beijing						
天 津	Tianjin						
河 北	Hebei						
山 西	Shanxi						
内蒙古	Inner Mongolia						
辽 宁	Liaoning	235.98	301.57	327.30	327.02	400.07	451.73
吉 林	Jilin						
黑龙江	Heilongjiang						
上 海	Shanghai						
江 苏	Jiangsu	172.80	242.18	328.89	355.60	485.16	525.58
浙 江	Zhejiang	510.56	586.94	628.52	712.15	732.74	730.53
安 徽	Anhui						
福 建	Fujian	560.08	643.68	621.17	652.49	777.20	831.94
江 西	Jiangxi						
山 东	Shandong		38.67	207.20	190.51	197.08	206.57
河 南	Henan						
湖 北	Hubei						
湖 南	Hunan						
广 东	Guangdong	799.87	892.41	1101.73	1160.78	1204.10	1148.57
广 西	Guangxi	126.81	160.96	171.53	168.37	181.26	177.60
海 南	Hainan	74.59	77.17	97.20	95.63	97.63	105.24
重 庆	Chongqing						
四 川	Sichuan						
贵 州	Guizhou						
云 南	Yunnan						
西 藏	Xizang						
陕 西	Shaanxi						
甘 肃	Gansu						
青 海	Qinghai						
宁 夏	Ningxia						
新 疆	Xinjiang						

Nuclear,Wind,Solar Power Generation by Region

(10^8 kWh)

风力发电量 Wind Power Generation						太阳能发电量 Solar Power Generation					
2017	2018	2019	2020	2021	2022	2017	2018	2019	2020	2021	2022
3.47	3.49	3.41	3.74	4.01	4.95	2.25	3.06	4.77	6.19	6.23	9.14
5.87	8.06	10.83	11.64	17.69	25.51	4.94	8.08	15.43	18.83	19.98	23.52
249.59	282.64	317.66	367.62	511.36	587.27	73.01	126.47	176.31	210.56	279.32	442.83
164.32	212.13	224.30	265.66	469.11	466.42	47.25	94.05	127.50	158.63	189.50	219.11
544.97	630.99	665.80	726.29	967.21	1077.09	106.22	129.20	162.80	186.13	211.90	244.59
151.65	165.09	183.09	193.86	227.22	255.26	11.02	31.91	42.23	50.99	55.09	75.97
65.92	104.82	114.62	129.56	137.94	201.01	9.64	24.23	39.76	45.22	52.26	59.09
108.49	124.63	139.95	141.41	161.55	227.71	3.80	20.27	32.44	42.68	51.20	71.26
14.99	17.73	16.91	18.93	18.34	24.56	0.56	6.06	7.77	9.83	15.35	17.82
120.36	172.53	183.89	229.02	415.66	512.83	64.55	119.80	154.07	166.83	195.32	254.94
26.15	30.59	32.61	36.43	48.96	94.78	35.34	100.31	118.99	131.01	154.57	215.68
39.58	50.09	46.96	56.76	106.91	117.30	61.26	103.63	124.66	130.16	154.50	206.06
65.93	72.30	87.27	122.27	151.87	230.63	3.91	13.60	15.94	19.21	25.04	38.15
31.41	41.18	51.30	70.70	103.59	127.71	26.72	51.53	55.90	61.73	80.31	102.67
164.24	213.55	224.99	259.24	409.39	415.24	56.54	136.83	166.90	206.45	310.45	462.13
26.21	56.89	87.99	138.53	328.32	381.50	38.02	83.78	101.75	112.24	135.69	205.86
54.79	64.40	73.83	81.81	134.33	164.03	24.34	48.89	56.76	64.57	83.14	129.21
49.00	60.35	74.98	98.93	149.64	181.72	6.03	20.49	25.87	29.97	37.93	52.98
57.34	63.14	71.00	102.94	136.51	268.66	13.41	37.57	53.40	73.65	102.64	134.89
24.25	41.99	61.33	106.23	160.62	198.85	3.29	9.26	13.49	16.92	28.08	42.90
5.36	5.14	4.75	5.74	5.04	4.91	2.87	6.31	14.00	14.43	16.10	22.06
7.67	8.26	11.02	13.87	22.61	34.02	0.61	2.09	3.33	4.16	4.83	5.56
38.46	54.65	71.25	86.22	109.43	134.71	16.11	22.42	28.15	27.02	29.65	30.28
64.51	68.41	78.05	96.84	104.77	108.71	7.47	15.76	19.60	45.34	82.59	109.91
191.70	220.00	245.29	249.86	235.48	213.81	27.76	35.08	48.18	50.01	51.14	55.40
	0.14	0.16	0.14	0.14	0.90	4.76	8.36	12.77	14.22	15.93	18.57
51.92	72.22	83.62	94.90	175.93	200.30	40.63	71.28	94.15	118.53	140.71	168.61
185.42	230.06	228.11	246.25	288.44	348.11	72.15	95.02	118.44	133.34	149.80	180.10
17.42	37.57	66.49	81.50	130.03	155.79	108.42	131.07	158.24	166.90	210.73	255.94
149.78	186.83	185.55	194.20	281.16	274.75	73.67	97.31	114.69	135.67	183.33	220.77
291.53	359.84	413.30	433.65	547.75	587.68	116.85	121.47	136.00	157.15	184.26	196.75

3-14 分地区城市天然气供应情况

地区	Region	供气总量(万立方米) Total Gas Supply (10^4 cu.m)										
		2000	2005	2010	2015	2016	2017	2018	2019	2020	2021	2022
全国	**National Total**	**821476**	**2104951**	**4875808**	**10407906**	**11717186**	**12637546**	**14439538**	**16085570**	**15637020**	**17210612**	**17677007**
北京	Beijing	95740	317397	719740	1444924	1622393	1641696	1915978	1924347	1854130	1906214	1991095
天津	Tianjin	23474	68966	169453	306630	341705	422860	501030	576197	601576	676481	681389
河北	Hebei	4647	25374	106740	314237	366439	485113	511224	581672	642810	643803	633612
山西	Shanxi	5611	10802	141440	247397	261057	316260	380672	404718	280869	322327	320966
内蒙古	Inner Mongolia		9444	69531	133207	152198	181191	206893	221198	207514	226858	255320
辽宁	Liaoning	24923	36817	66173	170434	204093	308119	320901	335858	339622	349878	380778
吉林	Jilin	13162	17333	43462	111432	130251	148205	174481	209125	214186	224297	228098
黑龙江	Heilongjiang	4185	19555	72497	113245	121539	141437	158565	164258	153326	174588	176772
上海	Shanghai	25974	174962	450032	734776	770332	808141	892863	973605	899019	952305	911454
江苏	Jiangsu		87634	472309	969799	962542	1087514	1238706	1332189	1437794	1588946	1717890
浙江	Zhejiang		10428	118884	319276	386397	484008	625647	656652	775960	991958	997007
安徽	Anhui	600	11564	112190	234585	285424	311230	342510	385150	414417	451842	501514
福建	Fujian			51101	148807	159641	197249	242393	263595	258571	318907	335962
江西	Jiangxi		1051	11263	73570	90645	118153	145718	169840	194417	234841	251369
山东	Shandong	84065	116691	326931	633917	675242	816265	981325	1074897	1178045	1304043	1275881
河南	Henan	55018	53337	158928	332808	366133	454874	543823	601761	620406	673385	741158
湖北	Hubei	1	17422	152833	330397	377102	423990	482853	570290	548802	612816	632308
湖南	Hunan		5632	111757	215488	225562	236293	259348	283440	283930	320921	332266
广东	Guangdong	339	71597	170266	1232938	1662579	1247389	1330152	1918463	1269927	1466360	1393327
广西	Guangxi		84	10320	38789	48713	69676	73588	87444	156757	191610	206967
海南	Hainan		6360	14264	29004	23611	24611	29818	36844	38796	37629	35152
重庆	Chongqing	68049	164614	254021	349378	384521	466511	492502	538136	526164	579515	591130
四川	Sichuan	388394	598531	525686	627976	688686	718967	847233	920112	865231	971628	1028010
贵州	Guizhou	450	6199	3546	32906	39822	70939	82932	99848	126337	160265	180290
云南	Yunnan	1533	14500	119	7345	16799	28746	37632	48815	60287	60919	73687
西藏	Xizang		808		1346	1346	2772	3206	3862	4269	4559	5200
陕西	Shaanxi	17770	76285	164654	311286	342797	385643	473502	521589	556359	589725	617804
甘肃	Gansu	78	4100	72917	161907	168571	203741	235059	252040	254405	265957	264163
青海	Qinghai	2022	63606	61557	133022	136733	146460	157322	170390	170973	179738	171968
宁夏	Ningxia	56	68193	108485	199279	214980	182460	222697	216050	161214	130274	126665
新疆	Xinjiang	5385	45665	134711	447797	489334	507035	528964	543186	540909	598025	617805

Basic Statistics on Supply of Natural Gas in Cities by Region

用气人口(万人) Population with Access (10^4 persons)										
2000	2005	2010	2015	2016	2017	2018	2019	2020	2021	2022
2581	**7104**	**17021**	**28561**	**30856**	**33934**	**36902**	**39025**	**41302**	**44196**	**45679**
295	880	1292	1446	1447	1445	1435	1436	1476	1475	1473
304	412	574	847	891	811	1242	1252	1111	1115	1087
31	142	839	1214	1374	1500	1598	1658	1737	1821	1836
36	50	431	897	952	1003	1018	1071	1116	1156	1202
	50	258	536	587	623	657	668	673	660	705
410	567	797	1068	1155	1417	1487	1571	1654	1696	1838
77	167	290	677	674	740	821	840	859	896	903
56	104	568	747	802	868	928	948	977	987	1000
67	522	1093	1594	1621	1720	1805	1881	1875	1930	1981
	380	1300	2346	2506	2626	2918	3017	3173	3305	3383
	119	553	1005	1170	1445	1591	1635	1925	2168	2281
5	208	636	1184	1264	1342	1422	1503	1613	1800	1821
		274	438	491	568	631	702	800	932	1014
	38	157	503	538	685	763	838	910	925	964
62	381	1444	2454	2723	3015	3203	3395	3609	3763	3865
186	399	831	1591	1652	1865	1977	2107	2220	2337	2508
	264	700	1283	1414	1574	1737	1848	1862	2063	2070
	62	422	852	888	1023	1109	1146	1245	1477	1514
4	79	922	1885	2043	2304	2589	3019	3307	3840	4165
	1	106	348	423	479	545	632	704	771	811
	21	77	149	170	187	256	264	279	262	275
329	509	861	1181	1296	1357	1391	1433	1490	1568	1557
556	967	1164	1703	1910	2080	2255	2325	2578	2923	2950
2	2	12	248	270	337	368	434	495	549	607
2	5	37	169	256	430	474	530	563	523	527
	15		24	26	24	31	33	36	38	43
126	359	547	812	877	940	1082	1168	1221	1285	1350
2	118	197	372	404	444	476	488	525	572	590
4	33	89	139	144	158	161	167	177	182	184
1	34	108	204	216	232	241	251	268	287	270
27	220	445	648	671	692	690	768	823	890	903

3-15 分地区城市人工煤气供应情况

地 区	Region	供气总量(万立方米) Total Gas Supply (10^4 cu.m)										
		2000	2005	2010	2015	2016	2017	2018	2019	2020	2021	2022
全 国	**National Total**	**1523615**	**2558343**	**2799380**	**471378**	**440944**	**270882**	**297893**	**276841**	**231447**	**187234**	**181450**
北 京	Beijing	47310	20211									
天 津	Tianjin	9882	28803									
河 北	Hebei	45918	78435	89834	53538	73300	69573	55238	45218	46896	44627	58144
山 西	Shanxi	241869	82291	87203	39450	30742	59857	54027	67845	45340	51957	51225
内蒙古	Inner Mongolia	7485	6887	3069	3090	6800	4581	4446	3068	3171	3305	2812
辽 宁	Liaoning	81957	63614	55177	57394	48835	43621	44139	34685	31917	30895	25653
吉 林	Jilin	15508	13755	16727	7945	3868	3051	3426	3310	3158	3480	3569
黑龙江	Heilongjiang	30347	40199	7587	7202	6832	3235	3501	2872	2380	1877	2033
上 海	Shanghai	213147	199744	142167	5309							
江 苏	Jiangsu	362606	1290834	1931995								
浙 江	Zhejiang	27796	27686	484	488	421	429	426	454			
安 徽	Anhui	22996	8723									
福 建	Fujian	12727	1810	2673	3000	3000	2689	1712	1208	884		
江 西	Jiangxi	39463	31707	58208	25097	19362	17972	15040	15026	14837	13823	15249
山 东	Shandong	43041	47743	35730	59			48302	48002	29487	12001	7679
河 南	Henan	81775	117592	109500	53100	40302	36405	33624	31835	30582	2440	
湖 北	Hubei	14588	9184	12042								
湖 南	Hunan	60375	44064	3044	2767	3032						
广 东	Guangdong	12097	29310	7037				6140				
广 西	Guangxi	2817	4483	4517	4439	4428	3495	3588	4199	4627	5359	5194
海 南	Hainan											
重 庆	Chongqing	100										
四 川	Sichuan	111677	128252	159719	165604	166428	17004	17230	14192	14320	14581	7926
贵 州	Guizhou	8727	19209	26963	5540	2705						
云 南	Yunnan	15407	20287	33818	33959	27293	5017	2910	816			
西 藏	Xizang											
陕 西	Shaanxi	4447	4365					4				
甘 肃	Gansu	6691	3802	9438	1644	1845	2195	2383	2354	2092	2085	1961
青 海	Qinghai	24										
宁 夏	Ningxia	2838	3013	697								
新 疆	Xinjiang		232340	1752	1752	1752	1757	1757	1757	1757	805	4

Basic Statistics on Supply of Manufactured Coal Gas in Cities by Region

用气人口(万人) Population with Access (10^4 persons)										
2000	2005	2010	2015	2016	2017	2018	2019	2020	2021	2022
3944	**4369**	**2802**	**1322**	**1085**	**752**	**779**	**675**	**548**	**456**	**381**
83	22									
73	97									
279	401	180	159	67	59	51	47	28	0	
295	395	238	66	62	43	66	40	27	22	15
78	93	52	39	16	11	27	16	14	15	12
422	532	542	531	506	401	399	361	289	239	188
150	169	165	41	43	40	40	41	41	42	45
211	289	74	57	58	35	31	36	34	31	31
450	662	358								
325	234	90								
48	83	5	4	4	4	4	4			
169	67									
21	11	15	21	21	12	9	7	7		
125	131	150	15	11	10	11	7	7	3	1
335	357	159								
136	142	165	15	3					0	
180	22	41								
81	75	33	33	35						
150	163	18				3				
15	25	43	43	42	40	34	36	35	38	35
1										
30	33	41	52	52	49	60	58	45	45	37
73	125	167	31	31						
100	177	233	193	115	26	20				
33	27									
70	24	20	15	15	14	16	15	14	14	14
3										
10	9	6								
	5	9	5	5	7	7	7	7	7	2

3-16 分地区城市液化石油气供应情况

地 区 Region	供气总量(吨) Total Gas Supply (ton)										
	2000	2005	2010	2015	2016	2017	2018	2019	2020	2021	2022
全 国 National Total	**10537147**	**12220141**	**12680054**	**10392169**	**10788042**	**9988088**	**10153298**	**10408110**	**8337109**	**8606841**	**7584586**
北 京 Beijing	176460	374358	323104	576306	500213	492288	480641	434286	318293	428603	156679
天 津 Tianjin	44203	61503	53368	50494	55954	57567	57326	54448	60576	88464	102546
河 北 Hebei	189612	327294	205007	166370	170737	241230	156663	141206	80268	85597	86307
山 西 Shanxi	34152	42004	63331	66168	33614	90792	74579	63217	57164	64652	63301
内蒙古 Inner Mongolia	59425	138348	74251	57950	69198	52364	53681	58654	57053	67866	56580
辽 宁 Liaoning	379194	402659	395058	468889	492499	654818	683963	679254	549329	521734	497149
吉 林 Jilin	169062	184269	214818	157752	177927	179750	157114	147208	141174	138236	103575
黑龙江 Heilongjiang	601427	228630	219784	210492	197456	189183	198967	188058	146844	168760	156966
上 海 Shanghai	490561	452613	398427	424112	397885	344534	313578	328008	268425	276367	220377
江 苏 Jiangsu	705010	1129147	766586	593577	515611	577137	575121	558223	525335	569194	560086
浙 江 Zhejiang	630895	1060572	877956	695947	759710	691203	730574	769427	839084	886555	762242
安 徽 Anhui	458621	613614	615770	736312	731114	131054	156494	162157	157719	160115	159206
福 建 Fujian	737609	378053	333758	286906	277437	308113	320141	326593	290478	307295	292751
江 西 Jiangxi	164698	174521	188847	228912	242942	218325	202716	208151	212089	202237	173056
山 东 Shandong	276543	572194	760332	366750	343724	347511	316551	298330	291444	268776	259540
河 南 Henan	162199	225864	241602	217382	215099	214764	213694	176726	165378	156278	155250
湖 北 Hubei	296179	311171	421507	352112	347891	336102	324048	329993	271930	268728	280348
湖 南 Hunan	199873	294718	252906	241529	243865	203024	241126	256917	252371	253838	250661
广 东 Guangdong	3108612	4101990	5055955	3340353	3901892	3636182	3789653	4123672	2557229	2510196	2180560
广 西 Guangxi	204904	315998	303804	262313	255863	264066	306242	304973	317494	312278	296883
海 南 Hainan	77856	66866	63959	82189	82559	82108	87221	75319	77971	80884	71746
重 庆 Chongqing	38769	95577	92807	76435	81603	73458	64503	61187	57150	64141	50826
四 川 Sichuan	66154	164266	191071	173652	174570	195862	192033	194371	204998	216456	210088
贵 州 Guizhou	28973	53779	63772	88670	94902	114085	113379	121083	117404	111357	111285
云 南 Yunnan	82954	70436	166108	210095	207073	129316	149198	162123	150339	168999	139860
西 藏 Xizang	16680	1500	5521	66661	66661	6059	6475	6894	8596	8579	8445
陕 西 Shaanxi	79038	121943	43381	28796	24423	27949	52737	30336	37064	82073	54851
甘 肃 Gansu	783739	71904	185523	85327	49611	44473	41432	47732	33979	45209	47766
青 海 Qinghai	11496	14339	7142	6353	6763	7497	8528	11433	17193	17041	8881
宁 夏 Ningxia	18231	22697	14984	13193	9145	8911	7619	13350	14776	17514	18926
新 疆 Xinjiang	244018	147314	79617	60174	60103	68363	77302	74782	57962	58820	47850

Basic Statistics on Supply of LPG in Cities by Region

用气人口(万人) Population with Access (10^4 persons)										
2000	2005	2010	2015	2016	2017	2018	2019	2020	2021	2022
11107	**18013**	**16503**	**13955**	**13744**	**12616**	**11782**	**11297**	**10767**	**10180**	**9333**
253	341	394	432	432	432	429	429	441	441	440
89	123	42	28	49	35	55	52	63	51	73
476	705	503	300	298	267	240	217	179	174	159
102	170	201	119	93	75	55	49	54	36	31
192	295	354	248	239	221	201	202	210	209	199
569	713	652	559	501	382	356	350	287	275	263
350	493	461	365	343	304	274	242	230	216	210
546	612	507	425	384	347	309	282	275	265	252
421	711	852	821	798	698	619	547	553	559	495
883	1765	1115	715	622	581	457	426	362	320	320
555	1135	1244	1157	1153	994	950	925	908	1065	972
379	541	491	269	224	178	164	167	156	135	123
341	604	699	705	678	665	648	592	572	539	492
220	412	453	478	493	423	396	371	377	310	238
887	1836	1104	657	629	503	463	435	353	295	270
430	574	564	527	513	484	446	418	374	338	300
908	1142	862	581	573	582	493	433	385	379	352
461	648	612	494	515	644	512	464	464	397	380
1485	3223	3275	3140	3272	3002	2986	3059	2966	2577	2347
374	551	634	596	577	586	576	537	524	527	481
117	113	111	137	115	107	98	76	69	64	57
35	72	114	95	100	89	78	67	59	52	42
81	152	131	140	135	129	118	107	113	122	99
90	189	199	261	279	306	314	311	297	268	243
138	141	290	322	367	263	250	252	245	282	246
14	3	36	37	37	18	30	31	28	28	28
206	243	165	71	61	66	70	54	55	93	74
102	142	185	159	149	127	95	94	76	71	59
30	37	19	21	19	22	21	26	25	25	18
70	90	83	43	42	43	37	30	24	18	21
306	240	151	55	54	42	45	49	45	47	48

3-17 分地区城市集中供热情况

地 区	Region	蒸汽供应能力(吨/小时) Capacity of Steam Supply (ton/hour)										
		2000	2005	2010	2015	2016	2017	2018	2019	2020	2021	2022
全 国	**National Total**	**74148**	**106723**	**105084**	**80699**	**78307**	**98328**	**92322**	**100943**	**103471**	**118784**	**125543**
北 京	Beijing	3408	2297	450	300	300						
天 津	Tianjin	9106	3294	3167	3568	3348	2696	2445	2445	1875	1875	1875
河 北	Hebei	6427	9290	11570	7539	7944	8268	5142	4810	5813	6303	6427
山 西	Shanxi	3316	3133	2674	1385	1262	3920	4434	16374	18029	17975	19325
内蒙古	Inner Mongolia	1200	844	662	341	342	2769	1824	2451	3131	2612	2596
辽 宁	Liaoning	11569	12583	13186	12933	12915	17536	18456	16092	16911	18284	19455
吉 林	Jilin	3425	4749	5208	1403	1453	1960	2110	1767	1958	1704	1622
黑龙江	Heilongjiang	4513	5937	4411	4574	4949	6003	4550	4516	4901	8934	10655
上 海	Shanghai											
江 苏	Jiangsu	2554	19744	6280							6208	7648
浙 江	Zhejiang	1516	4569	5438	3145							
安 徽	Anhui	1915	2006	3530	4593	4393	2681	2422	2514	2745	2877	3200
福 建	Fujian											
江 西	Jiangxi											
山 东	Shandong	12498	22770	31086	24373	24690	30332	26500	29367	27649	29767	29940
河 南	Henan	3261	4698	5590	6093	6477	6110	6903	6003	6008	6281	6158
湖 北	Hubei	775	1404	1564	2680	2286	1596	1204	1204	1484	1993	1943
湖 南	Hunan	493	105									
广 东	Guangdong											
广 西	Guangxi											
海 南	Hainan											
重 庆	Chongqing											
四 川	Sichuan		160	60								
贵 州	Guizhou											
云 南	Yunnan											
西 藏	Xizang				14	14						
陕 西	Shaanxi	1923	2240	3731	3728	3742	7359	9174	7292	6738	7210	8075
甘 肃	Gansu	3949	4813	4525	26	26	700	1000	1000	1100	1100	795
青 海	Qinghai											
宁 夏	Ningxia	662	646	576	1795	1795	2538	2925	2004	2004	2004	2004
新 疆	Xinjiang	1638	1441	1376	2210	2372	3860	3233	3105	3125	3656	3825

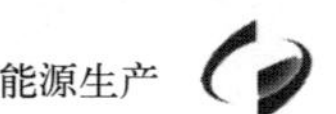

Basic Statistics on Heating Supply in Cities by Region

热水供应能力(兆瓦) Capacity of Hot Water Supply (10^6 W)										
2000	2005	2010	2015	2016	2017	2018	2019	2020	2021	2022
97417	**197976**	**315717**	**472556**	**493254**	**647827**	**578244**	**550530**	**566181**	**593226**	**600194**
4755	30115	35684	41451	42951	123814	87982	45731	49656	50971	51621
5608	10563	18055	24261	26312	28654	29256	30404	31269	31714	32282
8388	13917	23177	32035	35556	39839	46799	45491	48237	50856	49765
5347	8578	17405	30991	27389	31035	32941	25766	23614	30415	30190
5687	10887	25850	45683	41988	42776	46267	47395	49223	50852	51782
19154	36051	55770	71834	74373	68876	69692	66780	71732	72608	74606
10564	18925	29145	42760	42992	43276	45107	46151	46265	46800	48340
13750	23952	32052	46602	47511	50157	52234	52674	55185	54657	54716
8	200	6055					2	2	10	15
	233	75	30							
214	135	182	142	142	90	370	280	280	280	200
43	286									
9206	16744	27587	47487	53700	54372	58438	63381	68642	70816	70851
1334	2118	4767	11644	16446	20522	21298	24240	24326	26756	26310
	78	278	478		220	100	100	220		0
			35	169	216	295	309	357	280
					148	225	232	361	377	450
					402	64	64	64	46	46
551	1806	4215	22023	23027	22083	21039	22791	25145	30527	28524
3611	5791	10208	14331	15441	15648	16562	18249	19398	19117	19688
89	173	370	348	348	4717	4739	4810	4852	4918	8157
2963	5115	5945	7848	8286	66351	7363	16792	7766	7776	7643
6145	12309	18897	32608	36758	34678	37551	38904	39634	43372	44729

四、能源消费

Chapter 4　Energy Consumption

4-1 能源消费总量及构成
Total Energy Consumption and Its Composition

年份 Year	电热当量计算法 Calorific Value Calculation						
	能源消费总量(万吨标准煤) Total Energy Consumption (10^4 tce)	比重(%) Proportion (%)					
		煤炭 Coal	石油 Petroleum	天然气 Natural Gas	一次电力及其他能源 Primary Electricity and Other Energy	#水电 Hydro Power	#核电 Nuclear Power
1980	58587	74.2	21.4	3.2	1.2	1.2	
1981	57577	75.1	20.6	2.9	1.4	1.4	
1982	59966	76.3	19.6	2.6	1.5	1.5	
1983	63635	77.0	18.8	2.5	1.7	1.7	
1984	68495	77.8	18.1	2.5	1.6	1.6	
1985	74112	78.5	17.7	2.3	1.5	1.5	
1986	77776	78.2	17.9	2.4	1.5	1.5	
1987	83850	78.7	17.6	2.2	1.5	1.5	
1988	89963	78.8	17.6	2.1	1.5	1.5	
1989	93666	79.3	17.1	2.0	1.6	1.6	
1990	95384	79.0	17.2	2.1	1.7	1.7	
1991	100413	78.7	17.7	2.1	1.5	1.5	
1992	105602	78.3	18.1	2.0	1.6	1.6	
1993	111490	79.0	17.1	2.1	1.8	1.8	
1994	118071	79.5	16.2	2.2	2.1	2.0	0.1
1995	123471	77.0	18.6	1.9	2.5	2.4	0.1
1996	129665	76.7	19.5	1.9	1.9	1.8	0.1
1997	130082	74.9	21.3	1.8	2.0	1.9	0.1
1998	130260	74.2	21.8	1.9	2.1	2.0	0.1
1999	135132	73.7	22.3	2.1	1.9	1.8	0.1
2000	140993	71.5	22.9	2.3	3.3	1.9	0.1
2001	148264	71.5	22.2	2.5	3.8	2.3	0.1
2002	161935	71.8	22.0	2.4	3.8	2.2	0.2
2003	189269	73.2	20.9	2.4	3.5	1.8	0.3
2004	220738	73.2	20.8	2.4	3.6	2.0	0.3
2005	250835	75.4	18.6	2.5	3.5	1.9	0.3
2006	275134	75.5	18.2	2.8	3.5	1.9	0.2
2007	299271	75.6	17.6	3.1	3.7	2.0	0.3
2008	306455	75.0	17.4	3.5	4.1	2.3	0.3
2009	321336	74.9	17.2	3.7	4.2	2.4	0.3
2010	343601	72.7	18.3	4.2	4.8	2.6	0.3
2011	370163	73.4	17.6	4.8	4.2	2.3	0.3
2012	381515	72.2	17.9	5.1	4.8	2.8	0.3
2013	394794	71.3	18.0	5.6	5.1	2.9	0.3
2014	402649	70.0	18.4	6.0	5.6	3.3	0.4
2015	406312	68.1	19.7	6.2	6.0	3.4	0.5
2016	410984	66.8	20.1	6.6	6.5	3.5	0.6
2017	423108	65.3	20.4	7.4	6.9	3.5	0.7
2018	435649	63.9	20.4	8.3	7.4	3.5	0.8
2019	447597	62.8	20.7	8.7	7.8	3.6	1.0
2020	455737	62.2	20.6	9.2	8.0	3.7	1.0
2021	479161	61.3	20.5	9.7	8.5	3.4	1.0
2022	490237	61.8	19.9	9.3	9.1	3.4	1.0

4-1 续表 Continued

年 份 Year	发电煤耗计算法 Coal Equivalent Calculation						
	能源消费总量 (万吨标准煤) Total Energy Consumption (10^4 tce)	比重 (%) Proportion (%)					
		煤 炭 Coal	石 油 Petroleum	天然气 Natural Gas	一次电力及其他能源 Primary Electricity and Other Energy	#水电 Hydro Power	#核电 Nuclear Power
1980	60275	72.2	20.7	3.1	4.0	4.0	
1981	59447	72.7	20.0	2.8	4.5	4.5	
1982	62067	73.7	18.9	2.5	4.9	4.9	
1983	66040	74.2	18.1	2.4	5.3	5.3	
1984	70904	75.3	17.4	2.4	4.9	4.9	
1985	76682	75.8	17.1	2.2	4.9	4.9	
1986	80850	75.8	17.2	2.3	4.7	4.7	
1987	86632	76.2	17.0	2.1	4.7	4.7	
1988	92997	76.1	17.1	2.1	4.7	4.7	
1989	96934	76.1	17.1	2.1	4.7	4.7	
1990	98703	76.2	16.6	2.1	5.1	5.1	
1991	103783	76.1	17.1	2.0	4.8	4.8	
1992	109170	75.7	17.5	1.9	4.9	4.9	
1993	115993	74.7	18.2	1.9	5.2	5.1	0.1
1994	122737	75.0	17.4	1.9	5.7	5.2	0.5
1995	131176	74.6	17.5	1.8	6.1	5.7	0.4
1996	135192	73.5	18.7	1.8	6.0	5.6	0.4
1997	135909	71.4	20.4	1.8	6.4	5.9	0.4
1998	136184	70.9	20.8	1.8	6.5	6.1	0.4
1999	140569	70.6	21.5	2.0	5.9	5.5	0.4
2000	146964	68.5	22.0	2.2	7.3	5.7	0.4
2001	155547	68.0	21.2	2.4	8.4	6.7	0.4
2002	169577	68.5	21.0	2.3	8.2	6.3	0.5
2003	197083	70.2	20.1	2.3	7.4	5.3	0.8
2004	230281	70.2	19.9	2.3	7.6	5.5	0.8
2005	261369	72.4	17.8	2.4	7.4	5.4	0.7
2006	286467	72.4	17.5	2.7	7.4	5.4	0.7
2007	311442	72.5	17.0	3.0	7.5	5.4	0.7
2008	320611	71.5	16.7	3.4	8.4	6.1	0.7
2009	336126	71.6	16.4	3.5	8.5	6.0	0.7
2010	360648	69.2	17.4	4.0	9.4	6.4	0.7
2011	387043	70.2	16.8	4.6	8.4	5.7	0.7
2012	402138	68.5	17.0	4.8	9.7	6.8	0.8
2013	416913	67.4	17.1	5.3	10.2	6.9	0.8
2014	428334	65.8	17.3	5.6	11.3	7.7	1.0
2015	434113	63.8	18.4	5.8	12.0	8.0	1.2
2016	441492	62.2	18.7	6.1	13.0	8.2	1.5
2017	455827	60.6	18.9	6.9	13.6	7.9	1.6
2018	471925	59.0	18.9	7.6	14.5	7.8	1.9
2019	487488	57.7	19.0	8.0	15.3	8.0	2.1
2020	498314	56.9	18.8	8.4	15.9	8.1	2.2
2021	525896	55.9	18.6	8.8	16.7	7.5	2.3
2022	540956	56.0	18.0	8.4	17.6	7.4	2.3

4-2 工业分行业终端能源消费量(实物量)-2022

行　业	Item	煤合计 (万吨) Coal Total (10^4 tons)
工业	**Industry**	**60454.43**
(一)采矿业	**Mining**	**2183.26**
煤炭开采和洗选业	Mining and Washing of Coal	1456.20
石油和天然气开采业	Extraction of Petroleum and Natural Gas	60.05
黑色金属矿采选业	Mining and Processing of Ferrous Metal Ores	191.89
有色金属矿采选业	Mining and Processing of Non-Ferrous Metal Ores	72.33
非金属矿采选业	Mining and Processing of Non-metal Ores	385.74
开采专业及辅助性活动	Professional and Support Activities for Mining	1.05
其他采矿业	Mining of Other Ores	15.99
(二)制造业	**Manufacturing**	**57776.01**
农副食品加工业	Processing of Food from Agricultural Products	442.26
食品制造业	Manufacture of Foods	626.14
酒、饮料和精制茶制造业	Manufacture of Liquor, Beverages and Refined Tea	312.34
烟草制品业	Manufacture of Tobacco	3.35
纺织业	Manufacture of Textile	177.34
纺织服装、服饰业	Manufacture of Textile, Wearing Apparel and Accessories	10.43
皮革、毛皮、羽毛及其制品和制鞋业	Manufacture of Leather, Fur, Feather and Related Products and Footwear	13.95
木材加工和木、竹、藤、棕、草制品业	Processing of Timber,Manufacture of Wood,Bamboo,Rattan,Palm, and Straw Products	9.26
家具制造业	Manufacture of Furniture	1.46
造纸和纸制品业	Manufacture of Paper and Paper Products	489.85
印刷和记录媒介复制业	Printing and Reproduction of Recording Media	5.69
文教、工美、体育和娱乐用品制造业	Manufacture of Articles for Culture, Education, Arts and Crafts, Sport and Entertainment Activities	5.63
石油、煤炭及其他燃料加工业	Processing of Petroleum, Coal and Other Fuels	3854.77
化学原料和化学制品制造业	Manufacture of Raw Chemical Materials and Chemical Products	13152.06
医药制造业	Manufacture of Medicines	343.54
化学纤维制造业	Manufacture of Chemical Fibers	408.07
橡胶和塑料制品业	Manufacture of Rubber and Plastics Products	196.72
非金属矿物制品业	Manufacture of Non-metal Mineral Products	24979.46
黑色金属冶炼和压延加工业	Smelting and Pressing of Ferrous Metals	10443.76
有色金属冶炼和压延加工业	Smelting and Pressing of Non-ferrous Metals	1819.48
金属制品业	Manufacture of Metal Products	209.60
通用设备制造业	Manufacture of General Purpose Machinery	6.50
专用设备制造业	Manufacture of Special Purpose Machinery	11.27
汽车制造业	Manufacture of Automobiles	6.89
铁路、船舶、航空航天和其他运输设备制造业	Manufacture of Railway, Ship, Aerospace and Other Transport Equipments	56.22
电气机械和器材制造业	Manufacture of Electrical Machinery and Apparatus	17.40
计算机、通信和其他电子设备制造业	Manufacture of Computers, Communication and Other Electronic Equipment	22.28
仪器仪表制造业	Manufacture of Measuring Instruments and Machinery	1.72
其他制造业	Other Manufacture	1.04
废弃资源综合利用业	Utilization of Waste Resources	146.55
金属制品、机械和设备修理业	Repair Service of Metal Products, Machinery and Equipment	0.99
(三)电力、热力、燃气及水生产和供应业	**Production and Supply of Electricity, Heat, Gas and Water**	**495.17**
电力、热力生产和供应业	Production and Supply of Electric Power and Heat Power	489.22
燃气生产和供应业	Production and Supply of Gas	1.42
水的生产和供应业	Production and Supply of Water	4.53

Final Energy Consumption by Industrial Sector (Physical Quantity) -2022

原煤 (万吨) Raw Coal (10^4 tons)	洗精煤 (万吨) Cleaned Coal (10^4 tons)	其他洗煤 (万吨) Other Washed Coal (10^4 tons)	焦炭 (万吨) Coke (10^4 tons)	焦炉煤气 (亿立方米) Coke Oven Gas (10^8 cu.m)	高炉煤气 (亿立方米) Blast Furnace Gas (10^8 cu.m)	转炉煤气 (亿立方米) Converter Gas (10^8 cu.m)	其他煤气 (亿立方米) Other Gas (10^8 cu.m)	其他焦化产品 (万吨) Other Coking Products (10^4 tons)	油品合计 (万吨) Petroleum Products Total (10^4 tons)
45816.97		**13607.95**	**46066.43**	**901.47**	**8461.76**	**690.20**	**268.72**	**1099.87**	**29216.66**
1654.31		**507.19**	**223.41**	**6.13**	**29.24**	**2.72**	**0.38**	**0.58**	**1022.89**
1197.08		253.43	8.31	0.03	1.46		0.18	0.25	370.44
60.05									324.73
176.30		5.96	200.22	3.53	27.78	1.48			55.11
71.72		0.61	3.81				0.19	0.21	23.80
132.11	132.11	247.20	11.07	2.56		1.25		0.12	83.96
1.05									164.44
15.99									0.41
43704.25		**13073.68**	**45761.83**	**891.62**	**8432.52**	**687.44**	**268.17**	**1099.11**	**28109.94**
391.36		18.35	11.93	0.02			0.19		25.00
617.76		0.34	1.49	0.01					15.61
305.97		3.92	0.03	0.01				0.01	7.96
3.35									1.10
148.93		0.27	5.02						17.40
10.36			0.02						8.67
12.58		0.01							6.06
9.19		0.07	0.01						9.71
1.27		0.19							6.02
418.61		46.65	1.51						25.65
4.14		1.12							13.04
5.61			0.05						15.02
2648.68		1116.06	89.38	281.89	140.48	4.96	10.39	133.55	13848.93
12734.11		267.69	4179.04	99.88	14.83	10.39	23.97	597.22	9168.96
324.01		3.93	0.70	0.23			0.01	0.10	13.98
285.31		4.45	0.59						6.36
177.81		4.93	5.63	1.11			0.01	3.32	50.92
14948.73		9772.36	1025.75	46.68	47.79	26.54	45.71	202.36	4188.30
8966.13		1306.57	39357.06	416.98	8125.94	638.30	2.09	147.26	94.38
1376.13		381.09	366.53	38.07	0.96	2.37	182.57	11.66	320.87
164.89		44.15	455.38	2.91	77.47	1.50	0.19	3.07	40.67
6.12		0.21	189.91	0.71	0.53	0.11	0.04		39.54
3.74				0.13	1.39	0.02	1.52		25.93
4.65		0.23	14.42	0.05	0.01		0.01		34.03
2.51		53.71	0.15	0.39	0.20	0.36			28.27
17.40			0.09	0.23			0.10		36.58
18.96			0.06	0.74	0.05	0.01	1.32	0.18	31.86
1.72									5.17
1.04					0.60				6.19
92.21		47.36	57.10	1.57	22.24	2.89	0.02	0.38	11.16
0.98				0.02	0.02				6.59
458.41		**27.08**	**81.19**	**3.72**		**0.03**	**0.18**	**0.18**	**83.83**
452.52		27.08	81.19	2.99				0.18	72.89
1.42				0.72		0.03	0.18		4.53
4.48									6.41

4-2 续表 1

行　业	Item	原油 (万吨) Crude Oil (10^4 tons)
工业	**Industry**	**307.73**
(一)采矿业	**Mining**	**245.40**
煤炭开采和洗选业	Mining and Washing of Coal	0.06
石油和天然气开采业	Extraction of Petroleum and Natural Gas	245.32
黑色金属矿采选业	Mining and Processing of Ferrous Metal Ores	
有色金属矿采选业	Mining and Processing of Non-Ferrous Metal Ores	
非金属矿采选业	Mining and Processing of Non-metal Ores	
开采专业及辅助性活动	Professional and Support Activities for Mining	0.02
其他采矿业	Mining of Other Ores	
(二)制造业	**Manufacturing**	**62.13**
农副食品加工业	Processing of Food from Agricultural Products	
食品制造业	Manufacture of Foods	
酒、饮料和精制茶制造业	Manufacture of Liquor, Beverages and Refined Tea	
烟草制品业	Manufacture of Tobacco	
纺织业	Manufacture of Textile	
纺织服装、服饰业	Manufacture of Textile, Wearing Apparel and Accessories	
皮革、毛皮、羽毛及其制品和制鞋业	Manufacture of Leather, Fur, Feather and Related Products and Footwear	
木材加工和木、竹、藤、棕、草制品业	Processing of Timber,Manufacture of Wood,Bamboo,Rattan,Palm, and Straw Products	
家具制造业	Manufacture of Furniture	
造纸和纸制品业	Manufacture of Paper and Paper Products	0.03
印刷和记录媒介复制业	Printing and Reproduction of Recording Media	
文教、工美、体育和娱乐用品制造业	Manufacture of Articles for Culture, Education, Arts and Crafts, Sport and Entertainment Activities	
石油、煤炭及其他燃料加工业	Processing of Petroleum, Coal and Other Fuels	58.24
化学原料和化学制品制造业	Manufacture of Raw Chemical Materials and Chemical Products	0.51
医药制造业	Manufacture of Medicines	
化学纤维制造业	Manufacture of Chemical Fibers	
橡胶和塑料制品业	Manufacture of Rubber and Plastics Products	0.01
非金属矿物制品业	Manufacture of Non-metal Mineral Products	3.02
黑色金属冶炼和压延加工业	Smelting and Pressing of Ferrous Metals	
有色金属冶炼和压延加工业	Smelting and Pressing of Non-ferrous Metals	0.31
金属制品业	Manufacture of Metal Products	
通用设备制造业	Manufacture of General Purpose Machinery	
专用设备制造业	Manufacture of Special Purpose Machinery	
汽车制造业	Manufacture of Automobiles	
铁路、船舶、航空航天和其他运输设备制造业	Manufacture of Railway, Ship, Aerospace and Other Transport Equipments	
电气机械和器材制造业	Manufacture of Electrical Machinery and Apparatus	
计算机、通信和其他电子设备制造业	Manufacture of Computers, Communication and Other Electronic Equipment	
仪器仪表制造业	Manufacture of Measuring Instruments and Machinery	
其他制造业	Other Manufacture	
废弃资源综合利用业	Utilization of Waste Resources	
金属制品、机械和设备修理业	Repair Service of Metal Products, Machinery and Equipment	
(三)电力、热力、燃气及水生产和供应业	**Production and Supply of Electricity, Heat,Gas and Water**	**0.21**
电力、热力生产和供应业	Production and Supply of Electric Power and Heat Power	0.21
燃气生产和供应业	Production and Supply of Gas	
水的生产和供应业	Production and Supply of Water	

Continued 1

汽油 (万吨) Gasoline (10⁴ tons)	煤油 (万吨) Kerosene (10⁴ tons)	柴油 (万吨) Diesel Oil (10⁴ tons)	燃料油 (万吨) Fuel Oil (10⁴ tons)	石脑油 (万吨) Naphtha (10⁴ tons)	润滑油 (万吨) Lubricants (10⁴ tons)	石蜡 (万吨) Paraffin Waxes (10⁴ tons)	溶剂油 (万吨) White Spirit (10⁴ tons)	石油沥青 (万吨) Bitumen Asphalt (10⁴ tons)
153.28	**7.95**	**1401.02**	**488.89**	**7455.34**	**221.25**	**241.99**	**78.32**	**498.94**
11.76	**1.27**	**544.34**	**1.87**	**129.79**	**2.49**			**0.38**
2.63	0.38	183.45	0.28	129.79	1.74			
4.80	0.59	42.04						
0.54		54.28	0.03		0.26			
0.62	0.27	21.90	0.82		0.05			
0.84	0.03	81.14	0.39		0.13			0.38
2.32		161.12	0.35		0.31			
		0.41						
121.74	**6.68**	**802.32**	**482.88**	**7325.54**	**218.41**	**241.99**	**78.32**	**498.56**
3.55	0.02	16.80	1.91		0.02	0.01	1.30	
3.87		8.51	1.02		0.02		0.05	
1.25		4.05	2.16		0.02			
0.12		0.94						
2.42	0.04	7.45	4.98		0.19	0.01	0.01	0.63
1.77		5.84	0.88		0.02			
0.97		4.01	0.82		0.02		0.08	
1.20		7.27	0.11		0.02	0.86		
1.40		4.16	0.20		0.04			
1.21		15.89	4.41	0.02	0.71	0.10	0.16	
1.77		10.32	0.47		0.01		0.01	
1.39		5.19	0.39		0.03	0.83	0.07	
26.08	0.03	24.99	69.87	1815.17	193.68	0.20	15.18	10.64
5.43	1.20	50.23	229.25	5510.35	1.13	237.50	57.48	37.49
2.40		6.44	2.50	0.01	0.02	0.17	0.49	
0.33	0.01	2.15	2.48		0.20		0.09	
4.94	0.05	16.86	4.72		1.39	0.83	0.32	11.12
8.59	0.45	365.49	131.71		0.58	0.97	2.69	434.74
1.17	0.03	55.51	4.59		1.57	0.09		
1.80	0.92	42.38	7.24		1.91	0.01	0.14	2.43
6.86	0.42	24.71	2.24		0.66	0.04	0.01	
8.58	0.98	20.92	0.39		4.53	0.09	0.04	
6.92	0.79	13.28	0.59		1.24	0.01	0.04	0.02
9.71	0.14	15.05	0.08		6.74	0.01	0.11	0.06
2.36	0.57	18.99	4.28		0.47	0.02	0.01	
7.34	0.10	20.11	2.97		2.70	0.15	0.01	0.78
4.80	0.15	15.38	0.25		0.31		0.01	
2.35	0.03	2.17	0.14		0.09	0.06		
0.39	0.02	3.36	0.58		0.01	0.03		0.22
0.35	0.01	8.86	1.27		0.02			0.41
0.41	0.69	5.01	0.38		0.07			
19.78		**54.36**	**4.14**		**0.35**			
15.94		49.59	3.84		0.32			
2.17		1.48			0.03			
1.67		3.29	0.30		0.01			

4-2 续表 2

行 业	Item	石油焦(万吨) Petroleum Coke (10^4 tons)
工业	**Industry**	**3813.70**
(一)采矿业	**Mining**	**1.45**
煤炭开采和洗选业	Mining and Washing of Coal	0.33
石油和天然气开采业	Extraction of Petroleum and Natural Gas	
黑色金属矿采选业	Mining and Processing of Ferrous Metal Ores	
有色金属矿采选业	Mining and Processing of Non-Ferrous Metal Ores	0.13
非金属矿采选业	Mining and Processing of Non-metal Ores	1.00
开采专业及辅助性活动	Professional and Support Activities for Mining	
其他采矿业	Mining of Other Ores	
(二)制造业	**Manufacturing**	**3812.21**
农副食品加工业	Processing of Food from Agricultural Products	
食品制造业	Manufacture of Foods	
酒、饮料和精制茶制造业	Manufacture of Liquor, Beverages and Refined Tea	
烟草制品业	Manufacture of Tobacco	
纺织业	Manufacture of Textile	
纺织服装、服饰业	Manufacture of Textile, Wearing Apparel and Accessories	
皮革、毛皮、羽毛及其制品和制鞋业	Manufacture of Leather, Fur, Feather and Related Products and Footwear	
木材加工和木、竹、藤、棕、草制品业	Processing of Timber,Manufacture of Wood,Bamboo,Rattan,Palm, and Straw Products	
家具制造业	Manufacture of Furniture	
造纸和纸制品业	Manufacture of Paper and Paper Products	
印刷和记录媒介复制业	Printing and Reproduction of Recording Media	
文教、工美、体育和娱乐用品制造业	Manufacture of Articles for Culture, Education, Arts and Crafts, Sport and Entertainment Activities	6.50
石油、煤炭及其他燃料加工业	Processing of Petroleum, Coal and Other Fuels	153.49
化学原料和化学制品制造业	Manufacture of Raw Chemical Materials and Chemical Products	183.37
医药制造业	Manufacture of Medicines	
化学纤维制造业	Manufacture of Chemical Fibers	
橡胶和塑料制品业	Manufacture of Rubber and Plastics Products	0.06
非金属矿物制品业	Manufacture of Non-metal Mineral Products	3173.69
黑色金属冶炼和压延加工业	Smelting and Pressing of Ferrous Metals	23.32
有色金属冶炼和压延加工业	Smelting and Pressing of Non-ferrous Metals	261.01
金属制品业	Manufacture of Metal Products	
通用设备制造业	Manufacture of General Purpose Machinery	0.01
专用设备制造业	Manufacture of Special Purpose Machinery	
汽车制造业	Manufacture of Automobiles	
铁路、船舶、航空航天和其他运输设备制造业	Manufacture of Railway, Ship, Aerospace and Other Transport Equipments	
电气机械和器材制造业	Manufacture of Electrical Machinery and Apparatus	0.17
计算机、通信和其他电子设备制造业	Manufacture of Computers, Communication and Other Electronic Equipment	10.58
仪器仪表制造业	Manufacture of Measuring Instruments and Machinery	
其他制造业	Other Manufacture	
废弃资源综合利用业	Utilization of Waste Resources	
金属制品、机械和设备修理业	Repair Service of Metal Products, Machinery and Equipment	
(三)电力、热力、燃气及水生产和供应业	**Production and Supply of Electricity, Heat, Gas and Water**	**0.03**
电力、热力生产和供应业	Production and Supply of Electric Power and Heat Power	0.03
燃气生产和供应业	Production and Supply of Gas	
水的生产和供应业	Production and Supply of Water	

Continued 2

液化石油气 (万吨) Liquefied Petroleum Gas (10^4 tons)	炼厂干气 (万吨) Refinery Gas (10^4 tons)	其他石油制品 (万吨) Other Petroleum Products (10^4 tons)	天然气 (亿立方米) Natural Gas (10^8 cu.m)	液化天然气 (万吨) Liquefied Natural Gas (10^4 tons)	热力 (万百万千焦) Heat (10^{10} kJ)	电力 (亿千瓦时) Electricity (10^8 kWh)	其他能源 (万吨标准煤) Other Energy (10^4 tce)
3693.21	**2024.99**	**8830.05**	**861.29**	**7235.22**	**618928.92**	**54349.60**	**1345.99**
51.92	**14.87**	**17.33**	**177.51**	**67.68**	**7286.80**	**2697.20**	**35.94**
51.22		0.54	12.38	25.78	981.36	950.70	19.96
0.65	14.87	16.45	160.46	22.72	2098.63	557.14	
			0.08		147.90	432.87	0.77
		0.01	0.66		11.71	339.55	14.88
0.03		0.02	0.84	19.12	3643.52	218.93	0.32
0.02		0.31	3.10	0.06	403.68	32.73	
						165.29	
3639.32	**2007.19**	**8812.66**	**673.13**	**7072.73**	**595967.97**	**44220.09**	**1295.20**
1.02		0.37	6.03	232.16	13524.44	947.02	203.53
1.32		0.81	19.01	126.25	18487.79	380.33	40.68
0.47		0.01	13.68	46.56	7334.82	202.27	17.06
0.04			1.34		322.82	53.83	0.49
1.23		0.43	21.93	187.31	34778.84	1777.12	42.33
0.14		0.01	1.32	72.04	391.90	248.62	4.67
0.12		0.03	0.14	21.74	223.67	155.40	7.04
0.25			3.31	3.06	852.12	310.42	96.07
0.22			1.93	4.30	42.02	133.16	2.99
2.31		0.82	6.74	84.73	35102.42	900.64	52.75
0.28		0.18	4.51	8.16	791.11	142.80	8.04
0.53		0.09	4.73	52.24	179.68	93.95	4.38
1599.54	1787.23	8094.59	32.71	661.75	92987.28	1598.19	92.97
1964.26	219.34	671.42	264.64	1693.65	286822.24	6611.69	468.30
1.53		0.42	12.14	67.64	14702.89	523.38	22.09
0.12		0.97	3.01	120.18	17828.06	502.33	14.77
3.42		7.19	12.87	50.18	4409.92	1608.55	15.47
37.22		29.14	64.50	1416.34	6429.67	4018.67	119.44
7.21	0.61	0.28	67.53	571.17	18381.18	6860.72	31.88
2.22		0.52	32.80	314.66	30935.43	7782.21	13.65
5.16		0.56	19.14	385.61	789.30	1649.28	3.56
2.57		1.43	13.66	102.84	501.47	1212.55	5.97
1.49		1.55	6.47	70.56	898.97	547.03	4.41
1.31		0.82	8.80	187.22	2431.89	1419.56	1.64
1.38		0.20	6.60	179.95	496.05	163.52	0.19
1.82		0.43	7.17	130.42	2479.06	1410.11	3.31
0.34		0.03	29.59	159.35	3392.03	1988.87	5.96
0.11		0.22	0.72	2.83	61.92	92.33	1.22
1.58			0.04	11.36	115.00	778.19	2.94
0.11		0.14	5.79	102.64	235.57	92.46	7.41
0.01		0.01	0.28	5.82	38.41	14.88	
1.97	**2.93**	**0.05**	**10.65**	**94.80**	**15674.16**	**7432.32**	**14.86**
0.01	2.93	0.02	2.78		10224.57	6478.68	14.85
0.84		0.01	6.96	94.67	4906.66	192.98	
1.13		0.02	0.91	0.13	542.93	760.65	

4-3 工业分行业终端能源消费量(标准量)-2022

单位：万吨标准煤

行业	Sector	终端消费合计 Final Consumption Total (发电煤耗计算法) (Coal Equivalent Calculation)	(电热当量计算法) (Calorific Value Calculation)
工业	**Industry**	**353950.41**	**260411.57**
(一)采矿业	**Mining**	**13808.28**	**9166.25**
煤炭开采和洗选业	Mining and Washing of Coal	4566.33	2930.12
石油和天然气开采业	Extraction of Petroleum and Natural Gas	4268.12	3309.25
黑色金属矿采选业	Mining and Processing of Ferrous Metal Ores	1769.69	1024.70
有色金属矿采选业	Mining and Processing of Non-Ferrous Metal Ores	1113.94	529.56
非金属矿采选业	Mining and Processing of Non-metal Ores	1201.28	824.49
开采专业及辅助性活动	Professional and Support Activities for Mining	389.44	333.11
其他采矿业	Mining of Other Ores	499.49	215.02
(二)制造业	**Manufacturing**	**316827.30**	**240721.94**
农副食品加工业	Processing of Food from Agricultural Products	4282.22	2652.35
食品制造业	Manufacture of Foods	2570.29	1915.72
酒、饮料和精制茶制造业	Manufacture of Liquor, Beverages and Refined Tea	1312.50	964.38
烟草制品业	Manufacture of Tobacco	191.10	98.47
纺织业	Manufacture of Textile	7221.94	4163.42
纺织服装、服饰业	Manufacture of Textile, Wearing Apparel and Accessories	912.40	484.51
皮革、毛皮、羽毛及其制品和制鞋业	Manufacture of Leather, Fur, Feather and Related Products and Footwear	531.00	263.55
木材加工和木、竹、藤、棕、草制品业	Processing of Timber,Manufacture of Wood,Bamboo,Rattan, Palm,and Straw Products	1108.28	574.04
家具制造业	Manufacture of Furniture	438.71	209.53
造纸和纸制品业	Manufacture of Paper and Paper Products	4477.18	2927.12
印刷和记录媒介复制业	Printing and Reproduction of Recording Media	549.40	303.63
文教、工美、体育和娱乐用品制造业	Manufacture of Articles for Culture, Education, Arts and Crafts, Sport and Entertainment Activities	460.14	298.45
石油、煤炭及其他燃料加工业	Processing of Petroleum, Coal and Other Fuels	33823.89	31073.31
化学原料和化学制品制造业	Manufacture of Raw Chemical Materials and Chemical Products	64883.48	53504.37
医药制造业	Manufacture of Medicines	2597.41	1696.63
化学纤维制造业	Manufacture of Chemical Fibers	2636.99	1772.44
橡胶和塑料制品业	Manufacture of Rubber and Plastics Products	5379.16	2610.75
非金属矿物制品业	Manufacture of Non-metal Mineral Products	38088.26	31171.88
黑色金属冶炼和压延加工业	Smelting and Pressing of Ferrous Metals	84696.27	72888.57
有色金属冶炼和压延加工业	Smelting and Pressing of Non-ferrous Metals	27443.40	14049.75
金属制品业	Manufacture of Metal Products	6595.33	3756.82
通用设备制造业	Manufacture of General Purpose Machinery	4200.46	2113.59
专用设备制造业	Manufacture of Special Purpose Machinery	1902.18	960.70
汽车制造业	Manufacture of Automobiles	4774.27	2331.13
铁路、船舶、航空航天和其他运输设备制造业	Manufacture of Railway, Ship, Aerospace and Other Transport Equipments	968.45	687.02
电气机械和器材制造业	Manufacture of Electrical Machinery and Apparatus	4630.72	2203.84
计算机、通信和其他电子设备制造业	Manufacture of Computers, Communication and Other Electronic Equipment	6699.96	3277.00
仪器仪表制造业	Manufacture of Measuring Instruments and Machinery	298.36	139.45
其他制造业	Other Manufacture	2333.56	994.24
废弃资源综合利用业	Utilization of Waste Resources	750.79	591.66
金属制品、机械和设备修理业	Repair Service of Metal Products, Machinery and Equipment	69.20	43.60
(三)电力、热力、燃气及水生产和供应业	**Production and Supply of Electricity, Heat, Gas and Water**	**23314.83**	**10523.38**
电力、热力生产和供应业	Production and Supply of Electric Power and Heat Power	20028.74	8878.54
燃气生产和供应业	Production and Supply of Gas	999.21	667.08
水的生产和供应业	Production and Supply of Water	2286.89	977.76

Final Energy Consumption by Industrial Sector (Standard Quantity) -2022

(10⁴ tce)

煤合计 Coal Total	原煤 Raw Coal	洗精煤 Cleaned Coal	其他洗煤 Other Washed Coal	焦炭 Coke	焦炉煤气 Coke Oven Gas	高炉煤气 Blast Furnace Gas	转炉煤气 Converter Gas	其他煤气 Other Gas
42244.09	**34270.67**		**7348.29**	**44748.93**	**5150.99**	**10881.82**	**1873.20**	**479.94**
1432.08	**1144.99**		**273.88**	**217.02**	**35.01**	**37.60**	**7.39**	**0.67**
940.10	799.80		136.85	8.07	0.19	1.87		0.33
42.35	42.35							
151.20	142.14		3.22	194.50	20.19	35.73	4.01	
49.79	49.46		0.33	3.70				0.34
236.62	99.22		133.49	10.75	14.64		3.38	
0.75	0.75							
11.28	11.28							
40492.68	**32826.86**		**7059.79**	**44453.04**	**5094.74**	**10844.22**	**1865.72**	**478.95**
299.28	269.61		9.91	11.58	0.11			0.34
297.30	292.23		0.19	1.45	0.05			
185.58	181.98		2.12	0.03	0.08			
2.43	2.43							
123.67	106.43		0.15	4.87	0.01			
7.46	7.42			0.02				
9.79	8.95							
6.59	6.56		0.04	0.01				
1.15	1.04		0.10					
300.97	260.85		25.19	1.47				
3.61	2.75		0.61					
3.94	3.92			0.04				
2462.27	1804.94		602.67	86.82	1610.71	180.65	13.46	18.56
9558.21	9322.43		144.55	4059.52	570.71	19.07	28.19	42.81
238.74	227.15		2.12	0.68	1.31			0.02
277.83	203.59		2.40	0.57				
132.57	121.41		2.66	5.47	6.35			0.02
16184.71	10750.75		5277.07	996.41	266.70	61.46	72.04	81.63
8869.15	8059.74		705.55	38231.45	2382.63	10449.96	1732.35	3.73
1182.31	938.71		205.79	356.05	217.53	1.24	6.42	326.07
167.97	143.79		23.84	442.35	16.61	99.62	4.08	0.35
4.57	4.35		0.12	184.48	4.08	0.69	0.30	0.08
7.55	2.98				0.73	1.79	0.05	2.71
5.03	3.68		0.13	14.00	0.28	0.01		0.02
31.10	2.10		29.01	0.14	2.20	0.26	0.97	0.01
13.43	13.43			0.08	1.31			0.18
17.16	15.15			0.06	4.23	0.06	0.02	2.36
1.21	1.21							
0.73	0.73					0.77		
95.62	65.81		25.58	55.47	8.98	28.60	7.85	0.04
0.74	0.73				0.13	0.03		
319.32	**298.82**		**14.62**	**78.87**	**21.24**		**0.09**	**0.32**
315.22	294.75		14.62	78.87	17.11			
0.94	0.94				4.13		0.09	0.32
3.16	3.13							

4-3 续表 1

单位：万吨标准煤

行　业	Sector	其他焦化产品 Other Coking Products
工业	**Industry**	**1269.25**
(一)采矿业	**Mining**	**0.67**
煤炭开采和洗选业	Mining and Washing of Coal	0.29
石油和天然气开采业	Extraction of Petroleum and Natural Gas	
黑色金属矿采选业	Mining and Processing of Ferrous Metal Ores	
有色金属矿采选业	Mining and Processing of Non-Ferrous Metal Ores	0.24
非金属矿采选业	Mining and Processing of Non-metal Ores	0.14
开采专业及辅助性活动	Professional and Support Activities for Mining	
其他采矿业	Mining of Other Ores	
(二)制造业	**Manufacturing**	**1268.37**
农副食品加工业	Processing of Food from Agricultural Products	
食品制造业	Manufacture of Foods	
酒、饮料和精制茶制造业	Manufacture of Liquor, Beverages and Refined Tea	0.01
烟草制品业	Manufacture of Tobacco	
纺织业	Manufacture of Textile	
纺织服装、服饰业	Manufacture of Textile, Wearing Apparel and Accessories	
皮革、毛皮、羽毛及其制品和制鞋业	Manufacture of Leather, Fur, Feather and Related Products and Footwear	
木材加工和木、竹、藤、棕、草制品业	Processing of Timber,Manufacture of Wood,Bamboo,Rattan, Palm,and Straw Products	
家具制造业	Manufacture of Furniture	
造纸和纸制品业	Manufacture of Paper and Paper Products	
印刷和记录媒介复制业	Printing and Reproduction of Recording Media	
文教、工美、体育和娱乐用品制造业	Manufacture of Articles for Culture, Education, Arts and Crafts, Sport and Entertainment Activities	
石油、煤炭及其他燃料加工业	Processing of Petroleum, Coal and Other Fuels	154.12
化学原料和化学制品制造业	Manufacture of Raw Chemical Materials and Chemical Products	689.20
医药制造业	Manufacture of Medicines	0.11
化学纤维制造业	Manufacture of Chemical Fibers	
橡胶和塑料制品业	Manufacture of Rubber and Plastics Products	3.83
非金属矿物制品业	Manufacture of Non-metal Mineral Products	233.52
黑色金属冶炼和压延加工业	Smelting and Pressing of Ferrous Metals	169.94
有色金属冶炼和压延加工业	Smelting and Pressing of Non-ferrous Metals	13.45
金属制品业	Manufacture of Metal Products	3.54
通用设备制造业	Manufacture of General Purpose Machinery	
专用设备制造业	Manufacture of Special Purpose Machinery	
汽车制造业	Manufacture of Automobiles	
铁路、船舶、航空航天和其他运输设备制造业	Manufacture of Railway, Ship, Aerospace and Other Transport Equipments	
电气机械和器材制造业	Manufacture of Electrical Machinery and Apparatus	
计算机、通信和其他电子设备制造业	Manufacture of Computers, Communication and Other Electronic Equipment	0.21
仪器仪表制造业	Manufacture of Measuring Instruments and Machinery	
其他制造业	Other Manufacture	
废弃资源综合利用业	Utilization of Waste Resources	0.44
金属制品、机械和设备修理业	Repair Service of Metal Products, Machinery and Equipment	
(三)电力、热力、燃气及水生产和供应业	**Production and Supply of Electricity, Heat, Gas and Water**	**0.21**
电力、热力生产和供应业	Production and Supply of Electric Power and Heat Power	0.21
燃气生产和供应业	Production and Supply of Gas	
水的生产和供应业	Production and Supply of Water	

Continued 1

(10⁴ tce)

油品合计 Petroleum Products Total	原油 Crude Oil	汽油 Gasoline	煤油 Kerosene	柴油 Diesel Oil	燃料油 Fuel Oil	石脑油 Naphtha	润滑油 Lubricants	石蜡 Paraffin Waxes	溶剂油 White Spirit
41273.12	**439.63**	**225.54**	**11.70**	**2041.43**	**698.43**	**11183.01**	**312.91**	**330.26**	**114.91**
1501.26	**350.57**	**17.30**	**1.87**	**793.16**	**2.67**	**194.69**	**3.53**		
558.26	0.09	3.88	0.56	267.30	0.40	194.69	2.46		
466.03	350.46	7.07	0.87	61.26					
80.30		0.80		79.09	0.04		0.36		
34.61		0.91	0.40	31.91	1.17		0.07		
121.88		1.24	0.05	118.23	0.56		0.19		
239.57	0.02	3.41		234.77	0.50		0.44		
0.60				0.60					
39648.74	**88.75**	**179.13**	**9.83**	**1169.06**	**689.84**	**10988.31**	**308.90**	**330.26**	**114.91**
36.65		5.23	0.03	24.48	2.73		0.02	0.01	1.90
23.01		5.70		12.40	1.46		0.03		0.07
11.67		1.84		5.90	3.09		0.02		
1.62		0.18		1.37					
25.40		3.56	0.07	10.86	7.11		0.27	0.02	0.01
12.67		2.60		8.51	1.26		0.03		
8.85		1.43	0.01	5.84	1.17		0.02		0.12
14.14		1.76		10.59	0.16		0.03	1.17	
8.84		2.06		6.06	0.29		0.06		
37.72	0.04	1.79		23.15	6.30	0.03	1.01	0.13	0.23
19.07		2.60		15.04	0.67		0.02		0.02
19.30		2.05		7.56	0.56		0.04	1.13	0.10
19768.52	83.20	38.37	0.04	36.41	99.82	2722.75	273.92	0.28	22.28
13933.42	0.73	7.99	1.77	73.19	327.51	8265.52	1.59	324.15	84.34
20.67		3.53		9.38	3.57	0.01	0.03	0.23	0.72
9.10		0.48	0.02	3.13	3.54		0.29		0.14
72.31	0.02	7.27	0.07	24.57	6.74		1.97	1.14	0.47
4748.88	4.31	12.64	0.67	532.56	188.16		0.82	1.32	3.95
129.73		1.72	0.04	80.88	6.56		2.22	0.12	
361.18	0.44	2.65	1.35	61.75	10.34		2.70	0.01	0.20
60.52		10.10	0.62	36.00	3.20		0.94	0.05	0.02
58.01		12.63	1.44	30.48	0.56		6.40	0.12	0.05
38.00		10.18	1.16	19.35	0.84		1.75	0.01	0.06
49.67		14.29	0.21	21.93	0.11		9.53	0.01	0.17
41.42		3.47	0.84	27.67	6.11		0.66	0.03	0.01
53.42		10.80	0.15	29.30	4.24		3.81	0.21	0.02
42.24		7.06	0.22	22.41	0.36		0.44	0.01	0.02
7.55		3.46	0.04	3.16	0.20		0.12	0.08	
9.38		0.58	0.03	4.90	0.83		0.01	0.04	
16.18		0.52	0.01	12.91	1.81		0.03		
9.60		0.60	1.02	7.30	0.54		0.10		0.01
123.11	**0.30**	**29.11**		**79.21**	**5.91**		**0.49**		
106.63	0.30	23.46		72.26	5.49		0.45		
6.84		3.20		2.16			0.04		
9.64		2.45		4.79	0.43		0.01		

4-3 续表 2

单位：万吨标准煤

行　　业	Sector	石油沥青 Bitumen Asphalt
工业	**Industry**	**653.61**
(一)采矿业	**Mining**	**0.50**
煤炭开采和洗选业	Mining and Washing of Coal	
石油和天然气开采业	Extraction of Petroleum and Natural Gas	
黑色金属矿采选业	Mining and Processing of Ferrous Metal Ores	
有色金属矿采选业	Mining and Processing of Non-Ferrous Metal Ores	
非金属矿采选业	Mining and Processing of Non-metal Ores	0.50
开采专业及辅助性活动	Professional and Support Activities for Mining	
其他采矿业	Mining of Other Ores	
(二)制造业	**Manufacturing**	**653.11**
农副食品加工业	Processing of Food from Agricultural Products	
食品制造业	Manufacture of Foods	
酒、饮料和精制茶制造业	Manufacture of Liquor, Beverages and Refined Tea	
烟草制品业	Manufacture of Tobacco	
纺织业	Manufacture of Textile	0.83
纺织服装、服饰业	Manufacture of Textile, Wearing Apparel and Accessories	
皮革、毛皮、羽毛及其制品和制鞋业	Manufacture of Leather, Fur, Feather and Related Products and Footwear	
木材加工和木、竹、藤、棕、草制品业	Processing of Timber,Manufacture of Wood,Bamboo,Rattan, Palm,and Straw Products	
家具制造业	Manufacture of Furniture	
造纸和纸制品业	Manufacture of Paper and Paper Products	
印刷和记录媒介复制业	Printing and Reproduction of Recording Media	
文教、工美、体育和娱乐用品制造业	Manufacture of Articles for Culture, Education, Arts and Crafts, Sport and Entertainment Activities	
石油、煤炭及其他燃料加工业	Processing of Petroleum, Coal and Other Fuels	13.94
化学原料和化学制品制造业	Manufacture of Raw Chemical Materials and Chemical Products	49.11
医药制造业	Manufacture of Medicines	
化学纤维制造业	Manufacture of Chemical Fibers	
橡胶和塑料制品业	Manufacture of Rubber and Plastics Products	14.57
非金属矿物制品业	Manufacture of Non-metal Mineral Products	569.52
黑色金属冶炼和压延加工业	Smelting and Pressing of Ferrous Metals	
有色金属冶炼和压延加工业	Smelting and Pressing of Non-ferrous Metals	3.18
金属制品业	Manufacture of Metal Products	
通用设备制造业	Manufacture of General Purpose Machinery	
专用设备制造业	Manufacture of Special Purpose Machinery	0.02
汽车制造业	Manufacture of Automobiles	0.08
铁路、船舶、航空航天和其他运输设备制造业	Manufacture of Railway, Ship, Aerospace and Other Transport Equipments	
电气机械和器材制造业	Manufacture of Electrical Machinery and Apparatus	1.02
计算机、通信和其他电子设备制造业	Manufacture of Computers, Communication and Other Electronic Equipment	
仪器仪表制造业	Manufacture of Measuring Instruments and Machinery	
其他制造业	Other Manufacture	0.29
废弃资源综合利用业	Utilization of Waste Resources	0.53
金属制品、机械和设备修理业	Repair Service of Metal Products, Machinery and Equipment	
(三)电力、热力、燃气及水生产和供应业	**Production and Supply of Electricity, Heat, Gas and Water**	
电力、热力生产和供应业	Production and Supply of Electric Power and Heat Power	
燃气生产和供应业	Production and Supply of Gas	
水的生产和供应业	Production and Supply of Water	

Continued 2

(10^4 tce)

石油焦 Petroleum Coke	液化石油气 Liquefied Petroleum Gas	炼厂干气 Refinery Gas	其他石油制品 Other Petroleum Products	天然气 Natural Gas	液化天然气 Liquefied Natural Gas	热力 Heat	电力 Electricity	其他能源 Other Energy
4004.38	**6331.28**	**3182.07**	**11743.96**	**10764.37**	**12478.73**	**21105.48**	**66795.66**	**1345.99**
1.53	**89.01**	**23.37**	**23.05**	**2218.53**	**116.73**	**248.48**	**3314.85**	**35.94**
0.35	87.81		0.72	154.72	44.46	33.46	1168.41	19.96
	1.12	23.37	21.88	2005.40	39.19	71.56	684.72	
			0.01	0.96		5.04	532.00	0.77
0.13			0.01	8.28		0.40	417.31	14.88
1.05	0.06		0.02	10.47	32.98	124.24	269.06	0.32
	0.03		0.41	38.70	0.10	13.77	40.22	
							203.14	
4002.82	**6238.88**	**3154.10**	**11720.84**	**8412.80**	**12198.49**	**20322.51**	**54346.49**	**1295.20**
	1.74		0.49	75.38	400.41	461.18	1163.88	203.53
	2.26	0.01	1.08	237.63	217.75	630.43	467.43	40.68
	0.80		0.02	170.95	80.30	250.12	248.59	17.06
	0.07			16.77		11.01	66.15	0.49
	2.11		0.57	274.05	323.05	1185.96	2184.07	42.33
	0.25		0.02	16.54	124.24	13.36	305.55	4.67
	0.20		0.04	1.76	37.50	7.63	190.99	7.04
	0.43			41.37	5.29	29.06	381.50	96.07
	0.37			24.06	7.41	1.43	163.66	2.99
	3.96		1.09	84.19	146.14	1196.99	1106.89	52.75
	0.48		0.24	56.35	14.08	26.98	175.50	8.04
6.83	0.90		0.13	59.10	90.10	6.13	115.46	4.38
161.17	2742.09	2808.45	10765.81	408.84	1141.34	3170.87	1964.18	92.97
192.54	3367.33	344.67	892.99	3307.46	2921.07	9780.64	8125.77	468.30
	2.62		0.55	151.73	116.66	501.37	643.24	22.09
	0.21		1.28	37.60	207.27	607.94	617.37	14.77
0.07	5.87		9.56	160.90	86.55	150.38	1976.91	15.47
3332.37	63.81		38.76	806.10	2442.80	219.25	4938.95	119.44
24.49	12.36	0.97	0.37	844.02	985.11	626.80	8431.82	31.88
274.06	3.80		0.69	409.93	542.70	1054.90	9564.34	13.65
	8.84		0.74	239.25	665.07	26.92	2026.97	3.56
0.01	4.41		1.90	170.73	177.37	17.10	1490.22	5.97
	2.56		2.06	80.80	121.70	30.66	672.30	4.41
	2.25		1.09	110.00	322.90	82.93	1744.63	1.64
	2.37		0.27	82.47	310.36	16.92	200.97	0.19
0.17	3.11		0.57	89.60	224.94	84.54	1733.03	3.31
11.11	0.58		0.04	369.87	274.84	115.67	2444.32	5.96
	0.18		0.29	8.99	4.89	2.11	113.48	1.22
	2.70			0.51	19.59	3.92	956.40	2.94
	0.19		0.18	72.37	177.02	8.03	113.63	7.41
	0.02		0.01	3.46	10.04	1.31	18.28	
0.04	**3.38**	**4.60**	**0.06**	**133.05**	**163.51**	**534.49**	**9134.32**	**14.86**
0.04	0.01	4.60	0.02	34.70		348.66	7962.30	14.85
	1.44		0.02	86.98	163.28	167.32	237.17	
	1.93		0.02	11.37	0.23	18.51	934.84	

4-4 分行业能源消费总量

单位：万吨标准煤

行　业	Sector	1995	2000
消 费 总 量	**Total Consumption**	**131176**	**146964**
农、林、牧、渔业	**Agriculture, Forestry, Animal Husbandry and Fishery**	**5505**	**4233**
工业	**Industry**	**96191**	**103014**
采矿业	**Mining**	**9941**	**10286**
煤炭开采和洗选业	Mining and Washing of Coal	5500	4576
石油和天然气开采业	Extraction of Petroleum and Natural Gas	2813	3966
黑色金属矿采选业	Mining and Processing of Ferrous Metal Ores	268	376
有色金属矿采选业	Mining and Processing of Non-Ferrous Metal Ores	557	427
非金属矿采选业	Mining and Processing of Non-metal Ores	553	708
开采专业及辅助性活动	Professional and Support Activities for Mining		
其他采矿业	Mining of Other Ores	250	234
制造业	**Manufacturing**	**78368**	**80914**
农副食品加工业	Processing of Food from Agricultural Products	1973	1669
食品制造业	Manufacture of Foods	1208	1092
酒、饮料和精制茶制造业	Manufacture of Liquor, Beverages and Refined Tea	1000	844
烟草制品业	Manufacture of Tobacco	224	313
纺织业	Manufacture of Textile	3531	3020
纺织服装、服饰业	Manufacture of Textile, Wearing Apparel and Accessories	329	357
皮革、毛皮、羽毛及其制品和制鞋业	Manufacture of Leather, Fur, Feather and Related Products and Footwear	290	208
木材加工和木、竹、藤、棕、草制品业	Processing of Timber,Manufacture of Wood,Bamboo,Rattan,Palm, and Straw Products	380	376
家具制造业	Manufacture of Furniture	106	104
造纸和纸制品业	Manufacture of Paper and Paper Products	2138	2281
印刷和记录媒介复制业	Printing and Reproduction of Recording Media	203	207
文教、工美、体育和娱乐用品制造业	Manufacture of Articles for Culture, Education, Arts and Crafts, Sport and Entertainment Activities	62	123
石油、煤炭及其他燃料加工业	Processing of Petroleum, Coal and Other Fuels	5567	7956
化学原料和化学制品制造业	Manufacture of Raw Chemical Materials and Chemical Products	15822	14070
医药制造业	Manufacture of Medicines	1201	977
化学纤维制造业	Manufacture of Chemical Fibers	1278	1911
橡胶和塑料制品业	Manufacture of Rubber and Plastics Products	1186	1405
非金属矿物制品业	Manufacture of Non-metal Mineral Products	13058	11515
黑色金属冶炼和压延加工业	Smelting and Pressing of Ferrous Metals	18533	20563
有色金属冶炼和压延加工业	Smelting and Pressing of Non-ferrous Metals	2842	4129
金属制品业	Manufacture of Metal Products	994	1218
通用设备制造业	Manufacture of General Purpose Machinery	1651	1266
专用设备制造业	Manufacture of Special Purpose Machinery	1089	883
汽车制造业	Manufacture of Automobiles	1376	1530
铁路、船舶、航空航天和其他运输设备制造业	Manufacture of Railway, Ship, Aerospace and Other Transport Equipments		
电气机械和器材制造业	Manufacture of Electrical Machinery and Apparatus	629	658
计算机、通信和其他电子设备制造业	Manufacture of Computers, Communication and Other Electronic Equipment	321	692
仪器仪表制造业	Manufacture of Measuring Instruments and Machinery	143	158
其他制造业	Other Manufacture	1234	1389
废弃资源综合利用业	Utilization of Waste Resources		
金属制品、机械和设备修理业	Repair Service of Metal Products, Machinery and Equipment		
电力、热力、燃气及水生产和供应业	**Production and Supply of Electricity, Heat, Gas and Water**	**7883**	**11814**
电力、热力生产和供应业	Production and Supply of Electric Power and Heat Power	7053	10584
燃气生产和供应业	Production and Supply of Gas	341	618
水的生产和供应业	Production and Supply of Water	489	611
建筑业	**Construction**	**1335**	**2207**
交通运输、仓储和邮政业	**Transport, Storage and Post**	**5863**	**11447**
批发和零售业、住宿和餐饮业	**Wholesale and Retail Trades, Hotels and Catering Services**	**2018**	**3251**
其他	**Others**	**4519**	**6118**
居民生活	**Residential**	**15745**	**16695**

Total Energy Consumption by Sector

(10[4] tce)

2005	2010	2015	2016	2017	2018	2019	2020	2021	2022
261369	**360648**	**434113**	**441492**	**455827**	**471925**	**487488**	**498314**	**525896**	**540956**
6860	**7266**	**8271**	**8585**	**8945**	**8781**	**9018**	**9263**	**9661**	**10090**
187914	**261377**	**295953**	**295615**	**302308**	**311151**	**322503**	**332625**	**348551**	**363782**
12429	**20950**	**19489**	**17773**	**18099**	**18981**	**19233**	**17451**	**18298**	**18258**
5634	12436	10399	9436	9646	9983	10133	8953	9035	8811
3741	3987	4269	3916	3956	3818	3755	3743	4155	4461
1135	2089	1663	1458	1537	1566	1660	1728	1897	1757
814	999	1177	1076	1106	1253	1258	1090	1082	1114
995	1224	1297	1260	1185	1312	1324	1126	1273	1209
		337	286	321	464	470	322	341	406
111	214	348	341	347	584	633	488	516	499
158235	**217329**	**248264**	**247658**	**252462**	**258604**	**268426**	**279651**	**293065**	**307086**
3096	3746	4266	4241	4145	4036	4126	4002	4315	4296
1615	1857	1840	1976	1965	1959	2042	2148	2417	2769
1523	1369	1501	1496	1403	1317	1283	1199	1287	1339
278	234	230	206	200	198	192	180	186	192
6145	6988	7159	7303	7518	7372	7398	6982	7932	7268
669	848	923	946	882	866	905	854	989	912
375	475	631	607	563	546	539	489	535	531
929	1382	1306	1194	1082	1059	1036	1007	1154	1094
141	252	376	364	353	367	383	393	459	439
4078	4475	4059	4115	4314	4102	3847	3927	4204	4462
298	420	467	481	484	517	508	498	556	550
213	237	393	410	435	461	493	501	545	460
12481	17874	24184	24165	26458	28689	32572	35267	36720	41969
28626	36741	49533	49722	49356	51278	53272	56723	60405	66327
1521	1816	2263	2323	2251	2179	2179	2259	2395	2603
1789	1644	1912	2075	2204	2329	2416	2355	2713	2634
2894	3853	4432	4538	4771	4793	4868	4990	5547	5380
26215	32512	35587	34772	33343	32798	33344	35387	36039	37049
44724	66873	64404	62879	62843	62279	65387	66851	66263	66011
7966	13628	20773	21028	23316	24628	24436	25460	26413	27663
2375	3804	4645	4974	6366	6283	6552	6385	6879	6451
2495	3774	3531	3665	3636	3705	3627	3982	4345	4199
1299	1902	1846	1739	1691	1691	1884	1820	1991	1903
2060	3782	3184	3276	3380	3646	3663	4078	4645	4781
		856	867	979	1821	853	827	915	975
1410	2347	2589	2623	2582	2698	2841	3106	3910	4632
1518	2547	3149	3377	3662	4628	5028	5120	6004	6721
223	359	316	309	307	277	249	252	290	298
1237	1459	1666	1708	1672	1620	1799	1857	2230	2334
41	129	187	228	222	391	635	686	714	727
		53	52	76	72	68	63	70	115
17250	**23099**	**28200**	**30184**	**31747**	**33566**	**34844**	**35523**	**37188**	**38438**
15847	21487	26191	28080	29258	30832	31759	32076	33487	34378
692	627	718	739	994	1148	1309	1525	1537	1792
711	985	1291	1365	1495	1587	1775	1923	2164	2268
3486	**5533**	**7545**	**7847**	**8243**	**8685**	**9142**	**9320**	**9608**	**8371**
19136	**27102**	**38510**	**39883**	**42140**	**43617**	**43909**	**41309**	**43935**	**40434**
5917	**7847**	**11447**	**12042**	**12456**	**12994**	**13624**	**13171**	**14898**	**15342**
10484	**15052**	**21925**	**23185**	**24277**	**26262**	**27582**	**28245**	**31762**	**32375**
27573	**36470**	**50461**	**54336**	**57459**	**60436**	**61709**	**64380**	**67481**	**70563**

4-5 分行业煤炭消费总量

单位：万吨

行　业	Sector	1995	2000
消费总量	**Total Consumption**	**137677**	**135690**
农、林、牧、渔业	**Agriculture, Forestry, Animal Husbandry and Fishery**	**1857**	**1051**
工业	**Industry**	**117571**	**121807**
采矿业	**Mining**	**9861**	**10603**
煤炭开采和洗选业	Mining and Washing of Coal	8291	8913
石油和天然气开采业	Extraction of Petroleum and Natural Gas	637	847
黑色金属矿采选业	Mining and Processing of Ferrous Metal Ores	95	79
有色金属矿采选业	Mining and Processing of Non-Ferrous Metal Ores	175	100
非金属矿采选业	Mining and Processing of Non-metal Ores	434	512
开采专业及辅助性活动	Professional and Support Activities for Mining		
其他采矿业	Mining of Other Ores	229	153
制造业	**Manufacturing**	**63109**	**53356**
农副食品加工业	Processing of Food from Agricultural Products	1754	1511
食品制造业	Manufacture of Foods	1215	761
酒、饮料和精制茶制造业	Manufacture of Liquor, Beverages and Refined Tea	983	733
烟草制品业	Manufacture of Tobacco	191	151
纺织业	Manufacture of Textile	2537	1564
纺织服装、服饰业	Manufacture of Textile, Wearing Apparel and Accessories	117	142
皮革、毛皮、羽毛及其制品和制鞋业	Manufacture of Leather, Fur, Feather and Related Products and Footwear	239	81
木材加工和木、竹、藤、棕、草制品业	Processing of Timber,Manufacture of Wood,Bamboo,Rattan,Palm, and Straw Products	363	265
家具制造业	Manufacture of Furniture	63	50
造纸和纸制品业	Manufacture of Paper and Paper Products	2132	1982
印刷和记录媒介复制业	Printing and Reproduction of Recording Media	87	58
文教、工美、体育和娱乐用品制造业	Manufacture of Articles for Culture, Education, Arts and Crafts, Sport and Entertainment Activities	33	20
石油、煤炭及其他燃料加工业	Processing of Petroleum, Coal and Other Fuels	8025	9718
化学原料和化学制品制造业	Manufacture of Raw Chemical Materials and Chemical Products	10804	8162
医药制造业	Manufacture of Medicines	915	615
化学纤维制造业	Manufacture of Chemical Fibers	823	993
橡胶和塑料制品业	Manufacture of Rubber and Plastics Products	878	485
非金属矿物制品业	Manufacture of Non-metal Mineral Products	13424	9841
黑色金属冶炼和压延加工业	Smelting and Pressing of Ferrous Metals	12921	12109
有色金属冶炼和压延加工业	Smelting and Pressing of Non-ferrous Metals	1349	1528
金属制品业	Manufacture of Metal Products	462	274
通用设备制造业	Manufacture of General Purpose Machinery	821	413
专用设备制造业	Manufacture of Special Purpose Machinery	653	376
汽车制造业	Manufacture of Automobiles	860	827
铁路、船舶、航空航天和其他运输设备	Manufacture of Railway, Ship, Aerospace and Other Transport Equipments		
电气机械和器材制造业	Manufacture of Electrical Machinery and Apparatus	344	220
计算机、通信和其他电子设备制造业	Manufacture of Computers, Communication and Other Electronic Equipment	142	84
仪器仪表制造业	Manufacture of Measuring Instruments and Machinery	71	37
其他制造业	Other Manufacture	906	353
废弃资源综合利用业	Utilization of Waste Resources		
金属制品、机械和设备修理业	Repair Service of Metal Products, Machinery and Equipment		
电力、热力、燃气及水生产和供应业	**Production and Supply of Electricity, Heat, Gas and Water**	**44600**	**57848**
电力、热力生产和供应业	Production and Supply of Electric Power and Heat Power	43800	56675
燃气生产和供应业	Production and Supply of Gas	763	1122
水的生产和供应业	Production and Supply of Water	38	51
建筑业	**Construction**	**440**	**537**
交通运输、仓储和邮政业	**Transport, Storage and Post**	**1315**	**882**
批发和零售业、住宿和餐饮业	**Wholesale and Retail Trades, Hotels and Catering Services**	**977**	**1461**
其他	**Others**	**1987**	**1495**
居民生活	**Residential**	**13530**	**8457**

Total Coal Consumption by Sector

(10⁴ tons)

2005	2010	2015	2016	2017	2018	2019	2020	2021	2022
243375	**349008**	**399834**	**388820**	**391403**	**397452**	**401915**	**404860**	**429576**	**448246**
1802	**2147**	**2625**	**2778**	**2834**	**2363**	**2202**	**2254**	**1790**	**1722**
224766	**329728**	**378190**	**367435**	**371160**	**380696**	**387268**	**390891**	**417585**	**437175**
13307	**27146**	**30802**	**25246**	**25106**	**26064**	**23850**	**17859**	**17307**	**16568**
11748	24893	29103	23793	23874	24234	22140	16886	16075	15447
367	541	186	174	131	122	112	72	73	68
275	482	378	283	245	222	198	205	332	270
220	212	199	120	105	137	93	85	90	72
686	1016	819	774	662	753	742	540	670	655
		116	97	88	595	564	63	56	39
11	3	2	5	1			8	12	16
105047	**151519**	**181345**	**172342**	**162194**	**161049**	**159894**	**159830**	**158700**	**166819**
2320	3365	2601	2570	2234	1871	1720	1577	1374	1041
1260	1845	1617	1679	1526	1619	1642	1639	1783	2014
1360	1587	1185	1091	956	690	619	497	532	512
143	86	43	28	22	15	7	5	4	3
3282	3710	4729	4211	3308	951	790	592	511	491
293	374	257	214	142	57	45	49	22	10
149	196	155	135	94	33	22	18	16	14
568	699	467	326	217	108	90	40	35	11
35	83	57	42	17	5	2	2	2	1
3827	5242	4669	4603	4586	4272	3942	3545	3494	3282
56	84	81	84	46	66	62	60	56	23
31	45	124	114	75	33	14	10	15	6
20390	35103	48069	46561	45310	48515	53972	55519	55065	60013
17337	22379	30100	26916	24579	23504	22007	23077	22982	25963
980	1274	1511	1427	1184	913	786	735	697	643
1203	921	1090	1370	1329	1330	1318	1142	1111	1072
919	1334	978	868	670	501	401	280	284	242
23834	30844	31696	30691	27039	24321	22608	24705	24014	25438
20835	30749	33896	31184	30443	29308	27987	28217	29149	29929
2931	6928	14769	15656	16761	21888	20765	17138	16750	15354
377	555	460	399	256	349	333	306	295	212
721	1095	301	244	186	97	21	16	11	7
471	657	287	206	141	48	32	12	20	18
773	932	430	366	273	179	97	85	70	55
		118	92	159	75	41	35	41	58
333	569	731	560	104	37	24	20	29	26
153	192	150	131	108	196	411	172	151	185
38	41	20	20	13	4	2	2	2	2
406	563	687	483	365	4	2	3	5	1
21	67	61	68	49	60	132	333	178	149
		5	4	3			1	1	45
106411	**151064**	**166043**	**169847**	**183860**	**193583**	**203524**	**213202**	**241578**	**253788**
105016	149726	165422	169441	183107	192239	201798	211123	239518	251356
1363	1255	570	383	730	1318	1707	2057	2025	2403
33	83	51	22	23	27	20	22	35	29
604	**731**	**878**	**805**	**733**	**650**	**640**	**639**	**444**	**369**
811	**639**	**492**	**404**	**353**	**321**	**283**	**241**	**120**	**94**
2627	**3192**	**3864**	**3826**	**3461**	**2686**	**2378**	**1981**	**1489**	**1331**
2727	**3412**	**4159**	**4081**	**3580**	**3021**	**2598**	**2571**	**2218**	**2004**
10039	**9159**	**9627**	**9492**	**9283**	**7714**	**6547**	**6283**	**5929**	**5550**

4-6 分行业焦炭消费总量

单位：万吨

行　　业	Sector	1995	2000
消 费 总 量	**Total Consumption**	**10725**	**10841**
农、林、牧、渔业	**Agriculture, Forestry, Animal Husbandry and Fishery**	**129**	**71**
工业	**Industry**	**10412**	**10555**
采矿业	**Mining**	**151**	**161**
煤炭开采和洗选业	Mining and Washing of Coal	42	53
石油和天然气开采业	Extraction of Petroleum and Natural Gas	1	6
黑色金属矿采选业	Mining and Processing of Ferrous Metal Ores	57	52
有色金属矿采选业	Mining and Processing of Non-Ferrous Metal Ores	25	22
非金属矿采选业	Mining and Processing of Non-metal Ores	26	27
开采专业及辅助性活动	Professional and Support Activities for Mining		
其他采矿业	Mining of Other Ores	1	
制造业	**Manufacturing**	**10244**	**10357**
农副食品加工业	Processing of Food from Agricultural Products	15	16
食品制造业	Manufacture of Foods	10	15
酒、饮料和精制茶制造业	Manufacture of Liquor, Beverages and Refined Tea	5	3
烟草制品业	Manufacture of Tobacco	2	1
纺织业	Manufacture of Textile	6	4
纺织服装、服饰业	Manufacture of Textile, Wearing Apparel and Accessories	1	2
皮革、毛皮、羽毛及其制品和制鞋业	Manufacture of Leather, Fur, Feather and Related Products and Footwear	1	2
木材加工和木、竹、藤、棕、草制品业	Processing of Timber,Manufacture of Wood,Bamboo,Rattan,Palm, and Straw Products	1	1
家具制造业	Manufacture of Furniture	1	1
造纸和纸制品业	Manufacture of Paper and Paper Products	4	2
印刷和记录媒介复制业	Printing and Reproduction of Recording Media	1	
文教、工美、体育和娱乐用品制造业	Manufacture of Articles for Culture, Education, Arts and Crafts, Sport and Entertainment Activities	2	2
石油、煤炭及其他燃料加工业	Processing of Petroleum, Coal and Other Fuels	32	65
化学原料和化学制品制造业	Manufacture of Raw Chemical Materials and Chemical Products	1299	1105
医药制造业	Manufacture of Medicines	3	1
化学纤维制造业	Manufacture of Chemical Fibers	24	27
橡胶和塑料制品业	Manufacture of Rubber and Plastics Products	3	9
非金属矿物制品业	Manufacture of Non-metal Mineral Products	277	312
黑色金属冶炼和压延加工业	Smelting and Pressing of Ferrous Metals	7811	8085
有色金属冶炼和压延加工业	Smelting and Pressing of Non-ferrous Metals	195	218
金属制品业	Manufacture of Metal Products	123	126
通用设备制造业	Manufacture of General Purpose Machinery	237	208
专用设备制造业	Manufacture of Special Purpose Machinery	101	74
汽车制造业	Manufacture of Automobiles	41	32
铁路、船舶、航空航天和其他运输设备	Manufacture of Railway, Ship, Aerospace and Other Transport Equipments		
电气机械和器材制造业	Manufacture of Electrical Machinery and Apparatus	16	11
计算机、通信和其他电子设备制造业	Manufacture of Computers, Communication and Other Electronic Equipment	1	
仪器仪表制造业	Manufacture of Measuring Instruments and Machinery	3	4
其他制造业	Other Manufacture	30	30
废弃资源综合利用业	Utilization of Waste Resources		
金属制品、机械和设备修理业	Repair Service of Metal Products, Machinery and Equipment		
电力、热力、燃气及水生产和供应业	**Production and Supply of Electricity, Heat, Gas and Water**	**17**	**37**
电力、热力生产和供应业	Production and Supply of Electric Power and Heat Power	4	
燃气生产和供应业	Production and Supply of Gas	13	37
水的生产和供应业	Production and Supply of Water		
建筑业	**Construction**	**11**	**19**
交通运输、仓储和邮政业	**Transport, Storage and Post**	**10**	**11**
批发和零售业、住宿和餐饮业	**Wholesale and Retail Trades, Hotels and Catering Services**	**26**	**36**
其他	**Others**	**6**	**12**
居民生活	**Residential**	**132**	**137**

Total Coke Consumption by Sector

(10⁴ tons)

2005	2010	2015	2016	2017	2018	2019	2020	2021	2022
25106	**38703**	**44059**	**45462**	**43743**	**43717**	**46426**	**48310**	**46664**	**46395**
63	**47**	**49**	**53**	**38**	**103**	**60**	**23**	**22**	**1**
24861	**38599**	**43923**	**45325**	**43609**	**43561**	**46320**	**48272**	**46632**	**46392**
150	**421**	**236**	**243**	**203**	**174**	**208**	**199**	**204**	**223**
37	43	63	75	75	34	49	11	7	8
84	353	158	153	116	128	148	170	182	200
16	16	9	5	3	4	4	4	3	4
13	9	7	10	8	9	8	15	12	11
24646	**38155**	**43646**	**45045**	**43366**	**43346**	**46067**	**47802**	**46206**	**46033**
9	15	141	143	138	137	125	16	14	12
5	3	3	2	2	1	2	16	17	11
1	1	1	1	1			4	3	3
3	5	2	1	1	2	3	6	6	5
1	4	2	2	1					
	1								
2	2	1	1			2			
1	5	2	1	1	1	1			
4	2	1	1				30	16	2
4	4	3	3	4	2				
77	93	65	32	41	56	71	59	76	94
1724	2475	3579	3997	3674	3744	4014	4289	4261	4324
1	3	1	1	2	2	3	6	8	1
51	2		17	17	18	20	3	2	1
4	15	3	2	1			2	4	6
208	386	904	881	773	966	1340	1464	1288	1027
21429	33448	37336	38439	37521	37152	39247	40335	39220	39357
397	592	565	528	518	403	406	490	514	475
78	76	100	66	60	450	469	589	496	455
456	657	684	686	444	328	245	412	227	190
69	126	68	71	64	20	7			
94	169	129	123	69	31	14	12	11	14
		3	2	1	1				
17	27	12	7	5	2	1	1	1	
1	12	14	14	13					
3	6	3	2	1					
4	2		3	2					
2	25	22	16	10	31	97	69	42	57
65	**23**	**40**	**37**	**40**	**40**	**45**	**271**	**223**	**135**
6	4	39	35	39	39	44	270	223	135
59	19	2	2	2	2	1	1		
18	**6**	**7**	**7**	**13**	**11**	**10**	**4**	**2**	**2**
1		**3**	**3**	**6**					
64	**5**	**40**	**41**	**49**	**19**	**17**			
8	**3**	**5**	**6**	**6**	**6**	**6**			
90	**43**	**31**	**27**	**22**	**16**	**13**	**11**	**7**	

4-7 分行业原油消费总量

单位：万吨

行业	Sector	1995	2000
消费总量	**Total Consumption**	**14886.39**	**21232.01**
农、林、牧、渔业	**Agriculture, Forestry, Animal Husbandry and Fishery**	**10.11**	
工业	**Industry**	**14716.30**	**21052.08**
采矿业	**Mining**	**1686.21**	**3196.35**
煤炭开采和洗选业	Mining and Washing of Coal		2.32
石油和天然气开采业	Extraction of Petroleum and Natural Gas	1686.16	3194.03
黑色金属矿采选业	Mining and Processing of Ferrous Metal Ores		
有色金属矿采选业	Mining and Processing of Non-Ferrous Metal Ores	0.05	
非金属矿采选业	Mining and Processing of Non-metal Ores		
开采专业及辅助性活动	Professional and Support Activities for Mining		
其他采矿业	Mining of Other Ores		
制造业	**Manufacturing**	**12963.62**	**17779.14**
农副食品加工业	Processing of Food from Agricultural Products	0.53	0.42
食品制造业	Manufacture of Foods	0.72	0.48
酒、饮料和精制茶制造业	Manufacture of Liquor, Beverages and Refined Tea	0.72	0.52
烟草制品业	Manufacture of Tobacco		
纺织业	Manufacture of Textile	1.29	0.05
纺织服装、服饰业	Manufacture of Textile, Wearing Apparel and Accessories	0.04	0.16
皮革、毛皮、羽毛及其制品和制鞋业	Manufacture of Leather, Fur, Feather and Related Products and Footwear	0.04	
木材加工和木、竹、藤、棕、草制品业	Processing of Timber,Manufacture of Wood,Bamboo,Rattan,Palm, and Straw Products		
家具制造业	Manufacture of Furniture		
造纸和纸制品业	Manufacture of Paper and Paper Products	0.26	0.48
印刷和记录媒介复制业	Printing and Reproduction of Recording Media	0.10	
文教、工美、体育和娱乐用品制造业	Manufacture of Articles for Culture, Education, Arts and Crafts, Sport and Entertainment Activities		0.10
石油、煤炭及其他燃料加工业	Processing of Petroleum, Coal and Other Fuels	11338.36	15295.82
化学原料和化学制品制造业	Manufacture of Raw Chemical Materials and Chemical Products	1078.84	1809.79
医药制造业	Manufacture of Medicines	0.12	
化学纤维制造业	Manufacture of Chemical Fibers	478.22	604.71
橡胶和塑料制品业	Manufacture of Rubber and Plastics Products	1.24	0.45
非金属矿物制品业	Manufacture of Non-metal Mineral Products	56.32	53.54
黑色金属冶炼和压延加工业	Smelting and Pressing of Ferrous Metals	3.17	10.25
有色金属冶炼和压延加工业	Smelting and Pressing of Non-ferrous Metals	0.35	0.80
金属制品业	Manufacture of Metal Products	0.17	0.03
通用设备制造业	Manufacture of General Purpose Machinery	0.28	0.11
专用设备制造业	Manufacture of Special Purpose Machinery	0.20	0.27
汽车制造业	Manufacture of Automobiles	0.57	0.06
铁路、船舶、航空航天和其他运输设备	Manufacture of Railway, Ship, Aerospace and Other Transport Equipments		
电气机械和器材制造业	Manufacture of Electrical Machinery and Apparatus	0.85	0.50
计算机、通信和其他电子设备制造业	Manufacture of Computers, Communication and Other Electronic Equipment		
仪器仪表制造业	Manufacture of Measuring Instruments and Machinery		
其他制造业	Other Manufacture	1.23	0.60
废弃资源综合利用业	Utilization of Waste Resources		
金属制品、机械和设备修理业	Repair Service of Metal Products, Machinery and Equipment		
电力、热力、燃气及水生产和供应业	**Production and Supply of Electricity, Heat, Gas and Water**	**66.47**	**76.59**
电力、热力生产和供应业	Production and Supply of Electric Power and Heat Power	66.47	76.59
燃气生产和供应业	Production and Supply of Gas		
水的生产和供应业	Production and Supply of Water		
建筑业	**Construction**	**2.71**	**3.30**
交通运输、仓储和邮政业	**Transport, Storage and Post**	**156.77**	**175.05**
批发和零售业、住宿和餐饮业	**Wholesale and Retail Trades, Hotels and Catering Services**	**0.50**	**0.18**
其他	**Others**		**1.40**
居民生活	**Residential**		

Total Crude Oil Consumption by Sector

(10[4] tons)

2005	2010	2015	2016	2017	2018	2019	2020	2021	2022
30088.94	**42874.55**	**54788.28**	**57125.93**	**59402.17**	**63004.33**	**67268.27**	**69477.14**	**72298.86**	**70022.90**
29962.07	**42716.55**	**54752.43**	**57103.59**	**59393.50**	**62995.51**	**67259.08**	**69476.54**	**72298.29**	**70022.29**
1373.95	**1020.29**	**1024.17**	**787.88**	**739.96**	**644.02**	**637.22**	**610.12**	**612.53**	**680.53**
		0.03	0.01	0.06	13.92	0.22	0.08	0.10	0.06
1373.95	1020.29	987.50	740.82	713.31	612.23	636.91	609.94	612.34	680.46
			1.23						
		36.64	45.82	26.59	17.86	0.10	0.09	0.09	0.02
28559.26	**41692.62**	**53727.99**	**56315.45**	**58653.34**	**62351.28**	**66621.69**	**68866.23**	**71685.54**	**69341.54**
0.07	0.11	0.03	0.02	0.02	0.06				
0.10	0.01								
0.50									
0.20	0.02			0.01	0.07				
0.24	0.03	0.01		0.01					
0.04	0.05	0.02	0.02						
0.12	0.22	0.04	0.01						
0.03	0.01	0.01							
0.68	0.12	0.04	0.04	0.04	0.03	0.03	0.03	0.03	0.03
	0.01								
0.09	0.06		0.01						
26019.28	38624.99	50191.16	52431.24	55431.90	59673.27	63223.31	65073.92	67885.53	66371.64
2510.59	3062.50	3536.22	3883.65	3220.70	2676.96	3397.86	3791.64	3799.07	2966.53
	0.02					0.03			
10.62									
0.90	0.12	0.04	0.04			0.01	0.05	0.10	0.01
14.17	2.45	0.21	0.21	0.42	0.46	0.10	0.37	0.59	3.02
0.13	0.33	0.02	0.02	0.01					
0.31	0.71	0.01	0.01		0.36	0.30	0.21	0.22	0.31
0.06	0.12	0.01	0.01	0.01	0.01				
0.15	0.09	0.03	0.03	0.01	0.01				
0.11	0.06	0.08	0.08	0.09			0.01		
0.15	0.17	0.02	0.02	0.06	0.02	0.01	0.01		
		0.01	0.01	0.01	0.01	0.01			
0.26	0.15			0.02	0.01				
0.40	0.27	0.01	0.01						
0.05		0.01	0.01	0.01					
0.01									
						0.01			
28.86	**3.64**	**0.27**	**0.26**	**0.20**	**0.21**	**0.17**	**0.19**	**0.22**	**0.21**
28.60	3.64	0.27	0.26	0.20	0.21	0.17	0.16	0.22	0.21
0.26									
							0.03		
126.87	**158.00**	**35.85**	**22.34**	**8.67**	**8.82**	**9.19**	**0.60**	**0.57**	**0.61**

4-8 分行业汽油消费总量

单位：万吨

行　　业	Sector	1995	2000
消 费 总 量	**Total Consumption**	**2909.59**	**3504.56**
农、林、牧、渔业	**Agriculture, Forestry, Animal Husbandry and Fishery**	**179.66**	**89.16**
工业	**Industry**	**812.43**	**681.98**
采矿业	**Mining**	**135.90**	**120.78**
煤炭开采和洗选业	Mining and Washing of Coal	37.87	36.32
石油和天然气开采业	Extraction of Petroleum and Natural Gas	58.99	45.38
黑色金属矿采选业	Mining and Processing of Ferrous Metal Ores	4.74	6.81
有色金属矿采选业	Mining and Processing of Non-Ferrous Metal Ores	8.18	5.87
非金属矿采选业	Mining and Processing of Non-metal Ores	8.74	9.07
开采专业及辅助性活动	Professional and Support Activities for Mining		
其他采矿业	Mining of Other Ores	17.38	17.34
制造业	**Manufacturing**	**637.21**	**528.75**
农副食品加工业	Processing of Food from Agricultural Products	37.56	34.04
食品制造业	Manufacture of Foods	16.33	13.62
酒、饮料和精制茶制造业	Manufacture of Liquor, Beverages and Refined Tea	14.91	11.35
烟草制品业	Manufacture of Tobacco	3.17	34.04
纺织业	Manufacture of Textile	42.72	39.68
纺织服装、服饰业	Manufacture of Textile, Wearing Apparel and Accessories	11.39	7.94
皮革、毛皮、羽毛及其制品和制鞋业	Manufacture of Leather, Fur, Feather and Related Products and Footwear	5.38	5.68
木材加工和木、竹、藤、棕、草制品业	Processing of Timber,Manufacture of Wood,Bamboo,Rattan,Palm, and Straw Products	4.68	3.68
家具制造业	Manufacture of Furniture	3.71	3.97
造纸和纸制品业	Manufacture of Paper and Paper Products	14.59	13.62
印刷和记录媒介复制业	Printing and Reproduction of Recording Media	6.17	6.81
文教、工美、体育和娱乐用品制造业	Manufacture of Articles for Culture, Education, Arts and Crafts, Sport and Entertainment Activities	2.66	2.55
石油、煤炭及其他燃料加工业	Processing of Petroleum, Coal and Other Fuels	29.23	16.63
化学原料和化学制品制造业	Manufacture of Raw Chemical Materials and Chemical Products	62.64	51.05
医药制造业	Manufacture of Medicines	8.98	10.22
化学纤维制造业	Manufacture of Chemical Fibers	4.56	4.31
橡胶和塑料制品业	Manufacture of Rubber and Plastics Products	31.88	23.42
非金属矿物制品业	Manufacture of Non-metal Mineral Products	82.14	51.74
黑色金属冶炼和压延加工业	Smelting and Pressing of Ferrous Metals	42.55	34.04
有色金属冶炼和压延加工业	Smelting and Pressing of Non-ferrous Metals	12.71	12.49
金属制品业	Manufacture of Metal Products	18.19	20.42
通用设备制造业	Manufacture of General Purpose Machinery	58.65	23.82
专用设备制造业	Manufacture of Special Purpose Machinery	26.69	34.12
汽车制造业	Manufacture of Automobiles	37.48	22.70
铁路、船舶、航空航天和其他运输设备	Manufacture of Railway, Ship, Aerospace and Other Transport Equipments		
电气机械和器材制造业	Manufacture of Electrical Machinery and Apparatus	24.07	18.15
计算机、通信和其他电子设备制造业	Manufacture of Computers, Communication and Other Electronic Equipment	9.15	9.07
仪器仪表制造业	Manufacture of Measuring Instruments and Machinery	4.69	3.40
其他制造业	Other Manufacture	20.33	16.20
废弃资源综合利用业	Utilization of Waste Resources		
金属制品、机械和设备修理业	Repair Service of Metal Products, Machinery and Equipment		
电力、热力、燃气及水生产和供应业	**Production and Supply of Electricity, Heat, Gas and Water**	**39.32**	**32.44**
电力、热力生产和供应业	Production and Supply of Electric Power and Heat Power	33.85	28.17
燃气生产和供应业	Production and Supply of Gas	3.21	1.95
水的生产和供应业	Production and Supply of Water	2.26	2.32
建筑业	**Construction**	**103.62**	**115.55**
交通运输、仓储和邮政业	**Transport, Storage and Post**	**982.30**	**1527.78**
批发和零售业、住宿和餐饮业	**Wholesale and Retail Trades, Hotels and Catering Services**	**197.23**	**69.84**
其他	**Others**	**570.65**	**792.67**
居民生活	**Residential**	**63.70**	**227.58**

Total Gasoline Consumption by Sector

(10[4] tons)

2005	2010	2015	2016	2017	2018	2019	2020	2021	2022
4854.91	**6956.20**	**11368.46**	**11866.04**	**12296.27**	**13055.30**	**13627.97**	**12767.16**	**14242.43**	**13277.27**
159.59	**169.07**	**231.33**	**224.39**	**229.64**	**242.92**	**253.18**	**257.35**	**280.87**	**277.86**
441.71	**689.46**	**477.08**	**436.32**	**382.10**	**296.51**	**262.00**	**183.97**	**194.28**	**307.01**
51.89	**66.32**	**40.39**	**36.27**	**29.53**	**22.32**	**19.25**	**13.89**	**13.27**	**11.76**
14.61	20.11	10.64	8.88	7.22	6.15	4.95	3.22	3.02	2.63
25.71	24.20	11.29	9.91	8.90	7.77	6.99	5.65	5.78	4.80
4.60	7.70	3.73	3.27	2.12	1.17	0.81	0.60	0.55	0.54
3.30	7.59	7.03	6.95	4.50	1.89	1.64	1.07	0.69	0.62
3.65	6.40	3.49	3.24	2.72	1.50	1.05	0.77	0.72	0.84
		4.13	3.92	4.03	3.84	3.82	2.59	2.50	2.32
0.02	0.32	0.08	0.09	0.03					
364.19	**590.92**	**403.38**	**368.90**	**324.05**	**249.17**	**215.69**	**152.41**	**161.45**	**275.47**
13.24	38.93	28.48	23.61	17.55	9.90	7.09	4.85	4.00	3.55
7.36	15.74	10.13	9.50	7.91	4.80	4.21	3.69	4.10	3.87
6.93	9.55	6.63	6.74	5.04	4.15	2.89	1.82	1.47	1.25
0.75	0.72	0.63	0.56	0.52	0.44	0.38	0.08	0.09	0.12
16.74	26.96	13.89	11.99	13.07	7.02	5.59	3.27	2.88	2.42
9.28	17.83	11.89	10.92	8.96	5.76	4.89	2.89	2.33	1.77
4.30	8.40	6.87	6.27	5.18	3.59	2.86	1.56	1.17	0.97
4.72	9.29	7.06	5.94	4.73	2.14	1.70	1.27	1.71	1.20
2.74	8.23	5.19	4.59	4.62	3.18	2.40	1.63	1.45	1.40
8.05	11.32	6.14	5.44	4.80	3.10	2.51	1.63	1.46	1.21
6.64	8.33	6.56	6.45	6.25	4.09	3.59	2.83	2.63	1.77
3.70	4.08	8.18	7.11	6.64	4.14	3.31	2.06	1.73	1.39
20.85	36.18	3.26	3.97	3.69	19.74	27.88	16.51	24.30	175.52
42.14	48.20	35.52	35.06	28.47	18.77	14.16	17.07	28.71	9.72
7.34	12.16	10.82	9.80	8.16	5.82	3.92	2.98	2.78	2.40
1.10	1.55	0.95	1.32	1.13	0.80	0.61	0.37	0.35	0.33
21.05	34.02	20.88	19.89	17.04	12.66	9.45	5.92	5.56	4.94
24.03	37.47	30.08	27.04	23.92	17.08	14.75	12.92	10.85	8.59
21.17	13.40	11.32	8.34	6.61	3.49	3.35	2.50	2.08	1.17
6.14	10.35	6.67	5.95	4.94	4.28	3.39	2.48	2.09	1.80
17.14	32.95	22.33	19.78	17.29	13.09	11.60	8.24	7.70	6.86
26.21	54.03	31.19	26.27	23.86	17.40	15.29	10.88	10.11	8.58
15.84	29.51	25.93	22.78	20.42	14.05	11.84	8.30	8.10	6.92
34.92	49.21	35.33	36.07	34.65	27.77	24.72	13.62	12.77	9.71
		7.12	6.39	5.89	7.48	3.50	2.71	2.60	2.36
20.62	36.48	26.45	24.86	21.25	17.45	14.94	10.26	9.00	7.34
10.55	20.31	14.54	14.09	13.86	10.94	9.59	6.29	5.76	4.80
3.45	7.26	5.84	4.91	4.74	4.18	3.84	2.65	2.60	2.35
6.87	7.73	1.70	1.78	1.43	0.88	0.68	0.45	0.36	0.39
0.31	0.73	0.81	0.67	0.59	0.44	0.31	0.24	0.27	0.35
		0.99	0.83	0.85	0.53	0.44	0.42	0.41	0.41
25.62	**32.22**	**33.31**	**31.15**	**28.52**	**25.01**	**27.06**	**17.67**	**19.56**	**19.78**
20.31	24.64	25.97	23.88	21.88	19.07	21.55	13.60	15.50	15.94
2.36	3.20	3.39	3.08	2.87	2.62	2.55	2.28	2.30	2.17
2.95	4.38	3.94	4.19	3.77	3.32	2.96	1.79	1.76	1.67
172.14	**274.70**	**408.57**	**437.26**	**452.32**	**504.99**	**499.89**	**508.39**	**563.20**	**544.32**
2430.05	**3274.92**	**5306.59**	**5511.15**	**5698.53**	**6067.62**	**6244.92**	**5573.57**	**6223.26**	**5845.63**
129.39	**168.18**	**243.29**	**240.86**	**244.46**	**275.50**	**287.95**	**273.23**	**302.95**	**287.40**
998.20	**1166.22**	**2108.47**	**2046.40**	**2075.05**	**2163.56**	**2240.92**	**2253.09**	**2502.73**	**2248.83**
523.83	**1213.65**	**2593.11**	**2969.67**	**3214.17**	**3504.20**	**3839.10**	**3717.56**	**4175.15**	**3766.21**

4-9 分行业煤油消费总量

单位：万吨

行　　业	Sector	1995	2000
消 费 总 量	**Total Consumption**	**512.11**	**871.61**
农、林、牧、渔业	**Agriculture, Forestry, Animal Husbandry and Fishery**	**3.57**	**1.50**
工业	**Industry**	**44.94**	**83.95**
采矿业	**Mining**	**2.92**	**7.44**
煤炭开采和洗选业	Mining and Washing of Coal	1.59	5.37
石油和天然气开采业	Extraction of Petroleum and Natural Gas	0.59	0.42
黑色金属矿采选业	Mining and Processing of Ferrous Metal Ores	0.08	0.04
有色金属矿采选业	Mining and Processing of Non-Ferrous Metal Ores	0.40	1.26
非金属矿采选业	Mining and Processing of Non-metal Ores	0.20	0.34
开采专业及辅助性活动	Professional and Support Activities for Mining		
其他采矿业	Mining of Other Ores	0.06	0.01
制造业	**Manufacturing**	**40.41**	**76.05**
农副食品加工业	Processing of Food from Agricultural Products	0.26	0.25
食品制造业	Manufacture of Foods	0.33	0.08
酒、饮料和精制茶制造业	Manufacture of Liquor, Beverages and Refined Tea	0.23	0.08
烟草制品业	Manufacture of Tobacco	2.07	0.08
纺织业	Manufacture of Textile	2.91	3.78
纺织服装、服饰业	Manufacture of Textile, Wearing Apparel and Accessories	0.11	0.42
皮革、毛皮、羽毛及其制品和制鞋业	Manufacture of Leather, Fur, Feather and Related Products and Footwear	0.42	0.17
木材加工和木、竹、藤、棕、草制品业	Processing of Timber,Manufacture of Wood,Bamboo,Rattan,Palm, and Straw Products	1.17	0.08
家具制造业	Manufacture of Furniture	0.01	0.04
造纸和纸制品业	Manufacture of Paper and Paper Products	1.78	3.61
印刷和记录媒介复制业	Printing and Reproduction of Recording Media	3.41	5.71
文教、工美、体育和娱乐用品制造业	Manufacture of Articles for Culture, Education, Arts and Crafts, Sport and Entertainment Activities	0.10	1.26
石油、煤炭及其他燃料加工业	Processing of Petroleum, Coal and Other Fuels	1.02	18.06
化学原料和化学制品制造业	Manufacture of Raw Chemical Materials and Chemical Products	8.10	8.73
医药制造业	Manufacture of Medicines	0.15	0.15
化学纤维制造业	Manufacture of Chemical Fibers	0.18	0.42
橡胶和塑料制品业	Manufacture of Rubber and Plastics Products	0.55	0.49
非金属矿物制品业	Manufacture of Non-metal Mineral Products	2.59	2.43
黑色金属冶炼和压延加工业	Smelting and Pressing of Ferrous Metals	0.41	5.37
有色金属冶炼和压延加工业	Smelting and Pressing of Non-ferrous Metals	0.57	0.59
金属制品业	Manufacture of Metal Products	3.37	1.68
通用设备制造业	Manufacture of General Purpose Machinery	3.05	3.27
专用设备制造业	Manufacture of Special Purpose Machinery	0.91	1.34
汽车制造业	Manufacture of Automobiles	4.87	6.30
铁路、船舶、航空航天和其他运输设备	Manufacture of Railway, Ship, Aerospace and Other Transport Equipments		
电气机械和器材制造业	Manufacture of Electrical Machinery and Apparatus	0.50	0.25
计算机、通信和其他电子设备制造业	Manufacture of Computers, Communication and Other Electronic Equipment	0.23	0.18
仪器仪表制造业	Manufacture of Measuring Instruments and Machinery	0.12	0.15
其他制造业	Other Manufacture	0.99	11.08
废弃资源综合利用业	Utilization of Waste Resources		
金属制品、机械和设备修理业	Repair Service of Metal Products, Machinery and Equipment		
电力、热力、燃气及水生产和供应业	**Production and Supply of Electricity, Heat, Gas and Water**	**1.61**	**0.46**
电力、热力生产和供应业	Production and Supply of Electric Power and Heat Power	1.30	0.42
燃气生产和供应业	Production and Supply of Gas	0.11	0.01
水的生产和供应业	Production and Supply of Water	0.20	0.03
建筑业	**Construction**	**3.51**	**4.00**
交通运输、仓储和邮政业	**Transport, Storage and Post**	**250.01**	**535.90**
批发和零售业、住宿和餐饮业	**Wholesale and Retail Trades, Hotels and Catering Services**	**8.51**	**14.00**
其他	**Others**	**137.32**	**160.09**
居民生活	**Residential**	**64.25**	**72.17**

Total Kerosene Consumption by Sector

(10[4] tons)

2005	2010	2015	2016	2017	2018	2019	2020	2021	2022
1076.84	**1765.17**	**2663.71**	**2970.71**	**3326.36**	**3653.51**	**3950.23**	**3352.10**	**3489.89**	**2073.66**
1.60	**0.90**	**1.10**	**2.24**	**1.52**	**4.91**	**10.95**	**11.00**	**12.37**	**11.86**
57.50	**40.20**	**21.16**	**19.96**	**14.55**	**24.94**	**10.97**	**9.39**	**8.98**	**7.95**
6.40	**4.41**	**2.44**	**2.17**	**1.30**	**1.08**	**1.22**	**1.04**	**1.50**	**1.27**
3.26	2.53	1.72	1.59	0.81	0.67	0.75	0.61	0.51	0.38
0.17								0.59	0.59
1.42	0.35	0.07	0.05	0.02			0.01		
0.74	0.67	0.43	0.37	0.43	0.39	0.46	0.40	0.38	0.27
0.80	0.24	0.22	0.14	0.03	0.02	0.02	0.01	0.02	0.03
			0.01						
0.01	0.62								
50.74	**35.75**	**18.64**	**17.72**	**13.21**	**22.56**	**9.75**	**8.35**	**7.48**	**6.68**
0.40	0.51	0.50	0.35	0.20	0.14	0.09	0.04	0.04	0.02
0.33	0.20	0.05	0.10	0.01			0.01	0.01	
0.54	0.13	0.08	0.04	0.05	0.06	0.06			
0.03									
2.05	0.50	0.15	0.07	0.05	0.02	0.03	0.01	0.04	0.04
0.70	0.25	0.04	0.02			0.05			
0.37	0.24	0.12	0.16	0.08	0.01	0.01			
1.09	0.17	0.52	0.14	0.02	0.01				
0.24	0.08	0.01	0.01		0.01		0.02	0.01	
0.91	0.22	0.05	0.39	0.02		0.01			
0.74	0.10	0.05	0.04	0.03	0.01	0.01	0.01		
0.35	0.11	0.05	0.04	0.04	0.10	0.11			
2.06	5.64	0.15	0.19	0.25	0.07	0.18	0.03	0.02	0.03
6.09	5.02	3.44	3.13	2.17	1.92	1.90	2.00	1.84	1.20
0.52	0.34	0.16	0.04	0.05	0.02	0.01	0.01		
0.50	0.01	0.07	0.05	0.06	0.02	0.02	0.02	0.01	0.01
1.01	0.37	0.27	0.26	0.24	0.04	0.06	0.05	0.03	0.05
3.06	1.16	2.46	1.58	1.00	0.82	0.83	0.53	0.30	0.45
1.92	0.47	0.24	0.20	0.09	0.02	0.02	0.02	0.02	0.03
2.32	1.78	0.73	0.94	1.08	0.84	0.54	0.37	0.31	0.92
2.64	1.40	0.92	0.76	0.63	0.56	0.45	0.30	0.40	0.42
5.80	4.47	2.50	2.40	2.11	1.95	1.62	1.44	1.30	0.98
1.69	0.64	0.90	0.92	0.93	0.78	0.77	0.88	0.82	0.79
11.08	10.18	0.61	0.50	0.43	0.40	0.27	0.24	0.20	0.14
		1.89	2.61	1.82	13.06	0.95	1.30	0.78	0.57
1.60	0.66	0.72	0.70	0.69	0.44	0.42	0.12	0.17	0.10
0.82	0.36	0.27	0.20	0.19	0.25	0.15	0.02	0.07	0.15
1.13	0.61	0.42	0.28	0.25	0.16	0.12	0.04	0.05	0.03
0.70	0.10	0.72	0.94	0.02	0.08	0.08	0.09	0.11	0.02
0.04	0.03	0.02	0.02	0.03	0.09	0.02	0.01		0.01
		0.53	0.65	0.67	0.66	0.93	0.79	0.90	0.69
0.36	**0.04**	**0.08**	**0.07**	**0.04**	**1.29**				
0.32	0.03	0.08	0.07	0.04	1.29				
0.02	0.01								
0.03									
	8.77	**12.50**	**10.00**	**9.75**	**17.27**	**16.03**	**10.81**	**9.98**	**25.39**
952.42	**1601.08**	**2504.88**	**2814.94**	**3173.31**	**3462.53**	**3689.21**	**3110.76**	**3246.33**	**1808.85**
3.67	**34.98**	**11.68**	**11.21**	**11.30**	**15.47**	**15.47**	**14.76**	**13.80**	**23.88**
36.19	**58.73**	**83.27**	**85.93**	**88.36**	**103.81**	**184.17**	**182.96**	**195.56**	**193.55**
25.46	**20.52**	**29.13**	**26.43**	**27.58**	**24.59**	**23.43**	**12.42**	**2.88**	**2.17**

4-10 分行业柴油消费总量

单位：万吨

行　业	Sector	1995	2000
消费总量	**Total Consumption**	**4321.44**	**6806.23**
农、林、牧、渔业	**Agriculture, Forestry, Animal Husbandry and Fishery**	**1001.39**	**697.10**
工业	**Industry**	**1189.87**	**1696.46**
采矿业	**Mining**	**229.63**	**289.49**
煤炭开采和洗选业	Mining and Washing of Coal	31.68	54.46
石油和天然气开采业	Extraction of Petroleum and Natural Gas	147.95	166.62
黑色金属矿采选业	Mining and Processing of Ferrous Metal Ores	5.41	12.54
有色金属矿采选业	Mining and Processing of Non-Ferrous Metal Ores	12.62	13.71
非金属矿采选业	Mining and Processing of Non-metal Ores	20.96	29.39
开采专业及辅助性活动	Professional and Support Activities for Mining		
其他采矿业	Mining of Other Ores	11.01	12.77
制造业	**Manufacturing**	**722.25**	**1139.17**
农副食品加工业	Processing of Food from Agricultural Products	33.65	39.71
食品制造业	Manufacture of Foods	18.15	17.88
酒、饮料和精制茶制造业	Manufacture of Liquor, Beverages and Refined Tea	8.04	10.75
烟草制品业	Manufacture of Tobacco	1.16	4.29
纺织业	Manufacture of Textile	36.39	46.31
纺织服装、服饰业	Manufacture of Textile, Wearing Apparel and Accessories	8.64	14.69
皮革、毛皮、羽毛及其制品和制鞋业	Manufacture of Leather, Fur, Feather and Related Products and Footwear	5.76	15.55
木材加工和木、竹、藤、棕、草制品业	Processing of Timber,Manufacture of Wood,Bamboo,Rattan,Palm, and Straw Products	6.10	6.97
家具制造业	Manufacture of Furniture	1.42	2.58
造纸和纸制品业	Manufacture of Paper and Paper Products	27.59	24.18
印刷和记录媒介复制业	Printing and Reproduction of Recording Media	2.66	7.70
文教、工美、体育和娱乐用品制造业	Manufacture of Articles for Culture, Education, Arts and Crafts, Sport and Entertainment Activities	2.73	12.20
石油、煤炭及其他燃料加工业	Processing of Petroleum, Coal and Other Fuels	48.89	74.18
化学原料和化学制品制造业	Manufacture of Raw Chemical Materials and Chemical Products	94.41	123.40
医药制造业	Manufacture of Medicines	3.86	7.18
化学纤维制造业	Manufacture of Chemical Fibers	5.45	10.41
橡胶和塑料制品业	Manufacture of Rubber and Plastics Products	25.06	50.55
非金属矿物制品业	Manufacture of Non-metal Mineral Products	149.29	319.33
黑色金属冶炼和压延加工业	Smelting and Pressing of Ferrous Metals	73.20	73.95
有色金属冶炼和压延加工业	Smelting and Pressing of Non-ferrous Metals	21.66	44.09
金属制品业	Manufacture of Metal Products	23.40	39.86
通用设备制造业	Manufacture of General Purpose Machinery	31.18	33.28
专用设备制造业	Manufacture of Special Purpose Machinery	14.53	13.62
汽车制造业	Manufacture of Automobiles	31.60	51.30
铁路、船舶、航空航天和其他运输设备	Manufacture of Railway, Ship, Aerospace and Other Transport Equipments		
电气机械和器材制造业	Manufacture of Electrical Machinery and Apparatus	17.14	25.83
计算机、通信和其他电子设备制造业	Manufacture of Computers, Communication and Other Electronic Equipment	10.73	38.02
仪器仪表制造业	Manufacture of Measuring Instruments and Machinery	3.94	10.40
其他制造业	Other Manufacture	15.62	20.98
废弃资源综合利用业	Utilization of Waste Resources		
金属制品、机械和设备修理业	Repair Service of Metal Products, Machinery and Equipment		
电力、热力、燃气及水生产和供应业	**Production and Supply of Electricity, Heat, Gas and Water**	**237.99**	**267.80**
电力、热力生产和供应业	Production and Supply of Electric Power and Heat Power	234.44	257.82
燃气生产和供应业	Production and Supply of Gas	2.12	7.18
水的生产和供应业	Production and Supply of Water	1.43	2.80
建筑业	**Construction**	**118.19**	**205.86**
交通运输、仓储和邮政业	**Transport, Storage and Post**	**1246.56**	**3293.81**
批发和零售业、住宿和餐饮业	**Wholesale and Retail Trades, Hotels and Catering Services**	**103.59**	**95.94**
其他	**Others**	**645.70**	**638.70**
居民生活	**Residential**	**16.14**	**178.36**

Total Diesel Oil Consumption by Sector

(10⁴ tons)

2005	2010	2015	2016	2017	2018	2019	2020	2021	2022
10974.94	**14699.00**	**17360.31**	**16839.04**	**16916.54**	**16409.56**	**14917.95**	**14282.70**	**15197.04**	**15781.89**
1286.35	**1206.73**	**1492.88**	**1495.86**	**1546.82**	**1468.24**	**1475.05**	**1497.15**	**1679.95**	**1723.63**
1710.04	**2089.99**	**1516.37**	**1412.91**	**1459.94**	**1259.47**	**1290.60**	**1026.12**	**1192.49**	**1645.00**
358.27	**500.35**	**490.51**	**436.21**	**438.84**	**467.38**	**465.44**	**377.30**	**486.42**	**544.54**
62.13	141.23	165.03	153.04	155.83	163.16	152.71	147.53	200.80	183.56
187.31	185.98	47.50	49.32	41.34	40.86	40.59	25.03	36.84	42.08
33.32	62.36	82.87	62.74	56.43	50.15	42.54	34.91	51.95	54.30
13.46	20.82	30.60	32.22	27.65	24.33	21.82	16.57	20.07	21.90
61.05	89.42	70.80	64.93	56.29	52.28	53.82	47.86	61.21	81.16
		93.60	73.82	100.87	136.51	153.85	105.17	115.48	161.13
0.99	0.54	0.13	0.13	0.42	0.08	0.10	0.23	0.06	0.41
1217.86	**1499.34**	**960.45**	**917.52**	**958.35**	**739.75**	**769.62**	**601.86**	**647.38**	**1015.46**
54.79	56.78	47.78	42.00	36.35	25.59	21.55	12.34	15.53	16.82
20.89	30.47	15.99	14.50	13.31	9.52	8.26	5.01	6.31	8.57
14.27	15.91	11.22	10.34	8.24	6.13	4.77	2.89	3.09	4.05
5.61	4.50	1.78	1.31	1.32	1.66	1.04	0.55	0.64	0.94
42.93	44.63	14.76	12.92	21.29	7.28	6.00	3.90	4.30	7.46
27.87	34.34	13.82	12.00	9.83	5.45	5.37	2.18	2.24	5.84
14.70	13.70	5.37	4.47	4.04	2.20	1.94	1.00	1.34	4.01
11.11	18.06	11.86	10.23	8.73	5.74	5.21	3.88	5.16	7.27
8.30	14.53	7.26	5.89	4.96	3.83	2.99	1.88	2.16	4.16
25.22	28.43	17.79	17.32	15.89	15.29	15.49	10.38	12.53	16.38
6.91	13.57	6.58	5.99	5.82	4.38	4.22	3.12	3.44	10.32
11.59	16.39	7.86	7.88	6.55	4.42	3.49	1.98	2.33	5.19
50.65	24.53	18.31	36.60	148.78	61.13	107.79	121.94	84.80	218.66
138.00	162.69	113.30	118.15	88.84	40.52	39.36	32.67	43.75	68.48
8.65	17.15	10.51	9.81	9.64	9.94	5.75	3.76	4.86	6.44
7.44	7.95	2.03	2.33	2.16	2.04	1.67	1.11	2.04	2.24
47.12	66.87	25.03	22.47	21.18	16.53	11.90	7.69	10.36	16.86
253.14	289.95	293.05	287.61	280.25	283.27	314.21	232.30	250.86	365.49
92.05	99.88	68.11	60.40	60.26	51.19	52.90	41.28	47.51	55.71
53.04	63.98	44.94	39.62	38.93	36.71	33.76	24.89	31.62	42.65
52.24	66.29	29.93	25.28	22.26	23.64	19.52	13.18	16.50	24.71
56.61	74.65	36.17	30.98	29.58	25.07	21.25	14.68	19.14	20.92
27.06	47.63	47.01	39.93	21.77	16.76	14.46	15.01	19.12	13.28
68.40	110.55	37.97	37.00	37.80	30.01	26.95	16.33	19.24	15.05
		19.81	16.71	16.04	16.98	11.25	7.59	10.74	18.99
47.58	71.92	24.63	20.67	17.07	13.45	10.72	6.49	8.31	20.11
50.22	71.22	13.25	12.28	11.12	8.47	6.43	3.52	5.28	15.38
8.80	14.22	4.36	3.30	2.67	1.48	1.01	0.70	0.85	2.17
11.52	14.35	1.63	1.54	1.56	1.28	1.13	0.83	0.91	3.36
1.15	4.20	4.20	4.33	4.63	5.08	4.84	4.19	6.76	8.92
		4.17	3.69	7.47	4.73	4.40	4.59	5.69	5.01
133.91	**90.30**	**65.40**	**59.17**	**62.75**	**52.34**	**55.53**	**46.96**	**58.68**	**85.00**
121.78	83.08	60.74	55.00	58.91	48.68	52.15	45.28	56.70	80.23
9.73	2.61	2.54	2.03	1.57	1.58	1.38	0.74	0.94	1.48
2.39	4.61	2.13	2.14	2.27	2.08	2.00	0.94	1.04	3.29
386.64	**490.20**	**555.71**	**561.26**	**596.06**	**543.37**	**530.27**	**503.92**	**527.10**	**531.61**
6169.41	**8657.56**	**11162.80**	**11068.49**	**11173.69**	**11166.92**	**9867.31**	**9531.98**	**9984.03**	**10058.16**
116.03	**196.60**	**257.74**	**231.97**	**233.77**	**211.77**	**203.88**	**197.61**	**218.66**	**226.25**
900.06	**1287.19**	**1384.15**	**1307.24**	**1233.30**	**1107.45**	**954.04**	**946.15**	**1000.36**	**988.82**
406.40	**770.73**	**990.66**	**761.31**	**672.96**	**652.34**	**596.79**	**579.78**	**594.45**	**608.43**

4-11 分行业燃料油消费总量

单位：万吨

行　业	Sector	1995	2000
消 费 总 量	**Total Consumption**	**3693.67**	**3872.75**
农、林、牧、渔业	**Agriculture, Forestry, Animal Husbandry and Fishery**	**8.37**	**0.40**
工业	**Industry**	**3406.16**	**2975.05**
采矿业	**Mining**	**246.45**	**209.96**
煤炭开采和洗选业	Mining and Washing of Coal	1.16	5.77
石油和天然气开采业	Extraction of Petroleum and Natural Gas	226.71	202.77
黑色金属矿采选业	Mining and Processing of Ferrous Metal Ores	2.33	
有色金属矿采选业	Mining and Processing of Non-Ferrous Metal Ores	9.46	0.22
非金属矿采选业	Mining and Processing of Non-metal Ores	6.79	1.20
开采专业及辅助性活动	Professional and Support Activities for Mining		
其他采矿业	Mining of Other Ores		
制造业	**Manufacturing**	**2186.73**	**1928.86**
农副食品加工业	Processing of Food from Agricultural Products	20.68	13.32
食品制造业	Manufacture of Foods	5.40	9.04
酒、饮料和精制茶制造业	Manufacture of Liquor, Beverages and Refined Tea	7.13	8.08
烟草制品业	Manufacture of Tobacco	1.34	3.00
纺织业	Manufacture of Textile	34.95	66.61
纺织服装、服饰业	Manufacture of Textile, Wearing Apparel and Accessories	2.07	12.44
皮革、毛皮、羽毛及其制品和制鞋业	Manufacture of Leather, Fur, Feather and Related Products and Footwear	1.49	3.50
木材加工和木、竹、藤、棕、草制品业	Processing of Timber,Manufacture of Wood,Bamboo,Rattan,Palm, and Straw Products	1.59	2.82
家具制造业	Manufacture of Furniture	0.83	0.67
造纸和纸制品业	Manufacture of Paper and Paper Products	16.62	19.72
印刷和记录媒介复制业	Printing and Reproduction of Recording Media	0.23	2.30
文教、工美、体育和娱乐用品制造业	Manufacture of Articles for Culture, Education, Arts and Crafts, Sport and Entertainment Activities	0.06	1.04
石油、煤炭及其他燃料加工业	Processing of Petroleum, Coal and Other Fuels	611.91	510.63
化学原料和化学制品制造业	Manufacture of Raw Chemical Materials and Chemical Products	388.63	372.50
医药制造业	Manufacture of Medicines	38.86	5.53
化学纤维制造业	Manufacture of Chemical Fibers	90.23	89.86
橡胶和塑料制品业	Manufacture of Rubber and Plastics Products	336.06	23.21
非金属矿物制品业	Manufacture of Non-metal Mineral Products	324.83	314.36
黑色金属冶炼和压延加工业	Smelting and Pressing of Ferrous Metals	464.93	332.01
有色金属冶炼和压延加工业	Smelting and Pressing of Non-ferrous Metals	62.13	55.43
金属制品业	Manufacture of Metal Products	13.24	12.93
通用设备制造业	Manufacture of General Purpose Machinery	9.99	7.05
专用设备制造业	Manufacture of Special Purpose Machinery	22.57	11.56
汽车制造业	Manufacture of Automobiles	15.93	14.22
铁路、船舶、航空航天和其他运输设备	Manufacture of Railway, Ship, Aerospace and Other Transport Equipments		
电气机械和器材制造业	Manufacture of Electrical Machinery and Apparatus	10.20	12.67
计算机、通信和其他电子设备制造业	Manufacture of Computers, Communication and Other Electronic Equipment	7.96	12.97
仪器仪表制造业	Manufacture of Measuring Instruments and Machinery	1.24	0.15
其他制造业	Other Manufacture	17.27	11.24
废弃资源综合利用业	Utilization of Waste Resources		
金属制品、机械和设备修理业	Repair Service of Metal Products, Machinery and Equipment		
电力、热力、燃气及水生产和供应业	**Production and Supply of Electricity, Heat, Gas and Water**	**972.98**	**836.23**
电力、热力生产和供应业	Production and Supply of Electric Power and Heat Power	927.73	811.91
燃气生产和供应业	Production and Supply of Gas	45.25	24.31
水的生产和供应业	Production and Supply of Water		0.01
建筑业	**Construction**	**14.24**	**16.71**
交通运输、仓储和邮政业	**Transport, Storage and Post**	**227.45**	**850.00**
批发和零售业、住宿和餐饮业	**Wholesale and Retail Trades, Hotels and Catering Services**	**6.62**	**11.59**
其他	**Others**	**30.83**	**19.00**
居民生活	**Residential**		

Total Fuel Oil Consumption by Sector

(10^4 tons)

2005	2010	2015	2016	2017	2018	2019	2020	2021	2022
4244.16	**3758.02**	**4662.01**	**4631.04**	**4887.30**	**4536.07**	**4690.34**	**5364.60**	**5489.28**	**5470.77**
0.66	**1.14**	**0.94**	**1.03**	**1.31**	**1.28**	**1.19**	**1.13**	**1.03**	**0.93**
2986.86	**2377.32**	**3133.03**	**3035.41**	**3043.74**	**2688.17**	**2612.54**	**3262.33**	**3130.65**	**3264.03**
35.11	**37.33**	**31.56**	**38.78**	**31.16**	**27.94**	**7.94**	**1.24**	**1.15**	**1.89**
5.26	2.32	0.43	0.50	0.36	0.26	0.32	0.22	0.26	0.30
28.84	34.75	28.47	37.28	28.67	25.14	5.95	0.39	0.03	
0.48	0.07	0.04	0.04	0.02	0.05	0.05	0.01	0.11	0.03
0.25	0.01	1.51	0.03	1.40	1.59	0.96	0.52	0.66	0.82
0.29	0.18	0.18	0.20	0.02	0.03	0.04	0.04	0.06	0.39
		0.93	0.73	0.69	0.87	0.61	0.07	0.02	0.35
1741.84	**2220.15**	**3092.89**	**2989.59**	**3007.76**	**2656.10**	**2600.50**	**3257.25**	**3124.27**	**3254.74**
12.42	9.79	1.78	2.12	2.24	1.57	1.51	0.93	1.77	1.91
23.19	13.76	3.59	2.61	2.48	2.12	1.12	0.43	0.54	1.02
18.12	8.26	0.64	1.08	2.15	0.59	0.36	0.39	1.09	2.16
1.46	1.06	0.42	0.32	0.13					
53.14	22.45	7.12	5.84	6.29	4.85	3.45	1.17	0.40	4.98
14.44	5.31	0.61	0.52	0.62	0.52	0.49	0.25	0.29	0.88
11.91	5.87	0.93	0.53	0.37	0.37	0.34	0.14	0.11	0.82
2.63	0.25	0.17	0.31	0.23	0.29	0.21	0.13	0.10	0.11
1.30	0.58	0.27	0.29	0.31	0.16	0.14	0.06	0.06	0.20
28.39	19.58	12.10	13.68	13.22	5.95	8.12	6.06	6.41	7.99
1.79	2.05	0.36	0.32	0.22	0.31	0.40	0.16	0.22	0.47
2.57	1.73	0.87	0.78	0.84	0.44	0.46	0.27	0.08	0.39
354.73	1033.02	1873.59	1536.01	1725.28	1878.27	1895.08	2229.67	2052.56	2367.28
301.44	514.56	903.27	1167.54	1033.29	569.50	562.54	941.83	914.76	700.09
7.99	6.69	1.38	1.43	1.71	2.16	2.74	1.51	2.18	2.50
33.55	15.24	2.99	3.26	3.09	1.44	0.41	0.65	2.71	2.48
36.23	22.83	7.28	7.25	6.12	4.21	3.38	2.21	2.69	4.72
527.61	353.57	207.40	182.67	157.46	148.21	96.29	58.29	116.07	131.71
124.72	23.91	3.80	2.86	2.13	0.89	0.65	0.27	0.21	4.59
88.06	97.12	44.74	41.85	27.97	20.80	13.87	7.72	13.06	7.24
18.64	12.47	6.67	6.66	4.51	2.72	1.60	0.75	1.09	2.24
8.34	7.75	1.13	0.97	0.91	0.77	0.70	0.45	0.35	0.39
5.06	3.75	1.34	1.07	1.15	0.91	0.64	0.38	0.20	0.59
11.80	12.50	0.79	0.53	0.57	0.54	0.32	0.17	0.17	0.08
		3.91	3.46	4.41	4.28	1.39	0.98	1.85	4.28
14.75	7.81	1.86	2.01	2.78	2.04	2.07	1.19	3.23	2.97
28.37	13.67	2.14	1.37	1.00	0.77	0.50	0.30	0.27	0.28
6.32	0.40	0.31	0.24	0.21	0.12	0.09	0.07	0.06	0.14
2.57	2.38	0.23	0.05	0.27	0.03				0.58
0.30	1.80	0.67	1.48	5.31	0.94	1.32	0.65	1.45	1.27
		0.53	0.49	0.49	0.34	0.31	0.17	0.28	0.38
1209.91	**119.84**	**8.57**	**7.04**	**4.82**	**4.14**	**4.10**	**3.83**	**5.23**	**7.40**
1195.01	119.43	8.38	6.38	4.61	3.93	3.90	3.77	5.17	7.10
14.89	0.23	0.16	0.62	0.11	0.11	0.11			
0.01	0.18	0.03	0.04	0.10	0.10	0.09	0.06	0.06	0.30
14.18	**30.76**	**53.51**	**51.91**	**43.24**	**31.83**	**31.84**	**40.75**	**40.14**	**41.37**
1201.02	**1326.65**	**1439.49**	**1511.38**	**1771.34**	**1795.70**	**2025.31**	**2042.01**	**2301.78**	**2149.02**
27.52	**8.62**	**18.95**	**17.25**	**15.15**	**10.05**	**10.22**	**11.80**	**9.74**	**10.05**
13.91	**13.53**	**16.08**	**14.06**	**12.51**	**9.04**	**9.25**	**6.59**	**5.94**	**5.38**

4-12 分行业天然气消费总量

单位：亿立方米

行　　业	Sector	1995	2000
消 费 总 量	**Total Consumption**	**177.41**	**245.03**
农、林、牧、渔业	**Agriculture, Forestry, Animal Husbandry and Fishery**	**0.02**	
工业	**Industry**	**154.39**	**199.00**
采矿业	**Mining**	**51.87**	**72.12**
煤炭开采和洗选业	Mining and Washing of Coal		0.10
石油和天然气开采业	Extraction of Petroleum and Natural Gas	50.58	71.98
黑色金属矿采选业	Mining and Processing of Ferrous Metal Ores		
有色金属矿采选业	Mining and Processing of Non-Ferrous Metal Ores	0.59	
非金属矿采选业	Mining and Processing of Nonmetal Ores	0.70	0.04
开采专业及辅助性活动	Professional and Support Activities for Mining		
其他采矿业	Mining of Other Ores		
制造业	**Manufacturing**	**100.80**	**118.75**
农副食品加工业	Processing of Food from Agricultural Products	1.00	0.15
食品制造业	Manufacture of Foods	0.03	0.07
酒、饮料和精制茶制造业	Manufacture of Liquor, Beverages and Refined Tea	0.02	0.03
烟草制品业	Manufacture of Tobacco		0.08
纺织业	Manufacture of Textile	3.97	1.09
纺织服装、服饰业	Manufacture of Textile, Wearing Apparel and Accessories		
皮革、毛皮、羽毛及其制品和制鞋业	Manufacture of Leather, Fur, Feather and Related Products and Footwear		
木材加工和木、竹、藤、棕、草制品业	Processing of Timber,Manufacture of Wood,Bamboo,Rattan,Palm, and Straw Products		
家具制造业	Manufacture of Furniture		
造纸和纸制品业	Manufacture of Paper and Paper Products	0.06	0.29
印刷和记录媒介复制业	Printing and Reproduction of Recording Media		0.08
文教、工美、体育和娱乐用品制造业	Manufacture of Articles for Culture, Education, Arts and Crafts, Sport and Entertainment Activities		
石油、煤炭及其他燃料加工业	Processing of Petroleum, Coal and Other Fuels	15.14	13.24
化学原料和化学制品制造业	Manufacture of Raw Chemical Materials and Chemical Products	63.36	88.73
医药制造业	Manufacture of Medicines	0.30	0.59
化学纤维制造业	Manufacture of Chemical Fibers	4.32	0.07
橡胶和塑料制品业	Manufacture of Rubber and Plastics Products		0.10
非金属矿物制品业	Manufacture of Non-metallic Mineral Products	2.27	2.46
黑色金属冶炼和压延加工业	Smelting and Pressing of Ferrous Metals	3.69	1.68
有色金属冶炼和压延加工业	Smelting and Pressing of Non-ferrous Metals	0.50	0.49
金属制品业	Manufacture of Metal Products	0.45	0.59
通用设备制造业	Manufacture of General Purpose Machinery	0.14	0.20
专用设备制造业	Manufacture of Special Purpose Machinery	2.25	1.29
汽车制造业	Manufacture of Automobiles	0.66	1.68
铁路、船舶、航空航天和其他运输设备	Manufacture of Railway, Ship, Aerospace and Other Transport Equipments		
电气机械和器材制造业	Manufacture of Electrical Machinery and Apparatus	0.74	0.79
计算机、通信和其他电子设备制造业	Manufacture of Computers, Communication and Other Electronic Equipment	1.01	3.35
仪器仪表制造业	Manufacture of Measuring Instruments and Machinery	0.01	0.02
其他制造业	Other Manufacture	0.88	1.69
废弃资源综合利用业	Utilization of Waste Resources		
金属制品、机械和设备修理业	Repair Service of Metal Products, Machinery and Equipment		
电力、热力、燃气及水生产和供应业	**Production and Supply of Electricity, Heat, Gas and Water**	**1.72**	**8.14**
电力、热力生产和供应业	Production and Supply of Electric Power and Heat Power	1.14	6.44
燃气生产和供应业	Production and Supply of Gas	0.58	1.68
水的生产和供应业	Production and Supply of Water		0.02
建筑业	**Construction**	**0.28**	**0.82**
交通运输、仓储和邮政业	**Transport, Storage and Post**	**1.57**	**8.81**
批发和零售业、住宿和餐饮业	**Wholesale and Retail Trades, Hotels and Catering Services**	**0.55**	**3.44**
其他	**Others**	**1.19**	**0.64**
居民生活	**Residential**	**19.41**	**32.32**

注：2010年起包括液化天然气数据。

Total Natural Gas Consumption by Sector

(10[8] cu.m)

2005	2010	2015	2016	2017	2018	2019	2020	2021	2022
466.08	**1080.24**	**1931.75**	**2078.06**	**2393.69**	**2817.09**	**3059.68**	**3339.89**	**3772.96**	**3746.95**
	0.50	**0.95**	**1.09**	**1.14**	**1.30**	**1.24**	**1.28**	**1.66**	**2.24**
327.24	**691.75**	**1234.48**	**1338.59**	**1575.25**	**1940.07**	**2092.05**	**2304.02**	**2678.25**	**2675.79**
82.28	**128.87**	**163.15**	**153.56**	**164.77**	**183.73**	**186.59**	**184.50**	**195.99**	**231.02**
4.33	4.53	14.42	17.20	20.15	20.86	24.63	19.41	19.76	24.86
77.88	123.55	143.06	132.63	141.42	157.01	154.97	156.70	166.09	197.55
0.02	0.03	0.01	0.01		0.01	0.03	0.06	0.08	0.10
0.02	0.09	1.05	0.08	0.17	0.50	0.66	0.83	0.71	0.66
0.03	0.66	0.12	0.18	0.39	1.03	1.64	3.24	5.24	3.50
		4.49	3.46	2.64	4.32	4.66	4.26	4.11	4.34
	0.01								
220.24	**373.39**	**718.63**	**773.40**	**959.04**	**1259.16**	**1404.51**	**1508.65**	**1800.91**	**1764.53**
0.27	0.88	5.72	9.89	16.97	21.33	31.51	30.40	38.96	38.57
1.28	2.76	9.87	14.13	17.53	19.66	24.34	26.44	28.72	36.76
0.50	1.70	6.19	8.49	10.87	15.06	16.65	14.89	17.06	20.35
0.26	0.62	1.74	1.03	1.06	1.08	1.24	1.19	1.42	1.63
0.56	1.66	6.24	18.77	30.76	37.48	44.93	50.77	69.31	47.90
0.09	0.32	1.75	3.47	6.26	6.05	10.84	11.74	15.06	11.31
0.03	0.04	0.23	0.77	1.45	1.83	2.17	2.93	2.15	3.14
0.11	0.30	0.70	1.18	2.26	3.08	2.88	3.13	3.31	3.73
0.04	0.36	1.52	1.32	1.73	1.58	1.67	1.67	2.13	2.52
0.55	1.49	9.32	10.68	19.55	25.79	22.50	22.32	26.99	22.30
0.19	0.77	2.33	2.60	3.42	4.46	5.10	4.83	5.21	5.75
	0.43	2.86	4.22	7.18	10.39	14.09	16.48	17.01	11.94
17.76	44.00	137.99	143.37	191.46	188.17	171.56	146.50	176.36	184.02
142.30	191.90	259.18	243.49	266.18	324.93	409.68	460.60	535.77	544.12
0.97	2.92	7.25	8.20	9.44	11.47	15.04	20.01	18.82	22.19
0.29	0.44	3.07	5.01	6.92	10.94	14.13	18.38	30.41	19.79
0.89	2.60	7.66	8.83	11.84	17.12	17.81	20.67	24.12	20.15
23.81	45.49	84.03	84.08	105.30	137.65	178.49	226.49	290.93	260.07
9.76	21.43	44.05	52.48	59.39	110.44	137.69	144.61	155.27	147.31
3.87	9.06	42.52	42.87	50.75	55.87	56.18	52.80	68.05	76.70
0.69	3.63	16.25	24.66	31.58	50.20	63.11	74.22	81.61	72.53
1.81	8.89	10.93	13.98	15.37	19.35	21.74	22.16	27.27	27.88
3.09	6.95	7.57	8.93	11.20	14.97	20.72	18.35	19.19	16.33
4.98	12.97	19.26	16.96	22.16	24.01	26.69	28.88	36.90	34.64
		12.54	16.44	22.81	92.05	22.02	22.57	27.30	31.85
1.23	4.63	4.90	8.10	10.19	12.42	11.92	15.55	26.53	25.35
4.77	6.27	7.88	12.04	14.74	26.01	34.41	28.32	27.93	51.94
0.08	0.54	0.78	0.93	1.09	0.95	1.07	0.89	1.11	1.11
0.04	0.34	2.63	3.85	5.18	3.70	4.45	4.16	4.39	1.61
	0.01	0.99	2.02	3.29	10.46	19.25	16.06	20.89	19.97
		0.68	0.63	1.11	0.68	0.62	0.63	0.75	1.08
24.73	**189.48**	**352.70**	**411.64**	**451.44**	**497.19**	**500.95**	**610.87**	**681.34**	**680.23**
17.49	180.81	343.66	407.83	446.10	487.32	492.84	575.98	645.01	639.78
7.18	8.49	8.79	3.46	4.93	8.87	7.54	34.27	35.51	39.34
0.06	0.19	0.26	0.34	0.41	0.99	0.58	0.62	0.82	1.11
1.49	**1.16**	**2.16**	**1.95**	**1.80**	**2.49**	**2.81**	**2.64**	**3.21**	**3.97**
38.01	**106.70**	**237.62**	**254.77**	**284.71**	**286.19**	**341.48**	**354.29**	**366.31**	**339.84**
10.79	**27.24**	**51.29**	**53.75**	**57.56**	**60.79**	**62.46**	**62.14**	**70.24**	**73.76**
9.12	**26.00**	**45.44**	**48.17**	**52.95**	**57.87**	**57.32**	**55.55**	**61.04**	**62.01**
79.43	**226.90**	**359.81**	**379.75**	**420.30**	**468.38**	**502.32**	**559.97**	**592.26**	**589.34**

Note: Include the data of Liquefied Natural Gas since 2010.

4-13 分行业电力消费总量

单位：亿千瓦时

行　业	Sector	1995	2000
消 费 总 量	**Total Consumption**	**10023.40**	**13472.38**
农、林、牧、渔业	**Agriculture, Forestry, Animal Husbandry and Fishery**	**582.42**	**532.96**
工业	**Industry**	**7659.81**	**10004.62**
采矿业	**Mining**	**837.66**	**993.71**
煤炭开采和洗选业	Mining and Washing of Coal	392.38	417.16
石油和天然气开采业	Extraction of Petroleum and Natural Gas	258.85	321.64
黑色金属矿采选业	Mining and Processing of Ferrous Metal Ores	34.28	63.46
有色金属矿采选业	Mining and Processing of Non-Ferrous Metal Ores	83.00	80.79
非金属矿采选业	Mining and Processing of Non-metal Ores	52.76	84.83
开采专业及辅助性活动	Professional and Support Activities for Mining		
其他采矿业	Mining of Other Ores	16.39	25.84
制造业	**Manufacturing**	**5156.10**	**6731.44**
农副食品加工业	Processing of Food from Agricultural Products	181.00	161.24
食品制造业	Manufacture of Foods	72.15	98.83
酒、饮料和精制茶制造业	Manufacture of Liquor, Beverages and Refined Tea	52.62	58.98
烟草制品业	Manufacture of Tobacco	17.16	32.85
纺织业	Manufacture of Textile	335.22	370.42
纺织服装、服饰业	Manufacture of Textile, Wearing Apparel and Accessories	41.22	49.07
皮革、毛皮、羽毛及其制品和制鞋业	Manufacture of Leather, Fur, Feather and Related Products and Footwear	42.88	27.12
木材加工和木、竹、藤、棕、草制品业	Processing of Timber,Manufacture of Wood,Bamboo,Rattan,Palm, and Straw Products	25.88	32.24
家具制造业	Manufacture of Furniture	13.16	12.48
造纸和纸制品业	Manufacture of Paper and Paper Products	169.06	237.41
印刷和记录媒介复制业	Printing and Reproduction of Recording Media	31.19	31.21
文教、工美、体育和娱乐用品制造业	Manufacture of Articles for Culture, Education, Arts and Crafts, Sport and Entertainment Activities	7.09	20.81
石油、煤炭及其他燃料加工业	Processing of Petroleum, Coal and Other Fuels	156.06	245.60
化学原料和化学制品制造业	Manufacture of Raw Chemical Materials and Chemical Products	1028.05	1153.74
医药制造业	Manufacture of Medicines	107.46	88.36
化学纤维制造业	Manufacture of Chemical Fibers	92.78	194.79
橡胶和塑料制品业	Manufacture of Rubber and Plastics Products	125.16	219.56
非金属矿物制品业	Manufacture of Non-metal Mineral Products	599.61	763.74
黑色金属冶炼和压延加工业	Smelting and Pressing of Ferrous Metals	905.36	1121.08
有色金属冶炼和压延加工业	Smelting and Pressing of Non-ferrous Metals	425.61	697.58
金属制品业	Manufacture of Metal Products	113.51	196.30
通用设备制造业	Manufacture of General Purpose Machinery	136.30	160.77
专用设备制造业	Manufacture of Special Purpose Machinery	97.67	94.49
汽车制造业	Manufacture of Automobiles	154.63	203.42
铁路、船舶、航空航天和其他运输设备	Manufacture of Railway, Ship, Aerospace and Other Transport Equipments		
电气机械和器材制造业	Manufacture of Electrical Machinery and Apparatus	64.96	90.68
计算机、通信和其他电子设备制造业	Manufacture of Computers, Communication and Other Electronic Equipment	38.64	125.88
仪器仪表制造业	Manufacture of Measuring Instruments and Machinery	17.12	25.37
其他制造业	Other Manufacture	104.55	217.42
废弃资源综合利用业	Utilization of Waste Resources		
金属制品、机械和设备修理业	Repair Service of Metal Products, Machinery and Equipment		
电力、热力、燃气及水生产和供应业	**Production and Supply of Electricity, Heat, Gas and Water**	**1666.05**	**2279.47**
电力、热力生产和供应业	Production and Supply of Electric Power and Heat Power	1539.76	2094.11
燃气生产和供应业	Production and Supply of Gas	10.83	34.41
水的生产和供应业	Production and Supply of Water	115.46	150.94
建筑业	**Construction**	**159.62**	**159.77**
交通运输、仓储和邮政业	**Transport, Storage and Post**	**182.30**	**281.20**
批发和零售业、住宿和餐饮业	**Wholesale and Retail Trades, Hotels and Catering Services**	**199.47**	**418.68**
其他	**Others**	**234.20**	**623.20**
居民生活	**Residential**	**1005.58**	**1451.95**

Total Electricity Consumption by Sector

(10^8 kWh)

2005	2010	2015	2016	2017	2018	2019	2020	2021	2022
24940.32	**41934.49**	**58019.98**	**61205.09**	**65913.97**	**71508.20**	**74866.12**	**77620.17**	**85200.10**	**88357.62**
776.33	**976.49**	**1039.83**	**1091.91**	**1175.12**	**1242.53**	**1336.20**	**1422.11**	**1596.54**	**1756.72**
18521.69	**30871.77**	**41549.99**	**42996.89**	**46052.84**	**49094.91**	**50698.30**	**52353.44**	**56622.31**	**57412.48**
1480.34	**1940.39**	**2377.66**	**2290.86**	**2403.62**	**2577.04**	**2776.92**	**2565.98**	**2818.50**	**2697.20**
589.53	751.67	883.79	847.04	881.57	906.28	1026.76	908.81	978.65	950.70
385.35	347.90	459.26	463.18	454.06	417.33	434.44	463.32	588.04	557.14
205.63	361.33	344.82	315.14	374.11	388.26	419.28	447.44	482.02	432.87
157.66	258.71	325.26	306.76	326.11	379.48	386.17	329.47	327.35	339.55
114.14	155.26	225.74	224.75	228.93	250.76	257.36	225.70	237.67	218.93
		25.72	23.11	23.87	39.95	41.30	29.53	32.73	32.73
28.04	65.52	113.08	110.88	114.96	194.99	211.62	161.71	172.04	165.29
13126.01	**22870.00**	**31178.10**	**32131.97**	**34687.63**	**36935.83**	**38108.53**	**39853.38**	**43406.86**	**44220.09**
253.35	424.36	641.29	672.07	716.29	763.86	797.43	842.42	923.14	947.02
114.81	184.69	239.46	255.50	263.34	277.38	301.94	334.09	369.58	380.33
76.55	132.34	162.13	162.78	156.37	169.23	173.56	176.06	199.14	202.27
35.86	45.88	52.75	51.96	51.96	52.81	52.91	50.87	53.08	53.83
823.57	1276.74	1561.63	1592.73	1684.90	1748.42	1760.15	1650.38	1889.87	1777.12
87.60	151.58	216.93	227.52	215.83	233.18	231.59	220.24	258.01	248.62
54.85	89.72	158.23	153.61	147.25	157.66	156.81	140.96	162.07	155.40
105.57	212.21	254.36	251.17	245.28	269.86	279.32	283.98	330.79	310.42
24.28	44.49	92.78	95.94	98.60	108.84	115.36	120.74	142.21	133.16
407.73	535.44	634.92	675.81	712.37	728.24	744.61	798.25	849.39	900.64
60.71	95.45	111.98	115.60	121.32	126.27	131.05	132.53	147.98	142.80
42.54	48.09	73.11	77.07	82.58	88.42	89.78	85.05	99.61	93.95
313.49	565.34	779.92	836.08	946.44	1114.43	1198.93	1283.30	1428.83	1598.19
2129.77	3144.93	4754.04	4874.63	5122.26	5449.17	5427.38	5781.14	6133.64	6611.69
153.21	222.58	315.19	337.18	364.77	385.74	407.71	430.45	487.56	523.38
233.20	298.86	362.05	390.28	425.47	437.68	455.15	450.37	512.16	502.33
531.71	862.99	1174.69	1238.36	1349.35	1376.17	1426.38	1480.76	1655.80	1608.55
1419.51	2448.48	3105.42	3187.99	3305.08	3506.40	3760.64	3929.53	4152.08	4018.67
2550.47	4611.61	5332.61	5281.67	5583.54	6142.36	6459.68	6785.56	7117.87	6860.72
1473.10	3129.09	5505.48	5671.42	6373.46	6698.08	6673.67	7132.92	7440.46	7782.21
507.25	960.72	1264.19	1370.68	1848.37	1623.17	1672.84	1551.86	1735.61	1649.28
344.77	621.03	774.40	828.61	913.95	993.56	1007.43	1077.47	1251.43	1212.55
182.90	317.83	430.99	418.15	423.87	450.83	499.42	498.54	557.49	547.03
300.72	790.29	769.06	834.70	885.42	1006.19	1031.41	1182.79	1355.20	1419.56
		182.75	174.68	174.51	166.83	166.18	159.76	170.46	163.52
245.80	508.19	706.17	736.53	745.59	802.04	859.31	942.86	1170.51	1410.11
327.89	670.76	938.62	1004.23	1106.77	1391.21	1500.45	1570.61	1880.00	1988.87
42.52	85.83	87.40	86.41	88.69	83.37	74.53	77.23	89.86	92.33
275.62	376.40	455.89	478.78	482.13	519.01	578.41	600.70	742.39	778.19
6.66	14.10	29.88	39.35	37.15	47.74	57.94	67.10	84.61	92.46
		9.79	10.48	14.71	17.70	16.56	14.84	16.04	14.88
3915.34	**6061.38**	**7994.23**	**8574.06**	**8961.59**	**9582.05**	**9812.84**	**9934.08**	**10396.96**	**10495.20**
3698.28	5687.51	7434.60	7977.42	8292.15	8886.95	9033.23	9119.51	9479.21	9541.57
29.86	82.87	148.37	156.75	182.68	173.62	185.85	169.53	186.52	192.98
187.20	291.00	411.26	439.89	486.77	521.48	593.76	645.05	731.23	760.65
233.93	**483.24**	**698.67**	**725.62**	**789.22**	**887.82**	**991.19**	**1011.10**	**1132.90**	**1091.08**
430.34	**734.53**	**1125.61**	**1251.49**	**1417.98**	**1608.50**	**1752.34**	**1750.98**	**1993.02**	**2041.41**
752.31	**1292.00**	**2122.04**	**2323.78**	**2526.65**	**2900.40**	**3187.10**	**3169.04**	**3869.60**	**4042.93**
1340.91	**2451.83**	**3918.63**	**4394.80**	**4880.59**	**5716.49**	**6263.78**	**6517.02**	**7706.84**	**8077.14**
2884.81	**5124.63**	**7565.21**	**8420.60**	**9071.57**	**10057.55**	**10637.21**	**11396.48**	**12278.90**	**13935.86**

五、全国能源平衡表

Chapter 5 Energy Balance Table of China

5-1 全国能源平衡表(实物量) -2022

项 目	Item	煤合计 (万吨) Coal Total (10^4 tons)	原煤 (万吨) Raw Coal (10^4 tons)
一.可供本地区消费的能源量	**Total Primary Energy Supply**	**469122.30**	**470936.78**
1.一次能源生产量	Indigenous Production	455855.29	455855.29
水电	Hydro Power		
核电	Nuclear Power		
风电	Wind Power		
2.进口量	Import	29370.36	29370.36
3.境内飞机和轮船在境外的加油量	Domestic Airplanes&Ships Refueling Abroad		
4.出口量(−)	Export (-)	-400.50	-397.78
5.境外飞机和轮船在境内的加油量(−)	Oversea Airplanes&Ships Refueling Domestically (-)		
6.库存增(−)、减(+)量	Stock Change	-15702.85	-13891.09
二.加工转换投入(−)产出(+)量	**Input(-) & Output(+) of Transformation**	**-376720.90**	**-393494.28**
1.火力发电	Thermal Power	-237813.10	-232213.10
2.供热	Heating Supply	-50491.75	-48990.26
3.煤炭洗选	Coal Washing	-10172.92	-89387.46
4.炼焦	Coking	-69448.66	-13983.11
5.炼油及煤制油	Petroleum Refining and Coal-to-liquids	-4045.64	-3852.80
#油品再投入量(−)	Petroleum Products Input (-)		
6.制气	Gas Works	-4710.07	-4362.87
#再投入量(−)	Input (-)		
7.天然气液化	Natural Gas Liquefaction		
8.煤制品加工	Processing of Briquettes	-38.76	-704.70
9.回收能	Recovery of Energy		
三.损失量	**Loss**		
四.终端消费量	**Total Final Consumption**	**71525.05**	**56036.15**
1.农、林、牧、渔业	Agriculture, Forestry, Animal Husbandry and Fishery	1722.15	1667.15
2.工业	Industry	60454.43	45816.97
#用作原料、材料	Non-Energy Use	15610.07	13491.06
3.建筑业	Construction	369.28	334.02
4.交通运输、仓储和邮政业	Transport, Storage and Post	93.58	90.21
5.批发和零售业、住宿和餐饮业	Wholesale and Retail Trades, Hotels and Catering Services	1331.11	1319.89
6.其他	Others	2004.40	1926.04
7.居民生活	Residential	5550.10	4881.88
城镇	Urban	492.99	379.29
乡村	Rural	5057.10	4502.58
五.平衡差额	**Statistical Difference**	**20876.35**	**21406.34**
六.消费量合计	**Total Energy Consumption**	**448245.95**	**449530.44**

Energy Balance of China (Physical Quantity) -2022

洗精煤（万吨） Cleaned Coal (10^4 tons)	其他洗煤（万吨） Other Washed Coal (10^4 tons)	煤制品（万吨） Briquettes (10^4 tons)	煤矸石（万吨） Gangue (10^4 tons)	焦炭（万吨） Coke (10^4 tons)	焦炉煤气（亿立方米） Coke Oven Gas (10^8 cu.m)	高炉煤气（亿立方米） Blast Furnace Gas (10^8 cu.m)	转炉煤气（亿立方米） Converter Gas (10^8 cu.m)	其他煤气（亿立方米） Other Gas (10^8 cu.m)
-600.74	**-1240.10**	**26.36**		**-1472.34**				
				51.40				
		-2.72		-891.98				
-600.74	-1240.10	29.08		-631.76				
-69.74	**15416.25**	**1426.87**	**-35.39**	**46970.08**	**888.65**	**8362.38**	**720.93**	**332.60**
	-5600.00		-1752.47	-142.16	-279.45	-2861.47	-346.84	-13.04
	-1501.49		-776.05	-165.44	-71.43	-381.23	-47.87	-8.05
55395.81	23818.72		2493.13					
-55465.55				47295.34	1365.80			
	-192.84							
	-347.20							310.96
				-17.67	-126.27			
	-760.93	1426.87						
						11605.07	1115.64	42.74
	14106.76	**1382.13**		**46069.81**	**903.16**	**8461.76**	**690.20**	**314.04**
	55.01			1.41				
	13607.95	1029.51		46066.43	901.47	8461.76	690.20	268.72
	2098.50	20.51		3229.16	146.84	0.36	5.47	12.28
	35.26			1.88				
	3.37							
	7.34	3.88		0.09	0.42			9.27
	77.34	1.02			0.14			
	320.50	347.72			1.13			36.04
	47.45	66.25			0.25			36.02
	273.05	281.47			0.88			0.03
-670.48	**69.39**	**71.10**	**-35.39**	**-572.07**	**-14.51**	**-99.38**	**30.73**	**18.57**
55465.55	**22509.23**	**1382.13**	**2528.52**	**46395.07**	**1380.31**	**11704.46**	**1084.91**	**335.13**

5-1 续表 1

项　　目	Item	其他焦化产品 (万吨) Other Coking Products (10^4 tons)	油品合计 (万吨) Petroleum Products Total (10^4 tons)
一.可供本地区消费的能源量	**Total Primary Energy Supply**		**69537.92**
1.一次能源生产量	Indigenous Production		20472.24
水电	Hydro Power		
核电	Nuclear Power		
风电	Wind Power		
2.进口量	Import		57940.95
3.境内飞机和轮船在境外的加油量	Domestic Airplanes&Ships Refueling Abroad		759.65
4.出口量(-)	Export (-)		-5948.46
5.境外飞机和轮船在境内的加油量(-)	Oversea Airplanes&Ships Refueling Domestically (-)		-755.69
6.库存增(-)、减(+)量	Stock Change		-2930.76
二.加工转换投入(-)产出(+)量	**Input(-) & Output(+) of Transformation**	**995.32**	**-2099.28**
1.火力发电	Thermal Power		-242.44
2.供热	Heating Supply		-697.65
3.煤炭洗选	Coal Washing		
4.炼焦	Coking	1887.73	
5.炼油及煤制油	Petroleum Refining and Coal-to-liquids	-901.46	11819.62
#油品再投入量(-)	Petroleum Products Input (-)		-12915.77
6.制气	Gas Works	18.88	-63.05
#再投入量(-)	Input (-)	-9.84	
7.天然气液化	Natural Gas Liquefaction		
8.煤制品加工	Processing of Briquettes		
9.回收能	Recovery of Energy		
三.损失量	**Loss**		**24.44**
四.终端消费量	**Total Final Consumption**	**1099.87**	**65925.62**
1.农、林、牧、渔业	Agriculture, Forestry, Animal Husbandry and Fishery		2023.86
2.工业	Industry	1099.87	29216.66
#用作原料、材料	Non-Energy Use	899.61	18441.32
3.建筑业	Construction		3453.80
4.交通运输、仓储和邮政业	Transport, Storage and Post		20005.45
5.批发和零售业、住宿和餐饮业	Wholesale and Retail Trades, Hotels and Catering Services		643.34
6.其他	Others		3531.85
7.居民生活	Residential		7050.65
城镇	Urban		4542.96
乡村	Rural		2507.70
五.平衡差额	**Statistical Difference**	**-104.55**	**1488.58**
六.消费量合计	**Total Energy Consumption**	**2011.16**	**68049.34**

Continued 1

原油 (万吨) Crude Oil (10^4 tons)	汽油 (万吨) Gasoline (10^4 tons)	煤油 (万吨) Kerosene (10^4 tons)	柴油 (万吨) Diesel Oil (10^4 tons)	燃料油 (万吨) Fuel Oil (10^4 tons)	石脑油 (万吨) Naphtha (10^4 tons)	润滑油 (万吨) Lubricants (10^4 tons)	石蜡 (万吨) Paraffin Waxes (10^4 tons)	溶剂油 (万吨) White Spirit (10^4 tons)
70054.68	**-1275.89**	**-930.82**	**-2638.12**	**-651.82**	**924.68**	**12.93**	**-75.25**	**6.17**
20472.24								
50823.10	2.01	114.30	43.84	1303.93	926.24	31.83	6.44	3.59
		213.67	26.82	519.16				
-205.20	-1257.22	-1094.89	-1093.04	-1866.30	-4.34	-18.34	-79.25	-0.64
		-171.51	-31.44	-552.74				
-1035.46	-20.67	7.62	-1584.31	-55.86	2.77	-0.56	-2.44	3.22
-69691.10	**14480.82**	**2962.92**	**19046.10**	**3449.53**	**6625.44**	**196.74**	**331.01**	**76.54**
-1.38			-29.84	-18.09				
			-3.34	-239.39				
-69689.72	14634.55	2962.92	19290.07	6224.67	8484.02	201.44	353.97	80.46
	-153.73		-210.79	-2517.66	-1858.59	-4.69	-22.96	-3.92
24.06								
307.73	**13123.53**	**2073.66**	**15537.92**	**2695.63**	**7455.34**	**221.25**	**241.99**	**78.32**
	277.86	11.86	1723.63	0.93				
307.73	153.28	7.95	1401.02	488.89	7455.34	221.25	241.99	78.32
	25.28	0.85	8.03	242.49	7184.87	198.94	238.39	72.82
	544.32	25.39	531.61	41.37				
	5845.63	1808.85	10058.16	2149.02				
	287.40	23.88	226.25	10.05				
	2248.83	193.55	988.82	5.38				
	3766.21	2.17	608.43					
	2357.10	0.31	260.70					
	1409.11	1.86	347.73					
31.78	**81.40**	**-41.56**	**870.06**	**102.09**	**94.77**	**-11.58**	**13.77**	**4.40**
70022.90	**13277.27**	**2073.66**	**15781.89**	**5470.77**	**9313.92**	**225.94**	**264.95**	**82.24**

5-1 续表 2

项 目	Item	石油沥青(万吨) Bitumen Asphalt (10^4 tons)	石油焦(万吨) Petroleum Coke (10^4 tons)
一.可供本地区消费的能源量	**Total Primary Energy Supply**	**356.83**	**1306.46**
1.一次能源生产量	Indigenous Production		
水电	Hydro Power		
核电	Nuclear Power		
风电	Wind Power		
2.进口量	Import	293.37	1509.06
3.境内飞机和轮船在境外的加油量	Domestic Airplanes&Ships Refueling Abroad		
4.出口量(-)	Export (-)	-56.19	-162.82
5.境外飞机和轮船在境内的加油量(-)	Oversea Airplanes&Ships Refueling Domestically (-)		
6.库存增(-)、减(+)量	Stock Change	119.66	-39.78
二.加工转换投入(-)产出(+)量	**Input(-) & Output(+) of Transformation**	**2279.92**	**2596.84**
1.火力发电	Thermal Power		-143.14
2.供热	Heating Supply		-213.09
3.煤炭洗选	Coal Washing		
4.炼焦	Coking		
5.炼油及煤制油	Petroleum Refining and Coal-to-liquids	2879.30	3015.48
#油品再投入量(-)	Petroleum Products Input (-)	-599.38	-39.10
6.制气	Gas Works		-23.31
#再投入量(-)	Input (-)		
7.天然气液化	Natural Gas Liquefaction		
8.煤制品加工	Processing of Briquettes		
9.回收能	Recovery of Energy		
三.损失量	**Loss**		
四.终端消费量	**Total Final Consumption**	**2739.69**	**3813.70**
1.农、林、牧、渔业	Agriculture, Forestry, Animal Husbandry and Fishery		
2.工业	Industry	498.94	3813.70
#用作原料、材料	Non-Energy Use	468.10	3187.07
3.建筑业	Construction	2203.57	
4.交通运输、仓储和邮政业	Transport, Storage and Post	37.18	
5.批发和零售业、住宿和餐饮业	Wholesale and Retail Trades, Hotels and Catering Services		
6.其他	Others		
7.居民生活	Residential		
城镇	Urban		
乡村	Rural		
五.平衡差额	**Statistical Difference**	**-102.93**	**89.60**
六.消费量合计	**Total Energy Consumption**	**3339.07**	**4232.33**

Continued 2

液化石油气(万吨) Liquefied Petroleum Gas (10^4 tons)	炼厂干气(万吨) Refinery Gas (10^4 tons)	其他石油制品(万吨) Other Petroleum Products (10^4 tons)	天然气(亿立方米) Natural Gas (10^8 cu.m)	液化天然气(万吨) Liquefied Natural Gas (10^4 tons)	热力(万百万千焦) Heat (10^{10} kJ)	电力(亿千瓦时) Electricity (10^8 kWh)	其他能源(万吨标准煤) Other Energy (10^4 tce)
2551.96		**-103.89**	**2782.81**	**6243.68**		**29469.67**	**8153.79**
			2201.10			29599.17	8153.79
						13521.95	
						4177.75	
						7626.72	
2691.52		191.72	632.11	6336.29		71.38	
-86.91		-23.31	-50.41	-57.56		-200.88	
-52.64		-272.30		-35.05			
3805.16	**2022.76**	**9718.04**	**-902.62**	**1490.13**	**833353.61**	**58887.95**	**-4207.52**
-3.89	-43.44	-2.65	-468.76	-214.19	-150981.42	58887.95	-4828.05
-40.32	-185.43	-16.07	-224.28	-40.91	843053.88		-1192.65
4849.18	2457.26	16076.02	-31.32				-857.21
-996.03	-169.67	-6339.25					
-3.78	-35.96		102.99				1261.27
			-25.30				
			-255.95	1745.23			
					141281.15		1409.10
0.38			**20.73**	**1.69**	**6180.59**	**3062.88**	
6687.92	**2024.99**	**8923.96**	**1858.86**	**7733.04**	**827325.39**	**85294.73**	**4047.36**
9.59			2.24		165.31	1756.72	659.16
3693.21	2024.99	8830.05	861.29	7235.22	618928.92	54349.60	1345.99
1579.23	156.10	5079.16	124.48	115.39			676.55
13.63		93.92	3.97		2259.01	1091.08	23.04
106.62			266.25	497.82	4571.39	2041.41	526.65
95.76			73.76		12016.45	4042.93	40.12
95.27			62.01		23956.59	8077.14	143.94
2673.84			589.34		165427.71	13935.86	1308.46
1924.84			579.52		165427.71	7359.81	148.04
749.00			9.82			6576.05	1160.42
-331.18	**-2.23**	**690.19**	**0.59**	**-0.92**	**-152.37**		**-101.09**
7732.32	**2459.49**	**15281.94**	**2644.36**	**7989.83**	**984487.40**	**88357.62**	**10925.25**

5-2 全国能源平衡表(标准量) -2022

单位：万吨标准煤

项目	Item	能源合计 (发电煤耗计算法) (Coal Equivalent Calculation)	Energy Total (电热当量计算法) (Calorific Value Calculation)
一.可供本地区消费的能源量	**Total Primary Energy Supply**	**556234.14**	**505515.11**
1.一次能源生产量	Indigenous Production	463807.91	412866.00
水电	Hydro Power		
核电	Nuclear Power		
风电	Wind Power		
2.进口量	Import	119140.93	119018.09
3.境内飞机和轮船在境外的加油量	Domestic Airplanes&Ships Refueling Abroad	1095.14	1095.14
4.出口量(-)	Export (-)	-11109.52	-10763.81
5.境外飞机和轮船在境内的加油量(-)	Oversea Airplanes&Ships Refueling Domestically (-)	-1087.82	-1087.82
6.库存增(-)、减(+)量	Stock Change	-15612.49	-15612.49
二.加工转换投入(-)产出(+)量	**Input(-) & Output(+) of Transformation**	**-545.20**	**-101894.81**
1.火力发电	Thermal Power		-101349.60
2.供热	Heating Supply	-8809.32	-8809.32
3.煤炭洗选	Coal Washing	-4497.37	-4497.37
4.炼焦	Coking	-4004.97	-4004.97
5.炼油及煤制油	Petroleum Refining and Coal-to-liquids	12289.25	12289.25
#油品再投入量(-)	Petroleum Products Input (-)	-18193.23	-18193.23
6.制气	Gas Works	-270.09	-270.09
#再投入量(-)	Input (-)	-1066.26	-1066.26
7.天然气液化	Natural Gas Liquefaction	-188.81	-188.81
8.煤制品加工	Processing of Briquettes	-59.48	-59.48
9.回收能	Recovery of Energy	24255.08	24255.08
三.损失量	**Loss**	**9543.46**	**4272.06**
四.终端消费量	**Total Final Consumption**	**530866.86**	**384069.63**
1.农、林、牧、渔业	Agriculture, Forestry, Animal Husbandry and Fishery	10089.92	7066.49
2.工业	Industry	353950.41	260411.57
#用作原料、材料	Non-Energy Use	44320.88	44320.88
3.建筑业	Construction	8370.51	6492.70
4.交通运输、仓储和邮政业	Transport, Storage and Post	40176.48	36663.10
5.批发和零售业、住宿和餐饮业	Wholesale and Retail Trades, Hotels and Catering Services	15341.63	8383.52
6.其他	Others	32374.92	18473.69
7.居民生活	Residential	70562.99	46578.56
城镇	Urban	42311.86	29645.20
乡村	Rural	28251.12	16933.36
五.平衡差额	**Statistical Difference**	**15278.62**	**15278.61**
六.消费量合计	**Total Energy Consumption**	**540955.52**	**490236.50**

Energy Balance of China (Standard Quantity) -2022

(10⁴ tce)

煤合计 Coal Total	原煤 Raw Coal	洗精煤 Cleaned Coal	其他洗煤 Other Washed Coal	煤制品 Briquettes	煤矸石 Gangue	焦炭 Coke	焦炉煤气 Coke Oven Gas	高炉煤气 Blast Furnace Gas	转炉煤气 Converter Gas
317579.77	**318774.09**	**-540.67**	**-669.65**	**16.01**		**-1430.23**			
311578.83	311578.83								
17061.97	17061.97					49.93			
-342.11	-340.45			-1.65		-866.47			
-10718.92	-9526.26	-540.67	-669.65	17.66		-613.69			
-252874.27	**-262002.68**	**-62.76**	**8324.78**	**866.39**	**42.78**	**45626.73**	**5077.73**	**10754.02**	**1956.60**
150488.50	147464.49		-3024.00		-350.49	-138.09	-1596.76	-3679.85	-941.34
-31180.17	-30369.37		-810.81		-155.21	-160.71	-408.15	-490.26	-129.91
-5045.86	-67764.20	49856.23	12862.11		548.49				
-59930.28	-10011.28	-49919.00				45942.69	7804.17		
-2861.78	-2757.65		-104.13						
-3308.21	-3120.72		-187.49						
						-17.16	-721.53		
-59.48	-514.97		-410.90	866.39					
								14924.12	3027.84
50573.31	**42116.43**		**7617.65**	**839.23**		**44752.21**	**5160.67**	**10881.82**	**1873.20**
1257.80	1228.10		29.70			1.37			
42244.09	34270.67		7348.29	625.12		44748.93	5150.99	10881.82	1873.20
11283.44	10137.79		1133.19	12.46		3136.81	839.05	0.46	14.84
293.29	274.25		19.04			1.83			
65.36	63.54		1.82						
1057.75	1051.43		3.96	2.36		0.09	2.42		
1604.67	1562.29		41.76	0.62			0.80		
4050.35	3666.14		173.07	211.14			6.46		
353.97	288.12		25.62	40.23			1.43		
3696.37	3378.02		147.45	170.91			5.03		
14132.19	**14654.98**	**-603.43**	**37.47**	**43.17**	**42.78**	**-555.71**	**-82.94**	**-127.81**	**83.40**

5-2 续表 1

单位：万吨标准煤

项　　目	Item	其他煤气 Other Gas	其他焦化产品 Other Coking Products
一.可供本地区消费的能源量	**Total Primary Energy Supply**		
1.一次能源生产量	Indigenous Production		
水电	Hydro Power		
核电	Nuclear Power		
风电	Wind Power		
2.进口量	Import		
3.境内飞机和轮船在境外的加油量	Domestic Airplanes&Ships Refueling Abroad		
4.出口量(−)	Export (-)		
5.境外飞机和轮船在境内的加油量(−)	Oversea Airplanes&Ships Refueling Domestically (-)		
6.库存增(−)、减(+)量	Stock Change		
二.加工转换投入(−)产出(+)量	**Input(-) & Output(+) of Transformation**	**594.03**	**1148.60**
1.火力发电	Thermal Power	-23.30	
2.供热	Heating Supply	-14.37	
3.煤炭洗选	Coal Washing		
4.炼焦	Coking		2178.44
5.炼油及煤制油	Petroleum Refining and Coal-to-liquids		-1040.28
#油品再投入量(−)	Petroleum Products Input (-)		
6.制气	Gas Works	555.37	21.79
#再投入量(−)	Input (-)		-11.35
7.天然气液化	Natural Gas Liquefaction		
8.煤制品加工	Processing of Briquettes		
9.回收能	Recovery of Energy	76.33	
三.损失量	**Loss**		
四.终端消费量	**Total Final Consumption**	**560.87**	**1269.25**
1.农、林、牧、渔业	Agriculture, Forestry, Animal Husbandry and Fishery		
2.工业	Industry	479.94	1269.25
#用作原料、材料	Non-Energy Use	21.93	1038.15
3.建筑业	Construction		
4.交通运输、仓储和邮政业	Transport, Storage and Post		
5.批发和零售业、住宿和餐饮业	Wholesale and Retail Trades, Hotels and Catering Services	16.56	
6.其他	Others		
7.居民生活	Residential	64.37	
城镇	Urban	64.33	
乡村	Rural	0.05	
五.平衡差额	**Statistical Difference**	**33.16**	**-120.65**
六.消费量合计	**Total Energy Consumption**		

Continued 1

(10⁴ tce)

油品合计 Petroleum Products Total	原油 Crude Oil	汽油 Gasoline	煤油 Kerosene	柴油 Diesel Oil	燃料油 Fuel Oil	石脑油 Naphtha	润滑油 Lubricants	石蜡 Paraffin Waxes
99445.51	**100080.11**	**-1877.34**	**-1369.60**	**-3844.01**	**-931.19**	**1387.01**	**18.28**	**-102.70**
29246.64	29246.64							
82990.01	72605.87	2.96	168.18	63.88	1862.79	1389.36	45.02	8.79
1095.14			314.39	39.08	741.66			
-8579.03	-293.15	-1849.88	-1611.03	-1592.66	-2666.19	-6.51	-25.94	-108.16
-1087.82			-252.36	-45.81	-789.65			
-4219.43	-1479.25	-30.42	11.20	-2308.49	-79.80	4.15	-0.80	-3.33
-2093.33	**-99560.71**	**21307.08**	**4359.64**	**27752.07**	**4928.00**	**9938.15**	**278.25**	**451.76**
-300.06	-1.97			-43.48	-25.84			
-952.50				-4.87	-342.00			
17439.92	-99558.74	21533.28	4359.64	28107.57	8892.57	12726.03	284.89	483.10
-18193.23		-226.20		-307.15	-3596.73	-2787.88	-6.64	-31.33
-87.46								
35.02	**34.37**							
95342.55	**439.63**	**19309.97**	**3051.18**	**22640.30**	**3850.97**	**11183.01**	**312.91**	**330.26**
2955.55		408.84	17.45	2511.50	1.33			
41273.12	439.63	225.54	11.70	2041.43	698.43	11183.01	312.91	330.26
25554.91		37.19	1.25	11.70	346.42	10777.30	281.37	325.35
4706.92		800.91	37.36	774.61	59.10			
29220.11		8601.27	2661.55	14655.74	3070.08			
966.20		422.88	35.14	329.67	14.35			
5205.54		3308.93	284.79	1440.81	7.68			
11015.11		5541.60	3.19	886.55				
7148.32		3468.24	0.46	379.87				
3866.79		2073.36	2.74	506.68				
1974.61	**45.40**	**119.77**	**-61.15**	**1267.76**	**145.84**	**142.16**	**-16.38**	**18.80**

5-2 续表 2

单位：万吨标准煤

项 目	Item	溶剂油 White spirit	石油沥青 Bitumen Asphalt
一.可供本地区消费的能源量	**Total Primary Energy Supply**	**9.05**	**467.45**
1.一次能源生产量	Indigenous Production		
水电	Hydro Power		
核电	Nuclear Power		
风电	Wind Power		
2.进口量	Import	5.27	384.31
3.境内飞机和轮船在境外的加油量	Domestic Airplanes&Ships Refueling Abroad		
4.出口量(−)	Export (-)	-0.94	-73.61
5.境外飞机和轮船在境内的加油量(−)	Oversea Airplanes&Ships Refueling Domestically (-)		
6.库存增(−)、减(+)量	Stock Change	4.72	156.75
二.加工转换投入(−)产出(+)量	**Input(-) & Output(+) of Transformation**	**112.30**	**2986.69**
1.火力发电	Thermal Power		
2.供热	Heating Supply		
3.煤炭洗选	Coal Washing		
4.炼焦	Coking		
5.炼油及煤制油	Petroleum Refining and Coal-to-liquids	118.06	3771.88
#油品再投入量(−)	Petroleum Products Input (-)	-5.75	-785.19
6.制气	Gas Works		
#再投入量(−)	Input (-)		
7.天然气液化	Natural Gas Liquefaction		
8.煤制品加工	Processing of Briquettes		
9.回收能	Recovery of Energy		
三.损失量	**Loss**		
四.终端消费量	**Total Final Consumption**	**114.91**	**3588.99**
1.农、林、牧、渔业	Agriculture, Forestry, Animal Husbandry and Fishery		
2.工业	Industry	114.91	653.61
#用作原料、材料	Non-Energy Use	106.84	613.21
3.建筑业	Construction		2886.67
4.交通运输、仓储和邮政业	Transport, Storage and Post		48.71
5.批发和零售业、住宿和餐饮业	Wholesale and Retail Trades, Hotels and Catering Services		
6.其他	Others		
7.居民生活	Residential		
城镇	Urban		
乡村	Rural		
五.平衡差额	**Statistical Difference**	**6.45**	**-134.84**
六.消费量合计	**Total Energy Consumption**		

Continued 2

(10[4] tce)

石油焦 Petroleum Coke	液化石油气 Liquefied Petroleum Gas	炼厂干气 Refinery Gas	其他石油制品 Other Petroleum Products	天然气 Natural Gas	液化天然气 Liquefied Natural Gas	热力 Heat	电力 Electricity	其他能源 Other Energy
1371.78	**4374.83**		**-138.17**	**34779.44**	**10768.61**		**36218.23**	**8153.79**
				27509.36			36377.38	8153.79
							16618.48	
							5134.46	
							9373.24	
1584.52	4614.07		254.99	7900.12	10928.33		87.72	
-170.96	-149.00		-31.00	-630.05	-99.27		-246.88	
-41.77	-90.24		-362.16		**-60.45**			
2726.68	**6523.18**	**3178.57**	**12925.00**	**-11280.89**	**2570.06**	**28417.36**	**72373.29**	**-4207.52**
-150.30	-6.67	-68.26	-3.53	-5858.57	-369.42	-5148.47	72373.29	-4828.05
-223.74	-69.13	-291.38	-21.38	-2802.99	-70.55	28748.14		-1192.65
3166.25	8312.95	3861.34	21381.11	-391.41				-857.21
-41.05	-1707.49	-266.62	-8431.20					
-24.47	-6.48	-56.51		1287.15				1261.27
				-316.22				
				-3198.85	3010.04			
						4817.69		1409.10
	0.65			**259.08**	**2.91**	**210.76**	**3764.28**	
4004.38	**11465.10**	**3182.07**	**11868.87**	**23232.04**	**13337.33**	**28211.80**	**104827.23**	**4047.36**
	16.43			27.96		5.64	2159.01	659.16
4004.38	6331.28	3182.07	11743.96	10764.37	12478.73	21105.48	66795.66	1345.99
3346.43	2707.28	245.29	6755.28	1555.73	199.02			676.55
	23.36		124.91	49.65		77.03	1340.94	23.04
	182.77			3327.61	858.60	155.88	2508.89	526.65
	164.17			921.86		409.76	4968.76	40.12
	163.33			775.02		816.92	9926.80	143.94
	4583.76			7365.57		5641.09	17127.17	1308.46
	3299.75			7242.83		5641.09	9045.20	148.04
	1284.01			122.74			8081.97	1160.42
94.08	**-567.74**	**-3.50**	**917.96**	**7.43**	**-1.58**	**-5.20**		**-101.09**

5-3 综合能源平衡表

单位：万吨标准煤

项　　目	Item	1980	1985	1990	1995
可供消费的能源总量	**Total Primary Energy Supply**	**61557**	**77603**	**96138**	**129535**
一次能源生产总量	Indigenous Production	63735	85546	103922	129034
回收能	Recovery of Energy				2312
进口量	Imports	261	340	1310	5456
出口量(−)	Exports (-)	3058	5774	5875	6776
年初年末库存差额	Stock Changes in the Year	619	-2509	-3219	-491
能源消费总量	**Total Energy Consumption**	**60275**	**76682**	**98703**	**131176**
在总量中:	Consumption by Sector				
1.农、林、牧、渔业	Agriculture, Forestry, Animal Husbandry and Fishery	4692	4045	4852	5505
2.工业	Industry	38986	51068	67578	96191
3.建筑业	Construction	957	1302	1213	1335
4.交通运输、仓储和邮政业	Transport, Storage and Post	2902	3713	4541	5863
5.批发和零售业、住宿和餐饮业	Wholesale and Retail Trades, Hotels and Catering Services	518	766	1247	2018
6.其他	Others	1205	2470	3473	4519
7.居民生活	Residential	11015	13318	15799	15745
在总量中:	Consumption by Usage				
(一) 终端消费	(I) Final Consumption	57508	73586	94289	124252
#工业	Industry	38293	48021	63239	89473
(二) 加工转换损失量	(II) Losses During the Process of Energy Transformation	1358	1491	2264	3634
#炼焦	Coking	644	572	905	
炼油及煤制油	Petroleum Refining and Coal-to-liquids	113	110	326	
(三) 回收能(−)	(III) Recovery of Energy(-)				
(四) 损失量	(IV) Other Losses	1409	1605	2150	3289
平衡差额	**Statistical Difference**	**1282**	**921**	**-2565**	**-1641**

注：1.电力按等价热值折算，因此加工转换损失量中不包括发电损失量。
　　2.进口量包括境内飞机和轮船在境外的加油量；出口量包括境外飞机和轮船在境内的加油量。

Overall Energy Balance Sheet

(10[4] tce)

2000	2005	2010	2015	2016	2017	2018	2019	2020	2021	2022
144234	**254619**	**365588**	**431636**	**434121**	**450444**	**471686**	**493178**	**507479**	**533841**	**556234**
138570	229037	312125	362193	345954	358867	378859	397317	407295	427115	463808
3087	7452	8958								
14327	26823	57671	77695	90235	100039	110787	119064	124805	124807	120236
9327	11257	8803	9785	11956	12669	13337	14151	12838	13122	12197
-2424	2564	-4363	1532	9888	4206	-4623	-9052	-11784	-4959	-15612
146964	**261369**	**360648**	**434113**	**441492**	**455827**	**471925**	**487488**	**498314**	**525896**	**540956**
4233	6860	7266	8271	8585	8945	8781	9018	9263	9661	10090
103014	187914	261377	295953	295615	302308	311151	322503	332625	348551	363782
2207	3486	5533	7545	7847	8243	8685	9142	9320	9608	8371
11447	19136	27102	38510	39883	42140	43617	43909	41309	43935	40434
3251	5917	7847	11447	12042	12456	12994	13624	13171	14898	15342
6118	10484	15052	21925	23185	24277	26262	27582	28245	31762	32375
16695	27573	36470	50461	54336	57459	60436	61709	64380	67481	70563
140476	250877	337469	420110	428342	442255	461020	476219	488156	514744	530867
96871	177775	238652	282291	282809	289098	300558	311542	322677	337621	353950
2472	3882	14294	18770	18674	19279	20803	22156	23020	24311	24800
526	855	1595	4261	3887	3721	4129	4209	3938	3840	4005
781	1273	1960	2866	3543	4280	5027	5895	6132	6421	5904
			14492	15373	15921	20465	21350	23037	23296	24255
4016	6610	8885	9724	9849	10213	10567	10462	10175	10138	9543
-2730	**-6751**	**4940**	**-2477**	**-7371**	**-5383**	**-239**	**5690**	**9165**	**7945**	**15279**

Note: a) Electric power is converted on the basic of equal caloric value. Therefore, losses during the process of energy transformation exclude losses in power generation.

b) Data on imports include the domestic airplanes and ships refueling abroad. Data on exports include the oversea airplanes and ships refueling domestically.

5-4 煤炭平衡表

单位：万吨

项　目	Item	1980	1985	1990	1995
可供量	**Total Energy Available for Consumption**	**62601**	**82777**	**102221**	**133462**
生产量	Production	62015	87228	107988	136073
进口量	Imports	199	231	200	164
出口量(-)	Exports (-)	632	777	1729	2862
年初年末库存差额	Stock Changes in the Year	1019	-3906	-4239	87
消费量	**Total Energy Consumption**	**61010**	**81603**	**105523**	**137677**
在消费量中:	Consumption by Sector				
1.农、林、牧、渔业	Agriculture, Forestry, Animal Husbandry and Fishery	1550	2209	2095	1857
2.工业	Industry	43848	58613	81091	117571
3.建筑业	Construction	556	532	438	440
4.交通运输、仓储和邮政业	Transport, Storage and Post	1934	2307	2161	1315
5.批发和零售业、住宿和餐饮业	Wholesale and Retail Trades, Hotels and Catering Services	455	738	1058	977
6.其他	Others	1091	1580	1980	1987
7.居民生活	Residential	11574	15624	16700	13530
在消费量中:	Consumption by Usage				
(一) 终端消费	(I) Final Consumption	38804	52704	60206	66156
#工业	Industry	21643	29715	35774	46050
(二) 中间消费	(II) Intermediate Consumption				
(用于加工转换)	(Consumed in Transformation)	22205	28899	41258	69488
#火力发电	Thermal Power	12648	16441	27204	44440
供热	Heating		1462	2996	5887
炼焦	Coking	6682	7304	10698	18396
煤制油	Coal-to-liquids				
制气	Gas Production	131	191	360	764
(三)洗选损耗	(III) Losses in Coal Washing and Dressing	2744	3501	4059	2033
平衡差额	**Statistical Difference**	**1592**	**1174**	**-3302**	**-4215**

注：生产量为原煤产量。

 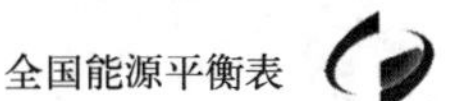

Coal Balance Sheet

(10[4] tons)

2000	2005	2010	2015	2016	2017	2018	2019	2020	2021	2022
131895	**235508**	**355578**	**397074**	**378494**	**383480**	**394848**	**405537**	**414519**	**440618**	**469122**
138418	236515	342845	374654	341060	352356	369774	384633	390158	412583	455855
218	2622	18307	20406	25555	27093	28210	29977	30361	32327	29370
5506	7173	1911	534	879	809	494	603	319	261	401
-1235	3545	-3663	2547	12758	4839	-2642	-8470	-5680	-4031	-15703
135690	**243375**	**349008**	**399834**	**388820**	**391403**	**397452**	**401915**	**404860**	**429576**	**448246**
1051	1802	2147	2625	2778	2834	2363	2202	2254	1790	1722
121807	224766	329728	378190	367435	371160	380696	387268	390891	417585	437175
537	604	731	878	805	733	650	640	639	444	369
882	811	639	492	404	353	321	283	241	120	94
1461	2627	3192	3864	3826	3461	2686	2378	1981	1489	1331
1495	2727	3412	4159	4081	3580	3021	2598	2571	2218	2004
8457	10039	9159	9627	9492	9283	7714	6547	6283	5929	5550
50511	86386	114826	112975	101569	92841	81171	73449	72426	68828	71525
36628	67776	95546	91331	80183	72598	64415	58802	58457	56838	60454
81987	152208	222948	267061	272512	285325	303986	316252	321133	350636	366548
55811	103663	153742	179568	182666	193925	205197	210159	211635	233487	237813
8794	13542	17553	24115	26577	28983	32388	34442	36933	44185	50492
16496	33446	49950	60874	60649	58910	61603	65673	65968	65334	69449
		213	679	1105	1568	2497	3240	3047	3746	4046
960	1277	1040	1320	1212	1663	2010	2459	3309	3667	4710
3191	4782	11235	19798	14740	13237	12295	12213	11301	10111	10173
-3795	**-7868**	**6569**	**-2760**	**-10326**	**-7924**	**-2604**	**3623**	**9659**	**11043**	**20876**

Note: Data on production refer to the raw coal production.

5-5 焦炭平衡表

单位：万吨

项　目	Item	1980	1985	1990	1995
可供量	**Total Energy Available for Consumption**	**4315.3**	**4689.7**	**7085.8**	**12207.1**
生产量	Production	4343.0	4802.1	7328.3	13424.5
进口量	Imports		2.1		0.1
出口量(−)	Exports (-)	27.1	36.9	129.0	886.1
年初年末库存差额	Stock Changes in the Year	-0.6	-77.6	-113.5	-331.4
消费量	**Total Energy Consumption**	**4303.0**	**4689.7**	**6914.7**	**10725.3**
在消费量中:	Consumption by Sector				
1.农、林、牧、渔业	Agriculture, Forestry, Animal Husbandry and Fishery	10.6	20.8	60.1	128.6
2.工业	Industry	4266.7	4627.7	6808.8	10412.0
3.建筑业	Construction	11.9	7.8	5.2	10.8
4.交通运输、仓储和邮政业	Transport, Storage and Post	8.2	5.7	4.1	10.1
5.批发和零售业、住宿和餐饮业	Wholesale and Retail Trades, Hotels and Catering Services	0.9	2.7	7.7	25.7
6.其他	Others	4.7	2.0	1.9	6.4
7.居民生活	Residential		23.0	26.9	131.6
在消费量中:	Consumption by Usage				
(一) 终端消费	(I) Final Consumption	4294.7	4677.9	6846.3	10648.0
#工业	Industry	4258.4	4615.9	6740.4	10334.7
(二) 中间消费	(II) Intermediate Consumption				
(用于加工转换)	(Consumed in Transformation)	8.3	11.8	68.4	77.3
制气	Gas Production	8.3	11.8	68.4	77.3
(三) 损失量	(III) Losses in Coal Washing and Dressing				
平衡差额	**Statistical Difference**	**12.3**		**171.1**	**1481.8**

Coke Balance Sheet

(10[4] tons)

2000	2005	2010	2015	2016	2017	2018	2019	2020	2021	2022
10892.3	**25084.4**	**38707.1**	**44018.9**	**45428.6**	**43739.5**	**43257.9**	**46533.7**	**47312.0**	**46147.7**	**45823.0**
12184.0	26511.7	38657.8	44822.5	44911.5	43168.4	44751.4	47295.8	47188.2	46424.0	47295.3
	0.5	11.0	0.4	0.1	1.0	9.1	52.3	297.9	133.2	51.4
1519.7	1276.4	335.0	964.8	1011.9	807.9	975.8	652.3	349.2	643.4	892.0
228.0	-151.4	373.3	160.8	1529.0	1378.0	-526.8	-162.2	175.1	233.9	-631.8
10840.8	**25105.8**	**38702.8**	**44058.7**	**45462.4**	**43743.1**	**43716.6**	**46426.0**	**48310.4**	**46663.7**	**46395.1**
70.9	63.5	46.8	49.5	53.1	38.4	103.0	59.7	23.2	21.6	1.4
10554.6	24860.9	38598.7	43923.0	45324.7	43609.1	43560.9	46320.2	48272.2	46632.5	46391.7
19.0	18.4	5.8	6.7	7.1	12.6	10.6	9.7	3.6	2.1	1.9
11.2	1.1	0.1	3.0	3.2	6.0	0.4	0.4		0.1	
35.7	64.1	5.1	40.1	41.3	49.4	19.0	16.9		0.1	0.1
12.2	7.6	2.8	5.4	5.6	5.9	6.3	6.3			
137.2	90.3	43.5	31.2	27.4	21.8	16.4	12.8	11.4	7.4	
10697.9	24877.9	38574.6	43775.0	45454.4	43741.5	43693.7	46336.6	47762.5	46130.4	46069.8
10411.7	24633.0	38470.5	43639.2	45316.7	43607.4	43538.0	46230.9	47724.3	46099.2	46066.4
142.9	227.9	128.2	283.8	8.0	1.6	22.8	89.3	547.9	533.3	325.3
142.9	227.9	128.2	1.8	1.9	1.6	1.6	16.5	17.6	11.0	17.7
51.6	**-21.4**	**4.3**	**-39.8**	**-33.8**	**-3.6**	**-458.6**	**107.7**	**-998.4**	**-516.0**	**-572.1**

5-6 石油平衡表

单位：万吨

项　　目	Item	1980	1985	1990	1995
可供量	**Total Energy Available for Consumption**	**8794.5**	**9193.7**	**11435.0**	**16072.7**
生产量	Production	10594.6	12489.5	13830.6	15004.4
进口量	Imports	82.7	90.0	755.6	3673.2
出口量(−)	Exports (-)	1806.2	3630.4	3110.4	2454.5
年初年末库存差额	Stock Changes in the Year	-76.6	244.6	-40.8	-151.0
消费量	**Total Energy Consumption**	**8757.4**	**9168.8**	**11485.6**	**16064.9**
在消费量中:	Consumption by Sector				
1.农、林、牧、渔业	Agriculture, Forestry, Animal Husbandry and Fishery	814..9	758.7	1033.6	1203.2
2.工业	Industry	6203.2	6171.4	7321.6	9349.3
3.建筑业	Construction	175.2	292.2	327.3	242.8
4.交通运输、仓储和邮政业	Transport, Storage and Post	911.5	1176.4	1683.2	2863.6
5.批发和零售业、住宿和餐饮业	Wholesale and Retail Trades, Hotels and Catering Services	29.0	38.1	77.6	333.9
6.其他	Others	481.7	506.1	757.8	1390.3
7.居民生活	Residential	141.9	225.9	284.5	682.0
在消费量中:	Consumption by Usage				
(一) 终端消费	(I) Final Consumption	6311.0	7063.3	9304.7	13676.3
#工业	Industry	3780.3	4462.0	5180.4	7095.5
(二) 中间消费	(II) Intermediate Consumption				
(用于加工转换)	(Consumed in Transformation)	2183.6	1858.5	1630.4	2230.0
火力发电	Thermal Power	2065.4	1425.5	1234.4	1358.5
供热	Heating		285.6	356.3	399.9
制气	Gas Production	36.7	34.5	39.7	51.6
炼油损失量	Losses in Petroleum Refining	81.5	112.9	295.8	420.1
(三) 损失量	(III) Other Losses	262.8	247.0	254.7	158.6
平衡差额	**Statistical Difference**	**37.1**	**24.9**	**-50.6**	**7.8**

注：1.生产量为原油产量。
2.进口量包括境内飞机和轮船在境外的加油量；出口量包括境外飞机和轮船在境内的加油量。

Petroleum Balance Sheet

(10^4 tons)

2000	2005	2010	2015	2016	2017	2018	2019	2020	2021	2022
22631.4	**32539.1**	**44178.4**	**55688.0**	**57710.6**	**60810.8**	**63726.6**	**66900.9**	**67553.7**	**69048.0**	**69537.9**
16300.0	18135.3	20301.4	21455.6	19968.5	19150.6	18932.4	19101.4	19476.9	19888.1	20472.2
9748.5	17163.2	29437.2	39748.6	44502.9	49141.2	54094.3	58102.2	61271.7	58820.0	58700.6
2172.1	2888.1	4079.0	5128.2	6382.9	7026.7	7557.4	8211.4	7551.0	7616.8	6704.2
-1245.0	128.8	-1481.2	-388.1	-377.8	-454.3	-1742.7	-2091.4	-5643.8	-2043.2	-2930.8
22495.9	**32547.0**	**44101.0**	**55960.2**	**57692.9**	**60395.9**	**62245.1**	**64506.5**	**65369.1**	**68393.4**	**68049.3**
788.5	1451.7	1382.5	1733.4	1730.3	1786.4	1724.9	1748.2	1773.1	1981.0	2023.9
11248.5	14030.4	18555.0	19718.0	20382.5	21486.7	22460.3	25210.6	27711.1	28218.9	31339.4
840.6	1502.2	2483.1	3384.3	3599.1	3803.5	3935.7	4055.1	4180.3	4270.1	3453.8
6399.0	10928.5	15079.3	20663.1	21146.1	22075.8	22738.6	22109.6	20481.4	21987.7	20006.4
247.0	375.6	481.0	615.7	584.9	601.1	599.0	608.4	583.3	640.7	643.3
1635.9	1974.2	2578.2	3683.3	3537.1	3502.7	3458.2	3460.6	3469.9	3790.5	3531.9
1336.5	2284.4	3541.9	6162.2	6712.8	7139.7	7328.4	7314.0	7170.1	7504.6	7050.7
19950.1	29495.6	41243.4	52945.7	54387.0	56880.0	58623.0	61018.5	62085.2	65630.4	65925.6
8860.0	11107.5	15857.8	16739.7	17100.2	17980.5	18847.6	21732.4	24428.4	25456.9	29216.7
2352.9	2896.0	2663.3	2926.9	3264.3	3468.9	3593.3	3453.6	3265.6	2743.0	2099.3
1178.2	1306.4	385.3	265.5	284.6	280.6	309.3	308.3	321.5	324.2	242.4
427.0	429.1	593.1	493.2	517.8	522.6	590.2	653.8	677.7	677.6	697.7
25.9	14.4			4.8	4.7	4.7	3.7	28.9	60.5	63.0
721.9	1146.1	1684.8	2168.2	2457.2	2661.0	2689.0	2487.9	2232.9	1680.7	1096.1
192.9	155.4	194.4	87.6	41.6	47.0	28.8	34.5	18.3	20.0	24.4
135.4	**-7.9**	**77.4**	**-272.2**	**17.7**	**414.9**	**1481.5**	**2394.3**	**2184.6**	**654.6**	**1488.6**

Note: a) Data on production refer to the crude oil production.

b) Data on imports include the domestic airplanes and ships refueling abroad. Data on exports include the oversea airplanes and ships refueling domestically.

5-7 原油平衡表

单位：万吨

项　　目	Item	1980	1985	1990	1995
可供量	**Total Energy Available for Consumption**	**9222.9**	**9516.5**	**11770.6**	**14794.9**
生产量	Production	10594.6	12489.5	13830.6	15004.4
进口量	Imports	36.6		292.3	1709.0
出口量(－)	Exports (-)	1330.9	3003.0	2399.0	1822.7
年初年末库存差额	Stock Changes in the Year	-77.4	30.0	46.7	-95.8
消费量	**Total Energy Consumption**	**9205.0**	**9509.5**	**11762.2**	**14886.4**
在消费量中:	Consumption by Sector				
1.农、林、牧、渔业	Agriculture, Forestry, Animal Husbandry and Fishery	8.0	0.8	0.2	10.1
2.工业	Industry	9112.0	9389.9	11653.8	14716.3
3.建筑业	Construction	28.8	74.0	55.2	2.7
4.交通运输、仓储和邮政业	Transport, Storage and Post	50.1	44.3	52.1	156.8
5.批发和零售业、住宿和餐饮业	Wholesale and Retail Trades, Hotels and Catering Services		0.1	0.3	0.5
6.其他	Others	6.1	0.4	0.6	
7.居民生活	Residential				
在消费量中:	Consumption by Usage				
(一) 终端消费	(I) Final Consumption	499.6	350.4	402.1	309.9
#工业	Industry	429.7	254.9	333.4	274.7
(二) 中间消费	(II) Intermediate Consumption				
(用于加工转换)	(Consumed in Transformation)	8443.0	8929.7	11106.9	14419.4
火力发电	Thermal Power	574.0	279.5	124.6	61.6
供热	Heating		61.3	21.1	4.4
炼油	Petroleum Refining	7869.0	8588.9	10961.2	14353.4
(三) 油田原油损失量	(III) Losses in Oil Field for Crude Oil	262.4	229.4	253.2	157.1
平衡差额	**Statistical Difference**	**17.9**	**7.0**	**8.4**	**-91.5**

Crude Oil Balance Sheet

(10⁴ tons)

2000	2005	2010	2015	2016	2017	2018	2019	2020	2021	2022
21383.0	**30089.2**	**42876.6**	**54593.5**	**57332.3**	**59969.0**	**63849.2**	**68007.5**	**69969.6**	**72309.8**	**70054.7**
16300.0	18135.3	20301.4	21455.6	19968.5	19150.6	18932.4	19101.4	19476.9	19888.1	20472.2
7026.5	12681.7	23768.2	33548.3	38100.7	41946.2	46188.5	50567.6	54200.7	51292.2	50823.1
1030.6	806.7	303.0	286.6	294.1	486.1	262.7	81.0	163.8	261.1	205.2
-912.9	78.8	-890.0	-123.8	-442.8	-641.8	-1009.1	-1580.5	-3544.1	1390.6	-1035.5
21232.0	**30088.9**	**42874.6**	**54788.3**	**57125.9**	**59402.2**	**63004.3**	**67268.3**	**69477.1**	**72298.9**	**70022.9**
21052.1	29962.1	42716.6	54752.4	57103.6	59393.5	62995.5	67259.1	69476.5	72298.3	70022.3
3.3										
175.1	126.9	158.0	35.9	22.3	8.7	8.8	9.2	0.6	0.6	0.6
0.2										
1.4										
636.8	850.4	806.1	782.7	630.1	364.7	348.3	326.5	419.0	454.6	307.7
612.3	850.4	806.1	782.7	630.1	364.7	348.3	326.5	419.0	454.6	307.7
20404.3	29084.8	41876.4	53918.4	56455.4	58991.5	62627.7	66907.9	69040.5	71824.7	69691.1
85.0	41.3	3.7	12.5	13.1	14.2	15.3	16.0	16.5	12.3	1.4
14.0	3.0	3.3	6.7							
20305.3	29040.5	41869.4	53899.2	56442.3	58977.3	62612.4	66891.9	69023.9	71812.3	69689.7
190.9	153.8	192.0	87.2	40.4	46.0	28.3	33.8	17.6	19.6	24.1
151.0	**0.2**	**2.1**	**-194.8**	**206.4**	**566.8**	**844.8**	**739.2**	**492.5**	**11.0**	**31.8**

5-8 燃料油平衡表

单位：万吨

项　　目	Item	1980	1985	1990	1995
可供量	**Total Energy Available for Consumption**	**3096.1**	**2848.0**	**3320.7**	**3717.3**
生产量	Production	3142.0	2835.8	3267.9	2960.8
进口量	Imports	39.0	70.0	167.3	859.1
出口量(-)	Exports (-)	45.4	64.9	97.2	68.6
年初年末库存差额	Stock Changes in the Year	-39.5	7.1	-17.3	-34.0
消费量	**Total Energy Consumption**	**3073.7**	**2837.4**	**3367.8**	**3693.7**
在消费量中:	Consumption by Sector				
1.农、林、牧、渔业	Agriculture, Forestry, Animal Husbandry and Fishery	2.3	3.1	2.9	8.4
2.工业	Industry	2937.4	2662.2	3091.7	3406.2
3.建筑业	Construction	15.0	18.9	47.3	14.2
4.交通运输、仓储和邮政业	Transport, Storage and Post	109.0	144.1	208.2	227.5
5.批发和零售业、住宿和餐饮业	Wholesale and Retail Trades, Hotels and Catering Services	2.9	3.1	1.6	6.6
6.其他	Others	7.1	6.0	16.1	30.8
7.居民生活	Residential				
在消费量中:	Consumption by Usage				
(一) 终端消费	(I) Final Consumption	1617.9	1538.8	2042.6	2262.8
#工业	Industry	1481.6	1363.5	1766.5	1975.3
(二) 中间消费	(II) Intermediate Consumption				
(用于加工转换)	(Consumed in Transformation)	1455.8	1296.1	1325.2	1430.9
火力发电	Thermal Power	1419.1	1042.3	977.3	1071.5
供热	Heating		219.3	308.3	307.8
炼油再投入量	Petroleum Refining Input				
制气	Gas Production	36.7	34.5	39.6	51.6
(三)损失量	(III) Other Losses		2.5		
平衡差额	**Statistical Difference**	**22.4**	**10.6**	**-47.1**	**23.6**

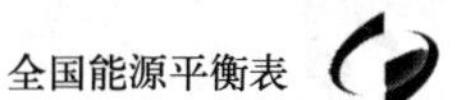

Fuel Oil Balance Sheet

(10^4 tons)

2000	2005	2010	2015	2016	2017	2018	2019	2020	2021	2022
3836.7	**4237.3**	**3765.4**	**4632.8**	**4644.5**	**4895.8**	**4585.2**	**4851.0**	**5344.3**	**5407.7**	**5572.9**
2053.7	1767.4	2487.0	3963.0	4236.9	4563.5	3899.7	4506.0	5780.7	6040.7	6224.7
1704.3	2883.9	2695.2	2068.2	1743.2	1915.3	2271.3	2028.5	1760.9	1913.2	1823.1
57.9	427.6	1419.7	1402.1	1342.0	1516.7	1673.2	1548.5	2132.2	2601.8	2419.0
136.6	13.5	3.0	3.7	6.4	-66.2	87.4	-135.0	-65.1	55.7	-55.9
3872.8	**4244.2**	**3758.0**	**4662.0**	**4631.0**	**4887.3**	**4536.1**	**4690.3**	**5364.6**	**5489.3**	**5470.8**
0.4	0.7	1.1	0.9	1.0	1.3	1.3	1.2	1.1	1.0	0.9
2975.1	2986.9	2377.3	3133.0	3035.4	3043.7	2688.2	2612.5	3262.3	3130.6	3264.0
16.7	14.2	30.8	53.5	51.9	43.2	31.8	31.8	40.7	40.1	41.4
850.0	1201.0	1326.7	1439.5	1511.4	1771.3	1795.7	2025.3	2042.0	2301.8	2149.0
11.6	27.5	8.6	19.0	17.2	15.1	10.1	10.2	11.8	9.7	10.0
19.0	13.9	13.5	16.1	14.1	12.5	9.0	9.2	6.6	5.9	5.4
2741.4	2989.9	2403.2	2123.7	2060.4	2196.9	2155.9	2295.4	2333.0	2598.2	2695.6
1843.7	1732.6	1022.5	594.8	464.8	353.4	308.0	217.6	230.7	239.6	488.9
1131.3	1254.3	1354.8	2538.3	2570.7	2690.4	2380.2	2395.0	3031.6	2891.1	2775.1
814.2	1068.7	123.9	31.5	31.1	16.6	15.1	13.9	29.4	24.5	18.1
291.2	171.1	201.3	165.1	158.5	67.0	59.5	60.2	231.4	244.0	239.4
		1029.6	2341.6	2381.1	2606.7	2305.5	2320.8	2770.8	2622.6	2517.7
25.9	14.4									
-36.1	**-6.9**	**7.4**	**-29.2**	**13.5**	**8.5**	**49.1**	**160.7**	**-20.3**	**-81.5**	**102.1**

5-9 汽油平衡表

单位：万吨

项目	Item	1980	1985	1990	1995
可供量	**Total Energy Available for Consumption**	**999.4**	**1399.6**	**1884.1**	**2902.0**
生产量	Production	1079.0	1471.9	2173.4	3051.6
进口量	Imports		0.3	16.9	15.9
出口量(−)	Exports (-)	117.8	129.9	233.8	193.1
年初年末库存差额	Stock Changes in the Year	38.2	57.3	-72.4	27.6
消费量	**Total Energy Consumption**	**998.6**	**1396.3**	**1899.5**	**2909.6**
在消费量中:	Consumption by Sector				
1.农、林、牧、渔业	Agriculture, Forestry, Animal Husbandry and Fishery	53.3	122.3	145.9	179.7
2.工业	Industry	273.2	451.3	589.3	812.4
3.建筑业	Construction	54.1	73.0	89.5	103.6
4.交通运输、仓储和邮政业	Transport, Storage and Post	404.9	477.4	620.1	982.3
5.批发和零售业、住宿和餐饮业	Wholesale and Retail Trades, Hotels and Catering Services	19.4	23.4	46.0	197.2
6.其他	Others	193.7	238.3	390.7	570.7
7.居民生活	Residential		10.6	18.0	63.7
平衡差额	**Statistical Difference**	**0.8**	**3.3**	**-15.4**	**-7.6**

5-10 煤油平衡表

单位：万吨

项目	Item	1980	1985	1990	1995
可供量	**Total Energy Available for Consumption**	**359.0**	**383.2**	**350.9**	**486.4**
生产量	Production	398.5	405.3	392.5	445.8
进口量	Imports		15.2	26.1	115.7
出口量(−)	Exports (-)	46.8	46.0	55.5	62.4
年初年末库存差额	Stock Changes in the Year	2.3	8.7	-12.2	-12.7
消费量	**Total Energy Consumption**	**365.9**	**385.5**	**350.9**	**512.1**
在消费量中:	Consumption by Sector				
1.农、林、牧、渔业	Agriculture, Forestry, Animal Husbandry and Fishery	2.3	3.3	3.1	3.6
2.工业	Industry	15.7	20.1	20.6	44.9
3.建筑业	Construction	0.8	1.3	1.3	3.5
4.交通运输、仓储和邮政业	Transport, Storage and Post	31.4	56.2	93.4	250.0
5.批发和零售业、住宿和餐饮业	Wholesale and Retail Trades, Hotels and Catering Services	0.2	0.1	0.6	8.5
6.其他	Others	216.7	182.9	127.3	137.3
7.居民生活	Residential	98.8	121.6	104.6	64.3
平衡差额	**Statistical Difference**	**-6.9**	**-2.3**		**-25.7**

Gasoline Balance Sheet

(10^4 tons)

2000	2005	2010	2015	2016	2017	2018	2019	2020	2021	2022
3504.5	**4855.3**	**6964.3**	**11385.0**	**11829.4**	**12200.5**	**13035.3**	**13690.3**	**12829.0**	**14383.6**	**13358.7**
4134.7	5433.6	7410.5	12103.6	12932.0	13276.2	14264.7	14880.7	14256.7	16067.3	14634.6
			17.0	20.8	1.6	44.5	33.3	48.0	35.8	2.0
467.7	559.7	517.0	589.3	969.3	1051.4	1287.9	1637.1	1600.0	1454.2	1257.2
-162.5	-18.6	70.8	-146.3	-154.2	-26.0	13.9	413.3	124.3	-265.2	-20.7
3504.6	**4854.9**	**6956.2**	**11368.5**	**11866.0**	**12296.3**	**13055.3**	**13628.0**	**12767.2**	**14242.4**	**13277.3**
89.2	159.6	169.1	231.3	224.4	229.6	242.9	253.2	257.3	280.9	277.9
682.0	441.7	689.5	477.1	436.3	382.1	296.5	262.0	184.0	194.3	307.0
115.6	172.1	274.7	408.6	437.3	452.3	505.0	499.9	508.4	563.2	544.3
1527.8	2430.1	3274.9	5306.6	5511.1	5698.5	6067.6	6244.9	5573.6	6223.3	5845.6
69.8	129.4	168.2	243.3	240.9	244.5	275.5	287.9	273.2	302.9	287.4
792.7	998.2	1166.2	2108.5	2046.4	2075.0	2163.6	2240.9	2253.1	2502.7	2248.8
227.6	523.8	1213.7	2593.1	2969.7	3214.2	3504.2	3839.1	3717.6	4175.1	3766.2
-0.1	**0.4**	**8.1**	**16.6**	**-36.7**	**-95.8**	**-20.0**	**62.3**	**61.9**	**141.2**	**81.4**

Kerosene Balance Sheet

(10^4 tons)

2000	2005	2010	2015	2016	2017	2018	2019	2020	2021	2022
880.9	**1070.0**	**1767.6**	**2732.6**	**3020.7**	**3332.8**	**3714.3**	**4002.8**	**3412.4**	**3365.1**	**2032.1**
872.3	1006.5	1924.4	3658.6	3983.9	4230.9	4770.3	5322.6	4129.4	4043.9	2962.9
322.5	476.1	726.1	716.4	776.7	852.3	942.3	930.0	514.0	376.4	328.0
256.3	447.6	870.5	1626.6	1721.7	1765.2	1947.0	2239.8	1226.3	1076.3	1266.4
-57.6	35.0	-12.3	-15.8	-18.2	14.8	-51.3	-10.0	-4.8	21.1	7.6
871.6	**1076.8**	**1765.2**	**2663.7**	**2970.7**	**3326.4**	**3653.5**	**3950.2**	**3352.1**	**3489.9**	**2073.7**
1.5	1.6	0.9	1.1	2.2	1.5	4.9	11.0	11.0	12.4	11.9
84.0	57.5	40.2	21.2	20.0	14.5	24.9	11.0	9.4	9.0	8.0
4.0		8.8	12.5	10.0	9.7	17.3	16.0	10.8	10.0	25.4
535.9	952.4	1601.1	2504.9	2814.9	3173.3	3462.5	3689.2	3110.8	3246.3	1808.9
14.0	3.7	35.0	11.7	11.2	11.3	15.5	15.5	14.8	13.8	23.9
160.1	36.2	58.7	83.3	85.9	88.4	103.8	184.2	183.0	195.6	193.5
72.2	25.5	20.5	29.1	26.4	27.6	24.6	23.4	12.4	2.9	2.2
9.3	**-6.8**	**2.4**	**68.9**	**50.0**	**6.4**	**60.8**	**52.6**	**60.3**	**-124.8**	**-41.6**

5-11 柴油平衡表

单位：万吨

项　　目	Item	1980	1985	1990	1995
可供量	**Total Energy Available for Consumption**	**1663.2**	**1944.1**	**2689.4**	**4404.2**
生产量	Production	1827.8	2023.2	2609.0	3972.6
进口量	Imports	2.1	4.5	233.8	645.3
出口量(-)	Exports (-)	166.5	225.6	169.8	169.5
年初年末库存差额	Stock Changes in the Year	-0.2	142.0	16.4	-44.2
消费量	**Total Energy Consumption**	**1663.2**	**1939.4**	**2691.7**	**4321.4**
在消费量中:	Consumption by Sector				
1.农、林、牧、渔业	Agriculture, Forestry, Animal Husbandry and Fishery	749.0	629.2	881.5	1001.4
2.工业	Industry	457.4	644.1	728.1	1189.9
3.建筑业	Construction	76.5	125.0	133.0	118.2
4.交通运输、仓储和邮政业	Transport, Storage and Post	316.1	454.4	709.4	1246.6
5.批发和零售业、住宿和餐饮业	Wholesale and Retail Trades, Hotels and Catering Services	6.5	10.9	22.5	103.6
6.其他	Others	57.7	74.0	217.0	645.7
7.居民生活	Residential				16.1
在消费量中:	Consumption by Usage				
(一) 终端消费	(I) Final Consumption	1590.9	1827.4	2564.8	4070.0
#工业	Industry	385.1	532.1	601.2	938.5
(二) 中间消费	(II) Intermediate Consumption				
(用于加工转换)	(Consumed in Transformation)	72.3	108.6	126.9	251.4
火力发电	Thermal Power	72.3	103.6	124.5	204.9
供热	Heating		5.0	2.4	46.6
(三) 损失量	(III) Other Losses		3.4		
平衡差额	**Statistical Difference**		**4.7**	**-2.3**	**82.7**

Diesel Oil Balance Sheet

(10[4] tons)

2000	2005	2010	2015	2016	2017	2018	2019	2020	2021	2022
6806.5	**10972.6**	**14701.9**	**17353.6**	**16765.2**	**16994.5**	**16567.3**	**15359.6**	**14459.7**	**15376.3**	**16652.0**
7079.6	11090.2	14924.4	18007.9	17917.7	18667.9	18360.1	17308.3	16529.9	16847.0	19290.1
51.9	61.0	190.2	71.5	116.1	107.6	89.0	144.5	137.5	95.7	70.7
77.5	170.9	490.2	731.3	1556.9	1736.8	1872.8	2189.1	2011.2	1764.2	1124.5
-247.6	-7.7	77.5	5.5	288.3	-44.2	-9.0	95.9	-196.5	197.8	-1584.3
6806.2	**10974.9**	**14699.0**	**17360.3**	**16839.0**	**16916.5**	**16409.6**	**14917.9**	**14282.7**	**15197.0**	**15781.9**
697.1	1286.3	1206.7	1492.9	1495.9	1546.8	1468.2	1475.1	1497.2	1679.9	1723.6
1696.5	1710.0	2090.0	1516.4	1412.9	1459.9	1259.5	1290.6	1026.1	1192.5	1645.0
205.9	386.6	490.2	555.7	561.3	596.1	543.4	530.3	503.9	527.1	531.6
3293.8	6169.4	8657.6	11162.8	11068.5	11173.7	11166.9	9867.3	9532.0	9984.0	10058.2
95.9	116.0	196.6	257.7	232.0	233.8	211.8	203.9	197.6	218.7	226.2
638.7	900.1	1287.2	1384.2	1307.2	1233.3	1107.4	954.0	946.2	1000.4	988.8
178.4	406.4	770.7	990.7	761.3	673.0	652.3	596.8	579.8	594.5	608.4
6578.6	10889.4	14655.2	17280.4	16736.4	16722.4	16340.0	14805.6	14136.2	15088.1	15537.9
1468.8	1624.5	2046.2	1436.5	1310.3	1265.8	1189.9	1178.3	879.6	1083.6	1401.0
227.7	85.5	43.8	79.9	102.7	194.1	69.6	112.3	146.5	108.9	244.0
227.7	81.9	40.1	22.4	29.2	23.9	26.4	24.2	27.6	28.9	29.8
	3.6	3.8	6.2	6.1	5.9	5.2	5.3	2.9	3.4	3.3
0.3	**-2.4**	**2.9**	**-6.7**	**-73.9**	**78.0**	**157.8**	**441.6**	**177.0**	**179.3**	**870.1**

5-12 液化石油气平衡表

单位：万吨

项目	Item	1980	1985	1990	1995
可供量	**Total Energy Available for Consumption**	**122.5**	**157.3**	**258.5**	**774.3**
生产量	Production	122.5	159.7	261.6	540.8
进口量	Imports				232.6
出口量(−)	Exports (-)		1.9	1.1	7.1
年初年末库存差额	Stock Changes in the Year		-0.5	-2.0	8.0
消费量	**Total Energy Consumption**	**119.6**	**155.7**	**254.2**	**750.6**
在消费量中:	Consumption by Sector				
1.农、林、牧、渔业	Agriculture, Forestry, Animal Husbandry and Fishery				0.1
2.工业	Industry	76.1	59.9	82.0	192.5
3.建筑业	Construction			1.0	0.5
4.交通运输、仓储和邮政业	Transport, Storage and Post				0.5
5.批发和零售业、住宿和餐饮业	Wholesale and Retail Trades, Hotels and Catering Services		0.5	6.6	17.4
6.其他	Others	0.4	4.5	6.1	5.7
7.居民生活	Residential	43.1	90.8	158.5	534.0
平衡差额	**Statistical Difference**	**2.9**	**1.6**	**4.3**	**23.7**

5-13 天然气平衡表

单位：亿立方米

项目	Item	1980	1985	1990	1995
可供量	**Total Energy Available for Consumption**	**142.7**	**129.3**	**153.0**	**179.5**
生产量	Production	142.7	129.3	153.0	179.5
进口量	Imports				
出口量(−)	Exports (-)				
年初年末库存差额	Stock Changes in the Year				
消费量	**Total Energy Consumption**	**140.6**	**129.3**	**152.5**	**177.4**
在消费量中:	Consumption by Sector				
1.农、林、牧、渔业	Agriculture, Forestry, Animal Husbandry and Fishery				
2.工业	Industry	131.4	109.6	120.2	154.4
3.建筑业	Construction	6.0	14.1	10.6	0.3
4.交通运输、仓储和邮政业	Transport, Storage and Post	0.7	0.8	1.9	1.6
5.批发和零售业、住宿和餐饮业	Wholesale and Retail Trades, Hotels and Catering Services				0.6
6.其他	Others	0.5	0.5	1.2	1.2
7.居民生活	Residential	2.0	4.3	18.6	19.4
平衡差额	**Statistical Difference**	**2.1**		**0.5**	**2.1**

注：从2010年起包括液化天然气数据。

Liquefied Petroleum Gas Balance Sheet

(10[4] tons)

2000	2005	2010	2015	2016	2017	2018	2019	2020	2021	2022
1396.2	**2052.2**	**2323.8**	**4008.2**	**5034.0**	**5472.9**	**5733.4**	**6160.6**	**6381.1**	**7106.6**	**7401.1**
916.6	1432.7	2092.3	2934.4	3503.9	3677.3	3915.6	4210.0	4489.0	4785.5	4849.2
481.7	617.0	327.0	1244.0	1678.5	1921.9	1966.4	2109.3	2004.6	2477.8	2691.5
1.6	2.7	93.0	144.2	132.3	132.2	113.5	140.9	94.9	99.0	86.9
-0.6	5.2	-2.5	-26.0	-16.0	5.9	-35.1	-17.8	-17.7	-57.8	-52.6
1389.7	**2046.5**	**2321.9**	**3961.2**	**5015.1**	**5457.8**	**5673.1**	**6066.4**	**6221.2**	**6826.3**	**7732.3**
0.4	3.5	4.7	7.2	6.8	7.1	7.6	7.8	6.5	6.8	9.6
426.1	534.4	586.8	1113.9	1766.8	1896.3	2215.5	2870.3	3064.8	3776.1	4737.2
8.9	6.3	7.2	15.1	14.8	15.8	17.0	14.0	11.3	13.8	13.6
16.5	48.7	61.0	100.3	104.2	123.7	125.1	156.5	111.2	116.2	107.0
55.5	99.0	72.6	84.0	83.6	96.4	86.2	90.9	85.9	95.6	95.8
24.0	25.8	52.6	91.4	83.5	93.5	74.4	72.2	81.1	85.9	95.3
858.3	1328.7	1537.0	2549.3	2955.4	3225.0	3147.3	2854.7	2860.4	2732.1	2673.8
6.5	**5.7**	**1.9**	**47.0**	**18.9**	**15.1**	**60.3**	**94.2**	**159.9**	**280.2**	**-331.2**

Natural Gas Balance Sheet

(10[8] cu.m)

2000	2005	2010	2015	2016	2017	2018	2019	2020	2021	2022
240.6	**463.5**	**1082.3**	**1925.0**	**2080.5**	**2390.7**	**2814.3**	**3057.5**	**3340.2**	**3773.8**	**3747.4**
272.0	493.2	957.9	1346.1	1368.7	1480.4	1601.6	1761.7	1994.9	2155.5	2304.1
		164.7	611.4	745.6	945.6	1246.4	1331.8	1397.0	1673.5	1506.5
31.4	29.7	40.3	32.5	33.8	35.3	33.6	36.1	51.7	55.2	58.4
										-4.8
245.0	**466.1**	**1080.2**	**1931.8**	**2078.1**	**2393.7**	**2817.1**	**3059.7**	**3339.9**	**3773.0**	**3747.0**
		0.5	0.9	1.1	1.1	1.3	1.2	1.3	1.7	2.2
199.0	327.2	691.8	1234.5	1338.6	1575.2	1940.1	2092.1	2304.0	2678.2	2675.8
0.8	1.5	1.2	2.2	1.9	1.8	2.5	2.8	2.6	3.2	4.0
8.8	38.0	106.7	237.6	254.8	284.7	286.2	341.5	354.3	366.3	339.8
3.4	10.8	27.2	51.3	53.7	57.6	60.8	62.5	62.1	70.2	73.8
0.6	9.1	26.0	45.4	48.2	52.9	57.9	57.3	55.6	61.0	62.0
32.3	79.4	226.9	359.8	379.7	420.3	468.4	502.3	560.0	592.3	589.3
-4.4	**-2.6**	**2.1**	**-6.7**	**2.4**	**-3.0**	**-2.8**	**-2.2**	**0.3**	**0.8**	**0.5**

Note: Include the data of Liquefied Natural Gas since 2010.

5-14 电力平衡表

单位：亿千瓦时

项　　目	Item	1980	1985	1990	1995
可供量	**Total Energy Available for Consumption**	**3006.3**	**4117.6**	**6230.4**	**10023.4**
生产量	Production	3006.3	4106.9	6212.0	10077.3
#水电	Hydro Power	582.1	923.7	1267.2	1905.8
火电	Thermal Power	2424.2	3183.2	4944.8	8043.2
核电	Nuclear Power				128.3
风电	Wind Power				
进口量	Imports		11.1	19.3	6.4
出口量(-)	Exports (-)		0.4	0.9	60.3
消费量	**Total Energy Consumption**	**3006.3**	**4117.6**	**6230.4**	**10023.4**
在消费量中:	Consumption by Sector				
1.农、林、牧、渔业	Agriculture, Forestry, Animal Husbandry and Fishery	270.0	317.4	426.8	582.4
2.工业	Industry	2471.9	3283.4	4873.3	7659.8
3.建筑业	Construction	47.1	71.2	65.0	159.6
4.交通运输、仓储和邮政业	Transport, Storage and Post	26.5	63.4	105.9	182.3
5.批发和零售业、住宿和餐饮业	Wholesale and Retail Trades, Hotels and Catering Services	16.8	38.0	76.2	199.5
6.其他	Others	68.8	121.7	202.4	234.2
7.居民生活	Residential	105.2	222.5	480.8	1005.6
在消费量中:	Consumption by Usage				
(一) 终端消费	(I) Final Consumption	2763.4	3813.3	5795.8	9278.9
#工业	Industry	2229.0	2979.1	4438.7	6915.3
(二) 输配电损失量	(II) Losses in Transmission	242.9	304.3	434.6	744.5

Electricity Balance Sheet

(10[8] kWh)

2000	2005	2010	2015	2016	2017	2018	2019	2020	2021	2022
13472.7	**24940.8**	**41936.5**	**58021.3**	**61204.4**	**65914.0**	**71509.2**	**74866.3**	**77620.2**	**85200.1**	**88357.6**
13556.0	25002.6	42071.6	58145.7	61331.6	66044.5	71661.3	75034.3	77790.6	85342.5	88487.1
2224.1	3970.2	7221.7	11302.7	11840.5	11978.7	12317.9	13044.4	13552.1	13390.0	13522.0
11141.9	20473.4	33319.3	42841.9	44370.7	47546.0	50963.2	52201.5	53302.5	58058.7	58887.9
167.4	530.9	738.8	1707.9	2132.9	2480.7	2943.6	3483.5	3662.5	4075.2	4177.8
		446.2	1857.7	2370.7	2972.3	3659.7	4060.3	4664.7	6561.0	7626.7
15.5	50.1	55.5	62.1	61.9	64.2	56.9	48.6	47.5	59.4	71.4
98.8	111.9	190.6	186.5	189.1	194.7	209.1	216.5	217.9	201.8	200.9
13472.4	**24940.3**	**41934.5**	**58020.0**	**61205.1**	**65914.0**	**71508.2**	**74866.1**	**77620.2**	**85200.1**	**88357.6**
533.0	776.3	976.5	1039.8	1091.9	1175.1	1242.5	1336.2	1422.1	1596.5	1756.7
10004.6	18521.7	30871.8	41550.0	42996.9	46052.8	49094.9	50698.3	52353.4	56622.3	57412.5
159.8	233.9	483.2	698.7	725.6	789.2	887.8	991.2	1011.1	1132.9	1091.1
281.2	430.3	734.5	1125.6	1251.5	1418.0	1608.5	1752.3	1751.0	1993.0	2041.4
418.7	752.3	1292.0	2122.0	2323.8	2526.6	2900.4	3187.1	3169.0	3869.6	4042.9
623.2	1340.9	2451.8	3918.6	4394.8	4880.6	5716.5	6263.8	6517.0	7706.8	8077.1
1452.0	2884.8	5124.6	7565.2	8420.6	9071.6	10057.6	10637.2	11396.5	12278.9	13935.9
12535.7	23233.8	39366.3	55032.1	58142.2	62718.1	68156.5	71536.0	74386.7	81944.0	85294.7
9067.9	16815.2	28303.5	38562.1	39934.0	42857.0	45743.2	47368.2	49120.0	53366.2	54349.6
936.7	1706.5	2568.2	2987.9	3062.9	3195.8	3351.7	3330.1	3233.5	3256.1	3062.9

六、地区能源平衡表

Chapter 6 Energy Balance Table by Region

6-1 北京能源平衡表(实物量)-2022

项 目	Item	煤合计 (万吨) Coal Total (10^4 tons)	原煤 (万吨) Raw Coal (10^4 tons)
一.可供本地区消费的能源量	**Total Primary Energy Supply**	**91.05**	**79.29**
1.一次能源生产量	Indigenous Production		
2.外省(区、市)调入量	Moving In from Other Provinces	82.02	70.26
3.进口量	Import		
4.境内飞机和轮船在境外的加油量	Domestic Airplanes&Ships Refueling Abroad		
5.本省(区、市)调出量(-)	Sending Out to Other Provinces(-)		
6.出口量(-)	Export(-)		
7.境外飞机和轮船在境内的加油量(-)	Oversea Airplanes&Ships Refueling Domestically(-)		
8.库存增(-)、减(+)量	Stock Change	9.04	9.04
二.加工转换投入(-)产出(+)量	**Input(-) & Output(+) of Transformation**	**-51.43**	**-51.43**
1.火力发电	Thermal Power	-21.35	-21.35
2.供热	Heating Supply	-30.07	-30.07
3.煤炭洗选	Coal Washing		
4.炼焦	Coking		
5.炼油及煤制油	Petroleum Refining and Coal-to-liquids		
#油品再投入量(-)	Petroleum Products Input (-)		
6.制气	Gas Works		
#再投入量(-)	Input (-)		
7.天然气液化	Natural Gas Liquefaction		
8.煤制品加工	Processing of Briquettes		
9.回收能	Recovery of Energy		
三.损失量	**Loss**		
四.终端消费量	**Total Final Consumption**	**39.62**	**27.87**
1.农、林、牧、渔业	Agriculture, Forestry, Animal Husbandry and Fishery	1.28	1.28
2.工业	Industry	26.56	26.56
#用作原料、材料	Non-Energy Use		
3.建筑业	Construction		
4.交通运输、仓储和邮政业	Transport, Storage and Post	0.02	0.02
5.批发和零售业、住宿和餐饮业	Wholesale and Retail Trades, Hotels and Catering Services		
6.其他	Others		
7.居民生活	Residential	11.76	
城镇	Urban		
乡村	Rural	11.76	
五.平衡差额	**Statistical Difference**		
六.消费量合计	**Total Energy Consumption**	**91.05**	**79.29**

Energy Balance of Beijing (Physical Quantity) -2022

洗精煤 (万吨) Cleaned Coal (10^4 tons)	其他洗煤 (万吨) Other Washed Coal (10^4 tons)	煤制品 (万吨) Briquettes (10^4 tons)	煤矸石 (万吨) Gangue (10^4 tons)	焦炭 (万吨) Coke (10^4 tons)	焦炉煤气 (亿立方米) Coke Oven Gas (10^8 cu.m)	高炉煤气 (亿立方米) Blast Furnace Gas (10^8 cu.m)	转炉煤气 (亿立方米) Converter Gas (10^8 cu.m)	其他煤气 (亿立方米) Other Gas (10^8 cu.m)
		11.76						
		11.76						
		11.76						
		11.76						
		11.76						
		11.76						

6-1 续表 1

项　目	Item	其他焦化产品 (万吨) Other Coking Products (10^4 tons)	油品合计 (万吨) Petroleum Products Total (10^4 tons)
一.可供本地区消费的能源量	**Total Primary Energy Supply**		**1088.72**
1.一次能源生产量	Indigenous Production		
2.外省(区、市)调入量	Moving In from Other Provinces		1728.62
3.进口量	Import		827.64
4.境内飞机和轮船在境外的加油量	Domestic Airplanes&Ships Refueling Abroad		62.33
5.本省(区、市)调出量(-)	Sending Out to Other Provinces(-)		-1495.66
6.出口量(-)	Export(-)		
7.境外飞机和轮船在境内的加油量(-)	Oversea Airplanes&Ships Refueling Domestically(-)		-11.83
8.库存增(-)、减(+)量	Stock Change		-22.39
二.加工转换投入(-)产出(+)量	**Input(-) & Output(+) of Transformation**		**6.41**
1.火力发电	Thermal Power		-0.51
2.供热	Heating Supply		-11.52
3.煤炭洗选	Coal Washing		
4.炼焦	Coking		
5.炼油及煤制油	Petroleum Refining and Coal-to-liquids		305.11
#油品再投入量(-)	Petroleum Products Input (-)		-277.42
6.制气	Gas Works		-9.26
#再投入量(-)	Input (-)		
7.天然气液化	Natural Gas Liquefaction		
8.煤制品加工	Processing of Briquettes		
9.回收能	Recovery of Energy		
三.损失量	**Loss**		**0.93**
四.终端消费量	**Total Final Consumption**		**1094.20**
1.农、林、牧、渔业	Agriculture, Forestry, Animal Husbandry and Fishery		3.58
2.工业	Industry		264.73
#用作原料、材料	Non-Energy Use		165.29
3.建筑业	Construction		19.90
4.交通运输、仓储和邮政业	Transport, Storage and Post		424.73
5.批发和零售业、住宿和餐饮业	Wholesale and Retail Trades, Hotels and Catering Services		21.22
6.其他	Others		51.86
7.居民生活	Residential		308.18
城镇	Urban		303.00
乡村	Rural		5.18
五.平衡差额	**Statistical Difference**		
六.消费量合计	**Total Energy Consumption**		**1088.72**

Continued 1

原油 (万吨) Crude Oil (10^4 tons)	汽油 (万吨) Gasoline (10^4 tons)	煤油 (万吨) Kerosene (10^4 tons)	柴油 (万吨) Diesel Oil (10^4 tons)	燃料油 (万吨) Fuel Oil (10^4 tons)	石脑油 (万吨) Naphtha (10^4 tons)	润滑油 (万吨) Lubricants (10^4 tons)	石蜡 (万吨) Paraffin Waxes (10^4 tons)	溶剂油 (万吨) White Spirit (10^4 tons)
774.92	**173.14**	**254.17**	**-43.84**	**-0.86**	**15.06**	**0.42**	**0.03**	
	708.88	293.38	670.57		36.35		0.03	
780.66		46.98						
		62.33						
	-528.40	-127.24	-710.98	-0.97	-20.39	-0.41		
		-11.83						
-5.74	-7.34	-9.45	-3.43	0.11	-0.90	0.84		
-773.99	**201.68**	**76.15**	**169.23**	**0.90**	**-3.72**			
			-0.13					
			-0.18	-0.16				
-773.99	201.68	76.15	169.55	1.06	129.91			
					-133.63			
0.93								
	374.82	**330.32**	**125.39**	**0.04**	**11.34**	**0.42**	**0.03**	
	1.83		1.71					
	5.88	0.05	11.32		11.34	0.42	0.03	
					11.34	0.41	0.03	
	6.62		12.84	0.02				
	20.00	329.73	73.47					
	15.18		4.61					
	29.14	0.54	21.43	0.01				
	296.17							
	296.17							
774.92	**374.82**	**330.32**	**125.71**	**0.20**	**144.97**	**0.42**	**0.03**	

6-1 续表 2

项　目	Item	石油沥青(万吨) Bitumen Asphalt (10^4 tons)	石油焦(万吨) Petroleum Coke (10^4 tons)
一.可供本地区消费的能源量	**Total Primary Energy Supply**	**19.81**	**-46.86**
1.一次能源生产量	Indigenous Production		
2.外省(区、市)调入量	Moving In from Other Provinces	19.12	
3.进口量	Import		
4.境内飞机和轮船在境外的加油量	Domestic Airplanes&Ships Refueling Abroad		
5.本省(区、市)调出量(-)	Sending Out to Other Provinces(-)		-46.29
6.出口量(-)	Export(-)		
7.境外飞机和轮船在境内的加油量(-)	Oversea Airplanes&Ships Refueling Domestically(-)		
8.库存增(-)、减(+)量	Stock Change	0.69	-0.57
二.加工转换投入(-)产出(+)量	**Input(-) & Output(+) of Transformation**	**1.15**	**46.86**
1.火力发电	Thermal Power		
2.供热	Heating Supply		
3.煤炭洗选	Coal Washing		
4.炼焦	Coking		
5.炼油及煤制油	Petroleum Refining and Coal-to-liquids	1.15	46.86
#油品再投入量(-)	Petroleum Products Input (-)		
6.制气	Gas Works		
#再投入量(-)	Input (-)		
7.天然气液化	Natural Gas Liquefaction		
8.煤制品加工	Processing of Briquettes		
9.回收能	Recovery of Energy		
三.损失量	**Loss**		
四.终端消费量	**Total Final Consumption**	**20.96**	
1.农、林、牧、渔业	Agriculture, Forestry, Animal Husbandry and Fishery		
2.工业	Industry	20.96	
#用作原料、材料	Non-Energy Use	20.96	
3.建筑业	Construction		
4.交通运输、仓储和邮政业	Transport, Storage and Post		
5.批发和零售业、住宿和餐饮业	Wholesale and Retail Trades, Hotels and Catering Services		
6.其他	Others		
7.居民生活	Residential		
城镇	Urban		
乡村	Rural		
五.平衡差额	**Statistical Difference**		
六.消费量合计	**Total Energy Consumption**	**20.96**	

Continued 2

液化石油气 (万吨) Liquefied Petroleum Gas (10^4 tons)	炼厂干气 (万吨) Refinery Gas (10^4 tons)	其他石油制品 (万吨) Other Petroleum Products (10^4 tons)	天然气 (亿立方米) Natural Gas (10^8 cu.m)	液化天然气 (万吨) Liquefied Natural Gas (10^4 tons)	热力 (万百万千焦) Heat (10^{10} kJ)	电力 (亿千瓦时) Electricity (10^8 kWh)	其他能源 (万吨标准煤) Other Energy (10^4 tce)
-15.49		**-41.77**	**197.95**	**17.14**	**849.40**	**838.89**	**269.73**
			8.00			23.52	269.73
		0.30	197.95	17.18	849.40	817.09	
-15.55		-45.42	-8.00			-1.72	
0.06		3.35		-0.04			
32.32	**66.07**	**189.75**	**-129.77**	**-0.37**	**20589.49**	**443.38**	**-144.57**
-0.05	-0.05	-0.28	-68.75		-346.86	443.57	-143.25
-0.67	-1.05	-9.46	-59.49	-0.37	20563.74	-0.19	
105.48	75.28	271.99					-39.87
-71.29		-72.50					
-1.14	-8.11						21.61
			-1.53				
					372.61		16.94
			4.21			**46.47**	
16.83	**66.07**	**147.98**	**63.98**	**16.77**	**21438.89**	**1234.14**	**126.68**
0.04			0.01			15.48	0.06
0.67	66.07	147.98	9.99	0.97	4933.88	232.82	4.28
	4.06	128.48					0.05
0.42			0.26		134.19	25.76	0.32
1.52			2.59	15.80	675.50	59.92	6.32
1.43			5.55		1245.65	107.81	4.65
0.75			25.04		8346.50	471.42	45.05
12.01			20.54		6103.16	320.92	66.00
6.83			18.17		6103.16	266.65	22.91
5.18			2.37			54.27	43.10
						1.66	**-1.52**
89.99	**75.28**	**230.22**	**197.95**	**17.14**	**21785.75**	**1280.80**	**309.81**

6-2 天津能源平衡表(实物量)-2022

项 目	Item	煤合计 (万吨) Coal Total (10⁴ tons)	原煤 (万吨) Raw Coal (10⁴ tons)
一.可供本地区消费的能源量	**Total Primary Energy Supply**	**3609.57**	**3314.72**
1.一次能源生产量	Indigenous Production		
2.外省(区、市)调入量	Moving In from Other Provinces	4759.57	3252.79
3.进口量	Import	0.08	0.08
4.境内飞机和轮船在境外的加油量	Domestic Airplanes&Ships Refueling Abroad		
5.本省(区、市)调出量(-)	Sending Out to Other Provinces(-)	-1217.42	
6.出口量(-)	Export(-)		
7.境外飞机和轮船在境内的加油量(-)	Oversea Airplanes&Ships Refueling Domestically(-)		
8.库存增(-)、减(+)量	Stock Change	67.34	61.85
二.加工转换投入(-)产出(+)量	**Input(-) & Output(+) of Transformation**	**-3114.92**	**-2917.52**
1.火力发电	Thermal Power	-2150.95	-2150.95
2.供热	Heating Supply	-768.05	-766.57
3.煤炭洗选	Coal Washing		
4.炼焦	Coking	-195.92	
5.炼油及煤制油	Petroleum Refining and Coal-to-liquids		
#油品再投入量(-)	Petroleum Products Input (-)		
6.制气	Gas Works		
#再投入量(-)	Input (-)		
7.天然气液化	Natural Gas Liquefaction		
8.煤制品加工	Processing of Briquettes		
9.回收能	Recovery of Energy		
三.损失量	**Loss**		
四.终端消费量	**Total Final Consumption**	**494.65**	**397.20**
1.农、林、牧、渔业	Agriculture, Forestry, Animal Husbandry and Fishery	5.17	5.17
2.工业	Industry	473.83	376.38
#用作原料、材料	Non-Energy Use	138.52	138.52
3.建筑业	Construction	0.59	0.59
4.交通运输、仓储和邮政业	Transport, Storage and Post		
5.批发和零售业、住宿和餐饮业	Wholesale and Retail Trades, Hotels and Catering Services		
6.其他	Others	0.01	0.01
7.居民生活	Residential	15.05	15.05
城镇	Urban	0.70	0.70
乡村	Rural	14.35	14.35
五.平衡差额	**Statistical Difference**		
六.消费量合计	**Total Energy Consumption**	**3609.57**	**3314.72**

Energy Balance of Tianjin (Physical Quantity) -2022

洗精煤 (万吨) Cleaned Coal (10⁴ tons)	其他洗煤 (万吨) Other Washed Coal (10⁴ tons)	煤制品 (万吨) Briquettes (10⁴ tons)	煤矸石 (万吨) Gangue (10⁴ tons)	焦炭 (万吨) Coke (10⁴ tons)	焦炉煤气 (亿立方米) Coke Oven Gas (10⁸ cu.m)	高炉煤气 (亿立方米) Blast Furnace Gas (10⁸ cu.m)	转炉煤气 (亿立方米) Converter Gas (10⁸ cu.m)	其他煤气 (亿立方米) Other Gas (10⁸ cu.m)
195.92	**98.93**			**547.51**	**0.21**	**-11.30**		
199.36	1237.23	70.19		710.26	1.46			
	-1145.40	-72.02		-0.50	-1.25	-11.30		
				-0.20				
-3.44	7.10	1.83		-162.05				
-195.92	**-1.48**			**157.21**	**2.03**	**213.78**	**16.02**	
					-1.10	-54.78	-7.13	
	-1.48							
-195.92				157.21	3.13			
						268.56	23.15	
	97.45			**704.72**	**2.24**	**202.48**	**16.02**	
	97.45			704.55	2.24	202.48	16.02	
				0.17				
195.92	**98.93**			**704.72**	**3.34**	**257.26**	**23.15**	

6-2 续表 1

项　　目	Item	其他焦化产品(万吨) Other Coking Products (10^4 tons)	油品合计(万吨) Petroleum Products Total (10^4 tons)
一.可供本地区消费的能源量	**Total Primary Energy Supply**	**59.15**	**1390.52**
1.一次能源生产量	Indigenous Production		3575.26
2.外省(区、市)调入量	Moving In from Other Provinces	61.85	5688.83
3.进口量	Import		1.76
4.境内飞机和轮船在境外的加油量	Domestic Airplanes&Ships Refueling Abroad		
5.本省(区、市)调出量(−)	Sending Out to Other Provinces(-)	-3.21	-7882.90
6.出口量(−)	Export(-)		-0.20
7.境外飞机和轮船在境内的加油量(−)	Oversea Airplanes&Ships Refueling Domestically(-)		-1.53
8.库存增(−)、减(+)量	Stock Change	0.51	9.30
二.加工转换投入(−)产出(+)量	**Input(-) & Output(+) of Transformation**	**8.66**	**-56.05**
1.火力发电	Thermal Power		-16.66
2.供热	Heating Supply		-37.17
3.煤炭洗选	Coal Washing		
4.炼焦	Coking	8.66	
5.炼油及煤制油	Petroleum Refining and Coal-to-liquids		285.92
#油品再投入量(−)	Petroleum Products Input (-)		-284.09
6.制气	Gas Works		-4.05
#再投入量(−)	Input (-)		
7.天然气液化	Natural Gas Liquefaction		
8.煤制品加工	Processing of Briquettes		
9.回收能	Recovery of Energy		
三.损失量	**Loss**		**0.56**
四.终端消费量	**Total Final Consumption**	**67.81**	**1333.91**
1.农、林、牧、渔业	Agriculture, Forestry, Animal Husbandry and Fishery		39.63
2.工业	Industry	67.81	616.63
#用作原料、材料	Non-Energy Use	25.70	417.17
3.建筑业	Construction		116.04
4.交通运输、仓储和邮政业	Transport, Storage and Post		240.39
5.批发和零售业、住宿和餐饮业	Wholesale and Retail Trades, Hotels and Catering Services		36.20
6.其他	Others		77.96
7.居民生活	Residential		207.06
城镇	Urban		186.03
乡村	Rural		21.03
五.平衡差额	**Statistical Difference**		
六.消费量合计	**Total Energy Consumption**	**67.81**	**1390.52**

Continued 1

原油 (万吨) Crude Oil (10^4 tons)	汽油 (万吨) Gasoline (10^4 tons)	煤油 (万吨) Kerosene (10^4 tons)	柴油 (万吨) Diesel Oil (10^4 tons)	燃料油 (万吨) Fuel Oil (10^4 tons)	石脑油 (万吨) Naphtha (10^4 tons)	润滑油 (万吨) Lubricants (10^4 tons)	石蜡 (万吨) Paraffin Waxes (10^4 tons)	溶剂油 (万吨) White Spirit (10^4 tons)
1660.88	**-92.55**	**-28.17**	**21.85**	**-71.25**	**45.01**	**1.22**	**0.01**	**0.04**
3575.26								
1258.33	1669.84	199.25	2174.51	105.31	54.76	6.80	0.01	0.04
0.02		1.68				0.06		
-3188.56	-1761.07	-228.19	-2149.60	-177.11	-5.46	-5.81		
-0.08				-0.12				
		-1.53						
15.91	-1.32	0.62	-3.06	0.67	-4.29	0.17		
-1650.54	**361.74**	**103.79**	**318.09**	**122.35**	**187.09**			
-1.38			-0.21	-0.03				
				-0.06				
-1649.16	361.74	103.79	318.30	123.33	311.48			
				-0.89	-124.39			
0.56								
9.78	**269.19**	**75.62**	**339.94**	**51.10**	**232.10**	**1.22**	**0.01**	**0.04**
	12.11		26.75			0.77		
9.78	4.70	0.01	31.23	6.71	232.10	0.45	0.01	0.04
					232.10			
	16.97	0.01	92.26	5.71				
	16.74	75.58	111.61	31.09				
	10.42	0.01	13.81	7.22				
	25.94	0.01	48.96	0.37				
	182.31		15.32					
	168.21		13.29					
	14.10		2.03					
1660.88	**269.19**	**75.62**	**340.15**	**52.08**	**356.49**	**1.22**	**0.01**	**0.04**

6-2 续表 2

项　目	Item	石油沥青(万吨) Bitumen Asphalt (10^4 tons)	石油焦(万吨) Petroleum Coke (10^4 tons)
一.可供本地区消费的能源量	**Total Primary Energy Supply**	**1.02**	**-23.04**
1.一次能源生产量	Indigenous Production		
2.外省(区、市)调入量	Moving In from Other Provinces	57.55	5.19
3.进口量	Import		
4.境内飞机和轮船在境外的加油量	Domestic Airplanes&Ships Refueling Abroad		
5.本省(区、市)调出量(-)	Sending Out to Other Provinces(-)	-56.65	-28.73
6.出口量(-)	Export(-)		
7.境外飞机和轮船在境内的加油量(-)	Oversea Airplanes&Ships Refueling Domestically(-)		
8.库存增(-)、减(+)量	Stock Change	0.12	0.50
二.加工转换投入(-)产出(+)量	**Input(-) & Output(+) of Transformation**		**53.84**
1.火力发电	Thermal Power		-15.04
2.供热	Heating Supply		-37.10
3.煤炭洗选	Coal Washing		
4.炼焦	Coking		
5.炼油及煤制油	Petroleum Refining and Coal-to-liquids		105.98
#油品再投入量(-)	Petroleum Products Input (-)		
6.制气	Gas Works		
#再投入量(-)	Input (-)		
7.天然气液化	Natural Gas Liquefaction		
8.煤制品加工	Processing of Briquettes		
9.回收能	Recovery of Energy		
三.损失量	**Loss**		
四.终端消费量	**Total Final Consumption**	**1.02**	**30.80**
1.农、林、牧、渔业	Agriculture, Forestry, Animal Husbandry and Fishery		
2.工业	Industry	1.02	30.80
#用作原料、材料	Non-Energy Use	1.01	
3.建筑业	Construction		
4.交通运输、仓储和邮政业	Transport, Storage and Post		
5.批发和零售业、住宿和餐饮业	Wholesale and Retail Trades, Hotels and Catering Services		
6.其他	Others		
7.居民生活	Residential		
城镇	Urban		
乡村	Rural		
五.平衡差额	**Statistical Difference**		
六.消费量合计	**Total Energy Consumption**	**1.02**	**82.94**

Continued 2

液化石油气 (万吨) Liquefied Petroleum Gas (10^4 tons)	炼厂干气 (万吨) Refinery Gas (10^4 tons)	其他石油制品 (万吨) Other Petroleum Products (10^4 tons)	天然气 (亿立方米) Natural Gas (10^8 cu.m)	液化天然气 (万吨) Liquefied Natural Gas (10^4 tons)	热力 (万百万千焦) Heat (10^{10} kJ)	电力 (亿千瓦时) Electricity (10^8 kWh)	其他能源 (万吨标准煤) Other Energy (10^4 tce)
6.74		**-131.24**	**127.52**	**19.73**		**341.45**	**235.83**
			41.17			49.17	83.34
22.81		134.43	114.20	105.80		293.07	159.27
				0.03			
-16.47		-265.25	-27.85	-85.34		-0.79	
0.40		-0.42		-0.76			-6.78
73.45	**58.86**	**315.28**	**-70.01**	**-8.68**	**25684.16**	**715.72**	**-150.29**
			-30.84		-1417.01	715.72	-112.93
	-0.01		-36.66	-8.68	24939.76		-16.19
103.57	65.74	441.15	-0.56				-44.02
-30.12	-2.82	-125.87					
	-4.05						22.85
			-1.95				
					2161.41		
						26.81	
80.19	**58.86**	**184.04**	**57.51**	**11.05**	**25684.16**	**1030.36**	**85.54**
						14.98	1.28
56.88	58.86	184.04	34.20	4.75	11449.69	618.54	61.25
35.64	9.38	139.04	0.25				0.10
1.09			0.28		74.93	11.69	1.94
5.37			4.05		382.03	63.39	1.45
4.74			6.68	6.30	397.09	39.87	1.10
2.68			2.45		2443.85	128.61	3.14
9.43			9.85		10936.57	153.28	15.38
4.53			8.30		10936.57	103.64	13.87
4.90			1.55			49.64	1.51
110.31	**65.74**	**309.91**	**127.52**	**19.73**	**27101.17**	**1057.17**	**258.68**

6-3 河北能源平衡表(实物量)-2022

项　目	Item	煤合计(万吨) Coal Total (10^4 tons)	原煤(万吨) Raw Coal (10^4 tons)
一.可供本地区消费的能源量	**Total Primary Energy Supply**	**26612.52**	**24815.22**
1.一次能源生产量	Indigenous Production	4705.63	4705.63
2.外省(区、市)调入量	Moving In from Other Provinces	28216.71	19555.90
3.进口量	Import	558.70	558.70
4.境内飞机和轮船在境外的加油量	Domestic Airplanes&Ships Refueling Abroad		
5.本省(区、市)调出量(-)	Sending Out to Other Provinces(-)	-6935.00	-42.56
6.出口量(-)	Export(-)		
7.境外飞机和轮船在境内的加油量(-)	Oversea Airplanes&Ships Refueling Domestically(-)		
8.库存增(-)、减(+)量	Stock Change	66.48	37.55
二.加工转换投入(-)产出(+)量	**Input(-) & Output(+) of Transformation**	**-21077.83**	**-20277.42**
1.火力发电	Thermal Power	-9409.94	-9238.85
2.供热	Heating Supply	-4065.32	-3970.56
3.煤炭洗选	Coal Washing	-1094.05	-6279.14
4.炼焦	Coking	-6547.30	-614.27
5.炼油及煤制油	Petroleum Refining and Coal-to-liquids		
#油品再投入量(-)	Petroleum Products Input (-)		
6.制气	Gas Works	-9.37	-9.37
#再投入量(-)	Input (-)		
7.天然气液化	Natural Gas Liquefaction		
8.煤制品加工	Processing of Briquettes	48.15	-165.23
9.回收能	Recovery of Energy		
三.损失量	**Loss**		
四.终端消费量	**Total Final Consumption**	**5534.69**	**4537.80**
1.农、林、牧、渔业	Agriculture, Forestry, Animal Husbandry and Fishery	11.20	11.20
2.工业	Industry	4942.88	4172.55
#用作原料、材料	Non-Energy Use	302.12	270.65
3.建筑业	Construction	0.81	0.81
4.交通运输、仓储和邮政业	Transport, Storage and Post		
5.批发和零售业、住宿和餐饮业	Wholesale and Retail Trades, Hotels and Catering Services	8.49	4.22
6.其他	Others	11.18	3.70
7.居民生活	Residential	560.13	345.32
城镇	Urban		
乡村	Rural	560.13	345.32
五.平衡差额	**Statistical Difference**		
六.消费量合计	**Total Energy Consumption**	**26612.52**	**24815.22**

 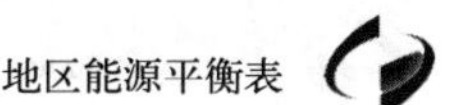

Energy Balance of Hebei (Physical Quantity) -2022

洗精煤 (万吨) Cleaned Coal (10^4 tons)	其他洗煤 (万吨) Other Washed Coal (10^4 tons)	煤制品 (万吨) Briquettes (10^4 tons)	煤矸石 (万吨) Gangue (10^4 tons)	焦炭 (万吨) Coke (10^4 tons)	焦炉煤气 (亿立方米) Coke Oven Gas (10^8 cu.m)	高炉煤气 (亿立方米) Blast Furnace Gas (10^8 cu.m)	转炉煤气 (亿立方米) Converter Gas (10^8 cu.m)	其他煤气 (亿立方米) Other Gas (10^8 cu.m)
2674.08	**-956.39**	**79.61**	**-125.63**	**3750.45**			**7.90**	**2.04**
4167.80	4176.41	316.60		4526.01			7.90	2.04
				4.90				
-1533.99	-5124.31	-234.14	-126.90	-875.40				
				-3.10				
40.27	-8.49	-2.85	1.27	98.04				
-2674.08	**1646.59**	**227.08**	**137.15**	**4580.40**	**93.84**	**1883.41**	**138.16**	
	-170.99	-0.10	-21.95		-19.13	-950.01	-106.74	
	-94.03	-0.73	-3.49	-9.24	-2.29	-89.43	-4.43	
3258.95	1926.14		162.59					
-5933.03				4592.13	129.45	-2.66		
					-14.19		-0.75	
	-14.53	227.91		-2.49				
						2925.51	250.08	
	690.20	**306.69**	**11.52**	**8330.85**	**93.84**	**1883.41**	**146.06**	**2.04**
	690.20	80.13	11.52	8330.85	93.84	1883.41	146.06	2.04
	31.47			28.01	17.29		2.76	
		4.27						
		7.48						
		214.81						
		214.81						
5933.03	**969.75**	**307.52**	**36.96**	**8342.58**	**129.45**	**2925.51**	**257.98**	**2.04**

6-3 续表 1

项　　目	Item	其他焦化产品(万吨) Other Coking Products (10^4 tons)	油品合计(万吨) Petroleum Products Total (10^4 tons)
一.可供本地区消费的能源量	**Total Primary Energy Supply**	**-37.03**	**1515.19**
1.一次能源生产量	Indigenous Production		547.08
2.外省(区、市)调入量	Moving In from Other Provinces		2307.26
3.进口量	Import		320.20
4.境内飞机和轮船在境外的加油量	Domestic Airplanes&Ships Refueling Abroad		
5.本省(区、市)调出量(-)	Sending Out to Other Provinces(-)	-37.03	-1583.45
6.出口量(-)	Export(-)		-0.50
7.境外飞机和轮船在境内的加油量(-)	Oversea Airplanes&Ships Refueling Domestically(-)		
8.库存增(-)、减(+)量	Stock Change		-75.40
二.加工转换投入(-)产出(+)量	**Input(-) & Output(+) of Transformation**	**277.24**	**-65.02**
1.火力发电	Thermal Power		-5.75
2.供热	Heating Supply		-9.17
3.煤炭洗选	Coal Washing		
4.炼焦	Coking	277.24	
5.炼油及煤制油	Petroleum Refining and Coal-to-liquids		554.18
#油品再投入量(-)	Petroleum Products Input (-)		-604.28
6.制气	Gas Works		
#再投入量(-)	Input (-)		
7.天然气液化	Natural Gas Liquefaction		
8.煤制品加工	Processing of Briquettes		
9.回收能	Recovery of Energy		
三.损失量	**Loss**		
四.终端消费量	**Total Final Consumption**	**240.21**	**1450.17**
1.农、林、牧、渔业	Agriculture, Forestry, Animal Husbandry and Fishery		85.99
2.工业	Industry	240.21	415.39
#用作原料、材料	Non-Energy Use	137.67	272.83
3.建筑业	Construction		66.93
4.交通运输、仓储和邮政业	Transport, Storage and Post		410.75
5.批发和零售业、住宿和餐饮业	Wholesale and Retail Trades, Hotels and Catering Services		32.57
6.其他	Others		21.19
7.居民生活	Residential		417.35
城镇	Urban		245.58
乡村	Rural		171.77
五.平衡差额	**Statistical Difference**		
六.消费量合计	**Total Energy Consumption**	**240.21**	**1515.19**

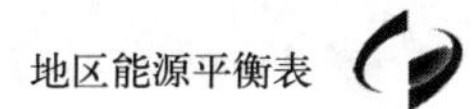

Continued 1

原油 (万吨) Crude Oil (10^4 tons)	汽油 (万吨) Gasoline (10^4 tons)	煤油 (万吨) Kerosene (10^4 tons)	柴油 (万吨) Diesel Oil (10^4 tons)	燃料油 (万吨) Fuel Oil (10^4 tons)	石脑油 (万吨) Naphtha (10^4 tons)	润滑油 (万吨) Lubricants (10^4 tons)	石蜡 (万吨) Paraffin Waxes (10^4 tons)	溶剂油 (万吨) White Spirit (10^4 tons)
2184.52	**-79.01**	**-54.05**	**-188.72**	**-233.09**	**-37.12**	**-10.37**	**3.46**	**0.17**
547.08								
1337.44	254.59	11.33	145.91	135.05	27.38	10.59	3.55	0.18
320.20								
	-334.17	-66.23	-329.74	-363.79	-59.89	-21.29		
		-0.50						
-20.20	0.57	1.35	-4.89	-4.35	-4.61	0.33	-0.09	-0.01
-2173.56	**558.55**	**64.08**	**644.88**	**249.03**	**99.38**	**10.73**		
			-1.79	-0.55				
			-0.18	-2.48				
-2173.56	558.55	64.08	646.85	412.73	100.15	10.73		
				-160.67	-0.77			
10.96	**479.54**	**10.03**	**456.16**	**15.94**	**62.26**	**0.36**	**3.46**	**0.17**
			85.99					
10.96	4.11	0.20	30.06	1.45	62.26	0.36	3.46	0.17
			0.05		62.26		2.14	0.14
	1.22		2.51					
	71.32	9.83	315.11	14.49				
	18.72		13.85					
	17.62		3.35					
	366.55		5.29					
	242.34		3.24					
	124.21		2.05					
2184.52	**479.54**	**10.03**	**458.13**	**179.64**	**63.03**	**0.36**	**3.46**	**0.17**

6-3 续表 2

项目	Item	石油沥青(万吨) Bitumen Asphalt (10^4 tons)	石油焦(万吨) Petroleum Coke (10^4 tons)
一.可供本地区消费的能源量	**Total Primary Energy Supply**	**5.03**	**-3.17**
1.一次能源生产量	Indigenous Production		
2.外省(区、市)调入量	Moving In from Other Provinces	202.27	27.98
3.进口量	Import		
4.境内飞机和轮船在境外的加油量	Domestic Airplanes&Ships Refueling Abroad		
5.本省(区、市)调出量(-)	Sending Out to Other Provinces(-)	-226.16	-28.50
6.出口量(-)	Export(-)		
7.境外飞机和轮船在境内的加油量(-)	Oversea Airplanes&Ships Refueling Domestically(-)		
8.库存增(-)、减(+)量	Stock Change	28.92	-2.65
二.加工转换投入(-)产出(+)量	**Input(-) & Output(+) of Transformation**	**116.36**	**63.67**
1.火力发电	Thermal Power		
2.供热	Heating Supply		
3.煤炭洗选	Coal Washing		
4.炼焦	Coking		
5.炼油及煤制油	Petroleum Refining and Coal-to-liquids	233.50	63.67
#油品再投入量(-)	Petroleum Products Input (-)	-117.14	
6.制气	Gas Works		
#再投入量(-)	Input (-)		
7.天然气液化	Natural Gas Liquefaction		
8.煤制品加工	Processing of Briquettes		
9.回收能	Recovery of Energy		
三.损失量	**Loss**		
四.终端消费量	**Total Final Consumption**	**121.39**	**60.50**
1.农、林、牧、渔业	Agriculture, Forestry, Animal Husbandry and Fishery		
2.工业	Industry	58.19	60.50
#用作原料、材料	Non-Energy Use	57.00	58.93
3.建筑业	Construction	63.20	
4.交通运输、仓储和邮政业	Transport, Storage and Post		
5.批发和零售业、住宿和餐饮业	Wholesale and Retail Trades, Hotels and Catering Services		
6.其他	Others		
7.居民生活	Residential		
城镇	Urban		
乡村	Rural		
五.平衡差额	**Statistical Difference**		
六.消费量合计	**Total Energy Consumption**	**238.53**	**60.50**

Continued 2

液化石油气 (万吨) Liquefied Petroleum Gas (10^4 tons)	炼厂干气 (万吨) Refinery Gas (10^4 tons)	其他石油制品 (万吨) Other Petroleum Products (10^4 tons)	天然气 (亿立方米) Natural Gas (10^8 cu.m)	液化天然气 (万吨) Liquefied Natural Gas (10^4 tons)	热力 (万百万千焦) Heat (10^{10} kJ)	电力 (亿千瓦时) Electricity (10^8 kWh)	其他能源 (万吨标准煤) Other Energy (10^4 tce)
-10.88	**-3.38**	**-58.20**	**187.13**	**110.35**	**-250.08**	**1834.19**	**631.87**
			5.66			1067.31	135.53
113.96	2.60	34.43	137.35			1008.20	496.34
			44.12	108.71			
-115.82	-5.98	-31.88			-250.08	-241.32	
-9.02		-60.75		1.64			
114.80	**53.26**	**133.80**	**-11.05**	**33.98**	**65462.16**	**2725.56**	**-399.71**
	-2.74	-0.67	-2.93		-17435.82	2725.56	-338.99
	-5.01	-1.50	-5.33	-0.17	57937.76		-60.72
194.75	65.64	377.09	-3.36				
-79.95	-4.63	-241.12					
			5.60				
			-0.08				
			-4.95	34.15			
					24960.22		
						185.61	
103.92	**49.88**	**75.60**	**176.08**	**144.33**	**65212.08**	**4374.14**	**232.16**
				0.28		124.23	
58.19	49.88	75.60	70.07	36.14	24199.96	2764.59	81.70
54.26		38.05	1.19				
			0.85		118.79	47.55	
			2.16	107.91	872.10	130.61	
			7.49		5322.35	216.25	
0.22			3.12		7088.57	408.47	
45.51			92.39		27610.31	682.44	150.46
			25.72		24833.23	267.61	32.31
45.51			66.67		2777.08	414.83	118.15
183.87	**62.26**	**318.89**	**188.02**	**144.50**	**82647.90**	**4559.75**	**631.87**

6-4 山西能源平衡表(实物量)-2022

项 目	Item	煤合计 (万吨) Coal Total (10^4 tons)	原煤 (万吨) Raw Coal (10^4 tons)
一.可供本地区消费的能源量	**Total Primary Energy Supply**	**60189.09**	**121625.20**
1.一次能源生产量	Indigenous Production	132009.01	132009.01
2.外省(区、市)调入量	Moving In from Other Provinces	11889.15	9730.52
3.进口量	Import		
4.境内飞机和轮船在境外的加油量	Domestic Airplanes&Ships Refueling Abroad		
5.本省(区、市)调出量(−)	Sending Out to Other Provinces(-)	-82621.67	-20406.18
6.出口量(−)	Export(-)	-33.00	-33.00
7.境外飞机和轮船在境内的加油量(−)	Oversea Airplanes&Ships Refueling Domestically(-)		
8.库存增(−)、减(+)量	Stock Change	-1054.39	324.85
二.加工转换投入(−)产出(+)量	**Input(-) & Output(+) of Transformation**	**-56113.70**	**-118182.70**
1.火力发电	Thermal Power	-17105.37	-13997.96
2.供热	Heating Supply	-3603.37	-2831.77
3.煤炭洗选	Coal Washing	-21875.10	-100361.40
4.炼焦	Coking	-12973.00	-184.61
5.炼油及煤制油	Petroleum Refining and Coal-to-liquids	-313.55	-313.55
#油品再投入量(−)	Petroleum Products Input (-)		
6.制气	Gas Works	-195.62	-195.62
#再投入量(−)	Input (-)		
7.天然气液化	Natural Gas Liquefaction		
8.煤制品加工	Processing of Briquettes	-47.70	-297.79
9.回收能	Recovery of Energy		
三.损失量	**Loss**		
四.终端消费量	**Total Final Consumption**	**4075.39**	**3442.51**
1.农、林、牧、渔业	Agriculture, Forestry, Animal Husbandry and Fishery	92.52	92.52
2.工业	Industry	3623.72	3107.83
#用作原料、材料	Non-Energy Use	1063.16	950.18
3.建筑业	Construction	0.98	0.98
4.交通运输、仓储和邮政业	Transport, Storage and Post	0.85	0.85
5.批发和零售业、住宿和餐饮业	Wholesale and Retail Trades, Hotels and Catering Services	3.48	3.48
6.其他	Others	8.76	8.76
7.居民生活	Residential	345.09	228.09
城镇	Urban	41.00	41.00
乡村	Rural	304.09	187.09
五.平衡差额	**Statistical Difference**		
六.消费量合计	**Total Energy Consumption**	**60189.10**	**121625.20**

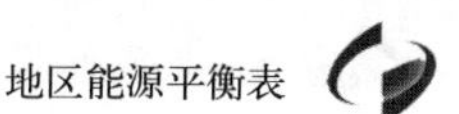

Energy Balance of Shanxi (Physical Quantity) -2022

洗精煤 (万吨) Cleaned Coal (10⁴ tons)	其他洗煤 (万吨) Other Washed Coal (10⁴ tons)	煤制品 (万吨) Briquettes (10⁴ tons)	煤矸石 (万吨) Gangue (10⁴ tons)	焦炭 (万吨) Coke (10⁴ tons)	焦炉煤气 (亿立方米) Coke Oven Gas (10⁸ cu.m)	高炉煤气 (亿立方米) Blast Furnace Gas (10⁸ cu.m)	转炉煤气 (亿立方米) Converter Gas (10⁸ cu.m)	其他煤气 (亿立方米) Other Gas (10⁸ cu.m)
-14490.51	**-46804.04**	**-141.55**		**-7047.26**	**-58.56**			
1481.32	504.61	172.70		625.93				
-15611.60	-46315.83	-288.06		-7544.09	-58.56			
				-26.80				
-360.23	-992.82	-26.19		-102.29				
14490.51	**47311.40**	**267.08**	**8.04**	**9799.70**	**219.58**	**630.97**	**49.83**	**51.95**
	-3107.41		-699.19		-9.98	-167.41	-16.62	-1.29
	-771.60		-249.03		-2.54	-15.91	-0.15	-1.61
27278.90	51207.40		956.26					
-12788.39				9799.70	262.21			
								46.99
					-30.11			
	-16.99	267.08						
						814.29	66.59	7.86
	507.36	**125.53**	**8.04**	**2752.44**	**161.02**	**630.97**	**49.83**	**51.95**
	507.36	8.53	8.04	2752.44	161.02	630.97	49.83	51.60
	112.17	0.82		28.54	37.16		2.71	2.19
								0.01
								0.26
		117.00						0.08
								0.08
		117.00						
12788.39	**4403.36**	**125.53**	**956.26**	**2752.44**	**203.65**	**814.28**	**66.59**	**54.85**

6-4 续表 1

项　　目	Item	其他焦化产品(万吨) Other Coking Products (10^4 tons)	油品合计(万吨) Petroleum Products Total (10^4 tons)
一.可供本地区消费的能源量	**Total Primary Energy Supply**	**-2.72**	**534.35**
1.一次能源生产量	Indigenous Production		
2.外省(区、市)调入量	Moving In from Other Provinces		712.19
3.进口量	Import		
4.境内飞机和轮船在境外的加油量	Domestic Airplanes&Ships Refueling Abroad		
5.本省(区、市)调出量(-)	Sending Out to Other Provinces(-)	-3.30	-178.24
6.出口量(-)	Export(-)		
7.境外飞机和轮船在境内的加油量(-)	Oversea Airplanes&Ships Refueling Domestically(-)		
8.库存增(-)、减(+)量	Stock Change	0.58	0.40
二.加工转换投入(-)产出(+)量	**Input(-) & Output(+) of Transformation**	**350.69**	**175.97**
1.火力发电	Thermal Power	-0.10	-1.23
2.供热	Heating Supply		-0.12
3.煤炭洗选	Coal Washing		
4.炼焦	Coking	486.06	
5.炼油及煤制油	Petroleum Refining and Coal-to-liquids	-135.27	177.32
#油品再投入量(-)	Petroleum Products Input (-)		
6.制气	Gas Works		
#再投入量(-)	Input (-)		
7.天然气液化	Natural Gas Liquefaction		
8.煤制品加工	Processing of Briquettes		
9.回收能	Recovery of Energy		
三.损失量	**Loss**		
四.终端消费量	**Total Final Consumption**	**347.98**	**710.32**
1.农、林、牧、渔业	Agriculture, Forestry, Animal Husbandry and Fishery		59.17
2.工业	Industry	347.98	148.38
#用作原料、材料	Non-Energy Use	291.39	32.43
3.建筑业	Construction		55.25
4.交通运输、仓储和邮政业	Transport, Storage and Post		393.59
5.批发和零售业、住宿和餐饮业	Wholesale and Retail Trades, Hotels and Catering Services		7.80
6.其他	Others		5.47
7.居民生活	Residential		40.66
城镇	Urban		21.05
乡村	Rural		19.61
五.平衡差额	**Statistical Difference**		
六.消费量合计	**Total Energy Consumption**	**483.35**	**534.35**

Continued 1

原油(万吨) Crude Oil (10^4 tons)	汽油(万吨) Gasoline (10^4 tons)	煤油(万吨) Kerosene (10^4 tons)	柴油(万吨) Diesel Oil (10^4 tons)	燃料油(万吨) Fuel Oil (10^4 tons)	石脑油(万吨) Naphtha (10^4 tons)	润滑油(万吨) Lubricants (10^4 tons)	石蜡(万吨) Paraffin Waxes (10^4 tons)	溶剂油(万吨) White Spirit (10^4 tons)
	228.57	**22.83**	**416.48**	**1.61**	**-25.28**	**0.90**	**-58.98**	
	230.12	22.10	420.05	1.74		1.20	0.33	
					-25.28		-60.28	
	-1.55	0.73	-3.58	-0.12		-0.30	0.96	
			-1.14	**-0.21**	**25.28**		**59.61**	
			-1.03	-0.20				
			-0.11	-0.01				
					25.28		59.61	
	228.57	**22.83**	**415.34**	**1.41**		**0.90**	**0.63**	
	16.32		42.85					
	32.35	0.18	78.23	1.41		0.90	0.63	
		0.03	0.89				0.25	
	9.00	0.03	46.11					
	130.14	22.60	240.81					
	2.65	0.01	5.12					
	4.11		1.23					
	34.00		0.99					
	17.70		0.46					
	16.30		0.53					
	228.57	**22.83**	**416.48**	**1.62**		**0.90**	**0.63**	

6-4 续表 2

项　目	Item	石油沥青(万吨) Bitumen Asphalt (10^4 tons)	石油焦(万吨) Petroleum Coke (10^4 tons)
一.可供本地区消费的能源量	**Total Primary Energy Supply**	**-59.05**	**21.97**
1.一次能源生产量	Indigenous Production		
2.外省(区、市)调入量	Moving In from Other Provinces	5.69	26.33
3.进口量	Import		
4.境内飞机和轮船在境外的加油量	Domestic Airplanes&Ships Refueling Abroad		
5.本省(区、市)调出量(-)	Sending Out to Other Provinces(-)	-64.92	-5.28
6.出口量(-)	Export(-)		
7.境外飞机和轮船在境内的加油量(-)	Oversea Airplanes&Ships Refueling Domestically(-)		
8.库存增(-)、减(+)量	Stock Change	0.17	0.92
二.加工转换投入(-)产出(+)量	**Input(-) & Output(+) of Transformation**	**68.58**	
1.火力发电	Thermal Power		
2.供热	Heating Supply		
3.煤炭洗选	Coal Washing		
4.炼焦	Coking		
5.炼油及煤制油	Petroleum Refining and Coal-to-liquids	68.58	
#油品再投入量(-)	Petroleum Products Input (-)		
6.制气	Gas Works		
#再投入量(-)	Input (-)		
7.天然气液化	Natural Gas Liquefaction		
8.煤制品加工	Processing of Briquettes		
9.回收能	Recovery of Energy		
三.损失量	**Loss**		
四.终端消费量	**Total Final Consumption**	**9.53**	**21.97**
1.农、林、牧、渔业	Agriculture, Forestry, Animal Husbandry and Fishery		
2.工业	Industry	9.53	21.97
#用作原料、材料	Non-Energy Use	9.28	21.97
3.建筑业	Construction		
4.交通运输、仓储和邮政业	Transport, Storage and Post		
5.批发和零售业、住宿和餐饮业	Wholesale and Retail Trades, Hotels and Catering Services		
6.其他	Others		
7.居民生活	Residential		
城镇	Urban		
乡村	Rural		
五.平衡差额	**Statistical Difference**		
六.消费量合计	**Total Energy Consumption**	**9.53**	**21.97**

Continued 2

液化石油气 (万吨) Liquefied Petroleum Gas (10^4 tons)	炼厂干气 (万吨) Refinery Gas (10^4 tons)	其他石油制品 (万吨) Other Petroleum Products (10^4 tons)	天然气 (亿立方米) Natural Gas (10^8 cu.m)	液化天然气 (万吨) Liquefied Natural Gas (10^4 tons)	热力 (万百万千焦) Heat (10^{10} kJ)	电力 (亿千瓦时) Electricity (10^8 kWh)	其他能源 (万吨标准煤) Other Energy (10^4 tce)
1.04		**-15.73**	**119.74**	**-195.28**		**-741.77**	**150.60**
			132.10			721.91	134.92
0.86		3.77	36.41	1.26		374.56	
		-22.49	-50.87	-190.77		-1838.24	
0.18		3.00	2.10	-5.77			15.68
5.07		**18.78**	**-50.00**	**207.53**	**55830.91**	**3576.88**	**-108.12**
			-21.94		-10557.40	3576.88	-122.64
			-6.60	-0.16	56651.96		-22.33
5.07		18.78					
			8.39				36.84
			-29.85	207.69			
					9736.35		0.01
						80.77	
6.11		**3.05**	**69.74**	**12.25**	**55830.91**	**2754.33**	**42.48**
			0.53			54.40	
0.14		3.05	30.04	9.53	38704.31	2059.60	42.48
			0.30				7.64
0.11			0.10	0.09	35.77	28.52	
0.04			10.77		437.24	89.82	
0.02			5.07	2.63	2278.49	77.13	
0.13			5.50		2375.30	157.09	
5.67			17.73		11999.80	287.78	
2.89			12.72		11999.80	163.06	
			5.01			124.72	
3.05		**3.05**	**99.46**	**12.41**	**66388.31**	**2835.11**	**187.45**

6-5 内蒙古能源平衡表(实物量)-2022

项 目	Item	煤合计(万吨) Coal Total (10^4 tons)	原煤(万吨) Raw Coal (10^4 tons)
一.可供本地区消费的能源量	**Total Primary Energy Supply**	**54967.75**	**58792.04**
1.一次能源生产量	Indigenous Production	121354.25	121354.25
2.外省(区、市)调入量	Moving In from Other Provinces	5276.39	3323.68
3.进口量	Import	2566.95	2566.95
4.境内飞机和轮船在境外的加油量	Domestic Airplanes&Ships Refueling Abroad		
5.本省(区、市)调出量(-)	Sending Out to Other Provinces(-)	-71617.37	-66315.88
6.出口量(-)	Export(-)	-0.10	
7.境外飞机和轮船在境内的加油量(-)	Oversea Airplanes&Ships Refueling Domestically(-)		
8.库存增(-)、减(+)量	Stock Change	-2612.38	-2136.97
二.加工转换投入(-)产出(+)量	**Input(-) & Output(+) of Transformation**	**-47300.42**	**-51368.42**
1.火力发电	Thermal Power	-29981.98	-29410.65
2.供热	Heating Supply	-5558.12	-5538.33
3.煤炭洗选	Coal Washing	-3177.63	-14124.89
4.炼焦	Coking	-6328.96	-233.65
5.炼油及煤制油	Petroleum Refining and Coal-to-liquids	-1181.69	-988.85
#油品再投入量(-)	Petroleum Products Input (-)		
6.制气	Gas Works	-1072.03	-1072.03
#再投入量(-)	Input (-)		
7.天然气液化	Natural Gas Liquefaction		
8.煤制品加工	Processing of Briquettes		
9.回收能	Recovery of Energy		
三.损失量	**Loss**		
四.终端消费量	**Total Final Consumption**	**7667.33**	**7423.62**
1.农、林、牧、渔业	Agriculture, Forestry, Animal Husbandry and Fishery	119.35	82.46
2.工业	Industry	6707.23	6561.51
#用作原料、材料	Non-Energy Use	3467.72	3459.30
3.建筑业	Construction	78.45	54.30
4.交通运输、仓储和邮政业	Transport, Storage and Post	52.37	40.95
5.批发和零售业、住宿和餐饮业	Wholesale and Retail Trades, Hotels and Catering Services	38.98	30.90
6.其他	Others	44.65	37.72
7.居民生活	Residential	626.31	615.79
城镇	Urban	33.83	29.94
乡村	Rural	592.49	585.85
五.平衡差额	**Statistical Difference**		
六.消费量合计	**Total Energy Consumption**	**54967.75**	**58792.04**

Energy Balance of Inner Mongolia (Physical Quantity) -2022

洗精煤 (万吨) Cleaned Coal (10^4 tons)	其他洗煤 (万吨) Other Washed Coal (10^4 tons)	煤制品 (万吨) Briquettes (10^4 tons)	煤矸石 (万吨) Gangue (10^4 tons)	焦炭 (万吨) Coke (10^4 tons)	焦炉煤气 (亿立方米) Coke Oven Gas (10^8 cu.m)	高炉煤气 (亿立方米) Blast Furnace Gas (10^8 cu.m)	转炉煤气 (亿立方米) Converter Gas (10^8 cu.m)	其他煤气 (亿立方米) Other Gas (10^8 cu.m)
1127.44	**-4962.56**	**10.82**	**-8.99**	**-2047.29**	**-0.03**			
1889.22	51.84	11.65		928.03				
				0.23				
-542.78	-4747.32	-11.39		-2837.99				
		-0.10						
-219.00	-267.08	10.66	-8.99	-137.56	-0.03			
-1127.12	**5195.12**		**9.06**	**4672.47**	**71.89**	**255.48**	**25.78**	**2.49**
	-571.32		-314.46		-8.13	-134.11	-7.12	-0.55
	-19.79		-56.98		-1.83	-18.60	-2.79	
4968.19	5979.07		380.50					
-6095.31				4672.47	92.79			
	-192.84							
								1.45
					-10.93			
						408.19	35.68	1.60
0.32	**232.56**	**10.82**	**0.07**	**2625.18**	**71.86**	**255.48**	**25.78**	**2.49**
	36.89							
	134.89	10.82	0.07	2625.18	71.86	255.48	25.78	1.77
	7.80	0.62		1115.83	18.60			
	24.15							
0.32	11.10							
	8.08							0.06
	6.93							
	10.53							0.66
	3.89							0.62
	6.64							0.04
6095.63	**1016.52**	**10.82**	**371.51**	**2625.18**	**92.76**	**408.19**	**35.68**	**3.05**

6-5 续表 1

项　目	Item	其他焦化产品(万吨) Other Coking Products (10^4 tons)	油品合计(万吨) Petroleum Products Total (10^4 tons)
一.可供本地区消费的能源量	**Total Primary Energy Supply**	**-70.05**	**963.31**
1.一次能源生产量	Indigenous Production		46.26
2.外省(区、市)调入量	Moving In from Other Provinces	13.37	1249.74
3.进口量	Import		37.18
4.境内飞机和轮船在境外的加油量	Domestic Airplanes&Ships Refueling Abroad		0.02
5.本省(区、市)调出量(-)	Sending Out to Other Provinces(-)	-92.92	-350.34
6.出口量(-)	Export(-)		-0.42
7.境外飞机和轮船在境内的加油量(-)	Oversea Airplanes&Ships Refueling Domestically(-)		-0.02
8.库存增(-)、减(+)量	Stock Change	9.50	-19.11
二.加工转换投入(-)产出(+)量	**Input(-) & Output(+) of Transformation**	**212.97**	**343.73**
1.火力发电	Thermal Power		-0.95
2.供热	Heating Supply		-0.09
3.煤炭洗选	Coal Washing		
4.炼焦	Coking	254.20	
5.炼油及煤制油	Petroleum Refining and Coal-to-liquids	47.18	395.68
#油品再投入量(-)	Petroleum Products Input (-)	-105.58	-50.92
6.制气	Gas Works	17.17	
#再投入量(-)	Input (-)		
7.天然气液化	Natural Gas Liquefaction		
8.煤制品加工	Processing of Briquettes		
9.回收能	Recovery of Energy		
三.损失量	**Loss**		
四.终端消费量	**Total Final Consumption**	**142.92**	**1307.04**
1.农、林、牧、渔业	Agriculture, Forestry, Animal Husbandry and Fishery		97.36
2.工业	Industry	142.92	322.55
#用作原料、材料	Non-Energy Use	73.82	167.15
3.建筑业	Construction		177.21
4.交通运输、仓储和邮政业	Transport, Storage and Post		403.26
5.批发和零售业、住宿和餐饮业	Wholesale and Retail Trades, Hotels and Catering Services		28.66
6.其他	Others		158.86
7.居民生活	Residential		119.15
城镇	Urban		47.81
乡村	Rural		71.34
五.平衡差额	**Statistical Difference**		
六.消费量合计	**Total Energy Consumption**	**142.92**	**963.31**

Continued 1

原油 (万吨) Crude Oil (10^4 tons)	汽油 (万吨) Gasoline (10^4 tons)	煤油 (万吨) Kerosene (10^4 tons)	柴油 (万吨) Diesel Oil (10^4 tons)	燃料油 (万吨) Fuel Oil (10^4 tons)	石脑油 (万吨) Naphtha (10^4 tons)	润滑油 (万吨) Lubricants (10^4 tons)	石蜡 (万吨) Paraffin Waxes (10^4 tons)	溶剂油 (万吨) White Spirit (10^4 tons)
344.84	**212.16**	**16.90**	**453.47**	**-5.78**	**-48.16**	**0.95**	**-92.74**	**-33.45**
46.26								
290.71	241.36	17.39	495.47	0.42		5.78		
21.07						2.04		
		0.02						
-9.34	-20.31	-0.60	-26.61	-5.84	-48.04	-6.75	-95.89	-33.67
			-0.37			-0.02	-0.03	
		-0.02						
-3.86	-8.88	0.11	-15.02	-0.36	-0.13	-0.09	3.18	0.22
-340.00	**139.45**	**7.93**	**162.44**	**6.38**	**48.17**	**-0.01**	**92.74**	**33.46**
			-0.82	-0.12		-0.01		
			-0.08					
-340.00	139.45	7.93	164.02	6.50	48.17		115.68	33.64
			-0.69				-22.94	-0.18
4.83	**351.61**	**24.83**	**615.91**	**0.60**		**0.94**		**0.02**
	7.72		89.63					
4.83	0.75	0.18	131.50	0.58		0.94		0.02
			1.36	0.10				
	30.01		38.02					
	184.13	24.65	193.81	0.02				
	13.68		11.81					
	74.34		83.27					
	40.99		67.86					
	27.08		13.99					
	13.90		53.87					
344.84	**351.62**	**24.83**	**617.50**	**0.72**		**0.95**	**22.94**	**0.20**

6-5 续表 2

项　目	Item	石油沥青(万吨) Bitumen Asphalt (10^4 tons)	石油焦(万吨) Petroleum Coke (10^4 tons)
一.可供本地区消费的能源量	**Total Primary Energy Supply**	**6.29**	**176.94**
1.一次能源生产量	Indigenous Production		
2.外省(区、市)调入量	Moving In from Other Provinces	18.66	177.89
3.进口量	Import		1.90
4.境内飞机和轮船在境外的加油量	Domestic Airplanes&Ships Refueling Abroad		
5.本省(区、市)调出量(−)	Sending Out to Other Provinces(-)	-12.58	-0.32
6.出口量(−)	Export(-)		
7.境外飞机和轮船在境内的加油量(−)	Oversea Airplanes&Ships Refueling Domestically(-)		
8.库存增(−)、减(+)量	Stock Change	0.21	-2.53
二.加工转换投入(−)产出(+)量	**Input(-) & Output(+) of Transformation**	**73.06**	
1.火力发电	Thermal Power		
2.供热	Heating Supply		
3.煤炭洗选	Coal Washing		
4.炼焦	Coking		
5.炼油及煤制油	Petroleum Refining and Coal-to-liquids	73.06	
#油品再投入量(−)	Petroleum Products Input (-)		
6.制气	Gas Works		
#再投入量(−)	Input (-)		
7.天然气液化	Natural Gas Liquefaction		
8.煤制品加工	Processing of Briquettes		
9.回收能	Recovery of Energy		
三.损失量	**Loss**		
四.终端消费量	**Total Final Consumption**	**79.35**	**176.94**
1.农、林、牧、渔业	Agriculture, Forestry, Animal Husbandry and Fishery		
2.工业	Industry	3.82	176.94
#用作原料、材料	Non-Energy Use	3.55	162.14
3.建筑业	Construction	75.53	
4.交通运输、仓储和邮政业	Transport, Storage and Post		
5.批发和零售业、住宿和餐饮业	Wholesale and Retail Trades, Hotels and Catering Services		
6.其他	Others		
7.居民生活	Residential		
城镇	Urban		
乡村	Rural		
五.平衡差额	**Statistical Difference**		
六.消费量合计	**Total Energy Consumption**	**79.35**	**176.94**

Continued 2

液化石油气（万吨） Liquefied Petroleum Gas (10^4 tons)	炼厂干气（万吨） Refinery Gas (10^4 tons)	其他石油制品（万吨） Other Petroleum Products (10^4 tons)	天然气（亿立方米） Natural Gas (10^8 cu.m)	液化天然气（万吨） Liquefied Natural Gas (10^4 tons)	热力（万百万千焦） Heat (10^{10} kJ)	电力（亿千瓦时） Electricity (10^8 kWh)	其他能源（万吨标准煤） Other Energy (10^4 tce)
-22.07		**-46.06**	**122.61**	**-440.78**	**-355.08**	**-962.83**	**121.28**
			307.22			1364.39	129.73
1.88		0.18		12.20		351.46	4.02
12.17							
-36.00		-54.40	-184.64	-454.47	-355.08	-2546.13	
						-132.55	
-0.12		8.15	0.02	1.49			-12.47
39.88	**0.35**	**79.89**	**-40.11**	**476.92**	**77643.37**	**5253.99**	**-94.79**
			-0.01		-6884.60	5254.82	-107.75
			-2.62		71633.76	-0.83	-9.67
61.40	0.35	85.47	-0.49				
-21.52		-5.59					
			33.77				13.73
			-0.42				
			-70.34	476.92			
					12894.21		8.90
						106.73	
17.82	**0.35**	**33.82**	**82.49**	**36.14**	**77288.30**	**4184.43**	**26.49**
					52.22	87.04	
2.46	0.35	0.18	48.02	2.99	31912.12	3652.88	25.84
		0.01	11.75	0.08			22.45
		33.65	2.43		271.16	16.52	
0.64			15.68	33.16	438.47	59.16	0.65
3.17			3.28		4359.47	65.82	
1.25			2.74		5707.30	124.17	
10.30			10.34		34547.56	178.84	
6.73			10.29		34547.56	122.82	
3.56			0.05			56.03	
39.34	**0.35**	**39.41**	**90.56**	**36.14**	**84172.90**	**4291.16**	**143.91**

6-6 辽宁能源平衡表(实物量)-2022

项　目	Item	煤合计(万吨) Coal Total (10^4 tons)	原煤(万吨) Raw Coal (10^4 tons)
一.可供本地区消费的能源量	**Total Primary Energy Supply**	**18420.78**	**15732.20**
1.一次能源生产量	Indigenous Production	3158.12	3158.12
2.外省(区、市)调入量	Moving In from Other Provinces	16787.69	13518.86
3.进口量	Import	634.42	634.42
4.境内飞机和轮船在境外的加油量	Domestic Airplanes&Ships Refueling Abroad		
5.本省(区、市)调出量(-)	Sending Out to Other Provinces(-)	-2422.82	-1812.60
6.出口量(-)	Export(-)	-4.22	-4.22
7.境外飞机和轮船在境内的加油量(-)	Oversea Airplanes&Ships Refueling Domestically(-)		
8.库存增(-)、减(+)量	Stock Change	267.59	237.62
二.加工转换投入(-)产出(+)量	**Input(-) & Output(+) of Transformation**	**-15128.38**	**-12907.52**
1.火力发电	Thermal Power	-5902.92	-5901.75
2.供热	Heating Supply	-4922.18	-4863.79
3.煤炭洗选	Coal Washing	-861.01	-1690.11
4.炼焦	Coking	-3000.83	
5.炼油及煤制油	Petroleum Refining and Coal-to-liquids		
#油品再投入量(-)	Petroleum Products Input (-)		
6.制气	Gas Works	-441.25	-441.25
#再投入量(-)	Input (-)		
7.天然气液化	Natural Gas Liquefaction		
8.煤制品加工	Processing of Briquettes	-0.19	-10.62
9.回收能	Recovery of Energy		
三.损失量	**Loss**		
四.终端消费量	**Total Final Consumption**	**3292.40**	**2824.68**
1.农、林、牧、渔业	Agriculture, Forestry, Animal Husbandry and Fishery	21.60	21.60
2.工业	Industry	2824.85	2669.07
#用作原料、材料	Non-Energy Use	99.64	99.64
3.建筑业	Construction	0.57	0.57
4.交通运输、仓储和邮政业	Transport, Storage and Post	6.77	6.59
5.批发和零售业、住宿和餐饮业	Wholesale and Retail Trades, Hotels and Catering Services	0.02	0.02
6.其他	Others	97.29	0.13
7.居民生活	Residential	341.31	126.70
城镇	Urban	81.38	49.06
乡村	Rural	259.92	77.63
五.平衡差额	**Statistical Difference**		
六.消费量合计	**Total Energy Consumption**	**18420.78**	**15732.20**

 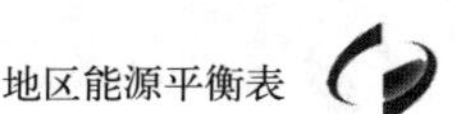

Energy Balance of Liaoning (Physical Quantity) -2022

洗精煤 (万吨) Cleaned Coal (10[4] tons)	其他洗煤 (万吨) Other Washed Coal (10[4] tons)	煤制品 (万吨) Briquettes (10[4] tons)	煤矸石 (万吨) Gangue (10[4] tons)	焦炭 (万吨) Coke (10[4] tons)	焦炉煤气 (亿立方米) Coke Oven Gas (10[8] cu.m)	高炉煤气 (亿立方米) Blast Furnace Gas (10[8] cu.m)	转炉煤气 (亿立方米) Converter Gas (10[8] cu.m)	其他煤气 (亿立方米) Other Gas (10[8] cu.m)
2812.04	**-138.85**	**15.39**	**43.85**	**1188.87**				
3149.16	100.41	19.26	33.88	1323.80				
-343.38	-263.18	-3.66		-133.59				
				-0.86				
6.26	23.92	-0.21	9.97	-0.48				
-2812.04	**578.67**	**12.51**	**-38.67**	**2199.06**	**61.22**	**771.23**	**70.45**	**0.71**
	-1.17		-13.13		-15.08	-293.88	-13.16	
	-58.02	-0.37	-25.54		-7.77	-68.33	-5.56	
188.79	640.31							
-3000.83				2199.06	84.75			
								0.71
					-0.68			
	-2.45	12.88						
						1133.44	89.17	
	439.82	**27.90**	**5.18**	**3387.93**	**61.22**	**771.23**	**70.45**	**0.71**
	142.46	13.32	5.18	3387.93	61.22	771.23	70.45	0.40
				12.70	1.17	0.25		
	0.18							
								0.01
	97.16							
	200.03	14.58						0.29
	26.70	5.61						0.27
	173.32	8.96						0.02
3000.83	**501.46**	**28.27**	**43.85**	**3387.93**	**84.75**	**1133.44**	**89.17**	**0.71**

6-6 续表 1

项　目	Item	其他焦化产品 (万吨) Other Coking Products (10^4 tons)	油品合计 (万吨) Petroleum Products Total (10^4 tons)
一.可供本地区消费的能源量	**Total Primary Energy Supply**	**-34.06**	**5048.61**
1.一次能源生产量	Indigenous Production		984.05
2.外省(区、市)调入量	Moving In from Other Provinces	10.34	10925.48
3.进口量	Import		2761.69
4.境内飞机和轮船在境外的加油量	Domestic Airplanes&Ships Refueling Abroad		0.14
5.本省(区、市)调出量(−)	Sending Out to Other Provinces(-)	-44.40	-9763.36
6.出口量(−)	Export(-)		-1.66
7.境外飞机和轮船在境内的加油量(−)	Oversea Airplanes&Ships Refueling Domestically(-)		-70.33
8.库存增(−)、减(+)量	Stock Change		212.59
二.加工转换投入(−)产出(+)量	**Input(-) & Output(+) of Transformation**	**106.75**	**-283.06**
1.火力发电	Thermal Power		-4.63
2.供热	Heating Supply		-28.72
3.煤炭洗选	Coal Washing		
4.炼焦	Coking	106.75	
5.炼油及煤制油	Petroleum Refining and Coal-to-liquids		426.94
#油品再投入量(−)	Petroleum Products Input (-)		-674.01
6.制气	Gas Works		-2.64
#再投入量(−)	Input (-)		
7.天然气液化	Natural Gas Liquefaction		
8.煤制品加工	Processing of Briquettes		
9.回收能	Recovery of Energy		
三.损失量	**Loss**		
四.终端消费量	**Total Final Consumption**	**72.69**	**4765.55**
1.农、林、牧、渔业	Agriculture, Forestry, Animal Husbandry and Fishery		143.89
2.工业	Industry	72.69	2687.42
#用作原料、材料	Non-Energy Use	64.20	1950.73
3.建筑业	Construction		148.07
4.交通运输、仓储和邮政业	Transport, Storage and Post		1048.55
5.批发和零售业、住宿和餐饮业	Wholesale and Retail Trades, Hotels and Catering Services		48.45
6.其他	Others		296.15
7.居民生活	Residential		393.02
城镇	Urban		324.33
乡村	Rural		68.69
五.平衡差额	**Statistical Difference**		
六.消费量合计	**Total Energy Consumption**	**72.69**	**5048.61**

Continued 1

原油 (万吨) Crude Oil (10^4 tons)	汽油 (万吨) Gasoline (10^4 tons)	煤油 (万吨) Kerosene (10^4 tons)	柴油 (万吨) Diesel Oil (10^4 tons)	燃料油 (万吨) Fuel Oil (10^4 tons)	石脑油 (万吨) Naphtha (10^4 tons)	润滑油 (万吨) Lubricants (10^4 tons)	石蜡 (万吨) Paraffin Waxes (10^4 tons)	溶剂油 (万吨) White Spirit (10^4 tons)
9752.73	**-852.01**	**-266.63**	**-1791.73**	**-656.58**	**117.68**	**-40.49**	**-78.76**	**0.31**
984.05								
7626.86	1058.45	103.21	1023.31	248.06	139.47	33.60		0.28
2574.65					187.04			
		0.08		0.06				
-1532.61	-2002.41	-376.22	-2866.13	-808.69	-221.65	-77.48	-77.46	
	-1.66							
		-0.33	-5.00	-65.00				
99.78	93.61	6.63	56.09	-31.01	12.82	3.39	-1.30	0.03
-9738.84	**1667.76**	**292.63**	**2771.93**	**778.76**	**817.92**	**41.86**	**81.83**	
			-0.64	-2.93				
			-0.32	-19.45				
-9738.84	1667.76	292.63	2772.89	844.92	984.04	41.86	81.83	
				-43.78	-166.12			
13.89	**815.75**	**26.00**	**980.20**	**122.18**	**935.60**	**1.37**	**3.07**	**0.31**
	58.65		85.24					
13.89	10.19	8.14	74.66	27.58	935.60	1.37	3.07	0.31
	0.01		0.10		935.60	1.37	2.81	0.07
	0.93		5.21	0.39				
	223.05	17.86	669.15	94.21				
	15.60		9.88					
	147.66		130.91					
	359.67		5.16					
	304.26		1.84					
	55.41		3.32					
9752.73	**815.75**	**26.00**	**981.16**	**188.34**	**1101.72**	**1.37**	**3.07**	**0.31**

6-6 续表 2

项　目	Item	石油沥青(万吨) Bitumen Asphalt (10^4 tons)	石油焦(万吨) Petroleum Coke (10^4 tons)
一.可供本地区消费的能源量	**Total Primary Energy Supply**	**-109.95**	**-101.16**
1.一次能源生产量	Indigenous Production		
2.外省(区、市)调入量	Moving In from Other Provinces	177.64	76.92
3.进口量	Import		
4.境内飞机和轮船在境外的加油量	Domestic Airplanes&Ships Refueling Abroad		
5.本省(区、市)调出量(-)	Sending Out to Other Provinces(-)	-291.50	-175.04
6.出口量(-)	Export(-)		
7.境外飞机和轮船在境内的加油量(-)	Oversea Airplanes&Ships Refueling Domestically(-)		
8.库存增(-)、减(+)量	Stock Change	3.91	-3.04
二.加工转换投入(-)产出(+)量	**Input(-) & Output(+) of Transformation**	**330.90**	**298.57**
1.火力发电	Thermal Power		
2.供热	Heating Supply		
3.煤炭洗选	Coal Washing		
4.炼焦	Coking		
5.炼油及煤制油	Petroleum Refining and Coal-to-liquids	410.70	298.57
#油品再投入量(-)	Petroleum Products Input (-)	-79.80	
6.制气	Gas Works		
#再投入量(-)	Input (-)		
7.天然气液化	Natural Gas Liquefaction		
8.煤制品加工	Processing of Briquettes		
9.回收能	Recovery of Energy		
三.损失量	**Loss**		
四.终端消费量	**Total Final Consumption**	**220.96**	**197.41**
1.农、林、牧、渔业	Agriculture, Forestry, Animal Husbandry and Fishery		
2.工业	Industry	42.28	197.41
#用作原料、材料	Non-Energy Use	36.34	74.20
3.建筑业	Construction	141.49	
4.交通运输、仓储和邮政业	Transport, Storage and Post	37.18	
5.批发和零售业、住宿和餐饮业	Wholesale and Retail Trades, Hotels and Catering Services		
6.其他	Others		
7.居民生活	Residential		
城镇	Urban		
乡村	Rural		
五.平衡差额	**Statistical Difference**		
六.消费量合计	**Total Energy Consumption**	**300.76**	**197.41**

Continued 2

液化石油气 (万吨) Liquefied Petroleum Gas (10^4 tons)	炼厂干气 (万吨) Refinery Gas (10^4 tons)	其他石油制品 (万吨) Other Petroleum Products (10^4 tons)	天然气 (亿立方米) Natural Gas (10^8 cu.m)	液化天然气 (万吨) Liquefied Natural Gas (10^4 tons)	热力 (万百万千焦) Heat (10^{10} kJ)	电力 (亿千瓦时) Electricity (10^8 kWh)	其他能源 (万吨标准煤) Other Energy (10^4 tce)
-53.87	**-1.31**	**-869.63**	**79.27**	**8.15**		**1265.10**	**322.24**
			8.74			862.66	322.24
131.28		306.39	70.53	55.21		617.07	
				77.46			
-179.09	-0.97	-1154.11		-125.23		-214.63	
-6.06	-0.34	-21.91		0.71			
234.87	**445.19**	**1693.56**	**-6.82**	**1.92**	**78070.33**	**1384.71**	**40.57**
	-1.06				-10540.77	1394.12	-134.85
	-8.93	-0.02	-1.86		72867.32	-9.41	-22.69
318.31	475.17	1977.10	-4.62				63.07
-80.80	-19.99	-283.52					-126.80
-2.64							238.60
			-0.06				
			-0.28	1.92			
					15743.78		23.24
						71.46	
181.00	**443.88**	**823.93**	**72.45**	**10.07**	**78070.33**	**2578.35**	**362.81**
					13.00	58.61	
105.11	443.88	823.93	58.43	4.79	46839.48	1744.29	222.01
86.36	84.04	729.83	2.27				87.53
0.05					53.17	21.07	
7.11			5.11	5.28	1526.53	65.39	19.89
22.96			0.02		416.28	124.48	
17.59					3424.93	203.19	
28.19			8.89		25796.94	361.32	120.91
18.23			8.48		25188.63	240.42	8.80
9.96			0.41		608.31	120.90	112.11
264.44	**473.86**	**1107.47**	**79.00**	**10.07**	**88611.10**	**2659.22**	**647.15**

6-7 吉林能源平衡表(实物量)-2022

项 目	Item	煤合计 (万吨) Coal Total (10^4 tons)	原煤 (万吨) Raw Coal (10^4 tons)
一.可供本地区消费的能源量	**Total Primary Energy Supply**	**8117.48**	**7809.19**
1.一次能源生产量	Indigenous Production	970.75	970.75
2.外省(区、市)调入量	Moving In from Other Provinces	6959.38	6465.82
3.进口量	Import	589.00	589.00
4.境内飞机和轮船在境外的加油量	Domestic Airplanes&Ships Refueling Abroad		
5.本省(区、市)调出量(-)	Sending Out to Other Provinces(-)	-385.17	-195.36
6.出口量(-)	Export(-)	-13.00	-13.00
7.境外飞机和轮船在境内的加油量(-)	Oversea Airplanes&Ships Refueling Domestically(-)		
8.库存增(-)、减(+)量	Stock Change	-3.48	-8.02
二.加工转换投入(-)产出(+)量	**Input(-) & Output(+) of Transformation**	**-7146.28**	**-6867.49**
1.火力发电	Thermal Power	-3574.74	-3574.74
2.供热	Heating Supply	-2974.83	-2964.87
3.煤炭洗选	Coal Washing	-105.88	-327.88
4.炼焦	Coking	-490.83	
5.炼油及煤制油	Petroleum Refining and Coal-to-liquids		
#油品再投入量(-)	Petroleum Products Input (-)		
6.制气	Gas Works		
#再投入量(-)	Input (-)		
7.天然气液化	Natural Gas Liquefaction		
8.煤制品加工	Processing of Briquettes		
9.回收能	Recovery of Energy		
三.损失量	**Loss**		
四.终端消费量	**Total Final Consumption**	**971.20**	**941.70**
1.农、林、牧、渔业	Agriculture, Forestry, Animal Husbandry and Fishery	28.07	27.45
2.工业	Industry	691.99	667.85
#用作原料、材料	Non-Energy Use	41.61	41.61
3.建筑业	Construction	3.26	1.72
4.交通运输、仓储和邮政业	Transport, Storage and Post	3.45	3.45
5.批发和零售业、住宿和餐饮业	Wholesale and Retail Trades, Hotels and Catering Services	2.44	2.44
6.其他	Others	106.05	102.85
7.居民生活	Residential	135.94	135.94
城镇	Urban	6.00	6.00
乡村	Rural	129.94	129.94
五.平衡差额	**Statistical Difference**		
六.消费量合计	**Total Energy Consumption**	**8117.48**	**7809.19**

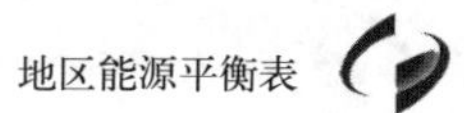

Energy Balance of Jilin (Physical Quantity) -2022

洗精煤(万吨) Cleaned Coal (10^4 tons)	其他洗煤(万吨) Other Washed Coal (10^4 tons)	煤制品(万吨) Briquettes (10^4 tons)	煤矸石(万吨) Gangue (10^4 tons)	焦炭(万吨) Coke (10^4 tons)	焦炉煤气(亿立方米) Coke Oven Gas (10^8 cu.m)	高炉煤气(亿立方米) Blast Furnace Gas (10^8 cu.m)	转炉煤气(亿立方米) Converter Gas (10^8 cu.m)	其他煤气(亿立方米) Other Gas (10^8 cu.m)
446.40	**-138.99**	**0.88**		**251.01**				
454.36	11.43	27.77		298.22				
-14.40	-148.67	-26.74		-54.04				
6.44	-1.75	-0.15		6.83				
-446.40	**167.61**			**377.66**	**11.72**	**160.97**	**10.13**	
					-0.51	-41.39	-3.75	
	-9.96							
44.43	177.57							
-490.83				377.66	12.23			
						202.36	13.88	
	28.62	**0.88**		**628.67**	**11.72**	**160.97**	**10.13**	
	0.62							
	23.26	0.88		628.67	11.72	160.97	10.13	
	1.54							
	3.20							
490.83	**38.58**	**0.88**		**628.67**	**12.23**	**202.36**	**13.88**	

6-7 续表 1

项 目	Item	其他焦化产品 (万吨) Other Coking Products (10^4 tons)	油品合计 (万吨) Petroleum Products Total (10^4 tons)
一.可供本地区消费的能源量	**Total Primary Energy Supply**	**-8.94**	**742.67**
1.一次能源生产量	Indigenous Production		425.65
2.外省(区、市)调入量	Moving In from Other Provinces		933.08
3.进口量	Import		
4.境内飞机和轮船在境外的加油量	Domestic Airplanes&Ships Refueling Abroad		
5.本省(区、市)调出量(-)	Sending Out to Other Provinces(-)	-8.94	-615.53
6.出口量(-)	Export(-)		
7.境外飞机和轮船在境内的加油量(-)	Oversea Airplanes&Ships Refueling Domestically(-)		
8.库存增(-)、减(+)量	Stock Change		-0.53
二.加工转换投入(-)产出(+)量	**Input(-) & Output(+) of Transformation**	**9.09**	**-35.00**
1.火力发电	Thermal Power		-0.21
2.供热	Heating Supply		-0.10
3.煤炭洗选	Coal Washing		
4.炼焦	Coking	9.09	
5.炼油及煤制油	Petroleum Refining and Coal-to-liquids		34.97
#油品再投入量(-)	Petroleum Products Input (-)		-69.66
6.制气	Gas Works		
#再投入量(-)	Input (-)		
7.天然气液化	Natural Gas Liquefaction		
8.煤制品加工	Processing of Briquettes		
9.回收能	Recovery of Energy		
三.损失量	**Loss**		
四.终端消费量	**Total Final Consumption**	**0.15**	**707.67**
1.农、林、牧、渔业	Agriculture, Forestry, Animal Husbandry and Fishery		75.22
2.工业	Industry	0.15	369.74
#用作原料、材料	Non-Energy Use		287.21
3.建筑业	Construction		28.63
4.交通运输、仓储和邮政业	Transport, Storage and Post		191.97
5.批发和零售业、住宿和餐饮业	Wholesale and Retail Trades, Hotels and Catering Services		9.94
6.其他	Others		0.81
7.居民生活	Residential		31.36
城镇	Urban		8.38
乡村	Rural		22.98
五.平衡差额	**Statistical Difference**		
六.消费量合计	**Total Energy Consumption**	**0.15**	**742.67**

Continued 1

原油 (万吨) Crude Oil (10^4 tons)	汽油 (万吨) Gasoline (10^4 tons)	煤油 (万吨) Kerosene (10^4 tons)	柴油 (万吨) Diesel Oil (10^4 tons)	燃料油 (万吨) Fuel Oil (10^4 tons)	石脑油 (万吨) Naphtha (10^4 tons)	润滑油 (万吨) Lubricants (10^4 tons)	石蜡 (万吨) Paraffin Waxes (10^4 tons)	溶剂油 (万吨) White Spirit (10^4 tons)
953.76	**-122.84**	**9.62**	**-35.73**	**-19.53**	**6.15**	**0.15**		**0.12**
425.65								
530.83	87.16	31.72	246.55	0.24	6.02	0.15		0.12
	-208.98	-22.07	-287.72	-19.39				
-2.72	-1.02	-0.03	5.44	-0.38	0.13			
-946.21	**210.14**	**22.11**	**277.79**	**41.74**	**111.62**			
			-0.19	-0.02				
			-0.06	-0.04				
-946.21	211.31	22.11	278.69	41.80	111.62			
	-1.17		-0.65					
7.55	**87.30**	**31.73**	**242.06**	**22.21**	**117.77**	**0.15**		**0.12**
	6.55		68.67					
7.55	12.73		20.82	22.21	117.77	0.15		0.12
	0.01			21.82	117.77			0.02
	12.09		16.02					
	34.34	31.73	122.37					
	5.74		2.59					
	0.36		0.34					
	15.49		11.25					
	6.49		0.88					
	9.00		10.37					
953.76	**88.47**	**31.73**	**242.96**	**22.27**	**117.77**	**0.15**		**0.12**

6-7 续表 2

项　目	Item	石油沥青(万吨) Bitumen Asphalt (10^4 tons)	石油焦(万吨) Petroleum Coke (10^4 tons)
一.可供本地区消费的能源量	**Total Primary Energy Supply**	**2.48**	**-18.22**
1.一次能源生产量	Indigenous Production		
2.外省(区、市)调入量	Moving In from Other Provinces	3.12	6.13
3.进口量	Import		
4.境内飞机和轮船在境外的加油量	Domestic Airplanes&Ships Refueling Abroad		
5.本省(区、市)调出量(-)	Sending Out to Other Provinces(-)		-23.92
6.出口量(-)	Export(-)		
7.境外飞机和轮船在境内的加油量(-)	Oversea Airplanes&Ships Refueling Domestically(-)		
8.库存增(-)、减(+)量	Stock Change	-0.64	-0.43
二.加工转换投入(-)产出(+)量	**Input(-) & Output(+) of Transformation**	**0.73**	**23.98**
1.火力发电	Thermal Power		
2.供热	Heating Supply		
3.煤炭洗选	Coal Washing		
4.炼焦	Coking		
5.炼油及煤制油	Petroleum Refining and Coal-to-liquids	0.73	23.98
#油品再投入量(-)	Petroleum Products Input (-)		
6.制气	Gas Works		
#再投入量(-)	Input (-)		
7.天然气液化	Natural Gas Liquefaction		
8.煤制品加工	Processing of Briquettes		
9.回收能	Recovery of Energy		
三.损失量	**Loss**		
四.终端消费量	**Total Final Consumption**	**3.21**	**5.76**
1.农、林、牧、渔业	Agriculture, Forestry, Animal Husbandry and Fishery		
2.工业	Industry	3.21	5.76
#用作原料、材料	Non-Energy Use	1.75	5.65
3.建筑业	Construction		
4.交通运输、仓储和邮政业	Transport, Storage and Post		
5.批发和零售业、住宿和餐饮业	Wholesale and Retail Trades, Hotels and Catering Services		
6.其他	Others		
7.居民生活	Residential		
城镇	Urban		
乡村	Rural		
五.平衡差额	**Statistical Difference**		
六.消费量合计	**Total Energy Consumption**	**3.21**	**5.76**

Continued 2

液化石油气 (万吨) Liquefied Petroleum Gas (10^4 tons)	炼厂干气 (万吨) Refinery Gas (10^4 tons)	其他石油制品 (万吨) Other Petroleum Products (10^4 tons)	天然气 (亿立方米) Natural Gas (10^8 cu.m)	液化天然气 (万吨) Liquefied Natural Gas (10^4 tons)	热力 (万百万千焦) Heat (10^{10} kJ)	电力 (亿千瓦时) Electricity (10^8 kWh)	其他能源 (万吨标准煤) Other Energy (10^4 tce)
17.08		**-50.37**	**39.80**	**-19.09**		**208.35**	**300.44**
			20.50			378.10	332.06
21.04			19.30	4.49		161.52	1.77
-3.72		-49.73		-24.18		-331.27	-33.39
-0.24		-0.64		0.60			
-6.64	**38.43**	**191.31**	**-5.61**	**19.28**	**36222.12**	**678.79**	**-218.23**
					-722.93	678.79	-195.49
			-0.79		35720.06		-25.83
19.52	38.43	232.99					-15.09
-26.16		-41.68					
							18.18
			-1.62				
			-3.20	19.28			
					1224.99		
					4420.30	**34.90**	
10.44	**38.43**	**140.94**	**34.19**	**0.19**	**31801.82**	**852.24**	**82.21**
						25.99	
0.05	38.43	140.94	12.52	0.19	10278.87	472.75	82.09
		140.19	0.27				0.39
0.52			0.53		1940.00	13.22	
3.53			7.98		1699.73	29.56	0.12
1.61			1.98		1845.66	52.53	
0.11			3.66		5859.60	100.05	
4.62			7.52		10177.96	158.14	
1.01			7.10		8118.65	105.54	
3.61			0.42		2059.31	52.60	
36.60	**38.43**	**182.62**	**37.14**	**0.19**	**36945.05**	**887.14**	**318.62**

6-8 黑龙江能源平衡表(实物量)-2022

项　目	Item	煤合计 (万吨) Coal Total (10^4 tons)	原煤 (万吨) Raw Coal (10^4 tons)
一.可供本地区消费的能源量	**Total Primary Energy Supply**	**14184.66**	**15594.34**
1.一次能源生产量	Indigenous Production	6955.42	6955.42
2.外省(区、市)调入量	Moving In from Other Provinces	8909.24	8799.20
3.进口量	Import	342.66	342.66
4.境内飞机和轮船在境外的加油量	Domestic Airplanes&Ships Refueling Abroad		
5.本省(区、市)调出量(-)	Sending Out to Other Provinces(-)	-1404.72	
6.出口量(-)	Export(-)		
7.境外飞机和轮船在境内的加油量(-)	Oversea Airplanes&Ships Refueling Domestically(-)		
8.库存增(-)、减(+)量	Stock Change	-617.94	-502.94
二.加工转换投入(-)产出(+)量	**Input(-) & Output(+) of Transformation**	**-11553.29**	**-13026.27**
1.火力发电	Thermal Power	-4174.71	-4090.76
2.供热	Heating Supply	-4380.97	-4248.56
3.煤炭洗选	Coal Washing	-1438.86	-4686.95
4.炼焦	Coking	-1552.28	
5.炼油及煤制油	Petroleum Refining and Coal-to-liquids		
#油品再投入量(-)	Petroleum Products Input (-)		
6.制气	Gas Works	-6.29	
#再投入量(-)	Input (-)		
7.天然气液化	Natural Gas Liquefaction		
8.煤制品加工	Processing of Briquettes	-0.18	
9.回收能	Recovery of Energy		
三.损失量	**Loss**		
四.终端消费量	**Total Final Consumption**	**2631.37**	**2568.07**
1.农、林、牧、渔业	Agriculture, Forestry, Animal Husbandry and Fishery	388.83	388.83
2.工业	Industry	1259.67	1202.87
#用作原料、材料	Non-Energy Use	50.43	0.16
3.建筑业	Construction		
4.交通运输、仓储和邮政业	Transport, Storage and Post	175.33	175.33
5.批发和零售业、住宿和餐饮业	Wholesale and Retail Trades, Hotels and Catering Services	349.30	349.30
6.其他	Others	272.00	272.00
7.居民生活	Residential	186.24	179.74
城镇	Urban	97.57	97.57
乡村	Rural	88.67	82.17
五.平衡差额	**Statistical Difference**		
六.消费量合计	**Total Energy Consumption**	**14184.66**	**15594.34**

Energy Balance of Heilongjiang (Physical Quantity) -2022

洗精煤 (万吨) Cleaned Coal (10^4 tons)	其他洗煤 (万吨) Other Washed Coal (10^4 tons)	煤制品 (万吨) Briquettes (10^4 tons)	煤矸石 (万吨) Gangue (10^4 tons)	焦炭 (万吨) Coke (10^4 tons)	焦炉煤气 (亿立方米) Coke Oven Gas (10^8 cu.m)	高炉煤气 (亿立方米) Blast Furnace Gas (10^8 cu.m)	转炉煤气 (亿立方米) Converter Gas (10^8 cu.m)	其他煤气 (亿立方米) Other Gas (10^8 cu.m)
-697.88	**-712.97**	**1.17**	**414.98**	**-725.56**		**0.11**		**0.40**
76.62	33.36	0.06	392.33	0.86		0.11		0.40
-714.94	-689.70	-0.08		-698.56				
-59.56	-56.63	1.19	22.65	-27.86				
697.88	**766.67**	**8.43**	**-413.74**	**1112.32**	**18.50**	**88.76**	**10.87**	**1.19**
	-83.95		-291.15		-5.79	-51.54	-1.88	-0.33
	-132.41		-204.35		-0.58			
2250.16	997.93		81.76					
-1552.28				1112.32	25.89			
	-6.29							1.52
					-1.02			
	-8.61	8.43						
						140.30	12.75	
	53.70	**9.60**	**1.24**	**386.76**	**18.50**	**88.87**	**10.87**	**1.59**
	53.70	3.10	1.24	386.76	18.50	88.87	10.87	1.59
	50.27			0.33	3.81	0.11		
		6.50						
		6.50						
1552.28	**284.96**	**9.60**	**496.74**	**386.76**	**25.89**	**140.41**	**12.75**	**1.92**

6-8 续表 1

项　目	Item	其他焦化产品(万吨) Other Coking Products (10^4 tons)	油品合计(万吨) Petroleum Products Total (10^4 tons)
一.可供本地区消费的能源量	**Total Primary Energy Supply**	**-2.75**	**1611.47**
1.一次能源生产量	Indigenous Production		2971.01
2.外省(区、市)调入量	Moving In from Other Provinces		171.50
3.进口量	Import		3067.24
4.境内飞机和轮船在境外的加油量	Domestic Airplanes&Ships Refueling Abroad		
5.本省(区、市)调出量(−)	Sending Out to Other Provinces(-)	-2.14	-4613.85
6.出口量(−)	Export(-)		-1.24
7.境外飞机和轮船在境内的加油量(−)	Oversea Airplanes&Ships Refueling Domestically(-)		
8.库存增(−)、减(+)量	Stock Change	-0.61	16.81
二.加工转换投入(−)产出(+)量	**Input(-) & Output(+) of Transformation**	**65.47**	**-232.89**
1.火力发电	Thermal Power		-3.24
2.供热	Heating Supply		-102.83
3.煤炭洗选	Coal Washing		
4.炼焦	Coking	65.47	
5.炼油及煤制油	Petroleum Refining and Coal-to-liquids		133.77
#油品再投入量(−)	Petroleum Products Input (-)		-258.55
6.制气	Gas Works		-2.04
#再投入量(−)	Input (-)		
7.天然气液化	Natural Gas Liquefaction		
8.煤制品加工	Processing of Briquettes		
9.回收能	Recovery of Energy		
三.损失量	**Loss**		
四.终端消费量	**Total Final Consumption**	**62.72**	**1378.58**
1.农、林、牧、渔业	Agriculture, Forestry, Animal Husbandry and Fishery		206.31
2.工业	Industry	62.72	446.76
#用作原料、材料	Non-Energy Use	3.92	314.38
3.建筑业	Construction		9.44
4.交通运输、仓储和邮政业	Transport, Storage and Post		445.50
5.批发和零售业、住宿和餐饮业	Wholesale and Retail Trades, Hotels and Catering Services		88.25
6.其他	Others		89.00
7.居民生活	Residential		93.32
城镇	Urban		62.57
乡村	Rural		30.75
五.平衡差额	**Statistical Difference**		
六.消费量合计	**Total Energy Consumption**	**62.72**	**1611.47**

Continued 1

原油 (万吨) Crude Oil (10^4 tons)	汽油 (万吨) Gasoline (10^4 tons)	煤油 (万吨) Kerosene (10^4 tons)	柴油 (万吨) Diesel Oil (10^4 tons)	燃料油 (万吨) Fuel Oil (10^4 tons)	石脑油 (万吨) Naphtha (10^4 tons)	润滑油 (万吨) Lubricants (10^4 tons)	石蜡 (万吨) Paraffin Waxes (10^4 tons)	溶剂油 (万吨) White Spirit (10^4 tons)
1701.68	**-2.73**	**-1.77**	**39.37**	**-33.22**	**29.58**	**0.10**	**-57.43**	**0.20**
2971.01								
	5.81	0.01	46.94	4.16	29.36	0.70		0.21
3067.19	0.05							
-4338.98	-1.23		-8.45	-36.13	-0.69	-0.45	-56.65	
	-0.02		-1.22					
2.46	-7.34	-1.78	2.10	-1.25	0.91	-0.15	-0.78	-0.01
-1685.93	**514.74**	**42.91**	**381.79**	**34.58**	**37.01**		**57.44**	
			-0.56	-0.26				
			-0.15	-13.63				
-1685.93	514.74	42.91	382.50	53.36	83.29		57.44	
				-4.89	-46.28			
15.75	**512.01**	**41.14**	**421.16**	**1.36**	**66.59**	**0.10**	**0.01**	**0.20**
	66.04		140.27					
15.75	4.09	0.01	38.39	1.36	66.59	0.10	0.01	0.20
			0.19	0.01	66.59	0.07	0.01	0.01
	0.87		8.57					
	299.97	41.13	104.40					
	39.81		48.44					
	48.55		40.45					
	52.68		40.64					
	37.70		24.87					
	14.98		15.77					
1701.68	**512.01**	**41.14**	**421.87**	**20.14**	**112.87**	**0.10**	**0.01**	**0.20**

6-8 续表 2

项目	Item	石油沥青(万吨) Bitumen Asphalt (10^4 tons)	石油焦(万吨) Petroleum Coke (10^4 tons)
一.可供本地区消费的能源量	**Total Primary Energy Supply**	**0.47**	**-18.37**
1.一次能源生产量	Indigenous Production		
2.外省(区、市)调入量	Moving In from Other Provinces		77.40
3.进口量	Import		
4.境内飞机和轮船在境外的加油量	Domestic Airplanes&Ships Refueling Abroad		
5.本省(区、市)调出量(−)	Sending Out to Other Provinces(-)	-1.98	-107.16
6.出口量(−)	Export(-)		
7.境外飞机和轮船在境内的加油量(−)	Oversea Airplanes&Ships Refueling Domestically(-)		
8.库存增(−)、减(+)量	Stock Change	2.45	11.39
二.加工转换投入(−)产出(+)量	**Input(-) & Output(+) of Transformation**		**20.69**
1.火力发电	Thermal Power		
2.供热	Heating Supply		
3.煤炭洗选	Coal Washing		
4.炼焦	Coking		
5.炼油及煤制油	Petroleum Refining and Coal-to-liquids		20.69
#油品再投入量(−)	Petroleum Products Input (-)		
6.制气	Gas Works		
#再投入量(−)	Input (-)		
7.天然气液化	Natural Gas Liquefaction		
8.煤制品加工	Processing of Briquettes		
9.回收能	Recovery of Energy		
三.损失量	**Loss**		
四.终端消费量	**Total Final Consumption**	**0.47**	**2.32**
1.农、林、牧、渔业	Agriculture, Forestry, Animal Husbandry and Fishery		
2.工业	Industry	0.47	2.32
#用作原料、材料	Non-Energy Use	0.47	2.32
3.建筑业	Construction		
4.交通运输、仓储和邮政业	Transport, Storage and Post		
5.批发和零售业、住宿和餐饮业	Wholesale and Retail Trades, Hotels and Catering Services		
6.其他	Others		
7.居民生活	Residential		
城镇	Urban		
乡村	Rural		
五.平衡差额	**Statistical Difference**		
六.消费量合计	**Total Energy Consumption**	**0.47**	**2.32**

Continued 2

液化石油气 (万吨) Liquefied Petroleum Gas (10^4 tons)	炼厂干气 (万吨) Refinery Gas (10^4 tons)	其他石油制品 (万吨) Other Petroleum Products (10^4 tons)	天然气 (亿立方米) Natural Gas (10^8 cu.m)	液化天然气 (万吨) Liquefied Natural Gas (10^4 tons)	热力 (万百万千焦) Heat (10^{10} kJ)	电力 (亿千瓦时) Electricity (10^8 kWh)	其他能源 (万吨标准煤) Other Energy (10^4 tce)
-5.38		**-41.03**	**55.75**	**-1.32**		**300.88**	**667.85**
			55.75			338.66	365.00
6.91				0.33		135.78	302.85
						46.46	
-13.17		-48.96		-1.79		-220.02	
0.88		7.93		0.14			
63.69	**43.14**	**257.05**	**-8.69**	**4.01**	**63599.72**	**878.93**	**-511.32**
	-2.42		-1.73		-833.91	878.93	-406.68
	-89.05		-5.50		62276.46		-108.78
144.59	136.65	383.53	-0.44				-6.85
-80.90		-126.48					
	-2.04						10.99
			-0.27				
			-0.75	4.01			
					2157.17		
						69.13	
58.31	**43.14**	**216.02**	**47.06**	**2.69**	**63599.72**	**1110.68**	**156.53**
						28.92	
58.31	43.14	216.02	31.87	1.36	17359.57	644.26	156.53
12.55	16.14	216.02	3.74				
					190.04	8.80	
			5.52	1.33	3676.42	34.44	
			1.24		5803.89	63.36	
			0.55		4002.06	123.82	
			7.88		32567.74	207.08	
			7.88		32567.74	135.98	
						71.10	
139.21	**136.65**	**342.50**	**55.20**	**2.69**	**64433.63**	**1179.81**	**678.84**

6-9 上海能源平衡表(实物量)-2022

项　目	Item	煤合计(万吨) Coal Total (10^4 tons)	原煤(万吨) Raw Coal (10^4 tons)
一.可供本地区消费的能源量	**Total Primary Energy Supply**	**4640.88**	**3856.45**
1.一次能源生产量	Indigenous Production		
2.外省(区、市)调入量	Moving In from Other Provinces	3505.22	2673.22
3.进口量	Import	1414.25	1414.25
4.境内飞机和轮船在境外的加油量	Domestic Airplanes&Ships Refueling Abroad		
5.本省(区、市)调出量(-)	Sending Out to Other Provinces(-)	-288.53	-247.47
6.出口量(-)	Export(-)		
7.境外飞机和轮船在境内的加油量(-)	Oversea Airplanes&Ships Refueling Domestically(-)		
8.库存增(-)、减(+)量	Stock Change	9.94	16.45
二.加工转换投入(-)产出(+)量	**Input(-) & Output(+) of Transformation**	**-4199.15**	**-3421.93**
1.火力发电	Thermal Power	-3227.66	-3227.66
2.供热	Heating Supply	-189.70	-189.70
3.煤炭洗选	Coal Washing		
4.炼焦	Coking	-777.22	
5.炼油及煤制油	Petroleum Refining and Coal-to-liquids		
#油品再投入量(-)	Petroleum Products Input (-)		
6.制气	Gas Works	-4.57	-4.57
#再投入量(-)	Input (-)		
7.天然气液化	Natural Gas Liquefaction		
8.煤制品加工	Processing of Briquettes		
9.回收能	Recovery of Energy		
三.损失量	**Loss**	**17.26**	**10.08**
四.终端消费量	**Total Final Consumption**	**424.81**	**424.81**
1.农、林、牧、渔业	Agriculture, Forestry, Animal Husbandry and Fishery	0.25	0.25
2.工业	Industry	420.16	420.16
#用作原料、材料	Non-Energy Use	152.50	152.50
3.建筑业	Construction	0.40	0.40
4.交通运输、仓储和邮政业	Transport, Storage and Post	0.03	0.03
5.批发和零售业、住宿和餐饮业	Wholesale and Retail Trades, Hotels and Catering Services	0.80	0.80
6.其他	Others	0.67	0.67
7.居民生活	Residential	2.50	2.50
城镇	Urban	1.50	1.50
乡村	Rural	1.00	1.00
五.平衡差额	**Statistical Difference**	**-0.34**	**-0.37**
六.消费量合计	**Total Energy Consumption**	**4641.22**	**3856.82**

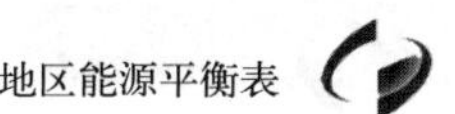

Energy Balance of Shanghai (Physical Quantity) -2022

洗精煤 (万吨) Cleaned Coal (10^4 tons)	其他洗煤 (万吨) Other Washed Coal (10^4 tons)	煤制品 (万吨) Briquettes (10^4 tons)	煤矸石 (万吨) Gangue (10^4 tons)	焦炭 (万吨) Coke (10^4 tons)	焦炉煤气 (亿立方米) Coke Oven Gas (10^8 cu.m)	高炉煤气 (亿立方米) Blast Furnace Gas (10^8 cu.m)	转炉煤气 (亿立方米) Converter Gas (10^8 cu.m)	其他煤气 (亿立方米) Other Gas (10^8 cu.m)
784.43				**104.25**	**0.20**	**0.72**		
832.00				118.20	0.20	0.72		
-41.06				-20.75				
-6.51				6.80				
-777.22				**514.69**	**18.96**	**128.24**	**10.05**	
					-2.46	-79.21	-4.53	
-777.22				514.69	21.85			
					-0.43			-3.74
						207.45	14.58	3.74
7.18				**4.92**				
				613.96	**19.16**	**128.96**	**10.03**	
				613.96	19.16	128.96	10.03	
0.03				**0.06**			**0.02**	
784.40				**618.88**	**22.05**	**208.17**	**14.56**	**3.74**

6-9 续表 1

项　目	Item	其他焦化产品(万吨) Other Coking Products (10^4 tons)	油品合计(万吨) Petroleum Products Total (10^4 tons)
一.可供本地区消费的能源量	**Total Primary Energy Supply**	**75.96**	**2648.20**
1.一次能源生产量	Indigenous Production		53.57
2.外省(区、市)调入量	Moving In from Other Provinces	75.88	9373.59
3.进口量	Import		2384.91
4.境内飞机和轮船在境外的加油量	Domestic Airplanes&Ships Refueling Abroad		413.18
5.本省(区、市)调出量(−)	Sending Out to Other Provinces(-)	-0.25	-7065.44
6.出口量(−)	Export(-)		-265.60
7.境外飞机和轮船在境内的加油量(−)	Oversea Airplanes&Ships Refueling Domestically(-)		-199.12
8.库存增(−)、减(+)量	Stock Change	0.33	-14.38
二.加工转换投入(−)产出(+)量	**Input(-) & Output(+) of Transformation**	**31.11**	**2.33**
1.火力发电	Thermal Power		-16.51
2.供热	Heating Supply		-11.74
3.煤炭洗选	Coal Washing		
4.炼焦	Coking	31.11	
5.炼油及煤制油	Petroleum Refining and Coal-to-liquids		65.34
#油品再投入量(−)	Petroleum Products Input (-)		-34.76
6.制气	Gas Works		
#再投入量(−)	Input (-)		
7.天然气液化	Natural Gas Liquefaction		
8.煤制品加工	Processing of Briquettes		
9.回收能	Recovery of Energy		
三.损失量	**Loss**		
四.终端消费量	**Total Final Consumption**	**107.07**	**2651.40**
1.农、林、牧、渔业	Agriculture, Forestry, Animal Husbandry and Fishery		26.60
2.工业	Industry	107.07	793.99
#用作原料、材料	Non-Energy Use	107.07	508.91
3.建筑业	Construction		79.80
4.交通运输、仓储和邮政业	Transport, Storage and Post		1208.58
5.批发和零售业、住宿和餐饮业	Wholesale and Retail Trades, Hotels and Catering Services		144.59
6.其他	Others		208.09
7.居民生活	Residential		189.75
城镇	Urban		149.06
乡村	Rural		40.69
五.平衡差额	**Statistical Difference**		**-0.87**
六.消费量合计	**Total Energy Consumption**	**107.07**	**2649.07**

Continued 1

原油 (万吨) Crude Oil (10^4 tons)	汽油 (万吨) Gasoline (10^4 tons)	煤油 (万吨) Kerosene (10^4 tons)	柴油 (万吨) Diesel Oil (10^4 tons)	燃料油 (万吨) Fuel Oil (10^4 tons)	石脑油 (万吨) Naphtha (10^4 tons)	润滑油 (万吨) Lubricants (10^4 tons)	石蜡 (万吨) Paraffin Waxes (10^4 tons)	溶剂油 (万吨) White Spirit (10^4 tons)
2096.46	**-87.11**	**188.40**	**-154.12**	**503.26**	**225.28**	**28.09**	**-5.57**	**1.00**
53.57								
2055.15	1520.69	740.67	1586.11	374.81	196.64	107.26		0.58
2055.15		128.38		135.18	38.20	0.25		
		77.14	13.15	322.89				
-41.99	-1585.56	-601.43	-1667.74	-144.43	-10.66	-79.85	-5.57	
	-22.63	-119.63	-80.72	-36.40				
	-22.63	-42.33		-134.16				
29.73	0.39	5.60	-4.92	-14.63	1.10	0.43		0.42
-2094.86	**483.80**	**184.55**	**538.88**	**105.18**	**163.47**	**5.47**	**12.53**	
			-4.79					
			-0.12					
-2094.86	483.80	184.55	543.79	105.18	163.47	5.47	12.53	
1.62	**396.70**	**373.19**	**386.34**	**608.32**	**388.75**	**32.33**	**6.98**	**1.00**
	13.00		12.00	0.60				
1.62	8.22	0.90	17.94	7.57	388.75	5.39	6.98	1.00
	0.02	0.30	0.01		313.01	5.39	6.98	1.00
	21.00	0.07	22.23	15.00				
	61.10	372.22	174.03	585.00		8.90		
	53.05		82.65	0.08		4.01		
	81.79		70.88	0.07		7.02		
	158.54		6.61			7.01		
	136.52		2.51			5.03		
	22.02		4.10			1.98		
-0.02	**-0.01**	**-0.24**	**-1.58**	**0.12**		**1.23**	**-0.02**	
2096.48	**396.70**	**373.19**	**391.25**	**608.32**	**388.75**	**32.33**	**6.98**	**1.00**

6-9 续表 2

项　目	Item	石油沥青(万吨) Bitumen Asphalt (10^4 tons)	石油焦(万吨) Petroleum Coke (10^4 tons)
一.可供本地区消费的能源量	**Total Primary Energy Supply**	**68.55**	**-99.22**
1.一次能源生产量	Indigenous Production		
2.外省(区、市)调入量	Moving In from Other Provinces	671.51	1002.88
3.进口量	Import		
4.境内飞机和轮船在境外的加油量	Domestic Airplanes&Ships Refueling Abroad		
5.本省(区、市)调出量(-)	Sending Out to Other Provinces(-)	-598.59	-1093.64
6.出口量(-)	Export(-)		
7.境外飞机和轮船在境内的加油量(-)	Oversea Airplanes&Ships Refueling Domestically(-)		
8.库存增(-)、减(+)量	Stock Change	-4.38	-8.46
二.加工转换投入(-)产出(+)量	**Input(-) & Output(+) of Transformation**	**16.27**	**99.51**
1.火力发电	Thermal Power		-11.54
2.供热	Heating Supply		-11.33
3.煤炭洗选	Coal Washing		
4.炼焦	Coking		
5.炼油及煤制油	Petroleum Refining and Coal-to-liquids	16.27	122.38
#油品再投入量(-)	Petroleum Products Input (-)		
6.制气	Gas Works		
#再投入量(-)	Input (-)		
7.天然气液化	Natural Gas Liquefaction		
8.煤制品加工	Processing of Briquettes		
9.回收能	Recovery of Energy		
三.损失量	**Loss**		
四.终端消费量	**Total Final Consumption**	**84.81**	**0.32**
1.农、林、牧、渔业	Agriculture, Forestry, Animal Husbandry and Fishery		
2.工业	Industry	24.81	0.32
#用作原料、材料	Non-Energy Use	24.81	
3.建筑业	Construction	19.00	
4.交通运输、仓储和邮政业	Transport, Storage and Post		
5.批发和零售业、住宿和餐饮业	Wholesale and Retail Trades, Hotels and Catering Services		
6.其他	Others	41.00	
7.居民生活	Residential		
城镇	Urban		
乡村	Rural		
五.平衡差额	**Statistical Difference**		**-0.03**
六.消费量合计	**Total Energy Consumption**	**84.81**	**23.19**

Continued 2

液化石油气 (万吨) Liquefied Petroleum Gas (10^4 tons)	炼厂干气 (万吨) Refinery Gas (10^4 tons)	其他石油制品 (万吨) Other Petroleum Products (10^4 tons)	天然气 (亿立方米) Natural Gas (10^8 cu.m)	液化天然气 (万吨) Liquefied Natural Gas (10^4 tons)	热力 (万百万千焦) Heat (10^{10} kJ)	电力 (亿千瓦时) Electricity (10^8 kWh)	其他能源 (万吨标准煤) Other Energy (10^4 tce)
-12.79	**0.93**	**-104.96**	**95.05**	**2.60**		**824.48**	**109.07**
			19.47			42.38	109.07
1064.24	0.93	52.12	44.66	2.60		842.50	
12.37		15.38	49.23				
-1086.48		-149.50	-18.31			-60.40	
		-6.22					
-2.92		-16.74					
105.41	**110.45**	**271.67**	**-39.31**		**9367.71**	**921.07**	**-56.64**
	-0.18		-25.42		-1176.02	921.07	-120.06
	-0.29		-7.10		5874.12		-11.43
105.41	110.92	306.43	-2.86				
		-34.76					
							46.78
			-3.93				
					4669.61		28.07
			3.27			**49.54**	
92.81	**111.38**	**166.85**	**52.42**	**2.57**	**9357.03**	**1696.01**	**52.63**
1.00			0.10		76.28	6.33	
52.26	111.38	166.85	23.48	2.57	8786.34	760.30	52.63
43.45	13.48	100.46	0.30				24.05
2.50			0.08		10.00	59.07	
7.33			1.00		2.00	57.30	
4.80			3.10		93.71	85.34	
7.33			5.49		328.70	406.74	
17.59			19.17		60.00	320.93	
5.00			14.97		60.00	315.94	
12.59			4.20			4.99	
-0.19		**-0.14**	**0.05**	**0.03**	**10.68**		**-0.20**
92.81	**111.85**	**201.61**	**95.00**	**2.57**	**10533.05**	**1745.55**	**184.12**

6-10 江苏能源平衡表(实物量)-2022

项　目	Item	煤合计 (万吨) Coal Total (10^4 tons)	原煤 (万吨) Raw Coal (10^4 tons)
一.可供本地区消费的能源量	**Total Primary Energy Supply**	**27071.48**	**24804.29**
1.一次能源生产量	Indigenous Production	964.09	964.09
2.外省(区、市)调入量	Moving In from Other Provinces	39157.04	35352.30
3.进口量	Import	1441.00	1441.00
4.境内飞机和轮船在境外的加油量	Domestic Airplanes&Ships Refueling Abroad		
5.本省(区、市)调出量(-)	Sending Out to Other Provinces(-)	-14407.86	-12896.15
6.出口量(-)	Export(-)		
7.境外飞机和轮船在境内的加油量(-)	Oversea Airplanes&Ships Refueling Domestically(-)		
8.库存增(-)、减(+)量	Stock Change	-82.79	-56.95
二.加工转换投入(-)产出(+)量	**Input(-) & Output(+) of Transformation**	**-23912.39**	**-22231.91**
1.火力发电	Thermal Power	-17375.81	-17212.68
2.供热	Heating Supply	-3950.11	-3843.12
3.煤炭洗选	Coal Washing	-223.20	-1020.84
4.炼焦	Coking	-2224.04	
5.炼油及煤制油	Petroleum Refining and Coal-to-liquids		
#油品再投入量(-)	Petroleum Products Input (-)		
6.制气	Gas Works	-137.08	-137.08
#再投入量(-)	Input (-)		
7.天然气液化	Natural Gas Liquefaction		
8.煤制品加工	Processing of Briquettes	-2.15	-18.19
9.回收能	Recovery of Energy		
三.损失量	**Loss**		
四.终端消费量	**Total Final Consumption**	**3159.09**	**2572.38**
1.农、林、牧、渔业	Agriculture, Forestry, Animal Husbandry and Fishery	41.65	41.65
2.工业	Industry	3115.54	2528.83
#用作原料、材料	Non-Energy Use	606.32	606.32
3.建筑业	Construction	1.58	1.58
4.交通运输、仓储和邮政业	Transport, Storage and Post	0.32	0.32
5.批发和零售业、住宿和餐饮业	Wholesale and Retail Trades, Hotels and Catering Services		
6.其他	Others		
7.居民生活	Residential		
城镇	Urban		
乡村	Rural		
五.平衡差额	**Statistical Difference**		
六.消费量合计	**Total Energy Consumption**	**27071.48**	**24804.29**

Energy Balance of Jiangsu (Physical Quantity) -2022

洗精煤 (万吨) Cleaned Coal (10^4 tons)	其他洗煤 (万吨) Other Washed Coal (10^4 tons)	煤制品 (万吨) Briquettes (10^4 tons)	煤矸石 (万吨) Gangue (10^4 tons)	焦炭 (万吨) Coke (10^4 tons)	焦炉煤气 (亿立方米) Coke Oven Gas (10^8 cu.m)	高炉煤气 (亿立方米) Blast Furnace Gas (10^8 cu.m)	转炉煤气 (亿立方米) Converter Gas (10^8 cu.m)	其他煤气 (亿立方米) Other Gas (10^8 cu.m)
1550.66	**737.04**	**-20.51**		**2923.56**				
2352.33	1276.06	176.35		3365.66				
-764.62	-556.15	-190.94		-434.06				
				-19.54				
-37.05	17.13	-5.92		11.50				
-1550.66	**-153.89**	**24.07**		**1536.51**	**47.69**	**966.63**	**72.73**	
	-163.13				-6.82	-489.38	-44.33	
	-99.64	-7.35			-1.39	-42.51	-3.67	
673.38	124.26							
-2224.04				1536.51	55.90			
	-15.38	31.42						
						1498.52	120.73	
	583.15	**3.56**		**4460.07**	**47.69**	**966.63**	**72.73**	
	583.15	3.56		4460.07	47.69	966.63	72.73	
				13.46				
2224.04	**861.30**	**10.91**		**4460.07**	**55.90**	**1498.52**	**120.73**	

6-10 续表 1

项　　目	Item	其他焦化产品(万吨) Other Coking Products (10^4 tons)	油品合计(万吨) Petroleum Products Total (10^4 tons)
一.可供本地区消费的能源量	**Total Primary Energy Supply**	**-72.45**	**3118.57**
1.一次能源生产量	Indigenous Production		152.91
2.外省(区、市)调入量	Moving In from Other Provinces	17.01	3717.12
3.进口量	Import		2746.74
4.境内飞机和轮船在境外的加油量	Domestic Airplanes&Ships Refueling Abroad		6.97
5.本省(区、市)调出量(-)	Sending Out to Other Provinces(-)	-88.60	-3291.31
6.出口量(-)	Export(-)		-86.36
7.境外飞机和轮船在境内的加油量(-)	Oversea Airplanes&Ships Refueling Domestically(-)		-0.51
8.库存增(-)、减(+)量	Stock Change	-0.86	-126.99
二.加工转换投入(-)产出(+)量	**Input(-) & Output(+) of Transformation**	**99.53**	**-88.92**
1.火力发电	Thermal Power		-1.59
2.供热	Heating Supply		-3.09
3.煤炭洗选	Coal Washing		
4.炼焦	Coking	99.53	
5.炼油及煤制油	Petroleum Refining and Coal-to-liquids		793.48
#油品再投入量(-)	Petroleum Products Input (-)		-875.58
6.制气	Gas Works		-2.14
#再投入量(-)	Input (-)		
7.天然气液化	Natural Gas Liquefaction		
8.煤制品加工	Processing of Briquettes		
9.回收能	Recovery of Energy		
三.损失量	**Loss**		**4.99**
四.终端消费量	**Total Final Consumption**	**27.08**	**3024.66**
1.农、林、牧、渔业	Agriculture, Forestry, Animal Husbandry and Fishery		210.16
2.工业	Industry	27.08	776.14
#用作原料、材料	Non-Energy Use	20.95	478.39
3.建筑业	Construction		144.87
4.交通运输、仓储和邮政业	Transport, Storage and Post		1359.07
5.批发和零售业、住宿和餐饮业	Wholesale and Retail Trades, Hotels and Catering Services		2.20
6.其他	Others		0.70
7.居民生活	Residential		531.52
城镇	Urban		418.13
乡村	Rural		113.39
五.平衡差额	**Statistical Difference**		
六.消费量合计	**Total Energy Consumption**	**27.08**	**3118.57**

Continued 1

原油 (万吨) Crude Oil (10^4 tons)	汽油 (万吨) Gasoline (10^4 tons)	煤油 (万吨) Kerosene (10^4 tons)	柴油 (万吨) Diesel Oil (10^4 tons)	燃料油 (万吨) Fuel Oil (10^4 tons)	石脑油 (万吨) Naphtha (10^4 tons)	润滑油 (万吨) Lubricants (10^4 tons)	石蜡 (万吨) Paraffin Waxes (10^4 tons)	溶剂油 (万吨) White Spirit (10^4 tons)
3991.61	**238.68**	**-178.49**	**244.85**	**-247.30**	**-124.13**	**-65.93**	**0.27**	**0.19**
152.91								
1245.81	647.76	5.62	661.20	102.40	172.52	12.03	0.27	0.72
2733.30					13.44			
		0.01	0.40	6.51		0.05		
-33.32	-408.93	-109.60	-413.10	-352.94	-310.63	-79.07		-0.63
	-16.96	-69.40						
		-0.51						
-107.09	16.81	-4.61	-3.65	-3.27	0.54	1.06		0.10
-3981.57	**737.85**	**255.96**	**715.42**	**386.82**	**389.09**	**68.19**		**0.64**
-3981.57	737.85	255.96	715.42	386.82	389.09	68.19		0.64
4.99								
5.05	**976.53**	**77.47**	**960.27**	**139.52**	**264.96**	**2.26**	**0.27**	**0.83**
	26.28		172.76	11.12				
5.05	8.80	1.14	45.70	23.47	264.96	2.26	0.27	0.83
	0.04	0.01	0.04		245.65	0.55	0.26	0.48
	4.86		9.09	0.12				
	478.40	76.33	698.40	104.81				
	2.20							
	0.64		0.05					
	455.35		34.27					
	370.26		10.97					
	85.09		23.30					
3991.61	**976.53**	**77.47**	**960.27**	**139.52**	**264.96**	**2.26**	**0.27**	**0.83**

6-10 续表 2

项目	Item	石油沥青(万吨) Bitumen Asphalt (10^4 tons)	石油焦(万吨) Petroleum Coke (10^4 tons)
一.可供本地区消费的能源量	**Total Primary Energy Supply**	**-177.28**	**-100.53**
1.一次能源生产量	Indigenous Production		
2.外省(区、市)调入量	Moving In from Other Provinces	106.38	298.37
3.进口量	Import		
4.境内飞机和轮船在境外的加油量	Domestic Airplanes&Ships Refueling Abroad		
5.本省(区、市)调出量(−)	Sending Out to Other Provinces(-)	-289.21	-397.42
6.出口量(−)	Export(-)		
7.境外飞机和轮船在境内的加油量(−)	Oversea Airplanes&Ships Refueling Domestically(-)		
8.库存增(−)、减(+)量	Stock Change	5.55	-1.48
二.加工转换投入(−)产出(+)量	**Input(-) & Output(+) of Transformation**	**309.35**	**173.93**
1.火力发电	Thermal Power		-0.13
2.供热	Heating Supply		-0.25
3.煤炭洗选	Coal Washing		
4.炼焦	Coking		
5.炼油及煤制油	Petroleum Refining and Coal-to-liquids	309.35	174.31
#油品再投入量(−)	Petroleum Products Input (-)		
6.制气	Gas Works		
#再投入量(−)	Input (-)		
7.天然气液化	Natural Gas Liquefaction		
8.煤制品加工	Processing of Briquettes		
9.回收能	Recovery of Energy		
三.损失量	**Loss**		
四.终端消费量	**Total Final Consumption**	**132.07**	**73.40**
1.农、林、牧、渔业	Agriculture, Forestry, Animal Husbandry and Fishery		
2.工业	Industry	1.40	73.40
#用作原料、材料	Non-Energy Use	1.31	50.03
3.建筑业	Construction	130.67	
4.交通运输、仓储和邮政业	Transport, Storage and Post		
5.批发和零售业、住宿和餐饮业	Wholesale and Retail Trades, Hotels and Catering Services		
6.其他	Others		
7.居民生活	Residential		
城镇	Urban		
乡村	Rural		
五.平衡差额	**Statistical Difference**		
六.消费量合计	**Total Energy Consumption**	**132.07**	**73.78**

Continued 2

液化石油气 (万吨) Liquefied Petroleum Gas (10^4 tons)	炼厂干气 (万吨) Refinery Gas (10^4 tons)	其他石油制品 (万吨) Other Petroleum Products (10^4 tons)	天然气 (亿立方米) Natural Gas (10^8 cu.m)	液化天然气 (万吨) Liquefied Natural Gas (10^4 tons)	热力 (万百万千焦) Heat (10^{10} kJ)	电力 (亿千瓦时) Electricity (10^8 kWh)	其他能源 (万吨标准煤) Other Energy (10^4 tce)
-93.10		**-370.27**	**305.52**	**31.95**		**2646.86**	**553.87**
			0.85			1324.63	564.64
80.99		383.05	304.97	466.32		1571.30	
				795.36			
-173.66		-722.80	-0.30	-1232.23		-249.07	
-0.43		-30.52		2.50			-10.77
173.49	**99.76**	**582.15**	**-110.32**	**1.00**	**72697.45**	**4752.69**	**-493.25**
	-1.46		-83.32	-0.03	-6380.15	4752.69	-456.85
	-2.84		-25.33	-0.24	63522.37		-88.85
173.49	106.20	1457.73					-94.55
		-875.58					
	-2.14						97.77
			-1.49				
			-0.18	1.27			
					15555.23		49.23
			2.75		**2903.89**	**204.71**	
80.39	**99.76**	**211.88**	**192.45**	**32.95**	**69793.56**	**7194.84**	**60.62**
						111.42	
37.22	99.76	211.88	142.70	30.92	69552.20	4858.48	60.62
0.02		180.00	2.45				30.88
0.13			0.02			66.32	
1.13			10.90	2.03	3.36	116.85	
			0.81			302.62	
0.01			0.14			723.90	
41.90			37.88		238.00	1015.25	
36.90			37.88		238.00	511.24	
5.00						504.01	
80.39	**106.20**	**1087.46**	**305.34**	**33.22**	**79077.60**	**7399.55**	**700.87**

6-11 浙江能源平衡表(实物量)-2022

项　目	Item	煤合计 (万吨) Coal Total (10^4 tons)	原煤 (万吨) Raw Coal (10^4 tons)
一.可供本地区消费的能源量	**Total Primary Energy Supply**	**16553.01**	**16145.79**
1.一次能源生产量	Indigenous Production		
2.外省(区、市)调入量	Moving In from Other Provinces	14084.26	13685.19
3.进口量	Import	2413.02	2413.02
4.境内飞机和轮船在境外的加油量	Domestic Airplanes&Ships Refueling Abroad		
5.本省(区、市)调出量(-)	Sending Out to Other Provinces(-)		
6.出口量(-)	Export(-)	-0.23	-0.23
7.境外飞机和轮船在境内的加油量(-)	Oversea Airplanes&Ships Refueling Domestically(-)		
8.库存增(-)、减(+)量	Stock Change	55.97	47.82
二.加工转换投入(-)产出(+)量	**Input(-) & Output(+) of Transformation**	**-14525.94**	**-14261.50**
1.火力发电	Thermal Power	-10623.22	-10623.22
2.供热	Heating Supply	-3471.74	-3471.74
3.煤炭洗选	Coal Washing		
4.炼焦	Coking	-282.20	-102.83
5.炼油及煤制油	Petroleum Refining and Coal-to-liquids		
#油品再投入量(-)	Petroleum Products Input (-)		
6.制气	Gas Works	-165.37	-2.71
#再投入量(-)	Input (-)		
7.天然气液化	Natural Gas Liquefaction		
8.煤制品加工	Processing of Briquettes	16.58	-61.00
9.回收能	Recovery of Energy		
三.损失量	**Loss**		
四.终端消费量	**Total Final Consumption**	**2027.08**	**1884.29**
1.农、林、牧、渔业	Agriculture, Forestry, Animal Husbandry and Fishery		
2.工业	Industry	1982.42	1855.63
#用作原料、材料	Non-Energy Use	532.84	526.83
3.建筑业	Construction	4.90	4.90
4.交通运输、仓储和邮政业	Transport, Storage and Post		
5.批发和零售业、住宿和餐饮业	Wholesale and Retail Trades, Hotels and Catering Services	16.96	12.76
6.其他	Others	4.00	4.00
7.居民生活	Residential	18.80	7.00
城镇	Urban	6.40	2.10
乡村	Rural	12.40	4.90
五.平衡差额	**Statistical Difference**		
六.消费量合计	**Total Energy Consumption**	**16553.01**	**16145.79**

Energy Balance of Zhejiang (Physical Quantity) -2022

洗精煤 (万吨) Cleaned Coal (10^4 tons)	其他洗煤 (万吨) Other Washed Coal (10^4 tons)	煤制品 (万吨) Briquettes (10^4 tons)	煤矸石 (万吨) Gangue (10^4 tons)	焦炭 (万吨) Coke (10^4 tons)	焦炉煤气 (亿立方米) Coke Oven Gas (10^8 cu.m)	高炉煤气 (亿立方米) Blast Furnace Gas (10^8 cu.m)	转炉煤气 (亿立方米) Converter Gas (10^8 cu.m)	其他煤气 (亿立方米) Other Gas (10^8 cu.m)
179.37	**226.52**	**1.33**	**11.58**	**83.39**				
171.69	227.37		10.86	78.85				
7.68	-0.86	1.33	0.72	4.54				
-179.37	**-162.65**	**77.58**		**209.24**	**3.91**	**92.78**	**3.32**	**0.09**
					-0.25	-31.39	-6.77	
-179.37				209.24	4.16			
	-162.65							0.09
		77.58						
						124.18	10.09	
	63.86	**78.92**	**11.58**	**292.63**	**3.91**	**92.78**	**3.32**	**0.09**
	63.86	62.92	11.58	292.63	3.91	92.78	3.32	0.09
	5.51	0.50						
		4.20						
		11.80						
		4.30						
		7.50						
179.37	**226.52**	**78.92**	**11.58**	**292.63**	**4.16**	**124.18**	**10.09**	**0.09**

6-11 续表 1

项　目	Item	其他焦化产品(万吨) Other Coking Products (10^4 tons)	油品合计(万吨) Petroleum Products Total (10^4 tons)
一.可供本地区消费的能源量	**Total Primary Energy Supply**	**-3.42**	**4679.50**
1.一次能源生产量	Indigenous Production		
2.外省(区、市)调入量	Moving In from Other Provinces		2869.77
3.进口量	Import		7528.22
4.境内飞机和轮船在境外的加油量	Domestic Airplanes&Ships Refueling Abroad		
5.本省(区、市)调出量(-)	Sending Out to Other Provinces(-)	-3.43	-4155.33
6.出口量(-)	Export(-)		-1619.82
7.境外飞机和轮船在境内的加油量(-)	Oversea Airplanes&Ships Refueling Domestically(-)		
8.库存增(-)、减(+)量	Stock Change	0.01	56.67
二.加工转换投入(-)产出(+)量	**Input(-) & Output(+) of Transformation**	**3.54**	**-388.84**
1.火力发电	Thermal Power		-38.32
2.供热	Heating Supply		-84.71
3.煤炭洗选	Coal Washing		
4.炼焦	Coking	3.54	
5.炼油及煤制油	Petroleum Refining and Coal-to-liquids		693.72
#油品再投入量(-)	Petroleum Products Input (-)		-941.55
6.制气	Gas Works		-17.98
#再投入量(-)	Input (-)		
7.天然气液化	Natural Gas Liquefaction		
8.煤制品加工	Processing of Briquettes		
9.回收能	Recovery of Energy		
三.损失量	**Loss**		
四.终端消费量	**Total Final Consumption**	**0.13**	**4290.66**
1.农、林、牧、渔业	Agriculture, Forestry, Animal Husbandry and Fishery		209.87
2.工业	Industry	0.13	2355.68
#用作原料、材料	Non-Energy Use		1900.04
3.建筑业	Construction		144.01
4.交通运输、仓储和邮政业	Transport, Storage and Post		952.05
5.批发和零售业、住宿和餐饮业	Wholesale and Retail Trades, Hotels and Catering Services		98.26
6.其他	Others		95.35
7.居民生活	Residential		435.44
城镇	Urban		224.22
乡村	Rural		211.22
五.平衡差额	**Statistical Difference**		
六.消费量合计	**Total Energy Consumption**	**0.13**	**4679.50**

Continued 1

原油 (万吨) Crude Oil (10^4 tons)	汽油 (万吨) Gasoline (10^4 tons)	煤油 (万吨) Kerosene (10^4 tons)	柴油 (万吨) Diesel Oil (10^4 tons)	燃料油 (万吨) Fuel Oil (10^4 tons)	石脑油 (万吨) Naphtha (10^4 tons)	润滑油 (万吨) Lubricants (10^4 tons)	石蜡 (万吨) Paraffin Waxes (10^4 tons)	溶剂油 (万吨) White Spirit (10^4 tons)
6753.78	**-17.51**	**-92.14**	**-564.68**	**-360.23**	**-314.29**	**5.65**	**0.77**	**0.56**
740.09	860.24	34.18	179.48	888.92		5.36	0.79	0.56
5945.63			15.77	707.80		2.52		
	-601.03	-58.20	-558.53	-873.89	-314.29			
-3.00	-266.70	-66.92	-194.38	-1086.33		-2.14		
71.05	-10.02	-1.20	-7.02	3.27		-0.08	-0.02	
-6753.78	**900.20**	**207.45**	**1249.82**	**511.10**	**315.55**			
			-1.17					
			-0.21	-0.07				
-6753.78	900.20	207.45	1251.20	571.67	719.40			
				-47.24	-403.85			
				-13.26				
	882.69	**115.31**	**685.15**	**150.87**	**1.26**	**5.65**	**0.77**	**0.56**
	38.50		171.37					
	28.15	0.50	77.52	38.69	1.26	5.65	0.77	0.56
	0.02		0.20	1.70	0.02	1.74	0.34	0.51
	45.51		98.50					
	451.10	114.81	277.95	108.17				
	39.70		18.90	2.66				
	66.50		12.50	1.35				
	213.23		28.41					
	112.82		13.50					
	100.41		14.91					
6753.78	**882.69**	**115.31**	**686.52**	**211.44**	**405.12**	**5.65**	**0.77**	**0.56**

6-11 续表 2

项　目	Item	石油沥青(万吨) Bitumen Asphalt (10^4 tons)	石油焦(万吨) Petroleum Coke (10^4 tons)
一.可供本地区消费的能源量	**Total Primary Energy Supply**	**-142.00**	**-62.50**
1.一次能源生产量	Indigenous Production		
2.外省(区、市)调入量	Moving In from Other Provinces		
3.进口量	Import		
4.境内飞机和轮船在境外的加油量	Domestic Airplanes&Ships Refueling Abroad		
5.本省(区、市)调出量(-)	Sending Out to Other Provinces(-)	-144.59	-63.43
6.出口量(-)	Export(-)		
7.境外飞机和轮船在境内的加油量(-)	Oversea Airplanes&Ships Refueling Domestically(-)		
8.库存增(-)、减(+)量	Stock Change	2.59	0.93
二.加工转换投入(-)产出(+)量	**Input(-) & Output(+) of Transformation**	**183.76**	**154.75**
1.火力发电	Thermal Power		-32.91
2.供热	Heating Supply		-46.83
3.煤炭洗选	Coal Washing		
4.炼焦	Coking		
5.炼油及煤制油	Petroleum Refining and Coal-to-liquids	343.05	239.22
#油品再投入量(-)	Petroleum Products Input (-)	-159.29	
6.制气	Gas Works		-4.72
#再投入量(-)	Input (-)		
7.天然气液化	Natural Gas Liquefaction		
8.煤制品加工	Processing of Briquettes		
9.回收能	Recovery of Energy		
三.损失量	**Loss**		
四.终端消费量	**Total Final Consumption**	**41.76**	**92.25**
1.农、林、牧、渔业	Agriculture, Forestry, Animal Husbandry and Fishery		
2.工业	Industry	41.76	92.25
#用作原料、材料	Non-Energy Use	36.14	42.26
3.建筑业	Construction		
4.交通运输、仓储和邮政业	Transport, Storage and Post		
5.批发和零售业、住宿和餐饮业	Wholesale and Retail Trades, Hotels and Catering Services		
6.其他	Others		
7.居民生活	Residential		
城镇	Urban		
乡村	Rural		
五.平衡差额	**Statistical Difference**		
六.消费量合计	**Total Energy Consumption**	**201.05**	**176.72**

Continued 2

液化石油气 (万吨) Liquefied Petroleum Gas (10^4 tons)	炼厂干气 (万吨) Refinery Gas (10^4 tons)	其他石油制品 (万吨) Other Petroleum Products (10^4 tons)	天然气 (亿立方米) Natural Gas (10^8 cu.m)	液化天然气 (万吨) Liquefied Natural Gas (10^4 tons)	热力 (万百万千焦) Heat (10^{10} kJ)	电力 (亿千瓦时) Electricity (10^8 kWh)	其他能源 (万吨标准煤) Other Energy (10^4 tce)
22.79	**54.63**	**-605.34**	**172.03**	**56.92**		**2736.88**	**710.40**
						1287.43	718.27
105.51	54.63		172.03	56.84		1614.79	
856.50							
-938.95		-602.43				-165.34	
-0.35							
0.08		-2.91		0.08			-7.86
924.91	**140.59**	**1776.79**	**-50.66**	**-4.99**	**79665.78**	**3062.44**	**-625.07**
-3.84	-0.27	-0.13	-44.52	-0.78	-7208.05	3062.44	-537.92
-28.11	-6.67	-2.82	-6.13	-4.21	76305.26		-135.21
1012.25	183.52	2019.53					-138.82
-55.38	-35.99	-239.79					
							125.02
					10568.57		61.86
					2202.09	**164.89**	
947.71	**195.22**	**1171.46**	**121.37**	**51.93**	**77463.69**	**5634.42**	**85.33**
						38.21	
701.89	195.22	1171.46	84.34	51.93	72890.18	3633.35	85.33
681.20	0.11	1135.81		3.46			7.77
						102.91	
0.02			0.02		3.06	105.03	
37.00			6.86		3145.45	283.61	
15.00					1425.00	563.48	
193.80			30.15			907.83	
97.90			21.35			341.33	
95.90			8.80			566.49	
						0.01	
1035.04	**238.15**	**1414.20**	**172.03**	**56.92**	**86873.83**	**5799.31**	**897.28**

6-12 安徽能源平衡表(实物量)-2022

项　目	Item	煤合计 (万吨) Coal Total (10^4 tons)	原煤 (万吨) Raw Coal (10^4 tons)
一.可供本地区消费的能源量	**Total Primary Energy Supply**	**18674.22**	**19911.05**
1.一次能源生产量	Indigenous Production	11176.85	11176.85
2.外省(区、市)调入量	Moving In from Other Provinces	12060.62	9419.07
3.进口量	Import		
4.境内飞机和轮船在境外的加油量	Domestic Airplanes&Ships Refueling Abroad		
5.本省(区、市)调出量(-)	Sending Out to Other Provinces(-)	-4560.08	-677.85
6.出口量(-)	Export(-)		
7.境外飞机和轮船在境内的加油量(-)	Oversea Airplanes&Ships Refueling Domestically(-)		
8.库存增(-)、减(+)量	Stock Change	-3.17	-7.02
二.加工转换投入(-)产出(+)量	**Input(-) & Output(+) of Transformation**	**-15141.16**	**-16490.91**
1.火力发电	Thermal Power	-11466.63	-11269.62
2.供热	Heating Supply	-899.07	-878.27
3.煤炭洗选	Coal Washing	-937.02	-4253.82
4.炼焦	Coking	-1748.93	
5.炼油及煤制油	Petroleum Refining and Coal-to-liquids	-34.33	-34.33
#油品再投入量(-)	Petroleum Products Input (-)		
6.制气	Gas Works	-54.87	-54.87
#再投入量(-)	Input (-)		
7.天然气液化	Natural Gas Liquefaction		
8.煤制品加工	Processing of Briquettes	-0.31	
9.回收能	Recovery of Energy		
三.损失量	**Loss**		
四.终端消费量	**Total Final Consumption**	**3533.06**	**3420.14**
1.农、林、牧、渔业	Agriculture, Forestry, Animal Husbandry and Fishery		
2.工业	Industry	3521.48	3420.14
#用作原料、材料	Non-Energy Use	787.27	750.98
3.建筑业	Construction		
4.交通运输、仓储和邮政业	Transport, Storage and Post		
5.批发和零售业、住宿和餐饮业	Wholesale and Retail Trades, Hotels and Catering Services		
6.其他	Others		
7.居民生活	Residential	11.58	
城镇	Urban	4.91	
乡村	Rural	6.67	
五.平衡差额	**Statistical Difference**		
六.消费量合计	**Total Energy Consumption**	**18674.22**	**19911.05**

Energy Balance of Anhui (Physical Quantity) -2022

洗精煤 (万吨) Cleaned Coal (10^4 tons)	其他洗煤 (万吨) Other Washed Coal (10^4 tons)	煤制品 (万吨) Briquettes (10^4 tons)	煤矸石 (万吨) Gangue (10^4 tons)	焦炭 (万吨) Coke (10^4 tons)	焦炉煤气 (亿立方米) Coke Oven Gas (10^8 cu.m)	高炉煤气 (亿立方米) Blast Furnace Gas (10^8 cu.m)	转炉煤气 (亿立方米) Converter Gas (10^8 cu.m)	其他煤气 (亿立方米) Other Gas (10^8 cu.m)
-448.51	**-798.62**	**10.29**	**202.01**	**-21.91**				
2506.06	81.42	54.07	202.51	559.29				
-2948.16	-885.48	-48.60		-576.86				
-6.41	5.44	4.82	-0.50	-4.34				
448.51	**896.70**	**4.54**	**-195.72**	**1297.96**	**37.73**	**262.91**	**15.69**	**0.03**
	-197.01		-196.58		-6.39	-133.12	-15.47	
	-20.80		-19.83		-1.68	-5.24	-0.81	
2197.44	1119.36		20.69					
-1748.93				1297.96	45.80			
								0.03
	-4.85	4.54						
						401.27	31.97	
	98.08	**14.83**	**6.29**	**1276.05**	**37.73**	**262.91**	**15.69**	**0.03**
	98.08	3.25	6.29	1276.05	37.73	262.91	15.69	0.03
	36.29			0.14	5.99			
		11.58						
		4.91						
		6.67						
1748.93	**320.74**	**14.83**	**222.70**	**1276.05**	**45.80**	**401.27**	**31.97**	**0.03**

6-12 续表 1

项目	Item	其他焦化产品(万吨) Other Coking Products (10^4 tons)	油品合计(万吨) Petroleum Products Total (10^4 tons)
一.可供本地区消费的能源量	**Total Primary Energy Supply**	**-57.42**	**1527.82**
1.一次能源生产量	Indigenous Production		
2.外省(区、市)调入量	Moving In from Other Provinces		2023.53
3.进口量	Import		
4.境内飞机和轮船在境外的加油量	Domestic Airplanes&Ships Refueling Abroad		
5.本省(区、市)调出量(−)	Sending Out to Other Provinces(-)	-57.42	-489.93
6.出口量(−)	Export(-)		
7.境外飞机和轮船在境内的加油量(−)	Oversea Airplanes&Ships Refueling Domestically(-)		
8.库存增(−)、减(+)量	Stock Change		-5.78
二.加工转换投入(−)产出(+)量	**Input(-) & Output(+) of Transformation**	**72.03**	**1.58**
1.火力发电	Thermal Power		-1.46
2.供热	Heating Supply		-1.24
3.煤炭洗选	Coal Washing		
4.炼焦	Coking	72.03	
5.炼油及煤制油	Petroleum Refining and Coal-to-liquids		124.19
#油品再投入量(−)	Petroleum Products Input (-)		-119.91
6.制气	Gas Works		
#再投入量(−)	Input (-)		
7.天然气液化	Natural Gas Liquefaction		
8.煤制品加工	Processing of Briquettes		
9.回收能	Recovery of Energy		
三.损失量	**Loss**		
四.终端消费量	**Total Final Consumption**	**14.61**	**1529.40**
1.农、林、牧、渔业	Agriculture, Forestry, Animal Husbandry and Fishery		115.53
2.工业	Industry	14.61	172.41
#用作原料、材料	Non-Energy Use	6.03	43.84
3.建筑业	Construction		118.54
4.交通运输、仓储和邮政业	Transport, Storage and Post		582.62
5.批发和零售业、住宿和餐饮业	Wholesale and Retail Trades, Hotels and Catering Services		33.86
6.其他	Others		134.61
7.居民生活	Residential		371.84
城镇	Urban		238.85
乡村	Rural		132.99
五.平衡差额	**Statistical Difference**		
六.消费量合计	**Total Energy Consumption**	**14.61**	**1527.82**

Continued 1

原油 (万吨) Crude Oil (10^4 tons)	汽油 (万吨) Gasoline (10^4 tons)	煤油 (万吨) Kerosene (10^4 tons)	柴油 (万吨) Diesel Oil (10^4 tons)	燃料油 (万吨) Fuel Oil (10^4 tons)	石脑油 (万吨) Naphtha (10^4 tons)	润滑油 (万吨) Lubricants (10^4 tons)	石蜡 (万吨) Paraffin Waxes (10^4 tons)	溶剂油 (万吨) White Spirit (10^4 tons)
579.56	**380.29**	**-28.98**	**589.81**	**0.13**	**-17.08**	**1.25**	**0.11**	**3.05**
583.75	633.77	19.51	747.76	0.10		1.63	0.11	3.05
-5.15	-246.21	-47.84	-156.49		-17.99	-0.40		
0.96	-7.27	-0.65	-1.46	0.03	0.91	0.02		
-579.00	**219.28**	**36.14**	**133.60**	**24.47**	**17.08**			
			-0.72					
			-0.12					
-579.00	219.28	36.14	134.44	24.47	17.08			
0.56	**599.57**	**7.16**	**723.41**	**24.60**		**1.25**	**0.11**	**3.05**
	25.69		89.85					
0.56	2.66	0.26	44.61	9.40		1.25	0.11	3.05
			0.08			0.02	0.05	0.06
	39.39		79.15					
	82.60	6.90	477.90	15.19				
	22.32		11.53					
	116.50		18.11					
	310.42		2.26					
	215.17		0.46					
	95.25		1.80					
579.56	**599.57**	**7.16**	**724.25**	**24.60**		**1.25**	**0.11**	**3.05**

6-12 续表 2

项　目	Item	石油沥青 (万吨) Bitumen Asphalt (10^4 tons)	石油焦 (万吨) Petroleum Coke (10^4 tons)
一.可供本地区消费的能源量	**Total Primary Energy Supply**	**5.12**	**-12.50**
1.一次能源生产量	Indigenous Production		
2.外省(区、市)调入量	Moving In from Other Provinces	6.87	0.88
3.进口量	Import		
4.境内飞机和轮船在境外的加油量	Domestic Airplanes&Ships Refueling Abroad		
5.本省(区、市)调出量(−)	Sending Out to Other Provinces(-)	-1.73	-14.12
6.出口量(−)	Export(-)		
7.境外飞机和轮船在境内的加油量(−)	Oversea Airplanes&Ships Refueling Domestically(-)		
8.库存增(−)、减(+)量	Stock Change	-0.02	0.74
二.加工转换投入(−)产出(+)量	**Input(-) & Output(+) of Transformation**		**20.41**
1.火力发电	Thermal Power		
2.供热	Heating Supply		
3.煤炭洗选	Coal Washing		
4.炼焦	Coking		
5.炼油及煤制油	Petroleum Refining and Coal-to-liquids		20.41
#油品再投入量(−)	Petroleum Products Input (-)		
6.制气	Gas Works		
#再投入量(−)	Input (-)		
7.天然气液化	Natural Gas Liquefaction		
8.煤制品加工	Processing of Briquettes		
9.回收能	Recovery of Energy		
三.损失量	**Loss**		
四.终端消费量	**Total Final Consumption**	**5.12**	**7.91**
1.农、林、牧、渔业	Agriculture, Forestry, Animal Husbandry and Fishery		
2.工业	Industry	5.12	7.91
#用作原料、材料	Non-Energy Use	4.43	0.64
3.建筑业	Construction		
4.交通运输、仓储和邮政业	Transport, Storage and Post		
5.批发和零售业、住宿和餐饮业	Wholesale and Retail Trades, Hotels and Catering Services		
6.其他	Others		
7.居民生活	Residential		
城镇	Urban		
乡村	Rural		
五.平衡差额	**Statistical Difference**		
六.消费量合计	**Total Energy Consumption**	**5.12**	**7.91**

Continued 2

液化石油气 (万吨) Liquefied Petroleum Gas (10^4 tons)	炼厂干气 (万吨) Refinery Gas (10^4 tons)	其他石油制品 (万吨) Other Petroleum Products (10^4 tons)	天然气 (亿立方米) Natural Gas (10^8 cu.m)	液化天然气 (万吨) Liquefied Natural Gas (10^4 tons)	热力 (万百万千焦) Heat (10^{10} kJ)	电力 (亿千瓦时) Electricity (10^8 kWh)	其他能源 (万吨标准煤) Other Energy (10^4 tce)
3.84	**-0.01**	**23.24**	**78.23**	**5.38**		**89.93**	**540.78**
			2.46			395.48	538.52
3.55		22.56	75.77	5.21		586.45	
						-891.99	
0.29	-0.01	0.68		0.17			2.26
56.20	**22.95**	**50.45**	**-2.86**	**-0.15**	**18500.22**	**2903.29**	**-498.14**
	-0.74		-2.03		-9368.40	2903.29	-495.05
	-1.12		-0.80	-0.35	17230.49		-38.37
56.31	33.73	161.33					
-0.11	-8.92	-110.88					
							35.28
			-0.03	0.20			
					10638.13		
						139.61	
60.04	**22.94**	**73.69**	**75.37**	**5.23**	**18500.22**	**2853.61**	**42.64**
						56.68	
0.86	22.94	73.69	36.20	5.23	16224.50	1691.11	42.64
		38.56					0.94
						46.67	
0.02			4.51		1.88	61.33	
			10.80		410.74	159.88	
			4.78			296.96	
59.16			19.07		1863.11	540.97	
23.22			18.14		1863.11	244.62	
35.94			0.93			296.36	
60.15	**33.72**	**184.57**	**78.20**	**5.58**	**27868.62**	**2993.22**	**576.06**

6-13 福建能源平衡表(实物量)-2022

项 目	Item	煤合计 (万吨) Coal Total (10^4 tons)	原煤 (万吨) Raw Coal (10^4 tons)
一.可供本地区消费的能源量	**Total Primary Energy Supply**	**9728.60**	**9538.63**
1.一次能源生产量	Indigenous Production	445.36	445.36
2.外省(区、市)调入量	Moving In from Other Provinces	4952.68	4768.43
3.进口量	Import	6202.44	6202.44
4.境内飞机和轮船在境外的加油量	Domestic Airplanes&Ships Refueling Abroad		
5.本省(区、市)调出量(-)	Sending Out to Other Provinces(-)	-1798.24	-1798.24
6.出口量(-)	Export(-)		
7.境外飞机和轮船在境内的加油量(-)	Oversea Airplanes&Ships Refueling Domestically(-)		
8.库存增(-)、减(+)量	Stock Change	-73.64	-79.36
二.加工转换投入(-)产出(+)量	**Input(-) & Output(+) of Transformation**	**-7739.41**	**-7569.76**
1.火力发电	Thermal Power	-6302.42	-6302.42
2.供热	Heating Supply	-1102.28	-1102.28
3.煤炭洗选	Coal Washing		
4.炼焦	Coking	-275.08	-88.91
5.炼油及煤制油	Petroleum Refining and Coal-to-liquids		
#油品再投入量(-)	Petroleum Products Input (-)		
6.制气	Gas Works	-63.66	-63.66
#再投入量(-)	Input (-)		
7.天然气液化	Natural Gas Liquefaction		
8.煤制品加工	Processing of Briquettes	4.03	-12.49
9.回收能	Recovery of Energy		
三.损失量	**Loss**		
四.终端消费量	**Total Final Consumption**	**1989.19**	**1968.87**
1.农、林、牧、渔业	Agriculture, Forestry, Animal Husbandry and Fishery	32.91	32.91
2.工业	Industry	1935.87	1915.55
#用作原料、材料	Non-Energy Use	167.12	165.72
3.建筑业	Construction	2.10	2.10
4.交通运输、仓储和邮政业	Transport, Storage and Post	1.04	1.04
5.批发和零售业、住宿和餐饮业	Wholesale and Retail Trades, Hotels and Catering Services	2.40	2.40
6.其他	Others	5.75	5.75
7.居民生活	Residential	9.12	9.12
城镇	Urban	1.55	1.55
乡村	Rural	7.57	7.57
五.平衡差额	**Statistical Difference**		
六.消费量合计	**Total Energy Consumption**	**9728.60**	**9538.63**

Energy Balance of Fujian (Physical Quantity) -2022

洗精煤 (万吨) Cleaned Coal (10^4 tons)	其他洗煤 (万吨) Other Washed Coal (10^4 tons)	煤制品 (万吨) Briquettes (10^4 tons)	煤矸石 (万吨) Gangue (10^4 tons)	焦炭 (万吨) Coke (10^4 tons)	焦炉煤气 (亿立方米) Coke Oven Gas (10^8 cu.m)	高炉煤气 (亿立方米) Blast Furnace Gas (10^8 cu.m)	转炉煤气 (亿立方米) Converter Gas (10^8 cu.m)	其他煤气 (亿立方米) Other Gas (10^8 cu.m)
186.17	**3.25**	**0.55**	**21.27**	**768.06**				
181.04	3.21		21.85	803.88				
5.13	0.04	0.55	-0.58	-35.82				
-186.17		**16.52**		**222.38**	**2.71**	**200.92**	**17.39**	**0.16**
					-0.96	-103.18	-13.62	
					-0.41	-4.65	-0.72	
-186.17				222.38	4.08			
								0.16
		16.52						
						308.75	31.73	
	3.25	**17.07**	**21.27**	**990.44**	**2.71**	**200.92**	**17.39**	**0.16**
	3.25	17.07	21.27	990.44	2.71	200.92	17.39	0.16
	1.40			2.60				
186.17	**3.25**	**17.07**	**21.27**	**990.44**	**4.08**	**308.75**	**31.73**	**0.16**

6-13 续表 1

项目	Item	其他焦化产品(万吨) Other Coking Products (10^4 tons)	油品合计(万吨) Petroleum Products Total (10^4 tons)
一.可供本地区消费的能源量	**Total Primary Energy Supply**	**-6.62**	**2777.89**
1.一次能源生产量	Indigenous Production		
2.外省(区、市)调入量	Moving In from Other Provinces		1082.16
3.进口量	Import		2582.45
4.境内飞机和轮船在境外的加油量	Domestic Airplanes&Ships Refueling Abroad		
5.本省(区、市)调出量(-)	Sending Out to Other Provinces(-)	-6.62	-903.97
6.出口量(-)	Export(-)		
7.境外飞机和轮船在境内的加油量(-)	Oversea Airplanes&Ships Refueling Domestically(-)		
8.库存增(-)、减(+)量	Stock Change		17.25
二.加工转换投入(-)产出(+)量	**Input(-) & Output(+) of Transformation**	**8.14**	**-246.75**
1.火力发电	Thermal Power		-39.23
2.供热	Heating Supply		-39.90
3.煤炭洗选	Coal Washing		
4.炼焦	Coking	8.14	
5.炼油及煤制油	Petroleum Refining and Coal-to-liquids		-47.96
#油品再投入量(-)	Petroleum Products Input (-)		-119.66
6.制气	Gas Works		
#再投入量(-)	Input (-)		
7.天然气液化	Natural Gas Liquefaction		
8.煤制品加工	Processing of Briquettes		
9.回收能	Recovery of Energy		
三.损失量	**Loss**		
四.终端消费量	**Total Final Consumption**	**1.52**	**2531.14**
1.农、林、牧、渔业	Agriculture, Forestry, Animal Husbandry and Fishery		65.28
2.工业	Industry	1.52	1351.66
#用作原料、材料	Non-Energy Use		1032.24
3.建筑业	Construction		102.39
4.交通运输、仓储和邮政业	Transport, Storage and Post		774.07
5.批发和零售业、住宿和餐饮业	Wholesale and Retail Trades, Hotels and Catering Services		13.93
6.其他	Others		25.41
7.居民生活	Residential		198.40
城镇	Urban		107.38
乡村	Rural		91.02
五.平衡差额	**Statistical Difference**		
六.消费量合计	**Total Energy Consumption**	**1.52**	**2777.89**

Continued 1

原油 (万吨) Crude Oil (10^4 tons)	汽油 (万吨) Gasoline (10^4 tons)	煤油 (万吨) Kerosene (10^4 tons)	柴油 (万吨) Diesel Oil (10^4 tons)	燃料油 (万吨) Fuel Oil (10^4 tons)	石脑油 (万吨) Naphtha (10^4 tons)	润滑油 (万吨) Lubricants (10^4 tons)	石蜡 (万吨) Paraffin Waxes (10^4 tons)	溶剂油 (万吨) White Spirit (10^4 tons)
2580.98	**165.25**	**-119.34**	**-48.70**	**19.94**	**88.09**	**9.82**	**0.26**	**3.00**
	308.46		196.26	123.82	101.94	10.41	0.26	2.44
2582.45								
	-142.34	-120.43	-230.62	-108.93	-17.68			
-1.47	-0.87	1.09	-14.34	5.05	3.83	-0.59		0.56
-2579.51	**336.81**	**209.30**	**460.38**	**158.77**	**71.61**			
			-0.53	-0.10				
			-0.24	-7.33				
-2579.51	336.81	209.30	461.15	176.98	71.61			
				-10.78				
1.47	**502.06**	**89.96**	**411.68**	**178.71**	**159.70**	**9.82**	**0.26**	**3.00**
	26.50	0.80	32.33	3.00		2.50		
1.47	24.04	0.22	23.64	29.50	159.70	0.32	0.26	3.00
	0.01	0.02			109.32	0.08	0.14	3.00
	40.30		37.40					
	239.16	88.94	292.56	146.21		7.00		
	9.70		4.03					
	21.00		4.40					
	141.36		17.32					
	84.17		3.45					
	57.19		13.87					
2580.98	**502.06**	**89.96**	**412.45**	**196.92**	**159.70**	**9.82**	**0.26**	**3.00**

6-13 续表 2

项　目	Item	石油沥青(万吨) Bitumen Asphalt (10^4 tons)	石油焦(万吨) Petroleum Coke (10^4 tons)
一.可供本地区消费的能源量	**Total Primary Energy Supply**	**-65.56**	**27.83**
1.一次能源生产量	Indigenous Production		
2.外省(区、市)调入量	Moving In from Other Provinces	111.37	37.88
3.进口量	Import		
4.境内飞机和轮船在境外的加油量	Domestic Airplanes&Ships Refueling Abroad		
5.本省(区、市)调出量(-)	Sending Out to Other Provinces(-)	-173.92	-4.84
6.出口量(-)	Export(-)		
7.境外飞机和轮船在境内的加油量(-)	Oversea Airplanes&Ships Refueling Domestically(-)		
8.库存增(-)、减(+)量	Stock Change	-3.01	-5.21
二.加工转换投入(-)产出(+)量	**Input(-) & Output(+) of Transformation**	**94.40**	**6.49**
1.火力发电	Thermal Power		-12.96
2.供热	Heating Supply		-23.96
3.煤炭洗选	Coal Washing		
4.炼焦	Coking		
5.炼油及煤制油	Petroleum Refining and Coal-to-liquids	94.40	43.41
#油品再投入量(-)	Petroleum Products Input (-)		
6.制气	Gas Works		
#再投入量(-)	Input (-)		
7.天然气液化	Natural Gas Liquefaction		
8.煤制品加工	Processing of Briquettes		
9.回收能	Recovery of Energy		
三.损失量	**Loss**		
四.终端消费量	**Total Final Consumption**	**28.84**	**34.32**
1.农、林、牧、渔业	Agriculture, Forestry, Animal Husbandry and Fishery		
2.工业	Industry	4.41	34.32
#用作原料、材料	Non-Energy Use	3.90	12.36
3.建筑业	Construction	24.43	
4.交通运输、仓储和邮政业	Transport, Storage and Post		
5.批发和零售业、住宿和餐饮业	Wholesale and Retail Trades, Hotels and Catering Services		
6.其他	Others		
7.居民生活	Residential		
城镇	Urban		
乡村	Rural		
五.平衡差额	**Statistical Difference**		
六.消费量合计	**Total Energy Consumption**	**28.84**	**71.24**

Continued 2

液化石油气 (万吨) Liquefied Petroleum Gas (10^4 tons)	炼厂干气 (万吨) Refinery Gas (10^4 tons)	其他石油制品 (万吨) Other Petroleum Products (10^4 tons)	天然气 (亿立方米) Natural Gas (10^8 cu.m)	液化天然气 (万吨) Liquefied Natural Gas (10^4 tons)	热力 (万百万千焦) Heat (10^{10} kJ)	电力 (亿千瓦时) Electricity (10^8 kWh)	其他能源 (万吨标准煤) Other Energy (10^4 tce)
78.14		**38.18**	**55.41**	**10.95**		**1313.32**	**317.61**
						1487.67	317.61
118.53		70.79	55.41	3.27		5.20	
-38.77		-66.44				-179.55	
-1.62		33.83		7.68			
106.58	**116.85**	**771.57**	**-14.12**		**22918.55**	**1601.13**	**-227.11**
	-25.64		-10.69		-5042.72	1601.13	-256.10
-3.58	-4.79		-1.25		22158.68		-21.17
110.16	147.28	880.45	-2.18				
		-108.88					
							39.08
					5802.59		11.08
						94.90	
184.72	**116.85**	**809.75**	**41.29**	**10.95**	**22918.55**	**2819.55**	**90.50**
0.15						53.98	
144.18	116.85	809.75	33.49	10.95	22918.55	1715.33	90.50
97.55		805.86	0.03				41.47
0.26			0.96			32.46	
0.20			1.65			48.51	
0.20			0.62			165.16	
0.01			0.32			244.76	
39.72			4.25			559.35	
19.76			3.50			286.35	
19.96			0.75			273.00	
188.30	**147.28**	**918.63**	**55.41**	**10.95**	**27961.27**	**2914.45**	**367.77**

6-14 江西能源平衡表(实物量)-2022

项　目	Item	煤合计 (万吨) Coal Total (10^4 tons)	原煤 (万吨) Raw Coal (10^4 tons)
一.可供本地区消费的能源量	**Total Primary Energy Supply**	**8477.43**	**7445.60**
1.一次能源生产量	Indigenous Production	215.75	215.75
2.外省(区、市)调入量	Moving In from Other Provinces	8259.58	7249.03
3.进口量	Import	1.03	1.03
4.境内飞机和轮船在境外的加油量	Domestic Airplanes&Ships Refueling Abroad		
5.本省(区、市)调出量(-)	Sending Out to Other Provinces(-)	-40.08	-40.08
6.出口量(-)	Export(-)		
7.境外飞机和轮船在境内的加油量(-)	Oversea Airplanes&Ships Refueling Domestically(-)		
8.库存增(-)、减(+)量	Stock Change	41.15	19.87
二.加工转换投入(-)产出(+)量	**Input(-) & Output(+) of Transformation**	**-6236.79**	**-5383.40**
1.火力发电	Thermal Power	-4735.41	-4735.41
2.供热	Heating Supply	-459.76	-455.82
3.煤炭洗选	Coal Washing	-15.38	-53.35
4.炼焦	Coking	-914.95	-1.03
5.炼油及煤制油	Petroleum Refining and Coal-to-liquids		
#油品再投入量(-)	Petroleum Products Input (-)		
6.制气	Gas Works	-124.79	-124.79
#再投入量(-)	Input (-)		
7.天然气液化	Natural Gas Liquefaction		
8.煤制品加工	Processing of Briquettes	13.50	-13.00
9.回收能	Recovery of Energy		
三.损失量	**Loss**		
四.终端消费量	**Total Final Consumption**	**2240.64**	**2062.20**
1.农、林、牧、渔业	Agriculture, Forestry, Animal Husbandry and Fishery	14.60	14.60
2.工业	Industry	1958.14	1867.30
#用作原料、材料	Non-Energy Use	203.70	203.70
3.建筑业	Construction	1.00	1.00
4.交通运输、仓储和邮政业	Transport, Storage and Post	5.80	5.80
5.批发和零售业、住宿和餐饮业	Wholesale and Retail Trades, Hotels and Catering Services	23.00	23.00
6.其他	Others	10.00	10.00
7.居民生活	Residential	228.10	140.50
城镇	Urban	42.50	24.50
乡村	Rural	185.60	116.00
五.平衡差额	**Statistical Difference**		
六.消费量合计	**Total Energy Consumption**	**8477.43**	**7445.60**

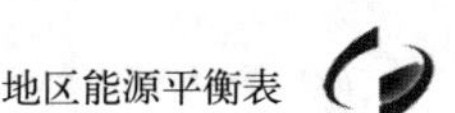

Energy Balance of Jiangxi (Physical Quantity) -2022

洗精煤 (万吨) Cleaned Coal (10^4 tons)	其他洗煤 (万吨) Other Washed Coal (10^4 tons)	煤制品 (万吨) Briquettes (10^4 tons)	煤矸石 (万吨) Gangue (10^4 tons)	焦炭 (万吨) Coke (10^4 tons)	焦炉煤气 (亿立方米) Coke Oven Gas (10^8 cu.m)	高炉煤气 (亿立方米) Blast Furnace Gas (10^8 cu.m)	转炉煤气 (亿立方米) Converter Gas (10^8 cu.m)	其他煤气 (亿立方米) Other Gas (10^8 cu.m)
881.33	**148.64**	**1.86**	**15.69**	**308.74**				
859.85	148.57	2.13	14.71	421.97				
				-123.92				
21.48	0.07	-0.27	0.98	10.69				
-881.33	**-63.56**	**91.50**	**-2.87**	**645.91**	**18.90**	**212.88**	**24.24**	**24.02**
			-0.53		-1.41	-145.75	-9.67	
	-3.94		-2.34		-1.10	-12.19	-0.80	
32.59	5.38							
-913.92				645.91	21.41			
								24.02
	-65.00	91.50						
						370.82	34.71	
	85.08	**93.36**	**12.82**	**954.65**	**18.90**	**212.88**	**24.24**	**24.02**
	85.08	5.76	12.82	954.65	18.90	212.88	24.24	24.02
				6.46				
		87.60						
		18.00						
		69.60						
913.92	**154.02**	**93.36**	**15.69**	**954.65**	**21.41**	**370.82**	**34.71**	**24.02**

6-14 续表 1

项　目	Item	其他焦化产品(万吨) Other Coking Products (10^4 tons)	油品合计(万吨) Petroleum Products Total (10^4 tons)
一.可供本地区消费的能源量	**Total Primary Energy Supply**	**-15.48**	**1012.98**
1.一次能源生产量	Indigenous Production		
2.外省(区、市)调入量	Moving In from Other Provinces		563.73
3.进口量	Import		586.67
4.境内飞机和轮船在境外的加油量	Domestic Airplanes&Ships Refueling Abroad		
5.本省(区、市)调出量(-)	Sending Out to Other Provinces(-)	-17.27	-126.74
6.出口量(-)	Export(-)		
7.境外飞机和轮船在境内的加油量(-)	Oversea Airplanes&Ships Refueling Domestically(-)		
8.库存增(-)、减(+)量	Stock Change	1.79	-10.68
二.加工转换投入(-)产出(+)量	**Input(-) & Output(+) of Transformation**	**31.38**	**24.96**
1.火力发电	Thermal Power		-1.39
2.供热	Heating Supply		-2.35
3.煤炭洗选	Coal Washing		
4.炼焦	Coking	31.38	
5.炼油及煤制油	Petroleum Refining and Coal-to-liquids		198.62
#油品再投入量(-)	Petroleum Products Input (-)		-169.92
6.制气	Gas Works		
#再投入量(-)	Input (-)		
7.天然气液化	Natural Gas Liquefaction		
8.煤制品加工	Processing of Briquettes		
9.回收能	Recovery of Energy		
三.损失量	**Loss**		**0.61**
四.终端消费量	**Total Final Consumption**	**15.90**	**1037.33**
1.农、林、牧、渔业	Agriculture, Forestry, Animal Husbandry and Fishery		59.00
2.工业	Industry	15.90	141.46
#用作原料、材料	Non-Energy Use	5.15	47.38
3.建筑业	Construction		34.00
4.交通运输、仓储和邮政业	Transport, Storage and Post		558.57
5.批发和零售业、住宿和餐饮业	Wholesale and Retail Trades, Hotels and Catering Services		34.30
6.其他	Others		26.60
7.居民生活	Residential		183.40
城镇	Urban		119.40
乡村	Rural		64.00
五.平衡差额	**Statistical Difference**		
六.消费量合计	**Total Energy Consumption**	**15.90**	**1012.98**

Continued 1

原油 (万吨) Crude Oil (10^4 tons)	汽油 (万吨) Gasoline (10^4 tons)	煤油 (万吨) Kerosene (10^4 tons)	柴油 (万吨) Diesel Oil (10^4 tons)	燃料油 (万吨) Fuel Oil (10^4 tons)	石脑油 (万吨) Naphtha (10^4 tons)	润滑油 (万吨) Lubricants (10^4 tons)	石蜡 (万吨) Paraffin Waxes (10^4 tons)	溶剂油 (万吨) White Spirit (10^4 tons)
719.55	**174.27**	**-25.38**	**193.52**	**-7.73**	**-43.06**	**0.20**	**0.09**	**0.05**
132.58	182.13		192.73			0.12	0.10	0.08
586.67								
		-25.49		-7.24	-43.13			
0.30	-7.86	0.11	0.79	-0.49	0.07	0.08	-0.01	-0.03
-718.94	**210.50**	**36.21**	**237.41**	**15.78**	**43.06**			
			-0.13					
-718.94	210.50	36.21	237.54	15.78	43.06			
0.61								
	384.77	**10.83**	**430.93**	**8.05**		**0.20**	**0.09**	**0.05**
	14.00		45.00					
	1.46	0.03	20.07	6.55		0.20	0.09	0.05
	2.00		8.00					
	216.81	10.80	328.36	1.50				
	15.00		9.80					
	18.50		6.00					
	117.00		13.70					
	75.00		5.20					
	42.00		8.50					
719.55	**384.77**	**10.83**	**431.06**	**8.05**		**0.20**	**0.09**	**0.05**

6-14 续表 2

项目	Item	石油沥青(万吨) Bitumen Asphalt (10^4 tons)	石油焦(万吨) Petroleum Coke (10^4 tons)
一.可供本地区消费的能源量	**Total Primary Energy Supply**	**28.91**	**2.46**
1.一次能源生产量	Indigenous Production		
2.外省(区、市)调入量	Moving In from Other Provinces	29.54	5.23
3.进口量	Import		
4.境内飞机和轮船在境外的加油量	Domestic Airplanes&Ships Refueling Abroad		
5.本省(区、市)调出量(−)	Sending Out to Other Provinces(-)		
6.出口量(−)	Export(-)		
7.境外飞机和轮船在境内的加油量(−)	Oversea Airplanes&Ships Refueling Domestically(-)		
8.库存增(−)、减(+)量	Stock Change	-0.63	-2.77
二.加工转换投入(−)产出(+)量	**Input(-) & Output(+) of Transformation**	**0.93**	**31.01**
1.火力发电	Thermal Power		-0.09
2.供热	Heating Supply		-0.15
3.煤炭洗选	Coal Washing		
4.炼焦	Coking		
5.炼油及煤制油	Petroleum Refining and Coal-to-liquids	0.93	31.25
#油品再投入量(−)	Petroleum Products Input (-)		
6.制气	Gas Works		
#再投入量(−)	Input (-)		
7.天然气液化	Natural Gas Liquefaction		
8.煤制品加工	Processing of Briquettes		
9.回收能	Recovery of Energy		
三.损失量	**Loss**		
四.终端消费量	**Total Final Consumption**	**29.84**	**33.47**
1.农、林、牧、渔业	Agriculture, Forestry, Animal Husbandry and Fishery		
2.工业	Industry	5.84	33.47
#用作原料、材料	Non-Energy Use	5.84	23.73
3.建筑业	Construction	24.00	
4.交通运输、仓储和邮政业	Transport, Storage and Post		
5.批发和零售业、住宿和餐饮业	Wholesale and Retail Trades, Hotels and Catering Services		
6.其他	Others		
7.居民生活	Residential		
城镇	Urban		
乡村	Rural		
五.平衡差额	**Statistical Difference**		
六.消费量合计	**Total Energy Consumption**	**29.84**	**33.71**

Continued 2

液化石油气 (万吨) Liquefied Petroleum Gas (10^4 tons)	炼厂干气 (万吨) Refinery Gas (10^4 tons)	其他石油制品 (万吨) Other Petroleum Products (10^4 tons)	天然气 (亿立方米) Natural Gas (10^8 cu.m)	液化天然气 (万吨) Liquefied Natural Gas (10^4 tons)	热力 (万百万千焦) Heat (10^{10} kJ)	电力 (亿千瓦时) Electricity (10^8 kWh)	其他能源 (万吨标准煤) Other Energy (10^4 tce)
21.28		**-51.18**	**39.03**	**18.29**		**650.35**	**297.92**
						392.42	278.00
21.22			39.03	18.11		257.93	18.72
		-50.88					
0.06		-0.30		0.18			1.20
48.29	**29.66**	**91.05**	**-0.45**		**8502.36**	**1332.63**	**-230.71**
	-1.17		-0.21		-4562.01	1332.63	-220.00
	-2.20		-0.24		8678.98		-12.21
48.29	33.03	260.97					-25.62
		-169.92					
							25.62
					4385.39		1.50
						64.39	
69.57	**29.66**	**39.87**	**38.58**	**18.29**	**8502.36**	**1918.59**	**67.21**
						23.45	
4.17	29.66	39.87	21.76	3.29	8502.36	1150.66	43.21
	1.65	16.16		0.33			
						30.11	
1.10			3.50	15.00		46.19	
9.50			3.07			112.91	
2.10			2.00			175.74	
52.70			8.25			379.53	24.00
39.20			8.00			201.18	
13.50			0.25			178.35	24.00
69.57	**33.03**	**209.79**	**39.03**	**18.29**	**13064.37**	**1982.98**	**325.04**

6-15 山东能源平衡表(实物量)-2022

项　　目	Item	煤合计 (万吨) Coal Total (10^4 tons)	原煤 (万吨) Raw Coal (10^4 tons)
一.可供本地区消费的能源量	**Total Primary Energy Supply**	**39010.36**	**40014.17**
1.一次能源生产量	Indigenous Production	8753.08	8753.08
2.外省(区、市)调入量	Moving In from Other Provinces	30708.59	30708.59
3.进口量	Import	903.00	903.00
4.境内飞机和轮船在境外的加油量	Domestic Airplanes&Ships Refueling Abroad		
5.本省(区、市)调出量(-)	Sending Out to Other Provinces(-)	-1134.90	
6.出口量(-)	Export(-)	-182.30	-182.30
7.境外飞机和轮船在境内的加油量(-)	Oversea Airplanes&Ships Refueling Domestically(-)		
8.库存增(-)、减(+)量	Stock Change	-37.10	-168.19
二.加工转换投入(-)产出(+)量	**Input(-) & Output(+) of Transformation**	**-32959.67**	**-34814.09**
1.火力发电	Thermal Power	-19091.42	-18664.97
2.供热	Heating Supply	-9143.20	-8887.55
3.煤炭洗选	Coal Washing	-343.62	-6271.99
4.炼焦	Coking	-3899.70	-377.26
5.炼油及煤制油	Petroleum Refining and Coal-to-liquids		
#油品再投入量(-)	Petroleum Products Input (-)		
6.制气	Gas Works	-481.79	-384.35
#再投入量(-)	Input (-)		
7.天然气液化	Natural Gas Liquefaction		
8.煤制品加工	Processing of Briquettes	0.06	-227.97
9.回收能	Recovery of Energy		
三.损失量	**Loss**		
四.终端消费量	**Total Final Consumption**	**6050.69**	**5200.08**
1.农、林、牧、渔业	Agriculture, Forestry, Animal Husbandry and Fishery	18.00	
2.工业	Industry	5219.04	4415.05
#用作原料、材料	Non-Energy Use	1900.12	1483.89
3.建筑业	Construction	0.23	0.23
4.交通运输、仓储和邮政业	Transport, Storage and Post	0.08	0.08
5.批发和零售业、住宿和餐饮业	Wholesale and Retail Trades, Hotels and Catering Services	210.00	210.00
6.其他	Others	133.02	104.41
7.居民生活	Residential	470.32	470.32
城镇	Urban	160.51	160.51
乡村	Rural	309.81	309.81
五.平衡差额	**Statistical Difference**		
六.消费量合计	**Total Energy Consumption**	**39010.36**	**40014.17**

 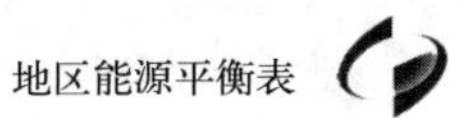

Energy Balance of Shandong (Physical Quantity) -2022

洗精煤 (万吨) Cleaned Coal (10^4 tons)	其他洗煤 (万吨) Other Washed Coal (10^4 tons)	煤制品 (万吨) Briquettes (10^4 tons)	煤矸石 (万吨) Gangue (10^4 tons)	焦炭 (万吨) Coke (10^4 tons)	焦炉煤气 (亿立方米) Coke Oven Gas (10^8 cu.m)	高炉煤气 (亿立方米) Blast Furnace Gas (10^8 cu.m)	转炉煤气 (亿立方米) Converter Gas (10^8 cu.m)	其他煤气 (亿立方米) Other Gas (10^8 cu.m)
-366.95	**-616.86**	**-20.00**	**10.97**	**880.22**				
				1025.96				
-531.35	-603.55							
				-160.11				
164.40	-13.31	-20.00	10.97	14.37				
366.95	**1299.00**	**188.47**	**22.80**	**2597.50**	**53.69**	**541.53**	**70.87**	**149.67**
	-413.13	-13.32	-40.10	-142.16	-10.34	-262.42	-16.79	
	-177.28	-78.37	-81.43	-156.19	-2.60	-17.88	-0.08	-0.15
3889.39	2038.98		144.33					
-3522.44				2910.97	78.70			
	-97.44							143.19
				-15.12	-12.07			
	-52.13	280.16						
						821.83	87.74	6.63
	682.14	**168.47**	**33.77**	**3477.72**	**53.69**	**541.53**	**70.87**	**149.67**
		18.00						
	682.14	121.86	33.77	3477.72	53.69	541.53	70.87	149.67
	415.86	0.37		246.46	17.12			2.94
		28.61						
3522.44	**1422.12**	**260.16**	**155.30**	**3791.19**	**78.70**	**821.83**	**87.74**	**149.82**

6-15 续表 1

项　目	Item	其他焦化产品(万吨) Other Coking Products (10^4 tons)	油品合计(万吨) Petroleum Products Total (10^4 tons)
一.可供本地区消费的能源量	**Total Primary Energy Supply**	**119.70**	**6953.16**
1.一次能源生产量	Indigenous Production		2200.29
2.外省(区、市)调入量	Moving In from Other Provinces	126.88	2771.12
3.进口量	Import		9325.00
4.境内飞机和轮船在境外的加油量	Domestic Airplanes&Ships Refueling Abroad		
5.本省(区、市)调出量(-)	Sending Out to Other Provinces(-)		-8035.69
6.出口量(-)	Export(-)		-12.36
7.境外飞机和轮船在境内的加油量(-)	Oversea Airplanes&Ships Refueling Domestically(-)		
8.库存增(-)、减(+)量	Stock Change	-7.19	704.80
二.加工转换投入(-)产出(+)量	**Input(-) & Output(+) of Transformation**	**233.54**	**-675.57**
1.火力发电	Thermal Power	-11.62	-29.26
2.供热	Heating Supply	-35.97	-33.71
3.煤炭洗选	Coal Washing		
4.炼焦	Coking	269.13	
5.炼油及煤制油	Petroleum Refining and Coal-to-liquids		4368.70
#油品再投入量(-)	Petroleum Products Input (-)		-4973.69
6.制气	Gas Works	12.00	-7.61
#再投入量(-)	Input (-)		
7.天然气液化	Natural Gas Liquefaction		
8.煤制品加工	Processing of Briquettes		
9.回收能	Recovery of Energy		
三.损失量	**Loss**		
四.终端消费量	**Total Final Consumption**	**353.24**	**6277.59**
1.农、林、牧、渔业	Agriculture, Forestry, Animal Husbandry and Fishery		116.65
2.工业	Industry	353.24	4204.17
#用作原料、材料	Non-Energy Use	335.60	3808.03
3.建筑业	Construction		225.07
4.交通运输、仓储和邮政业	Transport, Storage and Post		1139.10
5.批发和零售业、住宿和餐饮业	Wholesale and Retail Trades, Hotels and Catering Services		56.20
6.其他	Others		39.50
7.居民生活	Residential		496.90
城镇	Urban		374.90
乡村	Rural		122.00
五.平衡差额	**Statistical Difference**		
六.消费量合计	**Total Energy Consumption**	**400.83**	**6953.16**

Continued 1

原油 (万吨) Crude Oil (10^4 tons)	汽油 (万吨) Gasoline (10^4 tons)	煤油 (万吨) Kerosene (10^4 tons)	柴油 (万吨) Diesel Oil (10^4 tons)	燃料油 (万吨) Fuel Oil (10^4 tons)	石脑油 (万吨) Naphtha (10^4 tons)	润滑油 (万吨) Lubricants (10^4 tons)	石蜡 (万吨) Paraffin Waxes (10^4 tons)	溶剂油 (万吨) White Spirit (10^4 tons)
13486.09	**-1986.53**	**-76.14**	**-2991.37**	**600.58**	**-183.74**	**-31.95**	**1.32**	**-29.06**
2200.29								
2541.38				228.25			1.48	
8894.00				299.00	132.00			
	-2105.41	-80.35	-3150.72		-385.15	-24.80	-26.90	-35.40
		-2.54				-9.82		
-149.58	118.88	6.75	159.35	73.33	69.41	2.67	26.74	6.34
-13429.28	**2688.75**	**133.87**	**4145.58**	**-350.88**	**1172.03**	**33.86**	**4.15**	**30.40**
			-2.78	-0.70				
			-0.45	-0.16				
-13429.28	2840.71	133.87	4357.21	1239.92	1560.55	33.86	4.15	34.14
	-151.96		-208.40	-1589.94	-388.52			-3.74
56.81	**702.21**	**57.73**	**1154.21**	**249.70**	**988.29**	**1.91**	**5.47**	**1.34**
	4.20		111.80					
56.81	31.51	0.08	60.81	220.50	988.29	1.91	5.47	1.34
	25.07		1.69	211.37	981.74	0.53	5.29	1.07
	13.20		61.00	2.20				
	184.00	57.65	869.00	27.00				
	17.00		25.00					
	20.00		13.00					
	432.30		13.60					
	352.30		4.10					
	80.00		9.50					
13486.09	**854.17**	**57.73**	**1365.84**	**1840.50**	**1376.81**	**1.91**	**5.47**	**5.08**

6-15 续表 2

项　目	Item	石油沥青(万吨) Bitumen Asphalt (10^4 tons)	石油焦(万吨) Petroleum Coke (10^4 tons)
一.可供本地区消费的能源量	**Total Primary Energy Supply**	**-1316.93**	**-46.53**
1.一次能源生产量	Indigenous Production		
2.外省(区、市)调入量	Moving In from Other Provinces		
3.进口量	Import		
4.境内飞机和轮船在境外的加油量	Domestic Airplanes&Ships Refueling Abroad		
5.本省(区、市)调出量(−)	Sending Out to Other Provinces(-)	-1424.42	-43.53
6.出口量(−)	Export(-)		
7.境外飞机和轮船在境内的加油量(−)	Oversea Airplanes&Ships Refueling Domestically(-)		
8.库存增(−)、减(+)量	Stock Change	107.49	-3.00
二.加工转换投入(−)产出(+)量	**Input(-) & Output(+) of Transformation**	**1569.82**	**1002.93**
1.火力发电	Thermal Power		-23.31
2.供热	Heating Supply		-23.71
3.煤炭洗选	Coal Washing		
4.炼焦	Coking		
5.炼油及煤制油	Petroleum Refining and Coal-to-liquids	1793.44	1070.07
#油品再投入量(−)	Petroleum Products Input (-)	-223.62	-20.12
6.制气	Gas Works		
#再投入量(−)	Input (-)		
7.天然气液化	Natural Gas Liquefaction		
8.煤制品加工	Processing of Briquettes		
9.回收能	Recovery of Energy		
三.损失量	**Loss**		
四.终端消费量	**Total Final Consumption**	**252.90**	**956.40**
1.农、林、牧、渔业	Agriculture, Forestry, Animal Husbandry and Fishery		
2.工业	Industry	106.43	956.40
#用作原料、材料	Non-Energy Use	101.19	920.06
3.建筑业	Construction	146.47	
4.交通运输、仓储和邮政业	Transport, Storage and Post		
5.批发和零售业、住宿和餐饮业	Wholesale and Retail Trades, Hotels and Catering Services		
6.其他	Others		
7.居民生活	Residential		
城镇	Urban		
乡村	Rural		
五.平衡差额	**Statistical Difference**		
六.消费量合计	**Total Energy Consumption**	**476.52**	**1023.54**

Continued 2

液化石油气 (万吨) Liquefied Petroleum Gas (10^4 tons)	炼厂干气 (万吨) Refinery Gas (10^4 tons)	其他石油制品 (万吨) Other Petroleum Products (10^4 tons)	天然气 (亿立方米) Natural Gas (10^8 cu.m)	液化天然气 (万吨) Liquefied Natural Gas (10^4 tons)	热力 (万百万千焦) Heat (10^{10} kJ)	电力 (亿千瓦时) Electricity (10^8 kWh)	其他能源 (万吨标准煤) Other Energy (10^4 tce)
21.86	**0.06**	**-494.51**	**215.01**	**-0.73**		**2430.24**	**1180.57**
			7.97			1112.01	1180.58
			207.04			1319.93	
				0.39			
-19.66		-739.35				-1.70	
41.52	0.06	244.84		-1.12			-0.01
885.11	**118.73**	**1319.36**	**-16.90**	**37.22**	**185104.13**	**5091.57**	**-949.61**
	-2.40	-0.07	-0.31		-12037.44	5091.57	-922.58
	-8.90	-0.49	-8.38	-0.11	176928.23		-252.69
							6.51
1132.44	148.31	3449.31	-4.54				
-247.33	-10.67	-2129.39					
	-7.61		3.53				69.11
			-1.20				
			-6.00	37.33			
					20213.34		150.04
906.97	**118.79**	**824.85**	**198.11**	**36.49**	**185104.13**	**7521.81**	**230.96**
0.65						157.44	
830.97	118.79	824.85	121.54	24.19	147931.03	5563.14	230.96
776.34	6.33	777.34	0.75	0.19			76.24
2.20			0.17		330.00	74.63	
1.45			10.10	12.30	940.00	158.48	
14.20			13.20		3200.00	217.06	
6.50			8.60		5721.60	459.14	
51.00			44.50		26981.50	891.92	
18.50			36.90		25667.14	469.50	
32.50			7.60		1314.36	422.42	
1154.30	**148.37**	**2954.80**	**213.39**	**36.60**	**197141.57**	**7521.81**	**1406.23**

6-16 河南能源平衡表(实物量)-2022

项 目	Item	煤合计(万吨) Coal Total (10^4 tons)	原煤(万吨) Raw Coal (10^4 tons)
一.可供本地区消费的能源量	**Total Primary Energy Supply**	**21503.87**	**24295.84**
1.一次能源生产量	Indigenous Production	9803.96	9803.96
2.外省(区、市)调入量	Moving In from Other Provinces	17252.21	15761.22
3.进口量	Import		
4.境内飞机和轮船在境外的加油量	Domestic Airplanes&Ships Refueling Abroad		
5.本省(区、市)调出量(-)	Sending Out to Other Provinces(-)	-6248.39	-1785.46
6.出口量(-)	Export(-)		
7.境外飞机和轮船在境内的加油量(-)	Oversea Airplanes&Ships Refueling Domestically(-)		
8.库存增(-)、减(+)量	Stock Change	696.10	516.12
二.加工转换投入(-)产出(+)量	**Input(-) & Output(+) of Transformation**	**-17279.00**	**-20528.38**
1.火力发电	Thermal Power	-11038.27	-10983.14
2.供热	Heating Supply	-2680.22	-2670.21
3.煤炭洗选	Coal Washing	-614.51	-6691.93
4.炼焦	Coking	-2724.35	
5.炼油及煤制油	Petroleum Refining and Coal-to-liquids		
#油品再投入量(-)	Petroleum Products Input (-)		
6.制气	Gas Works	-221.65	-180.74
#再投入量(-)	Input (-)		
7.天然气液化	Natural Gas Liquefaction		
8.煤制品加工	Processing of Briquettes		-2.35
9.回收能	Recovery of Energy		
三.损失量	**Loss**		
四.终端消费量	**Total Final Consumption**	**4145.07**	**3687.66**
1.农、林、牧、渔业	Agriculture, Forestry, Animal Husbandry and Fishery	51.78	51.78
2.工业	Industry	3697.10	3575.29
#用作原料、材料	Non-Energy Use	1020.67	1016.14
3.建筑业	Construction	26.35	26.35
4.交通运输、仓储和邮政业	Transport, Storage and Post	0.01	0.01
5.批发和零售业、住宿和餐饮业	Wholesale and Retail Trades, Hotels and Catering Services	57.13	
6.其他	Others	34.23	34.23
7.居民生活	Residential	278.47	
城镇	Urban	118.03	
乡村	Rural	160.44	
五.平衡差额	**Statistical Difference**	**79.81**	**79.81**
六.消费量合计	**Total Energy Consumption**	**21424.07**	**24216.03**

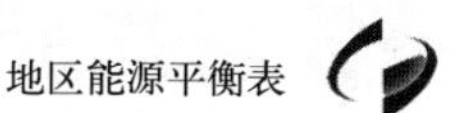

Energy Balance of Henan (Physical Quantity) -2022

洗精煤 (万吨) Cleaned Coal (10^4 tons)	其他洗煤 (万吨) Other Washed Coal (10^4 tons)	煤制品 (万吨) Briquettes (10^4 tons)	煤矸石 (万吨) Gangue (10^4 tons)	焦炭 (万吨) Coke (10^4 tons)	焦炉煤气 (亿立方米) Coke Oven Gas (10^8 cu.m)	高炉煤气 (亿立方米) Blast Furnace Gas (10^8 cu.m)	转炉煤气 (亿立方米) Converter Gas (10^8 cu.m)	其他煤气 (亿立方米) Other Gas (10^8 cu.m)
-549.91	**-2575.31**	**333.26**	**72.07**	**-416.90**				
657.64	484.77	348.58	75.78	736.11				
-1190.25	-3253.38	-19.30		-1143.37				
-17.30	193.30	3.98	-3.71	-9.64				
549.91	**2697.12**	**2.35**	**-51.03**	**1996.80**	**21.82**	**284.72**	**30.59**	**45.41**
	-55.13		-55.57		-11.02	-165.70	-7.17	-3.24
	-10.00		-48.46					-3.96
3274.26	2803.17		53.00					
-2724.35				1999.35	50.59			
	-40.91							45.41
				-2.55	-17.75			
		2.35						
						450.42	37.76	7.21
	121.81	**335.60**	**21.04**	**1579.90**	**21.82**	**284.72**	**30.59**	**45.41**
	121.81		21.04	1579.80	21.82	284.72	30.59	44.48
	4.54			34.01				1.00
				0.09				
		57.13						
		278.47						0.94
		118.03						0.57
		160.44						0.37
2724.35	**227.85**	**335.60**	**125.07**	**1582.44**	**50.59**	**450.42**	**37.76**	**52.62**

6-16 续表 1

项　目	Item	其他焦化产品 (万吨) Other Coking Products (10^4 tons)	油品合计 (万吨) Petroleum Products Total (10^4 tons)
一.可供本地区消费的能源量	**Total Primary Energy Supply**	**-5.37**	**2628.13**
1.一次能源生产量	Indigenous Production		236.23
2.外省(区、市)调入量	Moving In from Other Provinces		3779.55
3.进口量	Import		
4.境内飞机和轮船在境外的加油量	Domestic Airplanes&Ships Refueling Abroad		
5.本省(区、市)调出量(-)	Sending Out to Other Provinces(-)	-5.37	-1385.27
6.出口量(-)	Export(-)		
7.境外飞机和轮船在境内的加油量(-)	Oversea Airplanes&Ships Refueling Domestically(-)		
8.库存增(-)、减(+)量	Stock Change		-2.38
二.加工转换投入(-)产出(+)量	**Input(-) & Output(+) of Transformation**	**105.54**	**-19.20**
1.火力发电	Thermal Power		-6.37
2.供热	Heating Supply		-13.14
3.煤炭洗选	Coal Washing		
4.炼焦	Coking	107.40	
5.炼油及煤制油	Petroleum Refining and Coal-to-liquids	6.36	154.20
#油品再投入量(-)	Petroleum Products Input (-)	-8.22	-149.29
6.制气	Gas Works		-4.60
#再投入量(-)	Input (-)		
7.天然气液化	Natural Gas Liquefaction		
8.煤制品加工	Processing of Briquettes		
9.回收能	Recovery of Energy		
三.损失量	**Loss**		
四.终端消费量	**Total Final Consumption**	**100.17**	**2608.93**
1.农、林、牧、渔业	Agriculture, Forestry, Animal Husbandry and Fishery		191.82
2.工业	Industry	100.17	383.67
#用作原料、材料	Non-Energy Use	87.74	257.14
3.建筑业	Construction		191.54
4.交通运输、仓储和邮政业	Transport, Storage and Post		1151.71
5.批发和零售业、住宿和餐饮业	Wholesale and Retail Trades, Hotels and Catering Services		164.89
6.其他	Others		39.22
7.居民生活	Residential		486.08
城镇	Urban		233.09
乡村	Rural		252.99
五.平衡差额	**Statistical Difference**		
六.消费量合计	**Total Energy Consumption**	**108.39**	**2628.13**

Continued 1

原油 (万吨) Crude Oil (10^4 tons)	汽油 (万吨) Gasoline (10^4 tons)	煤油 (万吨) Kerosene (10^4 tons)	柴油 (万吨) Diesel Oil (10^4 tons)	燃料油 (万吨) Fuel Oil (10^4 tons)	石脑油 (万吨) Naphtha (10^4 tons)	润滑油 (万吨) Lubricants (10^4 tons)	石蜡 (万吨) Paraffin Waxes (10^4 tons)	溶剂油 (万吨) White Spirit (10^4 tons)
875.70	**592.85**	**53.29**	**948.32**	**-3.04**	**28.58**	**32.36**	**-14.30**	**-12.20**
236.23								
789.83	939.90	95.72	1319.91	47.68	44.21	36.25	0.62	1.15
-156.81	-346.89	-42.52	-361.41	-46.80	-15.28	-2.73	-13.53	-13.81
6.45	-0.16	0.09	-10.18	-3.92	-0.35	-1.16	-1.39	0.46
-867.91	**207.98**	**42.36**	**219.56**	**9.80**	**32.37**	**-1.35**	**15.12**	**12.49**
			-1.68	-0.15				
			-0.52	-0.37				
-867.91	207.98	42.36	221.76	53.68	33.86		15.14	12.49
				-43.36	-1.49	-1.35	-0.02	
7.79	**800.83**	**95.65**	**1167.87**	**6.76**	**60.96**	**31.01**	**0.82**	**0.29**
	28.78	7.22	155.82					
7.79	7.71	0.40	33.54	1.09	60.96	2.21	0.82	0.29
	0.03		0.02		60.93		0.04	0.23
	91.99	2.05	86.42	2.37				
	210.92	81.46	839.20	3.31		14.81		
	114.05	0.84	27.72					
	25.20	3.68	10.23					
	322.17		14.94			13.99		
	159.74		5.01			9.33		
	162.43		9.93			4.66		
875.70	**800.83**	**95.65**	**1170.07**	**50.64**	**62.45**	**32.36**	**0.84**	**0.29**

6-16 续表 2

项 目	Item	石油沥青(万吨) Bitumen Asphalt (10^4 tons)	石油焦(万吨) Petroleum Coke (10^4 tons)
一.可供本地区消费的能源量	**Total Primary Energy Supply**	**-54.49**	**153.18**
1.一次能源生产量	Indigenous Production		
2.外省(区、市)调入量	Moving In from Other Provinces	54.21	185.21
3.进口量	Import		
4.境内飞机和轮船在境外的加油量	Domestic Airplanes&Ships Refueling Abroad		
5.本省(区、市)调出量(-)	Sending Out to Other Provinces(-)	-110.75	-29.22
6.出口量(-)	Export(-)		
7.境外飞机和轮船在境内的加油量(-)	Oversea Airplanes&Ships Refueling Domestically(-)		
8.库存增(-)、减(+)量	Stock Change	2.05	-2.81
二.加工转换投入(-)产出(+)量	**Input(-) & Output(+) of Transformation**	**92.06**	**8.27**
1.火力发电	Thermal Power		-4.20
2.供热	Heating Supply		-11.35
3.煤炭洗选	Coal Washing		
4.炼焦	Coking		
5.炼油及煤制油	Petroleum Refining and Coal-to-liquids	92.06	23.82
#油品再投入量(-)	Petroleum Products Input (-)		
6.制气	Gas Works		
#再投入量(-)	Input (-)		
7.天然气液化	Natural Gas Liquefaction		
8.煤制品加工	Processing of Briquettes		
9.回收能	Recovery of Energy		
三.损失量	**Loss**		
四.终端消费量	**Total Final Consumption**	**37.56**	**161.45**
1.农、林、牧、渔业	Agriculture, Forestry, Animal Husbandry and Fishery		
2.工业	Industry	28.85	161.45
#用作原料、材料	Non-Energy Use	13.97	148.62
3.建筑业	Construction	8.71	
4.交通运输、仓储和邮政业	Transport, Storage and Post		
5.批发和零售业、住宿和餐饮业	Wholesale and Retail Trades, Hotels and Catering Services		
6.其他	Others		
7.居民生活	Residential		
城镇	Urban		
乡村	Rural		
五.平衡差额	**Statistical Difference**		
六.消费量合计	**Total Energy Consumption**	**37.56**	**177.00**

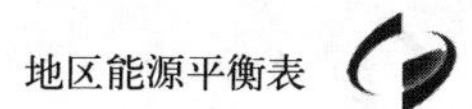

Continued 2

液化石油气 (万吨) Liquefied Petroleum Gas (10^4 tons)	炼厂干气 (万吨) Refinery Gas (10^4 tons)	其他石油制品 (万吨) Other Petroleum Products (10^4 tons)	天然气 (亿立方米) Natural Gas (10^8 cu.m)	液化天然气 (万吨) Liquefied Natural Gas (10^4 tons)	热力 (万百万千焦) Heat (10^{10} kJ)	电力 (亿千瓦时) Electricity (10^8 kWh)	其他能源 (万吨标准煤) Other Energy (10^4 tce)
123.81		**-95.93**	**121.73**	**-16.26**	**1.74**	**1200.53**	**624.83**
			3.88			709.85	624.83
188.93		75.92	117.84	16.74	1.74	670.27	
-61.80		-183.71		-20.84		-179.59	
-3.32		11.86		-12.16			
70.81	**26.97**	**112.29**	**-9.70**	**36.11**	**48133.15**	**2719.92**	**-538.23**
	-0.33		-3.96		-5239.95	2719.92	-514.15
	-0.90		-6.43		46256.20		-77.89
70.81	32.83	215.32	-0.10				-9.10
	-0.03	-103.04					
	-4.60		6.75				44.96
			-0.24				
			-5.71	36.11			
					7116.89		17.94
194.63	**26.97**	**16.35**	**112.02**	**19.85**	**48134.89**	**3920.45**	**86.60**
						109.63	21.70
35.25	26.97	16.35	50.46	19.28	30026.08	2192.75	62.54
32.70		0.61	3.69				19.63
			1.49		25.65	50.33	
2.01			11.40	0.57	39.01	102.17	
22.28			6.63		4415.08	273.04	
0.11			2.18		3998.35	322.54	2.36
134.98			39.86		9630.72	870.00	
59.01			36.86		5905.09	402.96	
75.97			3.00		3725.63	467.04	
194.63	**32.83**	**119.39**	**123.49**	**19.85**	**53374.84**	**3920.45**	**687.73**

6-17 湖北能源平衡表(实物量)-2022

项 目	Item	煤合计 (万吨) Coal Total (10^4 tons)	原煤 (万吨) Raw Coal (10^4 tons)
一.可供本地区消费的能源量	**Total Primary Energy Supply**	**13126.78**	**11648.56**
1.一次能源生产量	Indigenous Production	72.79	72.79
2.外省(区、市)调入量	Moving In from Other Provinces	16573.91	14960.64
3.进口量	Import	56.95	56.95
4.境内飞机和轮船在境外的加油量	Domestic Airplanes&Ships Refueling Abroad		
5.本省(区、市)调出量(-)	Sending Out to Other Provinces(-)	-3664.44	-3546.17
6.出口量(-)	Export(-)		
7.境外飞机和轮船在境内的加油量(-)	Oversea Airplanes&Ships Refueling Domestically(-)		
8.库存增(-)、减(+)量	Stock Change	87.57	104.35
二.加工转换投入(-)产出(+)量	**Input(-) & Output(+) of Transformation**	**-7941.52**	**-6646.03**
1.火力发电	Thermal Power	-5795.36	-5795.36
2.供热	Heating Supply	-707.30	-701.70
3.煤炭洗选	Coal Washing		-8.60
4.炼焦	Coking	-1298.49	
5.炼油及煤制油	Petroleum Refining and Coal-to-liquids		
#油品再投入量(-)	Petroleum Products Input (-)		
6.制气	Gas Works	-140.37	-140.37
#再投入量(-)	Input (-)		
7.天然气液化	Natural Gas Liquefaction		
8.煤制品加工	Processing of Briquettes		
9.回收能	Recovery of Energy		
三.损失量	**Loss**		
四.终端消费量	**Total Final Consumption**	**5185.26**	**5002.53**
1.农、林、牧、渔业	Agriculture, Forestry, Animal Husbandry and Fishery	187.73	187.73
2.工业	Industry	4066.83	3960.22
#用作原料、材料	Non-Energy Use	843.05	842.43
3.建筑业	Construction	53.81	53.81
4.交通运输、仓储和邮政业	Transport, Storage and Post	4.77	4.77
5.批发和零售业、住宿和餐饮业	Wholesale and Retail Trades, Hotels and Catering Services	222.51	222.51
6.其他	Others	253.67	244.33
7.居民生活	Residential	395.94	329.16
城镇	Urban	44.56	24.13
乡村	Rural	351.38	305.03
五.平衡差额	**Statistical Difference**		
六.消费量合计	**Total Energy Consumption**	**13126.78**	**11648.56**

 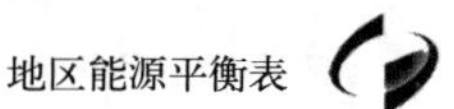

Energy Balance of Hubei (Physical Quantity) -2022

洗精煤 (万吨) Cleaned Coal (10^4 tons)	其他洗煤 (万吨) Other Washed Coal (10^4 tons)	煤制品 (万吨) Briquettes (10^4 tons)	煤矸石 (万吨) Gangue (10^4 tons)	焦炭 (万吨) Coke (10^4 tons)	焦炉煤气 (亿立方米) Coke Oven Gas (10^8 cu.m)	高炉煤气 (亿立方米) Blast Furnace Gas (10^8 cu.m)	转炉煤气 (亿立方米) Converter Gas (10^8 cu.m)	其他煤气 (亿立方米) Other Gas (10^8 cu.m)
1312.59	**119.76**	**45.87**	**31.79**	**239.18**				
1397.13	131.30	84.84	30.42	215.05				
-64.36	-11.20	-42.71						
-20.18	-0.34	3.74	1.37	24.13				
-1290.41	**0.52**	**-5.60**	**-28.18**	**939.43**	**26.08**	**251.48**	**19.76**	**2.09**
			-13.73		-2.68	-142.61	-3.56	
		-5.60	-14.45		-8.66		-9.72	
8.08	0.52							
-1298.49				939.43	38.02			
					-0.60			
						394.09	33.04	2.09
22.18	**120.28**	**40.27**	**3.61**	**1178.61**	**26.08**	**251.48**	**19.76**	**2.09**
22.18	76.05	8.38	3.61	1178.61	26.08	251.48	19.76	2.09
	0.38	0.24						
	4.86	4.48						
	39.37	27.41						
	15.93	4.50						
	23.44	22.91						
1320.67	**120.28**	**45.87**	**31.79**	**1178.61**	**38.02**	**394.09**	**33.04**	**2.09**

6-17 续表 1

项　目	Item	其他焦化产品 (万吨) Other Coking Products (10^4 tons)	油品合计 (万吨) Petroleum Products Total (10^4 tons)
一.可供本地区消费的能源量	**Total Primary Energy Supply**		**2864.60**
1.一次能源生产量	Indigenous Production		53.70
2.外省(区、市)调入量	Moving In from Other Provinces		3055.66
3.进口量	Import		255.10
4.境内飞机和轮船在境外的加油量	Domestic Airplanes&Ships Refueling Abroad		
5.本省(区、市)调出量(-)	Sending Out to Other Provinces(-)		-448.98
6.出口量(-)	Export(-)		-29.65
7.境外飞机和轮船在境内的加油量(-)	Oversea Airplanes&Ships Refueling Domestically(-)		
8.库存增(-)、减(+)量	Stock Change		-21.23
二.加工转换投入(-)产出(+)量	**Input(-) & Output(+) of Transformation**	**46.39**	**-31.67**
1.火力发电	Thermal Power		-4.15
2.供热	Heating Supply		-7.68
3.煤炭洗选	Coal Washing		
4.炼焦	Coking	46.39	
5.炼油及煤制油	Petroleum Refining and Coal-to-liquids		198.77
#油品再投入量(-)	Petroleum Products Input (-)		-165.97
6.制气	Gas Works		
#再投入量(-)	Input (-)		
7.天然气液化	Natural Gas Liquefaction		
8.煤制品加工	Processing of Briquettes		
9.回收能	Recovery of Energy		
三.损失量	**Loss**		
四.终端消费量	**Total Final Consumption**	**46.39**	**2832.93**
1.农、林、牧、渔业	Agriculture, Forestry, Animal Husbandry and Fishery		130.93
2.工业	Industry	46.39	570.79
#用作原料、材料	Non-Energy Use		283.70
3.建筑业	Construction		272.57
4.交通运输、仓储和邮政业	Transport, Storage and Post		1137.45
5.批发和零售业、住宿和餐饮业	Wholesale and Retail Trades, Hotels and Catering Services		199.06
6.其他	Others		103.42
7.居民生活	Residential		418.71
城镇	Urban		206.17
乡村	Rural		212.54
五.平衡差额	**Statistical Difference**		
六.消费量合计	**Total Energy Consumption**	**46.39**	**2864.60**

Continued 1

原油 (万吨) Crude Oil (10^4 tons)	汽油 (万吨) Gasoline (10^4 tons)	煤油 (万吨) Kerosene (10^4 tons)	柴油 (万吨) Diesel Oil (10^4 tons)	燃料油 (万吨) Fuel Oil (10^4 tons)	石脑油 (万吨) Naphtha (10^4 tons)	润滑油 (万吨) Lubricants (10^4 tons)	石蜡 (万吨) Paraffin Waxes (10^4 tons)	溶剂油 (万吨) White Spirit (10^4 tons)
1466.38	**524.78**	**10.90**	**582.00**	**51.36**	**67.05**	**7.45**	**-6.74**	**0.08**
53.70								
1188.33	702.04	21.31	738.79	53.42	66.58	7.53		0.08
239.31			0.30			0.03	0.03	
	-179.39		-138.94				-5.91	
		-10.66	-7.63			-0.10	-0.86	
-14.96	2.13	0.25	-10.52	-2.06	0.47	-0.01		
-1459.87	**356.78**	**96.15**	**436.74**	**28.64**	**53.96**	**0.68**	**6.83**	
			-0.77	-0.49				
			-0.03	-0.09				
-1459.87	356.78	96.15	437.54	29.22	159.94	0.68	6.83	
					-105.98			
6.51	**881.56**	**107.05**	**1018.74**	**80.00**	**121.01**	**8.13**	**0.09**	**0.08**
	18.45		112.48					
6.51	4.98	0.59	58.66	2.42	121.01	1.31	0.09	0.08
	0.01				121.01			0.06
	40.75	16.82	75.20	0.03				
	450.81	79.40	522.29	77.55		6.82		
	60.41	10.24	117.12					
	86.68		16.74					
	219.48		116.25					
	140.59		43.81					
	78.89		72.44					
1466.38	**881.56**	**107.05**	**1019.54**	**80.58**	**226.99**	**8.13**	**0.09**	**0.08**

6-17 续表 2

项　目	Item	石油沥青(万吨) Bitumen Asphalt (10^4 tons)	石油焦(万吨) Petroleum Coke (10^4 tons)
一.可供本地区消费的能源量	**Total Primary Energy Supply**	**154.46**	**58.65**
1.一次能源生产量	Indigenous Production		
2.外省(区、市)调入量	Moving In from Other Provinces	151.24	39.61
3.进口量	Import	2.08	13.35
4.境内飞机和轮船在境外的加油量	Domestic Airplanes&Ships Refueling Abroad		
5.本省(区、市)调出量(-)	Sending Out to Other Provinces(-)		
6.出口量(-)	Export(-)	-0.07	-0.18
7.境外飞机和轮船在境内的加油量(-)	Oversea Airplanes&Ships Refueling Domestically(-)		
8.库存增(-)、减(+)量	Stock Change	1.21	5.87
二.加工转换投入(-)产出(+)量	**Input(-) & Output(+) of Transformation**	**11.99**	**85.87**
1.火力发电	Thermal Power	-1.09	-0.53
2.供热	Heating Supply		
3.煤炭洗选	Coal Washing		
4.炼焦	Coking		
5.炼油及煤制油	Petroleum Refining and Coal-to-liquids	13.08	86.40
#油品再投入量(-)	Petroleum Products Input (-)		
6.制气	Gas Works		
#再投入量(-)	Input (-)		
7.天然气液化	Natural Gas Liquefaction		
8.煤制品加工	Processing of Briquettes		
9.回收能	Recovery of Energy		
三.损失量	**Loss**		
四.终端消费量	**Total Final Consumption**	**166.45**	**144.52**
1.农、林、牧、渔业	Agriculture, Forestry, Animal Husbandry and Fishery		
2.工业	Industry	27.28	144.52
#用作原料、材料	Non-Energy Use	24.67	40.02
3.建筑业	Construction	139.17	
4.交通运输、仓储和邮政业	Transport, Storage and Post		
5.批发和零售业、住宿和餐饮业	Wholesale and Retail Trades, Hotels and Catering Services		
6.其他	Others		
7.居民生活	Residential		
城镇	Urban		
乡村	Rural		
五.平衡差额	**Statistical Difference**		
六.消费量合计	**Total Energy Consumption**	**167.54**	**145.05**

Continued 2

液化石油气（万吨） Liquefied Petroleum Gas (10^4 tons)	炼厂干气（万吨） Refinery Gas (10^4 tons)	其他石油制品（万吨） Other Petroleum Products (10^4 tons)	天然气（亿立方米） Natural Gas (10^8 cu.m)	液化天然气（万吨） Liquefied Natural Gas (10^4 tons)	热力（万百万千焦） Heat (10^{10} kJ)	电力（亿千瓦时） Electricity (10^8 kWh)	其他能源（万吨标准煤） Other Energy (10^4 tce)
71.02		**-122.79**	**73.72**	**-30.23**		**1052.28**	**318.50**
			1.38			1513.20	
86.72			71.00	0.43		262.66	319.74
-5.20		-119.54		-44.57		-723.58	
-10.15							
-0.35		-3.25	1.34	13.91			-1.24
65.72	**73.32**	**211.52**	**-17.79**	**44.43**	**15272.03**	**1595.53**	**-109.50**
	-1.27		-8.01		-4508.88	1595.53	-186.69
	-7.56		-1.90		13422.50		-22.42
65.72	85.53	268.13	-0.09				-55.71
	-3.38	-56.61					
							108.91
			-1.02				
			-6.77	44.43			
					6358.41		46.41
						117.69	
136.74	**73.32**	**88.73**	**55.93**	**14.20**	**15272.03**	**2530.12**	**209.00**
						57.47	
41.29	73.32	88.73	28.54	13.76	12458.73	1506.02	185.61
32.12	4.26	61.55	0.19				81.79
0.60			0.15			40.54	
0.58			0.72	0.44		69.15	
11.29			3.35			109.36	
			1.86			192.73	
82.98			21.31		2813.30	554.85	23.39
21.77			20.64		2813.30	344.97	23.39
61.21			0.67			209.88	
136.74	**85.53**	**145.34**	**67.59**	**14.20**	**19780.91**	**2647.81**	**473.82**

6-18 湖南能源平衡表(实物量)-2022

项　目	Item	煤合计(万吨) Coal Total (10^4 tons)	原煤(万吨) Raw Coal (10^4 tons)
一.可供本地区消费的能源量	**Total Primary Energy Supply**	**9056.65**	**8257.94**
1.一次能源生产量	Indigenous Production	799.56	799.56
2.外省(区、市)调入量	Moving In from Other Provinces	8705.05	7243.91
3.进口量	Import	299.66	299.66
4.境内飞机和轮船在境外的加油量	Domestic Airplanes&Ships Refueling Abroad		
5.本省(区、市)调出量(-)	Sending Out to Other Provinces(-)	-867.88	-202.32
6.出口量(-)	Export(-)	-0.01	
7.境外飞机和轮船在境内的加油量(-)	Oversea Airplanes&Ships Refueling Domestically(-)		
8.库存增(-)、减(+)量	Stock Change	120.27	117.13
二.加工转换投入(-)产出(+)量	**Input(-) & Output(+) of Transformation**	**-4939.15**	**-4193.19**
1.火力发电	Thermal Power	-3714.65	-3714.65
2.供热	Heating Supply	-251.05	-251.05
3.煤炭洗选	Coal Washing	-83.98	-227.49
4.炼焦	Coking	-889.47	
5.炼油及煤制油	Petroleum Refining and Coal-to-liquids		
#油品再投入量(-)	Petroleum Products Input (-)		
6.制气	Gas Works		
#再投入量(-)	Input (-)		
7.天然气液化	Natural Gas Liquefaction		
8.煤制品加工	Processing of Briquettes		
9.回收能	Recovery of Energy		
三.损失量	**Loss**		
四.终端消费量	**Total Final Consumption**	**4117.50**	**4064.75**
1.农、林、牧、渔业	Agriculture, Forestry, Animal Husbandry and Fishery	228.47	228.47
2.工业	Industry	2831.94	2811.74
#用作原料、材料	Non-Energy Use	130.64	130.44
3.建筑业	Construction	98.64	98.64
4.交通运输、仓储和邮政业	Transport, Storage and Post	18.00	18.00
5.批发和零售业、住宿和餐饮业	Wholesale and Retail Trades, Hotels and Catering Services	228.55	225.76
6.其他	Others	278.07	276.85
7.居民生活	Residential	433.83	405.29
城镇	Urban	88.71	79.07
乡村	Rural	345.12	326.22
五.平衡差额	**Statistical Difference**		
六.消费量合计	**Total Energy Consumption**	**9056.65**	**8257.94**

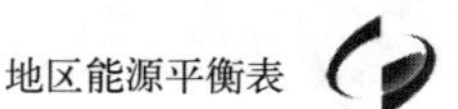

Energy Balance of Hunan (Physical Quantity) -2022

洗精煤（万吨） Cleaned Coal (10[4] tons)	其他洗煤（万吨） Other Washed Coal (10[4] tons)	煤制品（万吨） Briquettes (10[4] tons)	煤矸石（万吨） Gangue (10[4] tons)	焦炭（万吨） Coke (10[4] tons)	焦炉煤气（亿立方米） Coke Oven Gas (10[8] cu.m)	高炉煤气（亿立方米） Blast Furnace Gas (10[8] cu.m)	转炉煤气（亿立方米） Converter Gas (10[8] cu.m)	其他煤气（亿立方米） Other Gas (10[8] cu.m)
795.85	**-47.79**	**50.65**	**259.62**	**346.38**	**-0.53**	**0.67**		**2.28**
1408.34	1.97	50.83	263.69	309.54		0.67		2.28
-610.65	-54.91			-13.21	-0.53			
	-0.01							
-1.84	5.16	-0.18	-4.07	50.05				
-795.85	**49.89**		**-33.41**	**662.07**	**16.86**	**168.22**	**18.66**	
			-37.98		-6.61	-123.71	-8.67	
					-3.03	-16.61	-1.75	
93.62	49.89		4.57					
-889.47				662.07	26.50			
						308.54	29.08	
	2.10	**50.65**	**226.21**	**1008.45**	**16.33**	**168.89**	**18.66**	**2.28**
	2.10	18.10	226.21	1008.45	16.33	168.89	18.66	2.28
		0.20		8.69				
		2.79						
		1.22						
		28.54						
		9.64						
		18.90						
889.47	**2.10**	**50.65**	**264.19**	**1008.45**	**25.97**	**309.21**	**29.08**	**2.28**

6-18 续表 1

项　目	Item	其他焦化产品(万吨) Other Coking Products (10^4 tons)	油品合计(万吨) Petroleum Products Total (10^4 tons)
一.可供本地区消费的能源量	**Total Primary Energy Supply**	**-37.20**	**2853.08**
1.一次能源生产量	Indigenous Production		
2.外省(区、市)调入量	Moving In from Other Provinces		3090.63
3.进口量	Import		81.19
4.境内飞机和轮船在境外的加油量	Domestic Airplanes&Ships Refueling Abroad		
5.本省(区、市)调出量(-)	Sending Out to Other Provinces(-)	-37.20	-309.83
6.出口量(-)	Export(-)		-13.83
7.境外飞机和轮船在境内的加油量(-)	Oversea Airplanes&Ships Refueling Domestically(-)		
8.库存增(-)、减(+)量	Stock Change		4.92
二.加工转换投入(-)产出(+)量	**Input(-) & Output(+) of Transformation**	**37.44**	**-38.56**
1.火力发电	Thermal Power		-6.12
2.供热	Heating Supply		-7.90
3.煤炭洗选	Coal Washing		
4.炼焦	Coking	37.44	
5.炼油及煤制油	Petroleum Refining and Coal-to-liquids		75.72
#油品再投入量(-)	Petroleum Products Input (-)		-100.26
6.制气	Gas Works		
#再投入量(-)	Input (-)		
7.天然气液化	Natural Gas Liquefaction		
8.煤制品加工	Processing of Briquettes		
9.回收能	Recovery of Energy		
三.损失量	**Loss**		
四.终端消费量	**Total Final Consumption**	**0.24**	**2814.52**
1.农、林、牧、渔业	Agriculture, Forestry, Animal Husbandry and Fishery		172.28
2.工业	Industry	0.24	465.30
#用作原料、材料	Non-Energy Use	0.22	155.42
3.建筑业	Construction		193.29
4.交通运输、仓储和邮政业	Transport, Storage and Post		1054.20
5.批发和零售业、住宿和餐饮业	Wholesale and Retail Trades, Hotels and Catering Services		252.27
6.其他	Others		237.49
7.居民生活	Residential		439.69
城镇	Urban		304.02
乡村	Rural		135.67
五.平衡差额	**Statistical Difference**		
六.消费量合计	**Total Energy Consumption**	**0.24**	**2853.08**

Continued 1

原油 (万吨) Crude Oil (10^4 tons)	汽油 (万吨) Gasoline (10^4 tons)	煤油 (万吨) Kerosene (10^4 tons)	柴油 (万吨) Diesel Oil (10^4 tons)	燃料油 (万吨) Fuel Oil (10^4 tons)	石脑油 (万吨) Naphtha (10^4 tons)	润滑油 (万吨) Lubricants (10^4 tons)	石蜡 (万吨) Paraffin Waxes (10^4 tons)	溶剂油 (万吨) White Spirit (10^4 tons)
829.48	**759.18**	**4.75**	**824.43**	**79.60**	**-16.95**	**12.26**	**0.09**	**1.29**
760.01	835.59	2.91	873.58	108.99		12.25	0.09	1.28
81.19								
	-74.31		-48.49	-29.41	-17.02			
-13.83								
2.11	-2.10	1.84	-0.66	0.02	0.07	0.01		0.01
-828.30	**283.39**	**63.93**	**233.51**	**18.56**	**16.95**	**-0.02**		
			-0.42	-0.21		-0.02		
				-0.13				
-828.30	283.39	63.93	233.93	24.00	16.95			
				-5.10				
1.18	**1042.57**	**68.68**	**1057.94**	**98.16**		**12.24**	**0.09**	**1.29**
	47.37	0.51	124.14	0.01				
1.18	35.17	1.23	47.79	11.23		3.06	0.09	0.48
	0.01	0.03	0.10	0.05		0.90	0.02	
	53.98	0.21	80.62	1.07				0.81
	316.99	57.80	581.68	82.17		4.80		
	138.39	2.03	88.27	2.34		1.42		
	129.87	6.90	86.62	1.34		2.96		
	320.80		48.82					
	230.67		20.95					
	90.13		27.87					
829.48	**1042.57**	**68.68**	**1058.36**	**103.60**		**12.26**	**0.09**	**1.29**

6-18 续表 2

项　目	Item	石油沥青(万吨) Bitumen Asphalt (10^4 tons)	石油焦(万吨) Petroleum Coke (10^4 tons)
一.可供本地区消费的能源量	**Total Primary Energy Supply**	**74.86**	**35.18**
1.一次能源生产量	Indigenous Production		
2.外省(区、市)调入量	Moving In from Other Provinces	76.79	78.14
3.进口量	Import		
4.境内飞机和轮船在境外的加油量	Domestic Airplanes&Ships Refueling Abroad		
5.本省(区、市)调出量(-)	Sending Out to Other Provinces(-)	-5.01	-38.81
6.出口量(-)	Export(-)		
7.境外飞机和轮船在境内的加油量(-)	Oversea Airplanes&Ships Refueling Domestically(-)		
8.库存增(-)、减(+)量	Stock Change	3.08	-4.15
二.加工转换投入(-)产出(+)量	**Input(-) & Output(+) of Transformation**	**0.02**	**21.97**
1.火力发电	Thermal Power		-3.81
2.供热	Heating Supply		-7.00
3.煤炭洗选	Coal Washing		
4.炼焦	Coking		
5.炼油及煤制油	Petroleum Refining and Coal-to-liquids	0.02	32.78
#油品再投入量(-)	Petroleum Products Input (-)		
6.制气	Gas Works		
#再投入量(-)	Input (-)		
7.天然气液化	Natural Gas Liquefaction		
8.煤制品加工	Processing of Briquettes		
9.回收能	Recovery of Energy		
三.损失量	**Loss**		
四.终端消费量	**Total Final Consumption**	**74.88**	**57.15**
1.农、林、牧、渔业	Agriculture, Forestry, Animal Husbandry and Fishery		
2.工业	Industry	22.29	57.15
#用作原料、材料	Non-Energy Use	16.45	17.75
3.建筑业	Construction	52.59	
4.交通运输、仓储和邮政业	Transport, Storage and Post		
5.批发和零售业、住宿和餐饮业	Wholesale and Retail Trades, Hotels and Catering Services		
6.其他	Others		
7.居民生活	Residential		
城镇	Urban		
乡村	Rural		
五.平衡差额	**Statistical Difference**		
六.消费量合计	**Total Energy Consumption**	**74.88**	**67.96**

Continued 2

液化石油气 (万吨) Liquefied Petroleum Gas (10^4 tons)	炼厂干气 (万吨) Refinery Gas (10^4 tons)	其他石油制品 (万吨) Other Petroleum Products (10^4 tons)	天然气 (亿立方米) Natural Gas (10^8 cu.m)	液化天然气 (万吨) Liquefied Natural Gas (10^4 tons)	热力 (万百万千焦) Heat (10^{10} kJ)	电力 (亿千瓦时) Electricity (10^8 kWh)	其他能源 (万吨标准煤) Other Energy (10^4 tce)
36.85		**212.06**	**45.73**	**46.50**	**323.31**	**1208.10**	**840.16**
			0.01			740.68	840.16
49.53		291.47	45.72	52.38	323.31	594.69	
-12.46		-84.32		-5.65		-127.27	
-0.22		4.91		-0.23			
84.30	**34.44**	**32.69**	**-1.45**		**6249.26**	**1027.43**	**-264.46**
	-0.39	-1.27	-0.02		-4349.89	1027.43	-263.29
	-0.77		-0.44		5792.41		-1.34
84.30	36.55	128.17	-0.99				
	-0.95	-94.21					
					4806.74		0.17
						129.96	
121.15	**34.44**	**244.75**	**44.28**	**46.50**	**6572.57**	**2105.57**	**575.70**
0.25			0.10			34.26	266.02
9.74	34.44	241.45	22.20	16.24	6449.35	964.77	222.67
0.24	2.33	117.54	0.30				
0.71		3.30	0.09			29.70	
10.76			2.54	12.92		67.97	0.17
19.82			4.42	7.61	27.88	136.90	
9.80			5.26	9.73	40.17	230.57	2.35
70.07			9.67		55.17	641.40	84.49
52.40			8.77		55.17	316.51	10.22
17.67			0.90			324.89	74.27
121.15	**36.55**	**340.23**	**45.73**	**46.50**	**10922.46**	**2235.53**	**840.33**

6-19 广东能源平衡表(实物量)-2022

项　目	Item	煤合计 (万吨) Coal Total (10^4 tons)	原煤 (万吨) Raw Coal (10^4 tons)
一.可供本地区消费的能源量	**Total Primary Energy Supply**	**19841.94**	**18628.88**
1.一次能源生产量	Indigenous Production		
2.外省(区、市)调入量	Moving In from Other Provinces	19843.22	17781.37
3.进口量	Import	6912.88	6912.88
4.境内飞机和轮船在境外的加油量	Domestic Airplanes&Ships Refueling Abroad		
5.本省(区、市)调出量(-)	Sending Out to Other Provinces(-)	-6786.21	-5934.37
6.出口量(-)	Export(-)	-0.06	-0.06
7.境外飞机和轮船在境内的加油量(-)	Oversea Airplanes&Ships Refueling Domestically(-)		
8.库存增(-)、减(+)量	Stock Change	-127.89	-130.94
二.加工转换投入(-)产出(+)量	**Input(-) & Output(+) of Transformation**	**-17207.60**	**-16127.54**
1.火力发电	Thermal Power	-14712.90	-14629.95
2.供热	Heating Supply	-1249.37	-1230.19
3.煤炭洗选	Coal Washing		
4.炼焦	Coking	-1062.82	
5.炼油及煤制油	Petroleum Refining and Coal-to-liquids		
#油品再投入量(-)	Petroleum Products Input (-)		
6.制气	Gas Works	-194.20	-194.20
#再投入量(-)	Input (-)		
7.天然气液化	Natural Gas Liquefaction		
8.煤制品加工	Processing of Briquettes	11.69	-73.20
9.回收能	Recovery of Energy		
三.损失量	**Loss**	**60.54**	**60.54**
四.终端消费量	**Total Final Consumption**	**2573.80**	**2440.80**
1.农、林、牧、渔业	Agriculture, Forestry, Animal Husbandry and Fishery	39.74	39.74
2.工业	Industry	2511.08	2382.35
#用作原料、材料	Non-Energy Use	1.68	1.68
3.建筑业	Construction	2.85	2.85
4.交通运输、仓储和邮政业	Transport, Storage and Post		
5.批发和零售业、住宿和餐饮业	Wholesale and Retail Trades, Hotels and Catering Services	3.24	3.24
6.其他	Others	2.12	2.12
7.居民生活	Residential	14.77	10.50
城镇	Urban	8.19	5.68
乡村	Rural	6.58	4.82
五.平衡差额	**Statistical Difference**		
六.消费量合计	**Total Energy Consumption**	**19841.94**	**18628.88**

Energy Balance of Guangdong (Physical Quantity) -2022

洗精煤 (万吨) Cleaned Coal (10^4 tons)	其他洗煤 (万吨) Other Washed Coal (10^4 tons)	煤制品 (万吨) Briquettes (10^4 tons)	煤矸石 (万吨) Gangue (10^4 tons)	焦炭 (万吨) Coke (10^4 tons)	焦炉煤气 (亿立方米) Coke Oven Gas (10^8 cu.m)	高炉煤气 (亿立方米) Blast Furnace Gas (10^8 cu.m)	转炉煤气 (亿立方米) Converter Gas (10^8 cu.m)	其他煤气 (亿立方米) Other Gas (10^8 cu.m)
1062.82	**26.28**	**123.96**	**178.96**	**339.93**		**1.35**		**0.21**
1912.72	29.27	119.86	204.87	330.97		1.35		0.21
-851.84								
1.94	-2.99	4.10	-25.91	8.96				
-1062.82	**-0.90**	**-16.34**	**-166.96**	**735.35**	**23.84**	**227.44**	**19.00**	**0.84**
		-82.95	-166.85		-8.52	-134.98	-12.80	
	-0.90	-18.28	-0.11			-17.78	-0.84	
-1062.82				735.35	32.36			
		84.89						
						380.20	32.64	0.84
	25.38	**107.62**	**12.00**	**1075.28**	**23.84**	**228.79**	**19.00**	**1.05**
	25.38	103.35	12.00	1075.28	23.84	228.79	19.00	1.05
				0.58				
		4.27						
		2.51						
		1.76						
1062.82	**26.28**	**208.85**	**178.96**	**1075.28**	**32.36**	**381.55**	**32.64**	**1.05**

6-19 续表 1

项　目	Item	其他焦化产品(万吨) Other Coking Products (10^4 tons)	油品合计(万吨) Petroleum Products Total (10^4 tons)
一.可供本地区消费的能源量	**Total Primary Energy Supply**	**-40.22**	**5491.44**
1.一次能源生产量	Indigenous Production		1884.62
2.外省(区、市)调入量	Moving In from Other Provinces		344.76
3.进口量	Import		7834.67
4.境内飞机和轮船在境外的加油量	Domestic Airplanes&Ships Refueling Abroad		209.56
5.本省(区、市)调出量(-)	Sending Out to Other Provinces(-)	-40.22	-3644.22
6.出口量(-)	Export(-)		-829.34
7.境外飞机和轮船在境内的加油量(-)	Oversea Airplanes&Ships Refueling Domestically(-)		-209.14
8.库存增(-)、减(+)量	Stock Change		-99.47
二.加工转换投入(-)产出(+)量	**Input(-) & Output(+) of Transformation**	**42.99**	**-573.64**
1.火力发电	Thermal Power		-42.07
2.供热	Heating Supply		-245.60
3.煤炭洗选	Coal Washing		
4.炼焦	Coking	42.99	
5.炼油及煤制油	Petroleum Refining and Coal-to-liquids		1149.04
#油品再投入量(-)	Petroleum Products Input (-)		-1413.49
6.制气	Gas Works		-21.52
#再投入量(-)	Input (-)		
7.天然气液化	Natural Gas Liquefaction		
8.煤制品加工	Processing of Briquettes		
9.回收能	Recovery of Energy		
三.损失量	**Loss**		**27.52**
四.终端消费量	**Total Final Consumption**	**2.77**	**4890.28**
1.农、林、牧、渔业	Agriculture, Forestry, Animal Husbandry and Fishery		161.53
2.工业	Industry	2.77	1599.68
#用作原料、材料	Non-Energy Use		949.04
3.建筑业	Construction		201.26
4.交通运输、仓储和邮政业	Transport, Storage and Post		1506.11
5.批发和零售业、住宿和餐饮业	Wholesale and Retail Trades, Hotels and Catering Services		298.18
6.其他	Others		88.83
7.居民生活	Rcsidential		1034.69
城镇	Urban		628.80
乡村	Rural		405.89
五.平衡差额	**Statistical Difference**		
六.消费量合计	**Total Energy Consumption**	**2.77**	**5491.44**

Continued 1

原油 (万吨) Crude Oil (10^4 tons)	汽油 (万吨) Gasoline (10^4 tons)	煤油 (万吨) Kerosene (10^4 tons)	柴油 (万吨) Diesel Oil (10^4 tons)	燃料油 (万吨) Fuel Oil (10^4 tons)	石脑油 (万吨) Naphtha (10^4 tons)	润滑油 (万吨) Lubricants (10^4 tons)	石蜡 (万吨) Paraffin Waxes (10^4 tons)	溶剂油 (万吨) White Spirit (10^4 tons)
6634.04	**-340.36**	**-197.85**	**-866.14**	**-34.64**	**509.91**	**-9.97**	**-1.29**	**-44.52**
1884.62								
		6.50		111.37	168.09			
6704.53		40.40	0.36	42.40	348.17	30.81	1.52	1.29
		133.47	6.12	69.97				
-1852.86	-181.53		-689.67			-35.06	-1.15	-46.72
	-168.97	-239.78	-159.76	-173.80		-9.57	-1.51	-0.40
		-134.13	-6.37	-68.64				
-102.25	10.14	-4.31	-16.82	-15.94	-6.35	3.85	-0.15	1.31
-6560.33	**1371.16**	**532.74**	**1960.60**	**349.48**	**187.07**	**27.73**	**1.69**	**45.09**
			-2.91	-11.62				
			-0.07	-190.07				
-6560.33	1371.76	532.74	1964.18	568.29	601.67	31.07	1.69	45.09
	-0.60		-0.60	-17.12	-414.60	-3.34		
16.97	**2.83**	**1.27**	**3.29**	**0.82**				
56.74	**1027.97**	**333.62**	**1091.17**	**314.02**	**696.98**	**17.76**	**0.40**	**0.57**
	38.03		108.56			12.38		
56.74	27.72	2.41	169.59	46.63	696.98	1.19	0.40	0.57
		0.38	0.04	7.29	696.38	0.05	0.19	0.45
	20.82		23.16	0.76		0.03		
	268.42	329.05	615.68	257.40		3.84		
	92.85		133.36	9.23		0.18		
	68.06		16.69					
	512.07	2.16	24.13			0.14		
	355.42	0.31	6.45			0.08		
	156.65	1.85	17.68			0.06		
6634.04	**1031.40**	**334.89**	**1098.04**	**533.65**	**1111.58**	**21.10**	**0.40**	**0.57**

6-19 续表 2

项　目	Item	石油沥青(万吨) Bitumen Asphalt (10^4 tons)	石油焦(万吨) Petroleum Coke (10^4 tons)
一.可供本地区消费的能源量	**Total Primary Energy Supply**	**-10.11**	**-149.21**
1.一次能源生产量	Indigenous Production		
2.外省(区、市)调入量	Moving In from Other Provinces		
3.进口量	Import	78.06	65.72
4.境内飞机和轮船在境外的加油量	Domestic Airplanes&Ships Refueling Abroad		
5.本省(区、市)调出量(−)	Sending Out to Other Provinces(-)	-113.93	-214.01
6.出口量(−)	Export(-)	-0.03	-0.19
7.境外飞机和轮船在境内的加油量(−)	Oversea Airplanes&Ships Refueling Domestically(-)		
8.库存增(−)、减(+)量	Stock Change	25.79	-0.73
二.加工转换投入(−)产出(+)量	**Input(-) & Output(+) of Transformation**	**189.64**	**204.57**
1.火力发电	Thermal Power		-25.25
2.供热	Heating Supply		-45.95
3.煤炭洗选	Coal Washing		
4.炼焦	Coking		
5.炼油及煤制油	Petroleum Refining and Coal-to-liquids	189.64	294.35
#油品再投入量(−)	Petroleum Products Input (-)		
6.制气	Gas Works		-18.58
#再投入量(−)	Input (-)		
7.天然气液化	Natural Gas Liquefaction		
8.煤制品加工	Processing of Briquettes		
9.回收能	Recovery of Energy		
三.损失量	**Loss**		
四.终端消费量	**Total Final Consumption**	**179.53**	**55.36**
1.农、林、牧、渔业	Agriculture, Forestry, Animal Husbandry and Fishery		
2.工业	Industry	24.17	55.36
#用作原料、材料	Non-Energy Use	22.89	2.41
3.建筑业	Construction	155.36	
4.交通运输、仓储和邮政业	Transport, Storage and Post		
5.批发和零售业、住宿和餐饮业	Wholesale and Retail Trades, Hotels and Catering Services		
6.其他	Others		
7.居民生活	Residential		
城镇	Urban		
乡村	Rural		
五.平衡差额	**Statistical Difference**		
六.消费量合计	**Total Energy Consumption**	**179.53**	**145.14**

Continued 2

液化石油气 (万吨) Liquefied Petroleum Gas (10^4 tons)	炼厂干气 (万吨) Refinery Gas (10^4 tons)	其他石油制品 (万吨) Other Petroleum Products (10^4 tons)	天然气 (亿立方米) Natural Gas (10^8 cu.m)	液化天然气 (万吨) Liquefied Natural Gas (10^4 tons)	热力 (万百万千焦) Heat (10^{10} kJ)	电力 (亿千瓦时) Electricity (10^8 kWh)	其他能源 (万吨标准煤) Other Energy (10^4 tce)
498.81	**4.85**	**-502.08**	**295.69**	**297.64**	**-5876.11**	**3401.17**	**1183.75**
			124.39			1896.53	
53.95	4.85		171.30			1557.68	1183.75
516.60		4.81		1918.89			
		-509.29		-1394.54	-5876.11	-53.04	
-71.60		-3.73		-228.60			
-0.14		6.13		1.89			
288.16	**164.23**	**664.53**	**-144.62**	**-243.45**	**40954.88**	**4469.17**	**-1060.29**
	-2.05	-0.24	-126.38	-213.35	-5100.88	4469.17	-1024.63
-0.13	-7.59	-1.79	-18.11	-30.10	37121.01		-49.45
468.50	244.36	1396.03	-0.08				4.01
-180.21	-67.55	-729.47					-121.70
	-2.94						112.83
			-0.05				
					8934.75		18.65
0.94		**1.40**	**0.37**	**1.69**	**40.95**	**253.42**	
786.03	**169.08**	**161.05**	**150.70**	**52.50**	**35037.82**	**7616.92**	**123.46**
2.56			0.82			164.62	
187.79	169.08	161.05	93.76	52.50	35035.68	4312.05	123.46
115.49	2.96	100.51		0.02			3.94
1.13			0.19		0.06	104.26	
31.72			2.26		2.08	178.41	
62.56			15.72			520.30	
4.08			0.63			984.33	
496.19			37.32			1352.95	
266.54			33.24			804.30	
229.65			4.08			548.65	
967.31	**249.21**	**893.95**	**295.69**	**297.64**	**40179.65**	**7870.34**	**1319.24**

6-20 广西能源平衡表(实物量)-2022

项 目	Item	煤合计(万吨) Coal Total (10^4 tons)	原煤(万吨) Raw Coal (10^4 tons)
一.可供本地区消费的能源量	**Total Primary Energy Supply**	**9070.81**	**8080.57**
1.一次能源生产量	Indigenous Production	380.59	380.59
2.外省(区、市)调入量	Moving In from Other Provinces	8896.18	7444.32
3.进口量	Import	1055.00	1055.00
4.境内飞机和轮船在境外的加油量	Domestic Airplanes&Ships Refueling Abroad		
5.本省(区、市)调出量(-)	Sending Out to Other Provinces(-)	-1358.32	-858.19
6.出口量(-)	Export(-)		
7.境外飞机和轮船在境内的加油量(-)	Oversea Airplanes&Ships Refueling Domestically(-)		
8.库存增(-)、减(+)量	Stock Change	97.37	58.85
二.加工转换投入(-)产出(+)量	**Input(-) & Output(+) of Transformation**	**-6413.39**	**-5468.18**
1.火力发电	Thermal Power	-4019.65	-4019.65
2.供热	Heating Supply	-800.80	-800.80
3.煤炭洗选	Coal Washing	0.36	-15.58
4.炼焦	Coking	-1449.00	-486.42
5.炼油及煤制油	Petroleum Refining and Coal-to-liquids		
#油品再投入量(-)	Petroleum Products Input (-)		
6.制气	Gas Works	-144.22	-144.22
#再投入量(-)	Input (-)		
7.天然气液化	Natural Gas Liquefaction		
8.煤制品加工	Processing of Briquettes	-0.08	-1.50
9.回收能	Recovery of Energy		
三.损失量	**Loss**		
四.终端消费量	**Total Final Consumption**	**2657.41**	**2612.39**
1.农、林、牧、渔业	Agriculture, Forestry, Animal Husbandry and Fishery		
2.工业	Industry	2657.41	2612.39
#用作原料、材料	Non-Energy Use	299.09	298.94
3.建筑业	Construction		
4.交通运输、仓储和邮政业	Transport, Storage and Post		
5.批发和零售业、住宿和餐饮业	Wholesale and Retail Trades, Hotels and Catering Services		
6.其他	Others		
7.居民生活	Residential		
城镇	Urban		
乡村	Rural		
五.平衡差额	**Statistical Difference**		
六.消费量合计	**Total Energy Consumption**	**9070.81**	**8080.57**

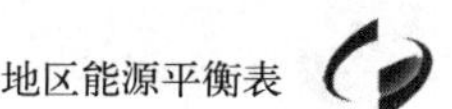

Energy Balance of Guangxi (Physical Quantity) -2022

洗精煤 (万吨) Cleaned Coal (10^4 tons)	其他洗煤 (万吨) Other Washed Coal (10^4 tons)	煤制品 (万吨) Briquettes (10^4 tons)	煤矸石 (万吨) Gangue (10^4 tons)	焦炭 (万吨) Coke (10^4 tons)	焦炉煤气 (亿立方米) Coke Oven Gas (10^8 cu.m)	高炉煤气 (亿立方米) Blast Furnace Gas (10^8 cu.m)	转炉煤气 (亿立方米) Converter Gas (10^8 cu.m)	其他煤气 (亿立方米) Other Gas (10^8 cu.m)
951.21	**40.21**	**-1.18**	**228.21**	**418.14**				
918.90	49.81	483.15	232.78	617.00				
-4.74	-11.08	-484.31		-200.69				
37.05	1.48	-0.02	-4.58	1.83				
-951.21	**4.56**	**1.43**	**-224.05**	**1084.79**	**41.07**	**381.03**	**20.19**	**42.26**
			-224.05		-6.27	-139.03	-13.26	
						-0.32		-0.03
11.38	4.56							
-962.59				1084.79	47.34			
								42.29
		1.43						
						520.37	33.45	
	44.77	**0.25**	**4.16**	**1502.93**	**41.07**	**381.03**	**20.19**	**42.26**
	44.77	0.25	4.16	1502.93	41.07	381.03	20.19	42.26
		0.15		38.93				
962.59	**44.77**	**0.25**	**228.21**	**1502.93**	**47.34**	**520.37**	**33.45**	**42.29**

6-20 续表 1

项　　目	Item	其他焦化产品(万吨) Other Coking Products (10^4 tons)	油品合计(万吨) Petroleum Products Total (10^4 tons)
一.可供本地区消费的能源量	**Total Primary Energy Supply**	**-54.75**	**1240.13**
1.一次能源生产量	Indigenous Production		65.79
2.外省(区、市)调入量	Moving In from Other Provinces	1.42	2012.46
3.进口量	Import		685.00
4.境内飞机和轮船在境外的加油量	Domestic Airplanes&Ships Refueling Abroad		
5.本省(区、市)调出量(-)	Sending Out to Other Provinces(-)	-55.59	-1508.04
6.出口量(-)	Export(-)		
7.境外飞机和轮船在境内的加油量(-)	Oversea Airplanes&Ships Refueling Domestically(-)		
8.库存增(-)、减(+)量	Stock Change	-0.58	-15.09
二.加工转换投入(-)产出(+)量	**Input(-) & Output(+) of Transformation**	**56.72**	**-79.21**
1.火力发电	Thermal Power		-14.80
2.供热	Heating Supply		-5.50
3.煤炭洗选	Coal Washing		
4.炼焦	Coking	56.72	
5.炼油及煤制油	Petroleum Refining and Coal-to-liquids		49.34
#油品再投入量(-)	Petroleum Products Input (-)		-108.25
6.制气	Gas Works		
#再投入量(-)	Input (-)		
7.天然气液化	Natural Gas Liquefaction		
8.煤制品加工	Processing of Briquettes		
9.回收能	Recovery of Energy		
三.损失量	**Loss**		
四.终端消费量	**Total Final Consumption**	**1.97**	**1160.92**
1.农、林、牧、渔业	Agriculture, Forestry, Animal Husbandry and Fishery		88.09
2.工业	Industry	1.97	237.71
#用作原料、材料	Non-Energy Use	1.59	88.88
3.建筑业	Construction		36.71
4.交通运输、仓储和邮政业	Transport, Storage and Post		602.22
5.批发和零售业、住宿和餐饮业	Wholesale and Retail Trades, Hotels and Catering Services		54.53
6.其他	Others		23.13
7.居民生活	Residential		118.53
城镇	Urban		62.02
乡村	Rural		56.51
五.平衡差额	**Statistical Difference**		
六.消费量合计	**Total Energy Consumption**	**1.97**	**1240.13**

Continued 1

原油 (万吨) Crude Oil (10^4 tons)	汽油 (万吨) Gasoline (10^4 tons)	煤油 (万吨) Kerosene (10^4 tons)	柴油 (万吨) Diesel Oil (10^4 tons)	燃料油 (万吨) Fuel Oil (10^4 tons)	石脑油 (万吨) Naphtha (10^4 tons)	润滑油 (万吨) Lubricants (10^4 tons)	石蜡 (万吨) Paraffin Waxes (10^4 tons)	溶剂油 (万吨) White Spirit (10^4 tons)
1594.58	**-154.89**	**-72.56**	**-6.89**	**-78.63**	**-14.45**	**-5.30**	**0.07**	**0.18**
65.79								
1003.85	395.42	0.09	430.73	21.49	4.73	1.19	0.07	0.17
685.00								
-127.43	-561.18	-75.31	-442.98	-99.37	-18.47	-6.32		
-32.63	10.87	2.66	5.36	-0.75	-0.72	-0.17		0.01
-1591.66	**484.68**	**94.92**	**516.61**	**95.47**	**14.45**	**7.30**		
			-0.59					
				-0.90				
-1591.66	484.68	94.92	517.65	103.60	15.98	7.30		
			-0.45	-7.23	-1.52			
2.92	**329.79**	**22.36**	**509.72**	**16.84**		**2.00**	**0.07**	**0.18**
	1.75		86.34					
2.92	1.04	0.04	33.99	12.26		0.15	0.07	0.18
	0.05						0.06	0.07
	7.01	0.01	28.48	1.15				
	265.19	22.31	309.44	3.43		1.85		
	13.27		15.53					
	4.13		19.00					
	37.40		16.94					
	22.82		4.16					
	14.58		12.78					
1594.58	**329.79**	**22.36**	**510.77**	**24.97**	**1.52**	**2.00**	**0.07**	**0.18**

6-20 续表 2

项　目	Item	石油沥青(万吨) Bitumen Asphalt (10^4 tons)	石油焦(万吨) Petroleum Coke (10^4 tons)
一.可供本地区消费的能源量	**Total Primary Energy Supply**	**-42.13**	**49.15**
1.一次能源生产量	Indigenous Production		
2.外省(区、市)调入量	Moving In from Other Provinces	1.80	68.17
3.进口量	Import		
4.境内飞机和轮船在境外的加油量	Domestic Airplanes&Ships Refueling Abroad		
5.本省(区、市)调出量(-)	Sending Out to Other Provinces(-)	-43.40	-22.38
6.出口量(-)	Export(-)		
7.境外飞机和轮船在境内的加油量(-)	Oversea Airplanes&Ships Refueling Domestically(-)		
8.库存增(-)、减(+)量	Stock Change	-0.53	3.37
二.加工转换投入(-)产出(+)量	**Input(-) & Output(+) of Transformation**	**45.24**	**34.85**
1.火力发电	Thermal Power		-14.21
2.供热	Heating Supply		
3.煤炭洗选	Coal Washing		
4.炼焦	Coking		
5.炼油及煤制油	Petroleum Refining and Coal-to-liquids	45.24	49.06
#油品再投入量(-)	Petroleum Products Input (-)		
6.制气	Gas Works		
#再投入量(-)	Input (-)		
7.天然气液化	Natural Gas Liquefaction		
8.煤制品加工	Processing of Briquettes		
9.回收能	Recovery of Energy		
三.损失量	**Loss**		
四.终端消费量	**Total Final Consumption**	**3.11**	**84.00**
1.农、林、牧、渔业	Agriculture, Forestry, Animal Husbandry and Fishery		
2.工业	Industry	3.11	84.00
#用作原料、材料	Non-Energy Use	2.85	62.71
3.建筑业	Construction		
4.交通运输、仓储和邮政业	Transport, Storage and Post		
5.批发和零售业、住宿和餐饮业	Wholesale and Retail Trades, Hotels and Catering Services		
6.其他	Others		
7.居民生活	Residential		
城镇	Urban		
乡村	Rural		
五.平衡差额	**Statistical Difference**		
六.消费量合计	**Total Energy Consumption**	**3.11**	**98.21**

Continued 2

液化石油气 (万吨) Liquefied Petroleum Gas (10^4 tons)	炼厂干气 (万吨) Refinery Gas (10^4 tons)	其他石油制品 (万吨) Other Petroleum Products (10^4 tons)	天然气 (亿立方米) Natural Gas (10^8 cu.m)	液化天然气 (万吨) Liquefied Natural Gas (10^4 tons)	热力 (万百万千焦) Heat (10^{10} kJ)	电力 (亿千瓦时) Electricity (10^8 kWh)	其他能源 (万吨标准煤) Other Energy (10^4 tce)
16.49		**-45.50**	**33.22**	**7.98**		**1126.10**	**536.12**
			0.23			1025.13	536.12
19.44		65.30	32.98	41.31		310.41	
-1.96		-109.24		-34.97		-209.44	
-0.99		-1.55	0.01	1.63			
74.96	**43.54**	**100.44**	**-5.56**		**14727.07**	**1090.79**	**-314.70**
			-1.50		-10607.01	1090.79	-261.74
	-4.61		-1.40		14195.99		-55.46
106.81	48.19	167.59	-2.66				
-31.85	-0.04	-67.15					
					11138.10		2.50
						73.78	
91.45	**43.54**	**54.94**	**27.66**	**7.98**	**14727.07**	**2143.11**	**221.41**
						50.65	
1.47	43.54	54.94	17.20	7.97	14727.07	1265.07	221.41
		23.14					1.35
0.06			0.20			32.61	
			0.77	0.01		47.76	
25.73						88.86	
						188.81	
64.19			9.50			469.35	
35.04			9.50			265.26	
29.15						204.09	
123.30	**48.19**	**122.09**	**33.22**	**7.98**	**25334.09**	**2216.89**	**538.61**

6-21 海南能源平衡表(实物量)-2022

项目	Item	煤合计 (万吨) Coal Total (10^4 tons)	原煤 (万吨) Raw Coal (10^4 tons)
一.可供本地区消费的能源量	**Total Primary Energy Supply**	**1138.74**	**1138.74**
1.一次能源生产量	Indigenous Production		
2.外省(区、市)调入量	Moving In from Other Provinces	9267.77	7818.18
3.进口量	Import	655.17	655.17
4.境内飞机和轮船在境外的加油量	Domestic Airplanes&Ships Refueling Abroad		
5.本省(区、市)调出量(-)	Sending Out to Other Provinces(-)	-8631.39	-7224.78
6.出口量(-)	Export(-)		
7.境外飞机和轮船在境内的加油量(-)	Oversea Airplanes&Ships Refueling Domestically(-)		
8.库存增(-)、减(+)量	Stock Change	-152.81	-109.83
二.加工转换投入(-)产出(+)量	**Input(-) & Output(+) of Transformation**	**-928.54**	**-928.54**
1.火力发电	Thermal Power	-840.28	-840.28
2.供热	Heating Supply	-88.26	-88.26
3.煤炭洗选	Coal Washing		
4.炼焦	Coking		
5.炼油及煤制油	Petroleum Refining and Coal-to-liquids		
#油品再投入量(-)	Petroleum Products Input (-)		
6.制气	Gas Works		
#再投入量(-)	Input (-)		
7.天然气液化	Natural Gas Liquefaction		
8.煤制品加工	Processing of Briquettes		
9.回收能	Recovery of Energy		
三.损失量	**Loss**		
四.终端消费量	**Total Final Consumption**	**210.20**	**210.20**
1.农、林、牧、渔业	Agriculture, Forestry, Animal Husbandry and Fishery		
2.工业	Industry	210.20	210.20
#用作原料、材料	Non-Energy Use		
3.建筑业	Construction		
4.交通运输、仓储和邮政业	Transport, Storage and Post		
5.批发和零售业、住宿和餐饮业	Wholesale and Retail Trades, Hotels and Catering Services		
6.其他	Others		
7.居民生活	Residential		
城镇	Urban		
乡村	Rural		
五.平衡差额	**Statistical Difference**		
六.消费量合计	**Total Energy Consumption**	**1138.74**	**1138.74**

Energy Balance of Hainan (Physical Quantity) -2022

洗精煤 (万吨) Cleaned Coal (10^4 tons)	其他洗煤 (万吨) Other Washed Coal (10^4 tons)	煤制品 (万吨) Briquettes (10^4 tons)	煤矸石 (万吨) Gangue (10^4 tons)	焦炭 (万吨) Coke (10^4 tons)	焦炉煤气 (亿立方米) Coke Oven Gas (10^8 cu.m)	高炉煤气 (亿立方米) Blast Furnace Gas (10^8 cu.m)	转炉煤气 (亿立方米) Converter Gas (10^8 cu.m)	其他煤气 (亿立方米) Other Gas (10^8 cu.m)
				0.03				
584.74	702.90	161.95		64.44				
-559.91	-690.04	-156.66		-64.09				
-24.83	-12.86	-5.29		-0.32				
				0.03				
				0.03				
				0.03				

6-21 续表 1

项 目	Item	其他焦化产品(万吨) Other Coking Products (10^4 tons)	油品合计(万吨) Petroleum Products Total (10^4 tons)
一.可供本地区消费的能源量	**Total Primary Energy Supply**		**517.83**
1.一次能源生产量	Indigenous Production		55.96
2.外省(区、市)调入量	Moving In from Other Provinces		3510.93
3.进口量	Import		884.52
4.境内飞机和轮船在境外的加油量	Domestic Airplanes&Ships Refueling Abroad		
5.本省(区、市)调出量(-)	Sending Out to Other Provinces(-)		-3515.37
6.出口量(-)	Export(-)		-403.81
7.境外飞机和轮船在境内的加油量(-)	Oversea Airplanes&Ships Refueling Domestically(-)		
8.库存增(-)、减(+)量	Stock Change		-14.40
二.加工转换投入(-)产出(+)量	**Input(-) & Output(+) of Transformation**		**-35.86**
1.火力发电	Thermal Power		-0.05
2.供热	Heating Supply		-8.14
3.煤炭洗选	Coal Washing		
4.炼焦	Coking		
5.炼油及煤制油	Petroleum Refining and Coal-to-liquids		386.93
#油品再投入量(-)	Petroleum Products Input (-)		-414.60
6.制气	Gas Works		
#再投入量(-)	Input (-)		
7.天然气液化	Natural Gas Liquefaction		
8.煤制品加工	Processing of Briquettes		
9.回收能	Recovery of Energy		
三.损失量	**Loss**		
四.终端消费量	**Total Final Consumption**		**481.97**
1.农、林、牧、渔业	Agriculture, Forestry, Animal Husbandry and Fishery		40.88
2.工业	Industry		127.22
#用作原料、材料	Non-Energy Use		32.93
3.建筑业	Construction		17.12
4.交通运输、仓储和邮政业	Transport, Storage and Post		180.18
5.批发和零售业、住宿和餐饮业	Wholesale and Retail Trades, Hotels and Catering Services		7.07
6.其他	Others		58.09
7.居民生活	Rcsidential		51.41
城镇	Urban		39.37
乡村	Rural		12.04
五.平衡差额	**Statistical Difference**		
六.消费量合计	**Total Energy Consumption**		**517.83**

Continued 1

原油 (万吨) Crude Oil (10^4 tons)	汽油 (万吨) Gasoline (10^4 tons)	煤油 (万吨) Kerosene (10^4 tons)	柴油 (万吨) Diesel Oil (10^4 tons)	燃料油 (万吨) Fuel Oil (10^4 tons)	石脑油 (万吨) Naphtha (10^4 tons)	润滑油 (万吨) Lubricants (10^4 tons)	石蜡 (万吨) Paraffin Waxes (10^4 tons)	溶剂油 (万吨) White Spirit (10^4 tons)
905.87	**-95.08**	**-22.44**	**-168.06**	**-10.27**	**-41.99**	**0.01**		
55.96								
2483.95	318.61	147.13	288.81	92.69	15.45	0.80		
790.12	2.01	20.37	0.66	31.69	3.11	0.02		
-2389.72	-335.96	-31.79	-407.13	-118.57	-56.26	-0.02		
-27.01	-74.40	-158.69	-44.29	-19.96		-0.75		
-7.43	-5.34	0.54	-6.11	3.88	-4.29	-0.04		
-905.20	**218.73**	**88.52**	**260.67**	**74.07**	**41.99**			
			-0.05					
-905.20	218.73	88.52	260.72	74.41	42.49			
				-0.34	-0.50			
0.67	**123.65**	**66.08**	**92.61**	**63.80**		**0.01**		
	2.66		38.22					
0.67	0.37		4.74	0.93		0.01		
	6.61		10.51					
	16.71	66.08	34.52	62.87				
	3.55		1.42					
	54.29		3.20					
	39.46							
	29.32							
	10.14							
905.87	**123.65**	**66.08**	**92.66**	**64.14**	**0.50**	**0.01**		

6-21 续表 2

项 目	Item	石油沥青（万吨） Bitumen Asphalt (10^4 tons)	石油焦（万吨） Petroleum Coke (10^4 tons)
一.可供本地区消费的能源量	**Total Primary Energy Supply**	**-7.17**	
1.一次能源生产量	Indigenous Production		
2.外省(区、市)调入量	Moving In from Other Provinces	72.71	18.46
3.进口量	Import	21.61	
4.境内飞机和轮船在境外的加油量	Domestic Airplanes&Ships Refueling Abroad		
5.本省(区、市)调出量(-)	Sending Out to Other Provinces(-)	-94.37	-18.20
6.出口量(-)	Export(-)	-9.47	
7.境外飞机和轮船在境内的加油量(-)	Oversea Airplanes&Ships Refueling Domestically(-)		
8.库存增(-)、减(+)量	Stock Change	2.35	-0.26
二.加工转换投入(-)产出(+)量	**Input(-) & Output(+) of Transformation**	**7.17**	
1.火力发电	Thermal Power		
2.供热	Heating Supply		
3.煤炭洗选	Coal Washing		
4.炼焦	Coking		
5.炼油及煤制油	Petroleum Refining and Coal-to-liquids	7.17	
#油品再投入量(-)	Petroleum Products Input (-)		
6.制气	Gas Works		
#再投入量(-)	Input (-)		
7.天然气液化	Natural Gas Liquefaction		
8.煤制品加工	Processing of Briquettes		
9.回收能	Recovery of Energy		
三.损失量	**Loss**		
四.终端消费量	**Total Final Consumption**		
1.农、林、牧、渔业	Agriculture, Forestry, Animal Husbandry and Fishery		
2.工业	Industry		
#用作原料、材料	Non-Energy Use		
3.建筑业	Construction		
4.交通运输、仓储和邮政业	Transport, Storage and Post		
5.批发和零售业、住宿和餐饮业	Wholesale and Retail Trades, Hotels and Catering Services		
6.其他	Others		
7.居民生活	Residential		
城镇	Urban		
乡村	Rural		
五.平衡差额	**Statistical Difference**		
六.消费量合计	**Total Energy Consumption**		

Continued 2

液化石油气 (万吨) Liquefied Petroleum Gas (10^4 tons)	炼厂干气 (万吨) Refinery Gas (10^4 tons)	其他石油制品 (万吨) Other Petroleum Products (10^4 tons)	天然气 (亿立方米) Natural Gas (10^8 cu.m)	液化天然气 (万吨) Liquefied Natural Gas (10^4 tons)	热力 (万百万千焦) Heat (10^{10} kJ)	电力 (亿千瓦时) Electricity (10^8 kWh)	其他能源 (万吨标准煤) Other Energy (10^4 tce)
-54.93		**11.89**	**58.18**	**4.44**		**167.54**	**105.74**
			31.54			160.43	92.23
18.59		53.73	45.64	54.83		9.15	13.51
		14.93		122.30			
-12.58		-50.77		-120.20		-2.04	
-60.31		-8.93	-19.00	-52.39			
-0.63		2.93		-0.10			
74.98	**30.94**	**72.27**	**-24.99**		**3526.86**	**245.28**	**-100.96**
			-12.32		-1079.37	245.28	-97.80
-7.83	-0.31		-10.66		3526.86		-5.19
84.86	49.33	465.90	-1.77				
-2.05	-18.08	-393.63					
							2.03
			-0.24				
					1079.37		
						16.04	
20.05	**30.94**	**84.16**	**33.19**	**4.44**	**3526.86**	**396.78**	**4.78**
						28.62	
5.40	30.94	84.16	29.30	2.92	3526.86	133.73	4.78
	0.80	32.13	24.03				
						11.50	
			0.91	1.52		7.40	
2.10			1.56			45.35	
0.60						84.99	
11.95			1.42			85.19	
10.05			1.20			46.90	
1.90			0.22			38.29	
29.93	**49.33**	**477.79**	**58.18**	**4.44**	**4606.23**	**412.82**	**107.77**

6-22 重庆能源平衡表(实物量)-2022

项　目	Item	煤合计 (万吨) Coal Total (10^4 tons)	原煤 (万吨) Raw Coal (10^4 tons)
一.可供本地区消费的能源量	**Total Primary Energy Supply**	**5236.03**	**4789.38**
1.一次能源生产量	Indigenous Production		
2.外省(区、市)调入量	Moving In from Other Provinces	6599.01	6019.23
3.进口量	Import		
4.境内飞机和轮船在境外的加油量	Domestic Airplanes&Ships Refueling Abroad		
5.本省(区、市)调出量(-)	Sending Out to Other Provinces(-)	-1521.45	-1388.48
6.出口量(-)	Export(-)		
7.境外飞机和轮船在境内的加油量(-)	Oversea Airplanes&Ships Refueling Domestically(-)		
8.库存增(-)、减(+)量	Stock Change	158.47	158.63
二.加工转换投入(-)产出(+)量	**Input(-) & Output(+) of Transformation**	**-3593.80**	**-3334.36**
1.火力发电	Thermal Power	-2701.49	-2701.49
2.供热	Heating Supply	-443.26	-443.26
3.煤炭洗选	Coal Washing	-32.37	-189.61
4.炼焦	Coking	-416.68	
5.炼油及煤制油	Petroleum Refining and Coal-to-liquids		
#油品再投入量(-)	Petroleum Products Input (-)		
6.制气	Gas Works		
#再投入量(-)	Input (-)		
7.天然气液化	Natural Gas Liquefaction		
8.煤制品加工	Processing of Briquettes		
9.回收能	Recovery of Energy		
三.损失量	**Loss**		
四.终端消费量	**Total Final Consumption**	**1642.23**	**1455.02**
1.农、林、牧、渔业	Agriculture, Forestry, Animal Husbandry and Fishery	54.35	34.13
2.工业	Industry	1535.37	1403.23
#用作原料、材料	Non-Energy Use	91.21	91.21
3.建筑业	Construction	16.14	9.59
4.交通运输、仓储和邮政业	Transport, Storage and Post	5.55	2.92
5.批发和零售业、住宿和餐饮业	Wholesale and Retail Trades, Hotels and Catering Services	6.41	2.86
6.其他	Others	4.45	2.29
7.居民生活	Residential	19.96	
城镇	Urban	1.20	
乡村	Rural	18.76	
五.平衡差额	**Statistical Difference**		
六.消费量合计	**Total Energy Consumption**	**5236.03**	**4789.38**

 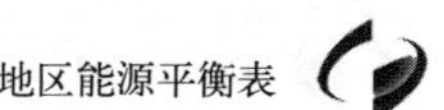

Energy Balance of Chongqing (Physical Quantity) -2022

洗精煤 (万吨) Cleaned Coal (10^4 tons)	其他洗煤 (万吨) Other Washed Coal (10^4 tons)	煤制品 (万吨) Briquettes (10^4 tons)	煤矸石 (万吨) Gangue (10^4 tons)	焦炭 (万吨) Coke (10^4 tons)	焦炉煤气 (亿立方米) Coke Oven Gas (10^8 cu.m)	高炉煤气 (亿立方米) Blast Furnace Gas (10^8 cu.m)	转炉煤气 (亿立方米) Converter Gas (10^8 cu.m)	其他煤气 (亿立方米) Other Gas (10^8 cu.m)
343.22	**103.32**	**0.11**	**26.51**	**50.36**				
381.40	169.92	28.46	27.22	53.52				
-38.95	-65.88	-28.14						
0.77	-0.72	-0.21	-0.71	-3.16				
-343.22	**83.78**			**312.90**	**12.77**	**48.48**	**8.79**	**1.59**
					-0.78	-62.69	-2.51	
						-16.78		
73.46	83.78							
-416.68				312.90	13.55			
								1.59
						127.95	11.30	
	187.10	**0.11**	**26.51**	**363.26**	**12.77**	**48.48**	**8.79**	**1.59**
	20.22							
	132.03	0.11	26.51	363.26	12.77	48.48	8.79	1.59
				0.59				0.64
	6.55							
	2.63							
	3.55							
	2.16							
	19.96							
	1.20							
	18.76							
416.68	**187.10**	**0.11**	**26.51**	**363.26**	**13.55**	**127.95**	**11.30**	**1.59**

6-22 续表 1

项　目	Item	其他焦化产品(万吨) Other Coking Products (10^4 tons)	油品合计(万吨) Petroleum Products Total (10^4 tons)
一.可供本地区消费的能源量	**Total Primary Energy Supply**		**870.75**
1.一次能源生产量	Indigenous Production		
2.外省(区、市)调入量	Moving In from Other Provinces		1078.25
3.进口量	Import		
4.境内飞机和轮船在境外的加油量	Domestic Airplanes&Ships Refueling Abroad		
5.本省(区、市)调出量(-)	Sending Out to Other Provinces(-)		-194.40
6.出口量(-)	Export(-)		
7.境外飞机和轮船在境内的加油量(-)	Oversea Airplanes&Ships Refueling Domestically(-)		
8.库存增(-)、减(+)量	Stock Change		-13.10
二.加工转换投入(-)产出(+)量	**Input(-) & Output(+) of Transformation**	**16.50**	**-0.57**
1.火力发电	Thermal Power		-0.57
2.供热	Heating Supply		
3.煤炭洗选	Coal Washing		
4.炼焦	Coking	16.50	
5.炼油及煤制油	Petroleum Refining and Coal-to-liquids		
#油品再投入量(-)	Petroleum Products Input (-)		
6.制气	Gas Works		
#再投入量(-)	Input (-)		
7.天然气液化	Natural Gas Liquefaction		
8.煤制品加工	Processing of Briquettes		
9.回收能	Recovery of Energy		
三.损失量	**Loss**		
四.终端消费量	**Total Final Consumption**	**16.50**	**870.18**
1.农、林、牧、渔业	Agriculture, Forestry, Animal Husbandry and Fishery		33.35
2.工业	Industry	16.50	67.59
#用作原料、材料	Non-Energy Use	2.64	35.55
3.建筑业	Construction		52.88
4.交通运输、仓储和邮政业	Transport, Storage and Post		421.43
5.批发和零售业、住宿和餐饮业	Wholesale and Retail Trades, Hotels and Catering Services		73.80
6.其他	Others		32.51
7.居民生活	Residential		188.62
城镇	Urban		137.01
乡村	Rural		51.61
五.平衡差额	**Statistical Difference**		
六.消费量合计	**Total Energy Consumption**	**16.50**	**870.75**

Continued 1

原油 (万吨) Crude Oil (10^4 tons)	汽油 (万吨) Gasoline (10^4 tons)	煤油 (万吨) Kerosene (10^4 tons)	柴油 (万吨) Diesel Oil (10^4 tons)	燃料油 (万吨) Fuel Oil (10^4 tons)	石脑油 (万吨) Naphtha (10^4 tons)	润滑油 (万吨) Lubricants (10^4 tons)	石蜡 (万吨) Paraffin Waxes (10^4 tons)	溶剂油 (万吨) White Spirit (10^4 tons)
	384.01	**63.00**	**334.46**	**11.57**		**0.32**	**0.02**	**0.08**
	406.05	59.46	377.38	16.31		10.07	0.02	0.08
	-15.33		-36.06	-4.37		-10.30		
	-6.71	3.54	-6.86	-0.37		0.55		
			-0.45	**-0.12**				
			-0.45	-0.12				
	384.01	**63.00**	**334.01**	**11.45**		**0.32**	**0.02**	**0.08**
	16.25		17.10					
	5.14	0.15	20.64	0.28		0.32	0.02	0.08
						0.08		0.03
	16.51	0.39	34.34	0.56				
	143.23	62.46	205.13	10.61				
	44.67		14.23					
	30.56		1.95					
	127.65		40.62					
	102.03		26.45					
	25.62		14.17					
	384.01	**63.00**	**334.46**	**11.57**		**0.32**	**0.02**	**0.08**

6-22 续表 2

项 目	Item	石油沥青(万吨) Bitumen Asphalt (10^4 tons)	石油焦(万吨) Petroleum Coke (10^4 tons)
一.可供本地区消费的能源量	**Total Primary Energy Supply**	**9.08**	**31.31**
1.一次能源生产量	Indigenous Production		
2.外省(区、市)调入量	Moving In from Other Provinces	138.07	33.74
3.进口量	Import		
4.境内飞机和轮船在境外的加油量	Domestic Airplanes&Ships Refueling Abroad		
5.本省(区、市)调出量(-)	Sending Out to Other Provinces(-)	-128.16	
6.出口量(-)	Export(-)		
7.境外飞机和轮船在境内的加油量(-)	Oversea Airplanes&Ships Refueling Domestically(-)		
8.库存增(-)、减(+)量	Stock Change	-0.83	-2.43
二.加工转换投入(-)产出(+)量	**Input(-) & Output(+) of Transformation**		
1.火力发电	Thermal Power		
2.供热	Heating Supply		
3.煤炭洗选	Coal Washing		
4.炼焦	Coking		
5.炼油及煤制油	Petroleum Refining and Coal-to-liquids		
#油品再投入量(-)	Petroleum Products Input (-)		
6.制气	Gas Works		
#再投入量(-)	Input (-)		
7.天然气液化	Natural Gas Liquefaction		
8.煤制品加工	Processing of Briquettes		
9.回收能	Recovery of Energy		
三.损失量	**Loss**		
四.终端消费量	**Total Final Consumption**	**9.08**	**31.31**
1.农、林、牧、渔业	Agriculture, Forestry, Animal Husbandry and Fishery		
2.工业	Industry	9.08	31.31
#用作原料、材料	Non-Energy Use	7.53	27.91
3.建筑业	Construction		
4.交通运输、仓储和邮政业	Transport, Storage and Post		
5.批发和零售业、住宿和餐饮业	Wholesale and Retail Trades, Hotels and Catering Services		
6.其他	Others		
7.居民生活	Residential		
城镇	Urban		
乡村	Rural		
五.平衡差额	**Statistical Difference**		
六.消费量合计	**Total Energy Consumption**	**9.08**	**31.31**

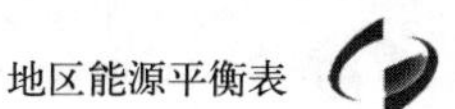

Continued 2

液化石油气 (万吨) Liquefied Petroleum Gas (10^4 tons)	炼厂干气 (万吨) Refinery Gas (10^4 tons)	其他石油制品 (万吨) Other Petroleum Products (10^4 tons)	天然气 (亿立方米) Natural Gas (10^8 cu.m)	液化天然气 (万吨) Liquefied Natural Gas (10^4 tons)	热力 (万百万千焦) Heat (10^{10} kJ)	电力 (亿千瓦时) Electricity (10^8 kWh)	其他能源 (万吨标准煤) Other Energy (10^4 tce)
36.66		**0.24**	**138.82**	**-52.02**		**649.14**	**127.68**
			141.45			242.69	
36.83		0.24		276.23		436.38	127.68
-0.18			-2.63	-326.50		-29.93	
0.01				-1.75			
			-20.36	**62.28**	**8783.48**	**755.15**	**-79.15**
			-5.81		-3421.99	755.15	-127.68
			-0.70		8550.99		-1.38
							49.91
			-4.56				
			-9.29	62.28			
					3654.48		
			0.64			**53.95**	
36.66		**0.24**	**117.82**	**10.26**	**8783.48**	**1350.34**	**48.53**
			1.23			8.15	
0.33		0.24	75.88	0.75	8783.48	698.32	48.53
			29.08				48.05
1.08			0.29			28.50	
			6.18	9.51		37.38	
14.90			5.15			98.37	
			0.09			190.97	
20.35			29.00			288.65	
8.53			26.23			201.24	
11.82			2.77			87.41	
36.66		**0.24**	**130.23**	**10.26**	**12205.47**	**1404.29**	**177.59**

6-23 四川能源平衡表(实物量)-2022

项 目	Item	煤合计 (万吨) Coal Total (10^4 tons)	原煤 (万吨) Raw Coal (10^4 tons)
一.可供本地区消费的能源量	**Total Primary Energy Supply**	**7806.56**	**7622.39**
1.一次能源生产量	Indigenous Production	2268.57	2268.57
2.外省(区、市)调入量	Moving In from Other Provinces	7179.10	5924.20
3.进口量	Import		
4.境内飞机和轮船在境外的加油量	Domestic Airplanes&Ships Refueling Abroad		
5.本省(区、市)调出量(-)	Sending Out to Other Provinces(-)	-1501.13	-448.72
6.出口量(-)	Export(-)		
7.境外飞机和轮船在境内的加油量(-)	Oversea Airplanes&Ships Refueling Domestically(-)		
8.库存增(-)、减(+)量	Stock Change	-139.98	-121.66
二.加工转换投入(-)产出(+)量	**Input(-) & Output(+) of Transformation**	**-5319.03**	**-5599.15**
1.火力发电	Thermal Power	-2840.83	-2784.70
2.供热	Heating Supply	-358.78	-358.78
3.煤炭洗选	Coal Washing	-669.98	-2293.67
4.炼焦	Coking	-1444.84	
5.炼油及煤制油	Petroleum Refining and Coal-to-liquids		
#油品再投入量(-)	Petroleum Products Input (-)		
6.制气	Gas Works		
#再投入量(-)	Input (-)		
7.天然气液化	Natural Gas Liquefaction		
8.煤制品加工	Processing of Briquettes	-4.60	-162.00
9.回收能	Recovery of Energy		
三.损失量	**Loss**		
四.终端消费量	**Total Final Consumption**	**2487.53**	**2023.24**
1.农、林、牧、渔业	Agriculture, Forestry, Animal Husbandry and Fishery	59.75	51.88
2.工业	Industry	2330.41	1880.79
#用作原料、材料	Non-Energy Use	48.90	19.12
3.建筑业	Construction	9.42	6.61
4.交通运输、仓储和邮政业	Transport, Storage and Post	0.07	0.07
5.批发和零售业、住宿和餐饮业	Wholesale and Retail Trades, Hotels and Catering Services	9.44	8.24
6.其他	Others	8.44	8.44
7.居民生活	Residential	70.00	67.21
城镇	Urban	0.20	
乡村	Rural	69.80	67.21
五.平衡差额	**Statistical Difference**		
六.消费量合计	**Total Energy Consumption**	**7806.56**	**7622.39**

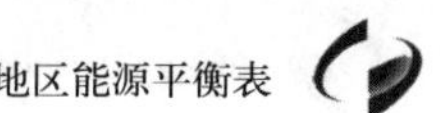

Energy Balance of Sichuan (Physical Quantity) -2022

洗精煤 (万吨) Cleaned Coal (10^4 tons)	其他洗煤 (万吨) Other Washed Coal (10^4 tons)	煤制品 (万吨) Briquettes (10^4 tons)	煤矸石 (万吨) Gangue (10^4 tons)	焦炭 (万吨) Coke (10^4 tons)	焦炉煤气 (亿立方米) Coke Oven Gas (10^8 cu.m)	高炉煤气 (亿立方米) Blast Furnace Gas (10^8 cu.m)	转炉煤气 (亿立方米) Converter Gas (10^8 cu.m)	其他煤气 (亿立方米) Other Gas (10^8 cu.m)
675.72	**-289.67**	**-201.88**	**7.90**	**78.71**				
895.46	343.29	16.15	8.07	177.11				
-218.75	-614.92	-218.74		-75.01				
-0.99	-18.04	0.71	-0.17	-23.39				
-671.19	**736.46**	**214.85**	**120.96**	**1038.83**	**32.78**	**227.84**	**6.31**	**1.41**
	-56.13		-100.05		-8.46	-96.04	-14.94	
			-4.80		-2.57	-14.85		
773.65	850.04		225.81					
-1444.84				1038.83	43.81			
	-57.45	214.85						
						338.73	21.25	1.41
4.53	**446.79**	**12.97**	**128.86**	**1117.54**	**32.78**	**227.84**	**6.31**	**1.41**
	6.90	0.97			0.64			
4.53	437.08	8.01	128.86	1116.06	30.25	227.84	6.31	0.21
	29.51	0.27		56.83	3.48			
	2.81			1.48				
					0.19			
		1.20			1.70			
		2.79						1.20
		0.20						1.20
		2.59						
1449.37	**560.37**	**12.97**	**233.71**	**1117.54**	**43.81**	**338.73**	**21.25**	**1.41**

6-23 续表 1

项目	Item	其他焦化产品(万吨) Other Coking Products (10^4 tons)	油品合计(万吨) Petroleum Products Total (10^4 tons)
一.可供本地区消费的能源量	**Total Primary Energy Supply**	**10.20**	**2713.40**
1.一次能源生产量	Indigenous Production		11.94
2.外省(区、市)调入量	Moving In from Other Provinces	17.15	3275.58
3.进口量	Import		
4.境内飞机和轮船在境外的加油量	Domestic Airplanes&Ships Refueling Abroad		8.13
5.本省(区、市)调出量(-)	Sending Out to Other Provinces(-)	-6.95	-582.40
6.出口量(-)	Export(-)		
7.境外飞机和轮船在境内的加油量(-)	Oversea Airplanes&Ships Refueling Domestically(-)		-1.79
8.库存增(-)、减(+)量	Stock Change		1.94
二.加工转换投入(-)产出(+)量	**Input(-) & Output(+) of Transformation**	**53.12**	**-270.16**
1.火力发电	Thermal Power		-2.00
2.供热	Heating Supply		-14.55
3.煤炭洗选	Coal Washing		
4.炼焦	Coking	53.51	
5.炼油及煤制油	Petroleum Refining and Coal-to-liquids	-0.39	-230.63
#油品再投入量(-)	Petroleum Products Input (-)		-22.98
6.制气	Gas Works		
#再投入量(-)	Input (-)		
7.天然气液化	Natural Gas Liquefaction		
8.煤制品加工	Processing of Briquettes		
9.回收能	Recovery of Energy		
三.损失量	**Loss**		
四.终端消费量	**Total Final Consumption**	**63.32**	**2443.24**
1.农、林、牧、渔业	Agriculture, Forestry, Animal Husbandry and Fishery		114.99
2.工业	Industry	63.32	268.74
#用作原料、材料	Non-Energy Use	3.39	51.83
3.建筑业	Construction		322.68
4.交通运输、仓储和邮政业	Transport, Storage and Post		922.85
5.批发和零售业、住宿和餐饮业	Wholesale and Retail Trades, Hotels and Catering Services		127.28
6.其他	Others		173.07
7.居民生活	Residential		513.63
城镇	Urban		300.26
乡村	Rural		213.37
五.平衡差额	**Statistical Difference**		
六.消费量合计	**Total Energy Consumption**	**63.71**	**2713.40**

Continued 1

原油（万吨） Crude Oil (10^4 tons)	汽油（万吨） Gasoline (10^4 tons)	煤油（万吨） Kerosene (10^4 tons)	柴油（万吨） Diesel Oil (10^4 tons)	燃料油（万吨） Fuel Oil (10^4 tons)	石脑油（万吨） Naphtha (10^4 tons)	润滑油（万吨） Lubricants (10^4 tons)	石蜡（万吨） Paraffin Waxes (10^4 tons)	溶剂油（万吨） White Spirit (10^4 tons)
1008.78	**771.94**	**58.55**	**720.66**	**2.33**	**3.56**	**1.20**	**0.20**	**0.14**
11.94								
992.58	1123.11	48.13	900.21	33.17	13.97	4.25	0.20	0.14
		8.13						
	-339.98	-0.35	-181.04	-31.27	-9.69	-3.01		
		-1.79						
4.26	-11.19	4.43	1.49	0.43	-0.72	-0.04		
-1002.92	**213.88**	**108.94**	**233.72**	**16.66**	**0.83**			
			-0.81	-0.37				
				-4.53				
-1002.92	213.88	108.94	234.53	23.51	0.83			
				-1.95				
5.86	**985.82**	**167.49**	**954.38**	**18.99**	**4.39**	**1.20**	**0.20**	**0.14**
	4.88	0.10	109.44	0.10				
5.86	27.65	0.20	85.85	13.06	4.39	0.83	0.20	0.14
	0.01	0.01	0.30	0.15	3.55	0.10	0.07	
	29.03	1.61	122.13	2.66		0.01		
	249.32	165.23	504.42	3.17		0.36		
	70.74	0.14	56.40					
	102.00	0.20	70.87					
	502.20	0.01	5.27					
	291.50		3.07					
	210.70	0.01	2.20					
1008.78	**985.82**	**167.49**	**955.19**	**25.84**	**4.39**	**1.20**	**0.20**	**0.14**

6-23 续表 2

项　目	Item	石油沥青（万吨） Bitumen Asphalt (10^4 tons)	石油焦（万吨） Petroleum Coke (10^4 tons)
一.可供本地区消费的能源量	**Total Primary Energy Supply**	**108.01**	**30.51**
1.一次能源生产量	Indigenous Production		
2.外省(区、市)调入量	Moving In from Other Provinces	121.29	24.29
3.进口量	Import		
4.境内飞机和轮船在境外的加油量	Domestic Airplanes&Ships Refueling Abroad		
5.本省(区、市)调出量(−)	Sending Out to Other Provinces(-)	-8.12	
6.出口量(−)	Export(-)		
7.境外飞机和轮船在境内的加油量(−)	Oversea Airplanes&Ships Refueling Domestically(-)		
8.库存增(−)、减(+)量	Stock Change	-5.16	6.22
二.加工转换投入(−)产出(+)量	**Input(-) & Output(+) of Transformation**	**75.25**	
1.火力发电	Thermal Power		
2.供热	Heating Supply		
3.煤炭洗选	Coal Washing		
4.炼焦	Coking		
5.炼油及煤制油	Petroleum Refining and Coal-to-liquids	85.12	
#油品再投入量(−)	Petroleum Products Input (-)	-9.87	
6.制气	Gas Works		
#再投入量(−)	Input (-)		
7.天然气液化	Natural Gas Liquefaction		
8.煤制品加工	Processing of Briquettes		
9.回收能	Recovery of Energy		
三.损失量	**Loss**		
四.终端消费量	**Total Final Consumption**	**183.26**	**30.51**
1.农、林、牧、渔业	Agriculture, Forestry, Animal Husbandry and Fishery		
2.工业	Industry	19.37	30.51
#用作原料、材料	Non-Energy Use	9.30	21.43
3.建筑业	Construction	163.89	
4.交通运输、仓储和邮政业	Transport, Storage and Post		
5.批发和零售业、住宿和餐饮业	Wholesale and Retail Trades, Hotels and Catering Services		
6.其他	Others		
7.居民生活	Residential		
城镇	Urban		
乡村	Rural		
五.平衡差额	**Statistical Difference**		
六.消费量合计	**Total Energy Consumption**	**193.13**	**30.51**

Continued 2

液化石油气 (万吨) Liquefied Petroleum Gas (10^4 tons)	炼厂干气 (万吨) Refinery Gas (10^4 tons)	其他石油制品 (万吨) Other Petroleum Products (10^4 tons)	天然气 (亿立方米) Natural Gas (10^8 cu.m)	液化天然气 (万吨) Liquefied Natural Gas (10^4 tons)	热力 (万百万千焦) Heat (10^{10} kJ)	电力 (亿千瓦时) Electricity (10^8 kWh)	其他能源 (万吨标准煤) Other Energy (10^4 tce)
7.55		**-0.03**	**296.76**	**-57.25**		**2652.51**	**571.00**
			554.06			4051.55	560.40
11.60		2.64		1.91		159.01	8.95
-8.94			-257.30	-59.62		-1558.05	-3.45
4.89		-2.67		0.46			5.10
16.85	**57.99**	**8.64**	**-38.48**	**150.86**	**10458.16**	**794.61**	**-374.57**
	-0.82		-7.12		-4166.80	794.61	-374.01
	-10.02		-4.96	-0.27	7035.67		-3.04
16.85	68.83	19.80					-26.98
		-11.16					
							29.46
			-3.52				
			-22.88	151.13			
					7589.29		
			9.49		**136.28**	**225.29**	
24.40	**57.99**	**8.61**	**248.79**	**93.61**	**10321.88**	**3221.83**	**196.43**
0.47			1.35			35.08	59.50
16.79	57.99	5.90	160.71	21.30	10321.88	1839.34	22.35
16.54		0.37	44.78				
0.64		2.71	0.29			69.55	
0.35			7.80	70.32		81.32	14.79
			11.96	1.99		204.51	2.50
			7.42			313.87	0.29
6.15			59.26			678.16	97.00
5.69			50.21			391.36	
0.46			9.05			286.80	97.00
24.40	**68.83**	**19.77**	**275.90**	**93.88**	**14624.96**	**3447.12**	**600.46**

6-24 贵州能源平衡表(实物量)-2022

项目	Item	煤合计 (万吨) Coal Total (10^4 tons)	原煤 (万吨) Raw Coal (10^4 tons)
一.可供本地区消费的能源量	**Total Primary Energy Supply**	**11696.94**	**13536.55**
1.一次能源生产量	Indigenous Production	13068.98	13068.98
2.外省(区、市)调入量	Moving In from Other Provinces	722.92	722.92
3.进口量	Import		
4.境内飞机和轮船在境外的加油量	Domestic Airplanes&Ships Refueling Abroad		
5.本省(区、市)调出量(-)	Sending Out to Other Provinces(-)	-2156.15	-385.08
6.出口量(-)	Export(-)		
7.境外飞机和轮船在境内的加油量(-)	Oversea Airplanes&Ships Refueling Domestically(-)		
8.库存增(-)、减(+)量	Stock Change	61.19	129.73
二.加工转换投入(-)产出(+)量	**Input(-) & Output(+) of Transformation**	**-9131.96**	**-11053.56**
1.火力发电	Thermal Power	-7377.22	-4791.46
2.供热	Heating Supply	-158.31	-158.31
3.煤炭洗选	Coal Washing	-1127.30	-6088.64
4.炼焦	Coking	-434.50	-3.65
5.炼油及煤制油	Petroleum Refining and Coal-to-liquids		
#油品再投入量(-)	Petroleum Products Input (-)		
6.制气	Gas Works	-32.34	
#再投入量(-)	Input (-)		
7.天然气液化	Natural Gas Liquefaction		
8.煤制品加工	Processing of Briquettes	-2.28	-11.50
9.回收能	Recovery of Energy		
三.损失量	**Loss**		
四.终端消费量	**Total Final Consumption**	**3088.03**	**3006.05**
1.农、林、牧、渔业	Agriculture, Forestry, Animal Husbandry and Fishery	144.97	119.47
2.工业	Industry	1545.04	1488.56
#用作原料、材料	Non-Energy Use	291.70	290.53
3.建筑业	Construction	2.08	2.08
4.交通运输、仓储和邮政业	Transport, Storage and Post		
5.批发和零售业、住宿和餐饮业	Wholesale and Retail Trades, Hotels and Catering Services	536.39	536.39
6.其他	Others	395.00	395.00
7.居民生活	Residential	464.55	464.55
城镇	Urban	75.00	75.00
乡村	Rural	389.55	389.55
五.平衡差额	**Statistical Difference**	**-523.05**	**-523.05**
六.消费量合计	**Total Energy Consumption**	**12219.99**	**14059.60**

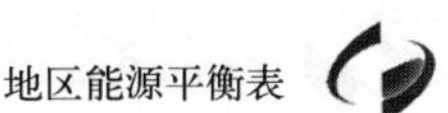

Energy Balance of Guizhou (Physical Quantity) -2022

洗精煤 (万吨) Cleaned Coal (10^4 tons)	其他洗煤 (万吨) Other Washed Coal (10^4 tons)	煤制品 (万吨) Briquettes (10^4 tons)	煤矸石 (万吨) Gangue (10^4 tons)	焦炭 (万吨) Coke (10^4 tons)	焦炉煤气 (亿立方米) Coke Oven Gas (10^8 cu.m)	高炉煤气 (亿立方米) Blast Furnace Gas (10^8 cu.m)	转炉煤气 (亿立方米) Converter Gas (10^8 cu.m)	其他煤气 (亿立方米) Other Gas (10^8 cu.m)
-1830.27	**-0.33**	**-9.01**	**4.72**	**-61.46**				
-1771.07				-60.03				
-59.20	-0.33	-9.01	4.72	-1.43				
1830.27	**82.11**	**9.22**	**-4.50**	**331.31**	**3.10**	**43.18**	**3.31**	**7.19**
	-2585.77		-98.32		-3.17	-21.65	-1.67	-0.86
2261.12	2700.22		93.81					
-430.85				331.31	10.27			
	-32.34							8.05
					-4.00			
		9.22						
						64.83	4.98	
	81.78	**0.21**	**0.22**	**269.86**	**3.10**	**43.18**	**3.31**	**7.19**
	25.50							
	56.28	0.21	0.22	269.86	2.30	43.18	3.31	7.19
	1.17			80.13				
					0.80			
					0.80			
430.85	**2699.89**	**0.21**	**98.53**	**269.86**	**10.27**	**64.83**	**4.98**	**8.05**

6-24 续表 1

项 目	Item	其他焦化产品(万吨) Other Coking Products (10^4 tons)	油品合计(万吨) Petroleum Products Total (10^4 tons)
一.可供本地区消费的能源量	**Total Primary Energy Supply**	**-13.31**	**1466.77**
1.一次能源生产量	Indigenous Production		
2.外省(区、市)调入量	Moving In from Other Provinces		1472.09
3.进口量	Import		
4.境内飞机和轮船在境外的加油量	Domestic Airplanes&Ships Refueling Abroad		
5.本省(区、市)调出量(-)	Sending Out to Other Provinces(-)	-13.31	
6.出口量(-)	Export(-)		
7.境外飞机和轮船在境内的加油量(-)	Oversea Airplanes&Ships Refueling Domestically(-)		
8.库存增(-)、减(+)量	Stock Change		-5.32
二.加工转换投入(-)产出(+)量	**Input(-) & Output(+) of Transformation**	**18.84**	**-2.47**
1.火力发电	Thermal Power		-2.47
2.供热	Heating Supply		
3.煤炭洗选	Coal Washing		
4.炼焦	Coking	18.84	
5.炼油及煤制油	Petroleum Refining and Coal-to-liquids		
#油品再投入量(-)	Petroleum Products Input (-)		
6.制气	Gas Works		
#再投入量(-)	Input (-)		
7.天然气液化	Natural Gas Liquefaction		
8.煤制品加工	Processing of Briquettes		
9.回收能	Recovery of Energy		
三.损失量	**Loss**		
四.终端消费量	**Total Final Consumption**	**5.53**	**1464.30**
1.农、林、牧、渔业	Agriculture, Forestry, Animal Husbandry and Fishery		59.73
2.工业	Industry	5.53	85.74
#用作原料、材料	Non-Energy Use		46.86
3.建筑业	Construction		62.30
4.交通运输、仓储和邮政业	Transport, Storage and Post		582.50
5.批发和零售业、住宿和餐饮业	Wholesale and Retail Trades, Hotels and Catering Services		138.62
6.其他	Others		453.50
7.居民生活	Residential		81.90
城镇	Urban		24.80
乡村	Rural		57.10
五.平衡差额	**Statistical Difference**		
六.消费量合计	**Total Energy Consumption**	**5.53**	**1466.77**

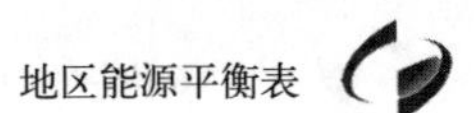

Continued 1

原油 (万吨) Crude Oil (10^4 tons)	汽油 (万吨) Gasoline (10^4 tons)	煤油 (万吨) Kerosene (10^4 tons)	柴油 (万吨) Diesel Oil (10^4 tons)	燃料油 (万吨) Fuel Oil (10^4 tons)	石脑油 (万吨) Naphtha (10^4 tons)	润滑油 (万吨) Lubricants (10^4 tons)	石蜡 (万吨) Paraffin Waxes (10^4 tons)	溶剂油 (万吨) White Spirit (10^4 tons)
	605.59	**32.34**	**732.52**	**0.69**		**0.65**	**0.01**	**0.01**
	607.32	32.33	734.79	1.45		0.66	0.04	0.01
	-1.73	0.01	-2.27	-0.76		-0.01	-0.03	
			-2.47					
			-2.47					
	605.59	**32.34**	**730.04**	**0.69**		**0.65**	**0.01**	**0.01**
	13.23	1.70	44.80					
	1.35	0.08	16.69	0.69		0.65	0.01	0.01
		0.05	0.06			0.50	0.01	0.01
	24.45	3.50	34.35					
	270.45	27.06	285.00					
	66.12		66.00					
	195.00		255.00					
	35.00		28.20					
	12.00		2.20					
	23.00		26.00					
	605.59	**32.34**	**732.52**	**0.69**		**0.65**	**0.01**	**0.01**

6-24 续表 2

项　目	Item	石油沥青 (万吨) Bitumen Asphalt (10^4 tons)	石油焦 (万吨) Petroleum Coke (10^4 tons)
一.可供本地区消费的能源量	**Total Primary Energy Supply**	**3.28**	**62.85**
1.一次能源生产量	Indigenous Production		
2.外省(区、市)调入量	Moving In from Other Provinces	3.29	63.40
3.进口量	Import		
4.境内飞机和轮船在境外的加油量	Domestic Airplanes&Ships Refueling Abroad		
5.本省(区、市)调出量(−)	Sending Out to Other Provinces(-)		
6.出口量(−)	Export(-)		
7.境外飞机和轮船在境内的加油量(−)	Oversea Airplanes&Ships Refueling Domestically(-)		
8.库存增(−)、减(+)量	Stock Change	-0.01	-0.55
二.加工转换投入(−)产出(+)量	**Input(-) & Output(+) of Transformation**		
1.火力发电	Thermal Power		
2.供热	Heating Supply		
3.煤炭洗选	Coal Washing		
4.炼焦	Coking		
5.炼油及煤制油	Petroleum Refining and Coal-to-liquids		
#油品再投入量(−)	Petroleum Products Input (-)		
6.制气	Gas Works		
#再投入量(−)	Input (-)		
7.天然气液化	Natural Gas Liquefaction		
8.煤制品加工	Processing of Briquettes		
9.回收能	Recovery of Energy		
三.损失量	**Loss**		
四.终端消费量	**Total Final Consumption**	**3.28**	**62.85**
1.农、林、牧、渔业	Agriculture, Forestry, Animal Husbandry and Fishery		
2.工业	Industry	3.28	62.85
#用作原料、材料	Non-Energy Use	3.12	43.05
3.建筑业	Construction		
4.交通运输、仓储和邮政业	Transport, Storage and Post		
5.批发和零售业、住宿和餐饮业	Wholesale and Retail Trades, Hotels and Catering Services		
6.其他	Others		
7.居民生活	Residential		
城镇	Urban		
乡村	Rural		
五.平衡差额	**Statistical Difference**		
六.消费量合计	**Total Energy Consumption**	**3.28**	**62.85**

Continued 2

液化石油气 (万吨) Liquefied Petroleum Gas (10^4 tons)	炼厂干气 (万吨) Refinery Gas (10^4 tons)	其他石油制品 (万吨) Other Petroleum Products (10^4 tons)	天然气 (亿立方米) Natural Gas (10^8 cu.m)	液化天然气 (万吨) Liquefied Natural Gas (10^4 tons)	热力 (万百万千焦) Heat (10^{10} kJ)	电力 (亿千瓦时) Electricity (10^8 kWh)	其他能源 (万吨标准煤) Other Energy (10^4 tce)
28.83		**0.01**	**53.74**	**-2.14**		**342.00**	**132.39**
			7.92			897.05	132.39
28.80		0.01	45.82	-2.49			
						-555.05	
0.03				0.35			
			-6.52	**8.74**	**3211.39**	**1401.97**	**-110.29**
			-6.56		-3447.77	1401.97	-110.29
					2602.54		
			1.40				
			-1.36	8.74			
					4056.62		
						101.40	
28.83		**0.01**	**47.22**	**6.60**	**3211.39**	**1642.56**	**22.10**
						21.01	
0.13		0.01	10.83	1.60	2933.99	886.13	22.10
0.06		0.01	0.01				
						30.23	
			3.60	5.00		40.90	
6.50			9.00			86.00	
3.50			9.32			184.16	
18.70			14.47		277.39	394.13	
10.60			9.92		277.39	232.60	
8.10			4.55			161.53	
						0.01	
28.83		**0.01**	**53.93**	**6.60**	**6659.16**	**1743.96**	**132.39**

6-25 云南能源平衡表(实物量)-2022

项　目	Item	煤合计(万吨) Coal Total (10^4 tons)	原煤(万吨) Raw Coal (10^4 tons)
一.可供本地区消费的能源量	**Total Primary Energy Supply**	**8475.23**	**7860.79**
1.一次能源生产量	Indigenous Production	6740.90	6740.90
2.外省(区、市)调入量	Moving In from Other Provinces	3241.87	1963.48
3.进口量	Import		
4.境内飞机和轮船在境外的加油量	Domestic Airplanes&Ships Refueling Abroad		
5.本省(区、市)调出量(-)	Sending Out to Other Provinces(-)	-1341.39	-744.45
6.出口量(-)	Export(-)		
7.境外飞机和轮船在境内的加油量(-)	Oversea Airplanes&Ships Refueling Domestically(-)		
8.库存增(-)、减(+)量	Stock Change	-166.15	-99.14
二.加工转换投入(-)产出(+)量	**Input(-) & Output(+) of Transformation**	**-5103.38**	**-4748.53**
1.火力发电	Thermal Power	-2658.97	-2658.97
2.供热	Heating Supply	-112.05	-106.73
3.煤炭洗选	Coal Washing	-569.98	-1911.47
4.炼焦	Coking	-1696.57	-4.26
5.炼油及煤制油	Petroleum Refining and Coal-to-liquids	-10.20	-10.20
#油品再投入量(-)	Petroleum Products Input (-)		
6.制气	Gas Works	-56.06	-56.06
#再投入量(-)	Input (-)		
7.天然气液化	Natural Gas Liquefaction		
8.煤制品加工	Processing of Briquettes	0.45	-0.84
9.回收能	Recovery of Energy		
三.损失量	**Loss**		
四.终端消费量	**Total Final Consumption**	**3371.85**	**3112.26**
1.农、林、牧、渔业	Agriculture, Forestry, Animal Husbandry and Fishery	191.89	191.35
2.工业	Industry	2752.64	2524.99
#用作原料、材料	Non-Energy Use	494.76	450.61
3.建筑业	Construction	27.70	27.50
4.交通运输、仓储和邮政业	Transport, Storage and Post		
5.批发和零售业、住宿和餐饮业	Wholesale and Retail Trades, Hotels and Catering Services	112.31	110.20
6.其他	Others	40.64	40.50
7.居民生活	Residential	246.67	217.72
城镇	Urban	5.94	4.22
乡村	Rural	240.73	213.50
五.平衡差额	**Statistical Difference**		
六.消费量合计	**Total Energy Consumption**	**8475.23**	**7860.79**

Energy Balance of Yunnan (Physical Quantity) -2022

洗精煤 (万吨) Cleaned Coal (10^4 tons)	其他洗煤 (万吨) Other Washed Coal (10^4 tons)	煤制品 (万吨) Briquettes (10^4 tons)	煤矸石 (万吨) Gangue (10^4 tons)	焦炭 (万吨) Coke (10^4 tons)	焦炉煤气 (亿立方米) Coke Oven Gas (10^8 cu.m)	高炉煤气 (亿立方米) Blast Furnace Gas (10^8 cu.m)	转炉煤气 (亿立方米) Converter Gas (10^8 cu.m)	其他煤气 (亿立方米) Other Gas (10^8 cu.m)
1115.77	**-500.50**	**-0.83**	**0.72**	**-146.95**				
1158.59	116.29	3.51		103.34				
-20.92	-571.72	-4.30		-235.69				
-21.90	-45.07	-0.04	0.72	-14.60				
-1115.77	**753.23**	**7.69**	**1.08**	**1268.40**	**23.61**	**196.46**	**15.44**	**0.10**
			-23.65		-2.73	-79.86	-9.49	
	-5.32		-0.02		-0.18			-1.74
576.54	764.95		24.75					
-1692.31				1268.40	27.09			
						-0.14		1.84
					-0.57			
	-6.40	7.69						
						276.46	24.93	
	252.73	**6.86**	**1.80**	**1121.45**	**23.61**	**196.46**	**15.44**	**0.10**
		0.54		1.41				
	226.44	1.21	1.80	1120.04	22.92	196.46	15.44	0.10
	44.14	0.01		81.22	6.72			
	0.20							
		2.11			0.42			
		0.14			0.14			
	26.09	2.86			0.13			
	1.67	0.05			0.05			
	24.42	2.81			0.08			
1692.31	**264.45**	**6.86**	**25.47**	**1121.45**	**27.09**	**276.46**	**24.93**	**1.84**

6-25 续表 1

项 目	Item	其他焦化产品(万吨) Other Coking Products (10^4 tons)	油品合计(万吨) Petroleum Products Total (10^4 tons)
一.可供本地区消费的能源量	**Total Primary Energy Supply**	**-24.03**	**1494.24**
1.一次能源生产量	Indigenous Production		
2.外省(区、市)调入量	Moving In from Other Provinces		1307.64
3.进口量	Import		1003.20
4.境内飞机和轮船在境外的加油量	Domestic Airplanes&Ships Refueling Abroad		
5.本省(区、市)调出量(-)	Sending Out to Other Provinces(-)	-24.17	-810.86
6.出口量(-)	Export(-)		
7.境外飞机和轮船在境内的加油量(-)	Oversea Airplanes&Ships Refueling Domestically(-)		
8.库存增(-)、减(+)量	Stock Change	0.14	-5.74
二.加工转换投入(-)产出(+)量	**Input(-) & Output(+) of Transformation**	**72.71**	**-40.03**
1.火力发电	Thermal Power		-0.77
2.供热	Heating Supply		-14.49
3.煤炭洗选	Coal Washing		
4.炼焦	Coking	66.17	
5.炼油及煤制油	Petroleum Refining and Coal-to-liquids		26.94
#油品再投入量(-)	Petroleum Products Input (-)		-51.71
6.制气	Gas Works	6.54	
#再投入量(-)	Input (-)		
7.天然气液化	Natural Gas Liquefaction		
8.煤制品加工	Processing of Briquettes		
9.回收能	Recovery of Energy		
三.损失量	**Loss**		
四.终端消费量	**Total Final Consumption**	**48.68**	**1454.21**
1.农、林、牧、渔业	Agriculture, Forestry, Animal Husbandry and Fishery		28.49
2.工业	Industry	48.68	251.24
#用作原料、材料	Non-Energy Use	47.56	166.45
3.建筑业	Construction		66.18
4.交通运输、仓储和邮政业	Transport, Storage and Post		805.83
5.批发和零售业、住宿和餐饮业	Wholesale and Retail Trades, Hotels and Catering Services		53.60
6.其他	Others		41.15
7.居民生活	Residential		207.72
城镇	Urban		97.80
乡村	Rural		109.92
五.平衡差额	**Statistical Difference**		
六.消费量合计	**Total Energy Consumption**	**48.68**	**1494.24**

Continued 1

原油（万吨）Crude Oil (10^4 tons)	汽油（万吨）Gasoline (10^4 tons)	煤油（万吨）Kerosene (10^4 tons)	柴油（万吨）Diesel Oil (10^4 tons)	燃料油（万吨）Fuel Oil (10^4 tons)	石脑油（万吨）Naphtha (10^4 tons)	润滑油（万吨）Lubricants (10^4 tons)	石蜡（万吨）Paraffin Waxes (10^4 tons)	溶剂油（万吨）White Spirit (10^4 tons)
1003.31	**189.94**	**1.38**	**267.90**	**-0.53**		**1.16**		**0.11**
	486.77	11.69	625.96	0.04		1.08		0.12
1003.20								
	-289.59	-12.63	-361.68	-0.52		-0.01		
0.11	-7.24	2.32	3.62	-0.05		0.09		-0.01
-1003.25	**309.86**	**62.43**	**376.20**	**0.64**				
			-0.77					
			-0.08					
-1003.25	309.86	62.43	377.05	0.64				
0.06	**499.80**	**63.81**	**644.10**	**0.11**		**1.16**		**0.11**
	6.82	0.03	21.64					
0.06	2.37	0.02	34.90	0.10		1.05		0.11
	0.01		0.11			0.63		0.10
	21.81	0.55	39.42					
	244.40	63.16	498.15	0.01		0.11		
	31.90		9.97					
	31.72	0.05	7.84					
	160.78		32.18					
	82.21		8.64					
	78.57		23.54					
1003.31	**499.80**	**63.81**	**644.95**	**0.11**		**1.16**		**0.11**

6-25 续表 2

项 目	Item	石油沥青 (万吨) Bitumen Asphalt (10^4 tons)	石油焦 (万吨) Petroleum Coke (10^4 tons)
一.可供本地区消费的能源量	**Total Primary Energy Supply**	**-21.09**	**151.53**
1.一次能源生产量	Indigenous Production		
2.外省(区、市)调入量	Moving In from Other Provinces	18.36	158.24
3.进口量	Import		
4.境内飞机和轮船在境外的加油量	Domestic Airplanes&Ships Refueling Abroad		
5.本省(区、市)调出量(-)	Sending Out to Other Provinces(-)	-40.14	-1.05
6.出口量(-)	Export(-)		
7.境外飞机和轮船在境内的加油量(-)	Oversea Airplanes&Ships Refueling Domestically(-)		
8.库存增(-)、减(+)量	Stock Change	0.69	-5.66
二.加工转换投入(-)产出(+)量	**Input(-) & Output(+) of Transformation**	**53.37**	**14.76**
1.火力发电	Thermal Power		
2.供热	Heating Supply		-14.41
3.煤炭洗选	Coal Washing		
4.炼焦	Coking		
5.炼油及煤制油	Petroleum Refining and Coal-to-liquids	53.37	29.17
#油品再投入量(-)	Petroleum Products Input (-)		
6.制气	Gas Works		
#再投入量(-)	Input (-)		
7.天然气液化	Natural Gas Liquefaction		
8.煤制品加工	Processing of Briquettes		
9.回收能	Recovery of Energy		
三.损失量	**Loss**		
四.终端消费量	**Total Final Consumption**	**32.28**	**166.29**
1.农、林、牧、渔业	Agriculture, Forestry, Animal Husbandry and Fishery		
2.工业	Industry	27.88	166.29
#用作原料、材料	Non-Energy Use	27.88	137.72
3.建筑业	Construction	4.40	
4.交通运输、仓储和邮政业	Transport, Storage and Post		
5.批发和零售业、住宿和餐饮业	Wholesale and Retail Trades, Hotels and Catering Services		
6.其他	Others		
7.居民生活	Residential		
城镇	Urban		
乡村	Rural		
五.平衡差额	**Statistical Difference**		
六.消费量合计	**Total Energy Consumption**	**32.28**	**180.70**

Continued 2

液化石油气 (万吨) Liquefied Petroleum Gas (10^4 tons)	炼厂干气 (万吨) Refinery Gas (10^4 tons)	其他石油制品 (万吨) Other Petroleum Products (10^4 tons)	天然气 (亿立方米) Natural Gas (10^8 cu.m)	液化天然气 (万吨) Liquefied Natural Gas (10^4 tons)	热力 (万百万千焦) Heat (10^{10} kJ)	电力 (亿千瓦时) Electricity (10^8 kWh)	其他能源 (万吨标准煤) Other Energy (10^4 tce)
-10.28		**-89.19**	**25.43**	**-10.22**		**1932.51**	**338.75**
						3552.12	338.75
		5.38	7.52	4.42		183.06	
			17.91			17.31	
-10.55		-94.69		-13.74		-1805.29	
						-14.69	
0.27		0.12		-0.90			
37.04	**18.23**	**90.69**	**-5.94**	**20.25**	**2708.59**	**464.53**	**-126.09**
					-4792.34	464.53	-121.40
			-0.40	-1.20	1866.76		-4.69
61.96	18.23	117.48	-3.71				
-24.92		-26.79					
			1.46				
			-3.29	21.45			
					5634.17		
						128.75	
26.76	**18.23**	**1.50**	**19.49**	**10.03**	**2708.59**	**2260.77**	**212.66**
			0.01			32.46	
0.23	18.23		16.39	7.53	2706.59	1599.80	212.66
			8.71				1.22
			0.01			41.53	
			0.39	0.25		48.76	
11.73			1.12	1.72	1.00	92.01	
0.04		1.50	0.05		1.00	159.81	
14.76			1.52	0.53		286.40	
6.95			1.44	0.53		129.96	
7.81			0.08			156.44	
						7.52	
51.68	**18.23**	**28.29**	**23.93**	**11.23**	**7500.93**	**2389.52**	**338.75**

6-26 陕西能源平衡表(实物量)-2022

项目	Item	煤合计(万吨) Coal Total (10^4 tons)	原煤(万吨) Raw Coal (10^4 tons)
一.可供本地区消费的能源量	**Total Primary Energy Supply**	**24334.07**	**29071.86**
1.一次能源生产量	Indigenous Production	74876.33	74876.33
2.外省(区、市)调入量	Moving In from Other Provinces	4093.34	2850.66
3.进口量	Import		
4.境内飞机和轮船在境外的加油量	Domestic Airplanes&Ships Refueling Abroad		
5.本省(区、市)调出量(-)	Sending Out to Other Provinces(-)	-54655.32	-48659.85
6.出口量(-)	Export(-)	-40.00	-40.00
7.境外飞机和轮船在境内的加油量(-)	Oversea Airplanes&Ships Refueling Domestically(-)		
8.库存增(-)、减(+)量	Stock Change	59.72	44.73
二.加工转换投入(-)产出(+)量	**Input(-) & Output(+) of Transformation**	**-19991.98**	**-25035.68**
1.火力发电	Thermal Power	-9336.19	-8292.89
2.供热	Heating Supply	-1269.18	-1220.29
3.煤炭洗选	Coal Washing	-1653.65	-9470.30
4.炼焦	Coking	-7161.75	-5468.32
5.炼油及煤制油	Petroleum Refining and Coal-to-liquids	-518.75	-518.75
#油品再投入量(-)	Petroleum Products Input (-)		
6.制气	Gas Works	-40.44	-40.44
#再投入量(-)	Input (-)		
7.天然气液化	Natural Gas Liquefaction		
8.煤制品加工	Processing of Briquettes	-12.02	-24.69
9.回收能	Recovery of Energy		
三.损失量	**Loss**		
四.终端消费量	**Total Final Consumption**	**4334.69**	**4032.25**
1.农、林、牧、渔业	Agriculture, Forestry, Animal Husbandry and Fishery	14.58	14.58
2.工业	Industry	4095.75	3795.61
#用作原料、材料	Non-Energy Use	2590.80	2430.44
3.建筑业	Construction	5.06	5.06
4.交通运输、仓储和邮政业	Transport, Storage and Post	5.76	5.76
5.批发和零售业、住宿和餐饮业	Wholesale and Retail Trades, Hotels and Catering Services	26.00	26.00
6.其他	Others	44.27	44.27
7.居民生活	Residential	143.27	140.97
城镇	Urban	20.46	20.26
乡村	Rural	122.81	120.71
五.平衡差额	**Statistical Difference**	**7.39**	**3.93**
六.消费量合计	**Total Energy Consumption**	**24326.68**	**29067.93**

Energy Balance of Shaanxi (Physical Quantity) -2022

洗精煤 (万吨) Cleaned Coal (10^4 tons)	其他洗煤 (万吨) Other Washed Coal (10^4 tons)	煤制品 (万吨) Briquettes (10^4 tons)	煤矸石 (万吨) Gangue (10^4 tons)	焦炭 (万吨) Coke (10^4 tons)	焦炉煤气 (亿立方米) Coke Oven Gas (10^8 cu.m)	高炉煤气 (亿立方米) Blast Furnace Gas (10^8 cu.m)	转炉煤气 (亿立方米) Converter Gas (10^8 cu.m)	其他煤气 (亿立方米) Other Gas (10^8 cu.m)
-1046.98	**-3661.53**	**-29.29**	**221.55**	**-3868.83**				
878.81	249.92	113.95	224.84	414.04				
-1925.10	-3914.03	-156.34		-4254.78				
-0.69	2.58	13.10	-3.29	-28.09				
1048.24	**3961.49**	**33.97**	**-196.37**	**4735.94**	**59.50**	**78.25**	**8.10**	**0.06**
	-1032.64	-10.66	-520.21		-103.80	-32.25	-1.02	-1.50
	-48.89		-16.03		-2.13	-21.08		
2741.66	5074.99		339.88					
-1693.42				4735.94	174.84			
					-9.40			
	-31.96	44.63						
						131.59	9.12	1.56
	297.76	**4.68**	**25.19**	**866.21**	**59.50**	**78.25**	**8.10**	**0.06**
	297.76	2.38	25.19	865.85	59.50	78.25	8.10	0.04
	160.36			223.71	3.91			
				0.31				
				0.03				0.01
				0.02				0.01
		2.30						
		0.20						
		2.10						
1.26	**2.20**			**0.90**				
1693.42	**1411.26**	**15.34**	**561.43**	**866.21**	**174.84**	**131.59**	**9.12**	**1.56**

6-26 续表 1

项　目	Item	其他焦化产品(万吨) Other Coking Products (10^4 tons)	油品合计(万吨) Petroleum Products Total (10^4 tons)
一.可供本地区消费的能源量	**Total Primary Energy Supply**	**26.28**	**528.38**
1.一次能源生产量	Indigenous Production		2536.62
2.外省(区、市)调入量	Moving In from Other Provinces	26.28	954.25
3.进口量	Import		
4.境内飞机和轮船在境外的加油量	Domestic Airplanes&Ships Refueling Abroad		
5.本省(区、市)调出量(-)	Sending Out to Other Provinces(-)		-3003.27
6.出口量(-)	Export(-)		
7.境外飞机和轮船在境内的加油量(-)	Oversea Airplanes&Ships Refueling Domestically(-)		
8.库存增(-)、减(+)量	Stock Change		40.78
二.加工转换投入(-)产出(+)量	**Input(-) & Output(+) of Transformation**	**68.37**	**409.30**
1.火力发电	Thermal Power		-0.57
2.供热	Heating Supply		-2.04
3.煤炭洗选	Coal Washing		
4.炼焦	Coking	358.13	
5.炼油及煤制油	Petroleum Refining and Coal-to-liquids	-279.93	463.76
#油品再投入量(-)	Petroleum Products Input (-)		-51.84
6.制气	Gas Works		
#再投入量(-)	Input (-)	-9.84	
7.天然气液化	Natural Gas Liquefaction		
8.煤制品加工	Processing of Briquettes		
9.回收能	Recovery of Energy		
三.损失量	**Loss**		
四.终端消费量	**Total Final Consumption**	**94.66**	**937.25**
1.农、林、牧、渔业	Agriculture, Forestry, Animal Husbandry and Fishery		52.91
2.工业	Industry	94.66	282.48
#用作原料、材料	Non-Energy Use	32.68	68.50
3.建筑业	Construction		69.91
4.交通运输、仓储和邮政业	Transport, Storage and Post		314.86
5.批发和零售业、住宿和餐饮业	Wholesale and Retail Trades, Hotels and Catering Services		47.34
6.其他	Others		18.89
7.居民生活	Residential		150.86
城镇	Urban		88.92
乡村	Rural		61.94
五.平衡差额	**Statistical Difference**		**0.43**
六.消费量合计	**Total Energy Consumption**	**384.42**	**527.95**

Continued 1

原油 (万吨) Crude Oil (10^4 tons)	汽油 (万吨) Gasoline (10^4 tons)	煤油 (万吨) Kerosene (10^4 tons)	柴油 (万吨) Diesel Oil (10^4 tons)	燃料油 (万吨) Fuel Oil (10^4 tons)	石脑油 (万吨) Naphtha (10^4 tons)	润滑油 (万吨) Lubricants (10^4 tons)	石蜡 (万吨) Paraffin Waxes (10^4 tons)	溶剂油 (万吨) White Spirit (10^4 tons)
1926.36	**-413.02**	**-3.82**	**-440.35**	**-138.43**	**-23.86**	**0.17**	**-1.00**	**0.03**
2536.62								
33.17	279.15	13.95	482.94	4.06		3.20		0.03
-671.00	-697.62	-18.85	-919.26	-143.07	-22.45	-3.34	-1.00	
27.57	5.45	1.08	-4.03	0.58	-1.41	0.31		
-1883.09	**701.61**	**47.13**	**765.49**	**146.03**	**23.86**	**0.32**	**1.00**	
			-0.57					
			-0.08					
-1883.09	701.61	47.13	766.15	146.03	52.66	0.32	1.00	
					-28.80			
42.83	**288.59**	**43.31**	**325.14**	**7.60**		**0.49**		**0.03**
	9.20		42.66					
42.83	10.93	0.09	60.34	0.80		0.49		0.03
			0.07			0.26		
	13.15	0.13	31.58	2.17				
	101.85	42.77	163.48	2.61				
	23.33	0.12	12.69	1.12				
	9.69	0.18	8.05	0.90				
	120.44		6.34					
	80.51		0.22					
	39.93		6.12					
0.43								
1925.92	**288.59**	**43.31**	**325.80**	**7.60**	**28.80**	**0.49**		**0.03**

6-26 续表 2

项　目	Item	石油沥青（万吨） Bitumen Asphalt (10^4 tons)	石油焦（万吨） Petroleum Coke (10^4 tons)
一.可供本地区消费的能源量	**Total Primary Energy Supply**	**17.99**	**1.19**
1.一次能源生产量	Indigenous Production		
2.外省(区、市)调入量	Moving In from Other Provinces	121.01	11.68
3.进口量	Import		
4.境内飞机和轮船在境外的加油量	Domestic Airplanes&Ships Refueling Abroad		
5.本省(区、市)调出量(−)	Sending Out to Other Provinces(-)	-117.62	-8.19
6.出口量(−)	Export(-)		
7.境外飞机和轮船在境内的加油量(−)	Oversea Airplanes&Ships Refueling Domestically(-)		
8.库存增(−)、减(+)量	Stock Change	14.60	-2.30
二.加工转换投入(−)产出(+)量	**Input(-) & Output(+) of Transformation**	**22.14**	**-0.54**
1.火力发电	Thermal Power		
2.供热	Heating Supply		
3.煤炭洗选	Coal Washing		
4.炼焦	Coking		
5.炼油及煤制油	Petroleum Refining and Coal-to-liquids	22.14	12.20
#油品再投入量(−)	Petroleum Products Input (-)		-12.73
6.制气	Gas Works		
#再投入量(−)	Input (-)		
7.天然气液化	Natural Gas Liquefaction		
8.煤制品加工	Processing of Briquettes		
9.回收能	Recovery of Energy		
三.损失量	**Loss**		
四.终端消费量	**Total Final Consumption**	**40.13**	**0.65**
1.农、林、牧、渔业	Agriculture, Forestry, Animal Husbandry and Fishery		
2.工业	Industry	18.27	0.65
#用作原料、材料	Non-Energy Use	14.12	0.49
3.建筑业	Construction	21.86	
4.交通运输、仓储和邮政业	Transport, Storage and Post		
5.批发和零售业、住宿和餐饮业	Wholesale and Retail Trades, Hotels and Catering Services		
6.其他	Others		
7.居民生活	Residential		
城镇	Urban		
乡村	Rural		
五.平衡差额	**Statistical Difference**		
六.消费量合计	**Total Energy Consumption**	**40.13**	**13.38**

Continued 2

液化石油气(万吨) Liquefied Petroleum Gas (10^4 tons)	炼厂干气(万吨) Refinery Gas (10^4 tons)	其他石油制品(万吨) Other Petroleum Products (10^4 tons)	天然气(亿立方米) Natural Gas (10^8 cu.m)	液化天然气(万吨) Liquefied Natural Gas (10^4 tons)	热力(万百万千焦) Heat (10^{10} kJ)	电力(亿千瓦时) Electricity (10^8 kWh)	其他能源(万吨标准煤) Other Energy (10^4 tce)
-48.25		**-348.62**	**192.98**	**-252.91**		**-19.98**	**72.36**
			307.11			456.21	72.36
3.51		1.55		75.45		124.80	
-51.25		-349.61	-114.14	-326.09		-600.99	
-0.51		-0.56		-2.27			
131.79	**10.57**	**442.97**	**-90.89**	**353.29**	**31427.81**	**2395.88**	**104.60**
			-0.30		-5477.78	2395.88	-59.64
	-1.96		-13.45		27694.62		-3.65
131.79	12.53	453.28	-24.02				-27.41
		-10.31					
			3.73				51.54
			-2.14				
			-54.71	353.29			
					9210.97		143.75
						89.11	
83.55	**10.57**	**94.35**	**102.09**	**100.38**	**31427.81**	**2286.79**	**176.96**
1.05						43.29	
43.13	10.57	94.35	66.10	1.17	18365.51	1449.38	176.95
42.99	10.57		27.03	0.03			168.25
1.00			0.22		103.12	40.28	
4.15			4.38	99.21	182.70	96.57	0.01
10.07			6.02		1136.99	121.61	
0.06			0.79		2617.26	193.90	
24.07			24.59		9022.23	341.75	
8.19			22.71		9022.23	205.61	
15.88			1.88			136.14	
83.55	**12.53**	**104.66**	**147.95**	**100.38**	**36905.59**	**2375.90**	**267.66**

6-27 甘肃能源平衡表(实物量)-2022

项　目	Item	煤合计(万吨) Coal Total (10^4 tons)	原煤(万吨) Raw Coal (10^4 tons)
一.可供本地区消费的能源量	**Total Primary Energy Supply**	**8486.45**	**8731.79**
1.一次能源生产量	Indigenous Production	5414.38	5414.38
2.外省(区、市)调入量	Moving In from Other Provinces	4972.97	4652.59
3.进口量	Import		
4.境内飞机和轮船在境外的加油量	Domestic Airplanes&Ships Refueling Abroad		
5.本省(区、市)调出量(-)	Sending Out to Other Provinces(-)	-1810.52	-1265.63
6.出口量(-)	Export(-)		
7.境外飞机和轮船在境内的加油量(-)	Oversea Airplanes&Ships Refueling Domestically(-)		
8.库存增(-)、减(+)量	Stock Change	-90.38	-69.55
二.加工转换投入(-)产出(+)量	**Input(-) & Output(+) of Transformation**	**-7113.83**	**-7486.38**
1.火力发电	Thermal Power	-5080.54	-5080.54
2.供热	Heating Supply	-1086.34	-1058.11
3.煤炭洗选	Coal Washing	-251.03	-1231.98
4.炼焦	Coking	-676.31	-69.21
5.炼油及煤制油	Petroleum Refining and Coal-to-liquids		
#油品再投入量(-)	Petroleum Products Input (-)		
6.制气	Gas Works	-16.75	-11.31
#再投入量(-)	Input (-)		
7.天然气液化	Natural Gas Liquefaction		
8.煤制品加工	Processing of Briquettes	-2.86	-35.23
9.回收能	Recovery of Energy		
三.损失量	**Loss**		
四.终端消费量	**Total Final Consumption**	**1372.62**	**1245.41**
1.农、林、牧、渔业	Agriculture, Forestry, Animal Husbandry and Fishery	37.45	32.21
2.工业	Industry	994.26	931.59
#用作原料、材料	Non-Energy Use	159.14	109.18
3.建筑业	Construction	13.30	13.30
4.交通运输、仓储和邮政业	Transport, Storage and Post	13.50	13.50
5.批发和零售业、住宿和餐饮业	Wholesale and Retail Trades, Hotels and Catering Services	17.15	17.15
6.其他	Others	17.67	17.67
7.居民生活	Residential	279.29	219.99
城镇	Urban	37.30	14.45
乡村	Rural	241.99	205.54
五.平衡差额	**Statistical Difference**		
六.消费量合计	**Total Energy Consumption**	**8486.45**	**8731.79**

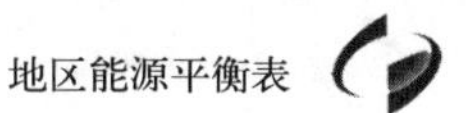

Energy Balance of Gansu (Physical Quantity) -2022

洗精煤 (万吨) Cleaned Coal (10⁴ tons)	其他洗煤 (万吨) Other Washed Coal (10⁴ tons)	煤制品 (万吨) Briquettes (10⁴ tons)	煤矸石 (万吨) Gangue (10⁴ tons)	焦炭 (万吨) Coke (10⁴ tons)	焦炉煤气 (亿立方米) Coke Oven Gas (10⁸ cu.m)	高炉煤气 (亿立方米) Blast Furnace Gas (10⁸ cu.m)	转炉煤气 (亿立方米) Converter Gas (10⁸ cu.m)	其他煤气 (亿立方米) Other Gas (10⁸ cu.m)
257.01	**-548.70**	**46.35**	**57.20**	**119.18**				
268.69		51.69	58.04	132.22				
	-544.89							
-11.68	-3.81	-5.34	-0.84	-13.04				
-257.01	**609.78**	**19.78**	**-56.24**	**494.60**	**11.65**	**129.36**	**8.61**	**3.50**
			-51.38		-0.64	-23.90	-1.75	-1.39
	-6.15	-22.08	-8.79		-0.32	-1.42	-0.27	
350.09	630.86		3.93					
-607.10				494.60	12.61			
	-5.44							4.89
	-9.49	41.86						
						154.68	10.63	
	61.08	**66.13**	**0.96**	**613.78**	**11.65**	**129.36**	**8.61**	**3.50**
		5.24						
	61.08	1.59	0.96	613.78	11.45	129.36	8.61	3.50
	49.76	0.20		119.90	1.29			1.03
		59.30			0.20			
		22.85			0.20			
		36.45						
607.10	**82.16**	**88.21**	**61.13**	**613.78**	**12.61**	**154.68**	**10.63**	**4.89**

6-27 续表 1

项　　目	Item	其他焦化产品 (万吨) Other Coking Products (10^4 tons)	油品合计 (万吨) Petroleum Products Total (10^4 tons)
一.可供本地区消费的能源量	**Total Primary Energy Supply**	**11.42**	**974.05**
1.一次能源生产量	Indigenous Production		1092.24
2.外省(区、市)调入量	Moving In from Other Provinces	13.04	493.27
3.进口量	Import		
4.境内飞机和轮船在境外的加油量	Domestic Airplanes&Ships Refueling Abroad		
5.本省(区、市)调出量(−)	Sending Out to Other Provinces(-)		-616.72
6.出口量(−)	Export(-)		
7.境外飞机和轮船在境内的加油量(−)	Oversea Airplanes&Ships Refueling Domestically(-)		
8.库存增(−)、减(+)量	Stock Change	-1.62	5.26
二.加工转换投入(−)产出(+)量	**Input(-) & Output(+) of Transformation**	**16.59**	**-169.11**
1.火力发电	Thermal Power		-0.67
2.供热	Heating Supply		-14.53
3.煤炭洗选	Coal Washing		
4.炼焦	Coking	36.43	
5.炼油及煤制油	Petroleum Refining and Coal-to-liquids	-19.84	-136.27
#油品再投入量(−)	Petroleum Products Input (-)		-17.64
6.制气	Gas Works		
#再投入量(−)	Input (-)		
7.天然气液化	Natural Gas Liquefaction		
8.煤制品加工	Processing of Briquettes		
9.回收能	Recovery of Energy		
三.损失量	**Loss**		
四.终端消费量	**Total Final Consumption**	**28.01**	**804.94**
1.农、林、牧、渔业	Agriculture, Forestry, Animal Husbandry and Fishery		37.14
2.工业	Industry	28.01	308.02
#用作原料、材料	Non-Energy Use	26.66	180.14
3.建筑业	Construction		36.96
4.交通运输、仓储和邮政业	Transport, Storage and Post		253.52
5.批发和零售业、住宿和餐饮业	Wholesale and Retail Trades, Hotels and Catering Services		17.60
6.其他	Others		64.95
7.居民生活	Residential		86.75
城镇	Urban		54.02
乡村	Rural		32.73
五.平衡差额	**Statistical Difference**		
六.消费量合计	**Total Energy Consumption**	**47.85**	**974.05**

Continued 1

原油 (万吨) Crude Oil (10^4 tons)	汽油 (万吨) Gasoline (10^4 tons)	煤油 (万吨) Kerosene (10^4 tons)	柴油 (万吨) Diesel Oil (10^4 tons)	燃料油 (万吨) Fuel Oil (10^4 tons)	石脑油 (万吨) Naphtha (10^4 tons)	润滑油 (万吨) Lubricants (10^4 tons)	石蜡 (万吨) Paraffin Waxes (10^4 tons)	溶剂油 (万吨) White Spirit (10^4 tons)
1471.87	**-238.24**	**-67.81**	**-272.12**	**-3.94**	**-4.23**	**0.18**	**-2.21**	**-0.37**
1092.24								
377.42						0.53		
	-252.58	-62.24	-269.76	-3.97	-4.05		-2.19	-0.37
2.21	14.34	-5.57	-2.36	0.03	-0.18	-0.35	-0.02	
-1454.31	**429.37**	**75.34**	**562.02**	**5.29**	**6.72**		**2.21**	**0.38**
			-0.20	-0.05				
			-0.06					
-1454.31	429.37	75.34	562.28	5.34	6.72		2.21	0.38
17.56	**191.13**	**7.53**	**289.90**	**1.35**	**2.49**	**0.18**		**0.01**
	4.50		32.64					
17.56	1.73	0.10	16.87	1.35	2.49	0.18		0.01
		0.07	0.06		2.49			
	13.10		13.56					
	43.50	7.43	202.59					
	12.05		3.12					
	48.10		16.85					
	68.15		4.27					
	43.32		1.17					
	24.83		3.10					
1471.87	**191.13**	**7.53**	**290.16**	**1.40**	**2.49**	**0.18**		**0.01**

6-27 续表 2

项　目	Item	石油沥青(万吨) Bitumen Asphalt (10^4 tons)	石油焦(万吨) Petroleum Coke (10^4 tons)
一.可供本地区消费的能源量	**Total Primary Energy Supply**	**31.98**	**81.27**
1.一次能源生产量	Indigenous Production		
2.外省(区、市)调入量	Moving In from Other Provinces	32.32	83.00
3.进口量	Import		
4.境内飞机和轮船在境外的加油量	Domestic Airplanes&Ships Refueling Abroad		
5.本省(区、市)调出量(-)	Sending Out to Other Provinces(-)		
6.出口量(-)	Export(-)		
7.境外飞机和轮船在境内的加油量(-)	Oversea Airplanes&Ships Refueling Domestically(-)		
8.库存增(-)、减(+)量	Stock Change	-0.34	-1.73
二.加工转换投入(-)产出(+)量	**Input(-) & Output(+) of Transformation**		**32.65**
1.火力发电	Thermal Power		
2.供热	Heating Supply		
3.煤炭洗选	Coal Washing		
4.炼焦	Coking		
5.炼油及煤制油	Petroleum Refining and Coal-to-liquids		38.90
#油品再投入量(-)	Petroleum Products Input (-)		-6.25
6.制气	Gas Works		
#再投入量(-)	Input (-)		
7.天然气液化	Natural Gas Liquefaction		
8.煤制品加工	Processing of Briquettes		
9.回收能	Recovery of Energy		
三.损失量	**Loss**		
四.终端消费量	**Total Final Consumption**	**31.98**	**113.92**
1.农、林、牧、渔业	Agriculture, Forestry, Animal Husbandry and Fishery		
2.工业	Industry	21.68	113.92
#用作原料、材料	Non-Energy Use	20.71	113.92
3.建筑业	Construction	10.30	
4.交通运输、仓储和邮政业	Transport, Storage and Post		
5.批发和零售业、住宿和餐饮业	Wholesale and Retail Trades, Hotels and Catering Services		
6.其他	Others		
7.居民生活	Residential		
城镇	Urban		
乡村	Rural		
五.平衡差额	**Statistical Difference**		
六.消费量合计	**Total Energy Consumption**	**31.98**	**120.17**

Continued 2

液化石油气 (万吨) Liquefied Petroleum Gas (10^4 tons)	炼厂干气 (万吨) Refinery Gas (10^4 tons)	其他石油制品 (万吨) Other Petroleum Products (10^4 tons)	天然气 (亿立方米) Natural Gas (10^8 cu.m)	液化天然气 (万吨) Liquefied Natural Gas (10^4 tons)	热力 (万百万千焦) Heat (10^{10} kJ)	电力 (亿千瓦时) Electricity (10^8 kWh)	其他能源 (万吨标准煤) Other Energy (10^4 tce)
-1.95		**-20.38**	**41.21**	**-12.10**		**433.48**	**33.91**
			5.44			902.86	33.83
			35.74			364.68	
-1.70		-19.86		-12.60		-834.06	
-0.25		-0.52	0.03	0.50			0.08
18.81	**82.42**	**69.99**	**-4.56**	**15.91**	**19306.64**	**1088.43**	**-20.59**
	-0.42				-1194.59	1088.43	-31.56
	-14.47		-0.84		17510.38		-0.21
18.81	97.31	81.38					-0.30
		-11.39					
							11.45
			-1.14				
			-2.58	15.91			
					2990.85		0.03
						58.29	
16.86	**82.42**	**49.61**	**36.65**	**3.81**	**19306.64**	**1442.40**	**13.32**
						63.03	
0.10	82.42	49.61	9.97	3.81	10619.89	1032.46	13.32
		42.89	2.24				
					118.50	16.78	
			5.15		506.78	73.48	
2.43			4.85		1109.50	45.31	
			7.98		1098.20	79.06	
14.33			8.70		5853.77	132.28	
9.53			8.70		5853.77	70.72	
4.80						61.56	
						21.22	
16.86	**97.31**	**61.00**	**39.01**	**3.81**	**20501.23**	**1500.69**	**45.39**

6-28 青海能源平衡表(实物量)-2022

项　目	Item	煤合计(万吨) Coal Total (10^4 tons)	原煤(万吨) Raw Coal (10^4 tons)
一.可供本地区消费的能源量	**Total Primary Energy Supply**	**1764.22**	**1723.87**
1.一次能源生产量	Indigenous Production	936.50	936.50
2.外省(区、市)调入量	Moving In from Other Provinces	913.74	879.09
3.进口量	Import		
4.境内飞机和轮船在境外的加油量	Domestic Airplanes&Ships Refueling Abroad		
5.本省(区、市)调出量(-)	Sending Out to Other Provinces(-)	-8.28	-7.39
6.出口量(-)	Export(-)		
7.境外飞机和轮船在境内的加油量(-)	Oversea Airplanes&Ships Refueling Domestically(-)		
8.库存增(-)、减(+)量	Stock Change	-77.75	-84.33
二.加工转换投入(-)产出(+)量	**Input(-) & Output(+) of Transformation**	**-1152.11**	**-1114.08**
1.火力发电	Thermal Power	-756.60	-756.60
2.供热	Heating Supply	-266.68	-265.34
3.煤炭洗选	Coal Washing		
4.炼焦	Coking	-128.83	-92.15
5.炼油及煤制油	Petroleum Refining and Coal-to-liquids		
#油品再投入量(-)	Petroleum Products Input (-)		
6.制气	Gas Works		
#再投入量(-)	Input (-)		
7.天然气液化	Natural Gas Liquefaction		
8.煤制品加工	Processing of Briquettes		
9.回收能	Recovery of Energy		
三.损失量	**Loss**	**2.36**	**2.36**
四.终端消费量	**Total Final Consumption**	**609.74**	**607.43**
1.农、林、牧、渔业	Agriculture, Forestry, Animal Husbandry and Fishery	3.10	3.10
2.工业	Industry	516.05	513.74
#用作原料、材料	Non-Energy Use	69.76	69.01
3.建筑业	Construction	4.61	4.61
4.交通运输、仓储和邮政业	Transport, Storage and Post	7.45	7.45
5.批发和零售业、住宿和餐饮业	Wholesale and Retail Trades, Hotels and Catering Services	4.25	4.25
6.其他	Others	5.63	5.63
7.居民生活	Residential	68.66	68.66
城镇	Urban	13.19	13.19
乡村	Rural	55.47	55.47
五.平衡差额	**Statistical Difference**		
六.消费量合计	**Total Energy Consumption**	**1764.22**	**1723.87**

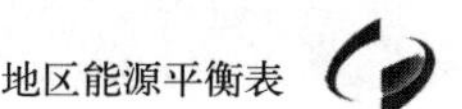

Energy Balance of Qinghai (Physical Quantity) -2022

洗精煤 (万吨) Cleaned Coal (10^4 tons)	其他洗煤 (万吨) Other Washed Coal (10^4 tons)	煤制品 (万吨) Briquettes (10^4 tons)	煤矸石 (万吨) Gangue (10^4 tons)	焦炭 (万吨) Coke (10^4 tons)	焦炉煤气 (亿立方米) Coke Oven Gas (10^8 cu.m)	高炉煤气 (亿立方米) Blast Furnace Gas (10^8 cu.m)	转炉煤气 (亿立方米) Converter Gas (10^8 cu.m)	其他煤气 (亿立方米) Other Gas (10^8 cu.m)
36.69	**3.66**		**1.26**	**156.07**	**-0.14**			
34.65			1.26	159.20				
	-0.89				-0.14			
2.03	4.55			-3.14				
-36.69	**-1.34**			**89.53**	**3.13**	**9.79**	**0.79**	
					-0.01			
	-1.34					-3.96		
-36.69				89.53	3.15			
						13.75	0.79	
	2.31		**1.26**	**245.60**	**2.99**	**9.79**	**0.79**	
	2.31		1.26	245.60	2.99	9.79	0.79	
	0.75			145.43				
36.69	**3.66**		**1.26**	**245.60**	**3.00**	**13.75**	**0.79**	

6-28 续表 1

项　目	Item	其他焦化产品(万吨) Other Coking Products (10^4 tons)	油品合计(万吨) Petroleum Products Total (10^4 tons)
一.可供本地区消费的能源量	**Total Primary Energy Supply**	**-4.26**	**369.90**
1.一次能源生产量	Indigenous Production		235.00
2.外省(区、市)调入量	Moving In from Other Provinces		224.91
3.进口量	Import		
4.境内飞机和轮船在境外的加油量	Domestic Airplanes&Ships Refueling Abroad		
5.本省(区、市)调出量(−)	Sending Out to Other Provinces(-)	-4.15	-87.59
6.出口量(−)	Export(-)		
7.境外飞机和轮船在境内的加油量(−)	Oversea Airplanes&Ships Refueling Domestically(-)		
8.库存增(−)、减(+)量	Stock Change	-0.11	-2.43
二.加工转换投入(−)产出(+)量	**Input(-) & Output(+) of Transformation**	**4.26**	**-9.72**
1.火力发电	Thermal Power		-0.06
2.供热	Heating Supply		
3.煤炭洗选	Coal Washing		
4.炼焦	Coking	4.26	
5.炼油及煤制油	Petroleum Refining and Coal-to-liquids		-9.66
#油品再投入量(−)	Petroleum Products Input (-)		
6.制气	Gas Works		
#再投入量(−)	Input (-)		
7.天然气液化	Natural Gas Liquefaction		
8.煤制品加工	Processing of Briquettes		
9.回收能	Recovery of Energy		
三.损失量	**Loss**		
四.终端消费量	**Total Final Consumption**		**360.18**
1.农、林、牧、渔业	Agriculture, Forestry, Animal Husbandry and Fishery		9.48
2.工业	Industry		99.12
#用作原料、材料	Non-Energy Use		30.43
3.建筑业	Construction		20.91
4.交通运输、仓储和邮政业	Transport, Storage and Post		127.64
5.批发和零售业、住宿和餐饮业	Wholesale and Retail Trades, Hotels and Catering Services		19.77
6.其他	Others		38.69
7.居民生活	Residential		44.56
城镇	Urban		26.19
乡村	Rural		18.37
五.平衡差额	**Statistical Difference**		
六.消费量合计	**Total Energy Consumption**		**369.90**

Continued 1

原油 (万吨) Crude Oil (10^4 tons)	汽油 (万吨) Gasoline (10^4 tons)	煤油 (万吨) Kerosene (10^4 tons)	柴油 (万吨) Diesel Oil (10^4 tons)	燃料油 (万吨) Fuel Oil (10^4 tons)	石脑油 (万吨) Naphtha (10^4 tons)	润滑油 (万吨) Lubricants (10^4 tons)	石蜡 (万吨) Paraffin Waxes (10^4 tons)	溶剂油 (万吨) White Spirit (10^4 tons)
152.44	**24.06**		**104.09**	**-4.44**		**0.47**		
235.00								
	24.54		106.61			0.47		
-82.51			-0.85	-4.22				
-0.05	-0.48		-1.67	-0.23				
-150.00	**52.44**	**0.59**	**68.75**	**4.59**				
			-0.02	-0.04				
-150.00	52.44	0.59	68.78	4.64				
2.44	**76.50**	**0.59**	**172.84**	**0.15**		**0.47**		
	3.09		5.93			0.47		
2.44	5.12	0.59	29.88	0.15				
			0.02	0.01				
	3.26		14.19					
	24.47		87.12					
	3.22		5.40					
	6.23		18.02					
	31.11		12.31					
	19.94		5.48					
	11.17		6.83					
152.44	**76.50**	**0.59**	**172.87**	**0.19**		**0.47**		

6-28 续表 2

项　目	Item	石油沥青(万吨) Bitumen Asphalt (10^4 tons)	石油焦(万吨) Petroleum Coke (10^4 tons)
一.可供本地区消费的能源量	**Total Primary Energy Supply**	**6.20**	**48.73**
1.一次能源生产量	Indigenous Production		
2.外省(区、市)调入量	Moving In from Other Provinces	6.23	48.73
3.进口量	Import		
4.境内飞机和轮船在境外的加油量	Domestic Airplanes&Ships Refueling Abroad		
5.本省(区、市)调出量(−)	Sending Out to Other Provinces(-)		
6.出口量(−)	Export(-)		
7.境外飞机和轮船在境内的加油量(−)	Oversea Airplanes&Ships Refueling Domestically(-)		
8.库存增(−)、减(+)量	Stock Change	-0.03	
二.加工转换投入(−)产出(+)量	**Input(-) & Output(+) of Transformation**		
1.火力发电	Thermal Power		
2.供热	Heating Supply		
3.煤炭洗选	Coal Washing		
4.炼焦	Coking		
5.炼油及煤制油	Petroleum Refining and Coal-to-liquids		
#油品再投入量(−)	Petroleum Products Input (-)		
6.制气	Gas Works		
#再投入量(−)	Input (-)		
7.天然气液化	Natural Gas Liquefaction		
8.煤制品加工	Processing of Briquettes		
9.回收能	Recovery of Energy		
三.损失量	**Loss**		
四.终端消费量	**Total Final Consumption**	**6.20**	**48.73**
1.农、林、牧、渔业	Agriculture, Forestry, Animal Husbandry and Fishery		
2.工业	Industry	2.74	48.73
#用作原料、材料	Non-Energy Use	2.74	27.67
3.建筑业	Construction	3.46	
4.交通运输、仓储和邮政业	Transport, Storage and Post		
5.批发和零售业、住宿和餐饮业	Wholesale and Retail Trades, Hotels and Catering Services		
6.其他	Others		
7.居民生活	Residential		
城镇	Urban		
乡村	Rural		
五.平衡差额	**Statistical Difference**		
六.消费量合计	**Total Energy Consumption**	**6.20**	**48.73**

Continued 2

液化石油气 (万吨) Liquefied Petroleum Gas (10^4 tons)	炼厂干气 (万吨) Refinery Gas (10^4 tons)	其他石油制品 (万吨) Other Petroleum Products (10^4 tons)	天然气 (亿立方米) Natural Gas (10^8 cu.m)	液化天然气 (万吨) Liquefied Natural Gas (10^4 tons)	热力 (万百万千焦) Heat (10^{10} kJ)	电力 (亿千瓦时) Electricity (10^8 kWh)	其他能源 (万吨标准煤) Other Energy (10^4 tce)
38.34		**0.01**	**45.64**	**-6.94**		**771.00**	
			60.00			838.51	
38.33						141.19	
			-14.36	-6.91		-208.70	
0.02		0.01		-0.03			
4.45	**5.37**	**4.09**	**-1.32**	**7.01**	**4332.26**	**159.54**	**4.51**
					-612.06	159.54	
			-0.27		4224.13		
4.45	5.37	4.09					
			-1.05	7.01			
					720.19		4.51
						27.55	
42.79	**5.37**	**4.10**	**44.31**	**0.07**	**4332.26**	**902.99**	**4.51**
						2.84	
	5.37	4.10	24.32	0.07	3551.78	796.37	4.51
			9.57				4.51
			0.76		42.11	6.73	
16.05			4.25		20.54	13.27	
11.15			3.22		158.22	14.25	
14.44			4.34		89.16	25.85	
1.14			7.42		470.44	43.69	
0.77			5.59		470.44	30.70	
0.37			1.83			12.99	
42.79	**5.37**	**4.10**	**44.67**	**0.07**	**4944.33**	**930.54**	**4.51**

6-29 宁夏能源平衡表(实物量)-2022

项 目	Item	煤合计 (万吨) Coal Total (10^4 tons)	原煤 (万吨) Raw Coal (10^4 tons)
一.可供本地区消费的能源量	**Total Primary Energy Supply**	**16822.10**	**16307.45**
1.一次能源生产量	Indigenous Production	9479.28	9479.28
2.外省(区、市)调入量	Moving In from Other Provinces	8597.58	7759.71
3.进口量	Import		
4.境内飞机和轮船在境外的加油量	Domestic Airplanes&Ships Refueling Abroad		
5.本省(区、市)调出量(-)	Sending Out to Other Provinces(-)	-1109.00	-865.48
6.出口量(-)	Export(-)		
7.境外飞机和轮船在境内的加油量(-)	Oversea Airplanes&Ships Refueling Domestically(-)		
8.库存增(-)、减(+)量	Stock Change	-145.76	-66.06
二.加工转换投入(-)产出(+)量	**Input(-) & Output(+) of Transformation**	**-13719.16**	**-13490.89**
1.火力发电	Thermal Power	-8458.82	-8443.56
2.供热	Heating Supply	-1175.36	-1134.48
3.煤炭洗选	Coal Washing	-406.95	-1669.24
4.炼焦	Coking	-1683.78	-256.50
5.炼油及煤制油	Petroleum Refining and Coal-to-liquids	-1987.12	-1987.12
#油品再投入量(-)	Petroleum Products Input (-)		
6.制气	Gas Works	-7.13	
#再投入量(-)	Input (-)		
7.天然气液化	Natural Gas Liquefaction		
8.煤制品加工	Processing of Briquettes		
9.回收能	Recovery of Energy		
三.损失量	**Loss**		
四.终端消费量	**Total Final Consumption**	**3102.94**	**2816.56**
1.农、林、牧、渔业	Agriculture, Forestry, Animal Husbandry and Fishery	3.10	3.10
2.工业	Industry	3038.58	2753.00
#用作原料、材料	Non-Energy Use	1451.57	1347.80
3.建筑业	Construction	3.40	3.40
4.交通运输、仓储和邮政业	Transport, Storage and Post	2.50	2.50
5.批发和零售业、住宿和餐饮业	Wholesale and Retail Trades, Hotels and Catering Services	2.73	2.73
6.其他	Others	13.53	13.53
7.居民生活	Residential	39.10	38.30
城镇	Urban	1.70	1.70
乡村	Rural	37.40	36.60
五.平衡差额	**Statistical Difference**		
六.消费量合计	**Total Energy Consumption**	**16822.10**	**16307.45**

Energy Balance of Ningxia (Physical Quantity) -2022

洗精煤 (万吨) Cleaned Coal (10^4 tons)	其他洗煤 (万吨) Other Washed Coal (10^4 tons)	煤制品 (万吨) Briquettes (10^4 tons)	煤矸石 (万吨) Gangue (10^4 tons)	焦炭 (万吨) Coke (10^4 tons)	焦炉煤气 (亿立方米) Coke Oven Gas (10^8 cu.m)	高炉煤气 (亿立方米) Blast Furnace Gas (10^8 cu.m)	转炉煤气 (亿立方米) Converter Gas (10^8 cu.m)	其他煤气 (亿立方米) Other Gas (10^8 cu.m)
696.25	**-189.37**	**7.77**		**-383.42**				
739.71	83.77	14.39		526.77				
-19.62	-223.80	-0.11		-938.53				
-23.84	-49.34	-6.51		28.34				
-696.25	**473.18**	**-5.20**		**1225.37**	**23.30**	**64.88**	**5.72**	**7.19**
	-15.26		-39.76		-0.84	-57.93	-1.91	-3.67
	-35.69	-5.20	-1.42		-1.34	-1.08		-0.56
731.03	531.25		41.18					
-1427.28				1225.37	27.22			
	-7.13							2.10
					-1.75			
						123.89	7.64	9.33
	283.81	**2.57**		**841.95**	**23.30**	**64.88**	**5.73**	**7.19**
	283.81	1.77		841.95	23.30	64.88	5.73	7.19
	103.76			534.78	13.27			2.37
		0.80						
		0.80						
1427.28	**341.88**	**7.77**	**41.18**	**841.95**	**27.22**	**123.89**	**7.64**	**11.42**

6-29 续表 1

项　目	Item	其他焦化产品 (万吨) Other Coking Products (10^4 tons)	油品合计 (万吨) Petroleum Products Total (10^4 tons)
一.可供本地区消费的能源量	**Total Primary Energy Supply**	**-56.09**	**454.06**
1.一次能源生产量	Indigenous Production		130.71
2.外省(区、市)调入量	Moving In from Other Provinces	3.18	788.54
3.进口量	Import		
4.境内飞机和轮船在境外的加油量	Domestic Airplanes&Ships Refueling Abroad		
5.本省(区、市)调出量(-)	Sending Out to Other Provinces(-)	-58.36	-959.43
6.出口量(-)	Export(-)		
7.境外飞机和轮船在境内的加油量(-)	Oversea Airplanes&Ships Refueling Domestically(-)		
8.库存增(-)、减(+)量	Stock Change	-0.91	-19.47
二.加工转换投入(-)产出(+)量	**Input(-) & Output(+) of Transformation**	**74.57**	**-58.52**
1.火力发电	Thermal Power		-0.38
2.供热	Heating Supply		-0.04
3.煤炭洗选	Coal Washing		
4.炼焦	Coking	77.25	
5.炼油及煤制油	Petroleum Refining and Coal-to-liquids	9.49	262.12
#油品再投入量(-)	Petroleum Products Input (-)	-12.17	-320.22
6.制气	Gas Works		
#再投入量(-)	Input (-)		
7.天然气液化	Natural Gas Liquefaction		
8.煤制品加工	Processing of Briquettes		
9.回收能	Recovery of Energy		
三.损失量	**Loss**		
四.终端消费量	**Total Final Consumption**	**18.48**	**395.53**
1.农、林、牧、渔业	Agriculture, Forestry, Animal Husbandry and Fishery		5.73
2.工业	Industry	18.48	262.89
#用作原料、材料	Non-Energy Use	16.36	252.68
3.建筑业	Construction		23.91
4.交通运输、仓储和邮政业	Transport, Storage and Post		87.45
5.批发和零售业、住宿和餐饮业	Wholesale and Retail Trades, Hotels and Catering Services		1.42
6.其他	Others		1.50
7.居民生活	Residential		12.64
城镇	Urban		8.86
乡村	Rural		3.78
五.平衡差额	**Statistical Difference**		
六.消费量合计	**Total Energy Consumption**	**30.65**	**454.06**

Continued 1

原油 (万吨) Crude Oil (10^4 tons)	汽油 (万吨) Gasoline (10^4 tons)	煤油 (万吨) Kerosene (10^4 tons)	柴油 (万吨) Diesel Oil (10^4 tons)	燃料油 (万吨) Fuel Oil (10^4 tons)	石脑油 (万吨) Naphtha (10^4 tons)	润滑油 (万吨) Lubricants (10^4 tons)	石蜡 (万吨) Paraffin Waxes (10^4 tons)	溶剂油 (万吨) White Spirit (10^4 tons)
459.84	**-196.64**	**-10.33**	**-134.90**	**113.95**	**-1.32**	**0.18**		**-9.37**
130.71								
458.54	17.44		38.30	128.19	3.83	0.03		
-129.48	-208.90	-10.97	-166.65	-11.46	-4.53			-9.40
0.07	-5.18	0.64	-6.55	-2.78	-0.62	0.14		0.04
-458.32	**215.49**	**10.49**	**249.76**	**-113.88**	**131.12**			**9.36**
			-0.25	-0.13				
			-0.03	-0.01				
-458.32	215.49	10.49	250.03	20.62	146.89			9.36
				-134.36	-15.78			
1.51	**18.85**	**0.15**	**114.85**	**0.07**	**129.80**	**0.17**		
	0.69		5.04					
1.51	0.37	0.15	5.12	0.07	129.80	0.17		
			0.24		129.79			
	1.36		19.75					
	3.35		84.10					
	0.76		0.36					
	1.05		0.45					
	11.27		0.03					
	8.34							
	2.93		0.03					
459.84	**18.85**	**0.15**	**115.13**	**134.57**	**145.57**	**0.17**		

6-29 续表 2

项　目	Item	石油沥青(万吨) Bitumen Asphalt (10^4 tons)	石油焦(万吨) Petroleum Coke (10^4 tons)
一.可供本地区消费的能源量	**Total Primary Energy Supply**	**-13.68**	**38.84**
1.一次能源生产量	Indigenous Production		
2.外省(区、市)调入量	Moving In from Other Provinces	4.00	44.87
3.进口量	Import		
4.境内飞机和轮船在境外的加油量	Domestic Airplanes&Ships Refueling Abroad		
5.本省(区、市)调出量(-)	Sending Out to Other Provinces(-)	-18.67	
6.出口量(-)	Export(-)		
7.境外飞机和轮船在境内的加油量(-)	Oversea Airplanes&Ships Refueling Domestically(-)		
8.库存增(-)、减(+)量	Stock Change	0.99	-6.03
二.加工转换投入(-)产出(+)量	**Input(-) & Output(+) of Transformation**	**17.61**	**17.01**
1.火力发电	Thermal Power		
2.供热	Heating Supply		
3.煤炭洗选	Coal Washing		
4.炼焦	Coking		
5.炼油及煤制油	Petroleum Refining and Coal-to-liquids	17.61	17.01
#油品再投入量(-)	Petroleum Products Input (-)		
6.制气	Gas Works		
#再投入量(-)	Input (-)		
7.天然气液化	Natural Gas Liquefaction		
8.煤制品加工	Processing of Briquettes		
9.回收能	Recovery of Energy		
三.损失量	**Loss**		
四.终端消费量	**Total Final Consumption**	**3.94**	**55.85**
1.农、林、牧、渔业	Agriculture, Forestry, Animal Husbandry and Fishery		
2.工业	Industry	1.14	55.85
#用作原料、材料	Non-Energy Use		55.63
3.建筑业	Construction	2.80	
4.交通运输、仓储和邮政业	Transport, Storage and Post		
5.批发和零售业、住宿和餐饮业	Wholesale and Retail Trades, Hotels and Catering Services		
6.其他	Others		
7.居民生活	Residential		
城镇	Urban		
乡村	Rural		
五.平衡差额	**Statistical Difference**		
六.消费量合计	**Total Energy Consumption**	**3.94**	**55.85**

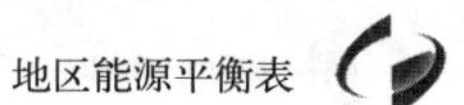

Continued 2

液化石油气(万吨) Liquefied Petroleum Gas (10^4 tons)	炼厂干气(万吨) Refinery Gas (10^4 tons)	其他石油制品(万吨) Other Petroleum Products (10^4 tons)	天然气(亿立方米) Natural Gas (10^8 cu.m)	液化天然气(万吨) Liquefied Natural Gas (10^4 tons)	热力(万百万千焦) Heat (10^{10} kJ)	电力(亿千瓦时) Electricity (10^8 kWh)	其他能源(万吨标准煤) Other Energy (10^4 tce)
-0.88	**-0.21**	**-305.11**	**42.93**	**-121.26**		**-359.72**	**19.72**
			0.16			513.97	19.72
42.63		50.73	42.77	102.19		112.76	
-41.82		-357.56		-223.71		-986.44	
-1.69	-0.21	1.72		0.26			
70.73	**0.21**	**305.61**	**-22.21**	**122.35**	**19523.05**	**1721.16**	**-19.72**
			-3.10	-0.03	-846.96	1721.16	-23.26
			-1.68		17880.54		-0.63
127.00	0.21	419.43					
-56.27		-113.82					
			0.08	3.98			
			-0.05				
			-17.46	118.40			
					2489.47		4.17
						31.33	
69.85		**0.50**	**20.72**	**1.09**	**19523.06**	**1330.11**	
						30.30	
68.21		0.50	13.29	0.57	15817.30	1178.80	
66.84		0.19	5.63				
					100.03	4.34	
			3.06	0.53	21.06	16.10	
0.30			0.78		554.24	21.36	
			0.35		788.83	39.77	
1.34			3.25		2241.60	39.43	
0.52			2.80		2241.60	24.00	
0.82			0.45			15.44	
126.12		**114.31**	**26.67**	**1.13**	**20370.02**	**1361.43**	**23.89**

6-30 新疆能源平衡表(实物量)-2022

项 目	Item	煤合计(万吨) Coal Total (10^4 tons)	原煤(万吨) Raw Coal (10^4 tons)
一.可供本地区消费的能源量	**Total Primary Energy Supply**	**32003.52**	**32117.09**
1.一次能源生产量	Indigenous Production	41305.14	41305.14
2.外省(区、市)调入量	Moving In from Other Provinces	604.47	452.85
3.进口量	Import	233.47	233.47
4.境内飞机和轮船在境外的加油量	Domestic Airplanes&Ships Refueling Abroad		
5.本省(区、市)调出量(-)	Sending Out to Other Provinces(-)	-10419.89	-10239.64
6.出口量(-)	Export(-)	-0.04	
7.境外飞机和轮船在境内的加油量(-)	Oversea Airplanes&Ships Refueling Domestically(-)		
8.库存增(-)、减(+)量	Stock Change	280.37	365.27
二.加工转换投入(-)产出(+)量	**Input(-) & Output(+) of Transformation**	**-26867.74**	**-27362.75**
1.火力发电	Thermal Power	-16888.01	-16785.73
2.供热	Heating Supply	-3977.17	-3972.92
3.煤炭洗选	Coal Washing	-354.68	-2117.75
4.炼焦	Coking	-4461.68	-3286.57
5.炼油及煤制油	Petroleum Refining and Coal-to-liquids		
#油品再投入量(-)	Petroleum Products Input (-)		
6.制气	Gas Works	-1185.18	-1185.18
#再投入量(-)	Input (-)		
7.天然气液化	Natural Gas Liquefaction		
8.煤制品加工	Processing of Briquettes	-1.02	-14.60
9.回收能	Recovery of Energy		
三.损失量	**Loss**		
四.终端消费量	**Total Final Consumption**	**2961.38**	**2579.94**
1.农、林、牧、渔业	Agriculture, Forestry, Animal Husbandry and Fishery	101.99	101.99
2.工业	Industry	2467.12	2085.68
#用作原料、材料	Non-Energy Use	1310.84	949.47
3.建筑业	Construction	11.06	11.06
4.交通运输、仓储和邮政业	Transport, Storage and Post	1.44	1.44
5.批发和零售业、住宿和餐饮业	Wholesale and Retail Trades, Hotels and Catering Services	32.51	32.51
6.其他	Others	49.81	49.81
7.居民生活	Residential	297.45	297.45
城镇	Urban	24.50	24.50
乡村	Rural	272.95	272.95
五.平衡差额	**Statistical Difference**	**2174.40**	**2174.40**
六.消费量合计	**Total Energy Consumption**	**29829.12**	**29942.69**

Energy Balance of Xinjiang (Physical Quantity) -2022

洗精煤 (万吨) Cleaned Coal (10^4 tons)	其他洗煤 (万吨) Other Washed Coal (10^4 tons)	煤制品 (万吨) Briquettes (10^4 tons)	煤矸石 (万吨) Gangue (10^4 tons)	焦炭 (万吨) Coke (10^4 tons)	焦炉煤气 (亿立方米) Coke Oven Gas (10^8 cu.m)	高炉煤气 (亿立方米) Blast Furnace Gas (10^8 cu.m)	转炉煤气 (亿立方米) Converter Gas (10^8 cu.m)	其他煤气 (亿立方米) Other Gas (10^8 cu.m)
132.08	**-245.25**	**-0.40**	**224.18**	**-1622.30**				
151.62			230.33	54.25				
	-159.45	-20.80		-1643.23				
		-0.04						
-19.54	-85.80	20.44	-6.15	-33.32				
-132.08	**610.64**	**16.45**	**-224.00**	**2635.92**	**75.15**	**96.61**	**14.20**	**16.34**
	-102.28		-192.54		-35.49	-17.77	-5.69	
	-4.25		-38.97		-31.00	-12.62	-16.27	
1043.03	720.04		7.51					
-1175.11				2635.92	166.29			
								12.22
					-24.65			
	-2.87	16.45						
						127.00	36.16	4.12
	365.39	**16.05**	**0.18**	**1013.62**	**75.15**	**96.61**	**14.20**	**16.34**
	365.39	16.05	0.18	1013.62	75.15	96.61	14.20	16.34
	345.36	16.01		449.61	10.99			2.10
1175.11	**474.79**	**16.05**	**231.69**	**1013.62**	**166.29**	**127.00**	**36.16**	**16.34**

6-30 续表 1

项　目	Item	其他焦化产品 (万吨) Other Coking Products (10^4 tons)	油品合计 (万吨) Petroleum Products Total (10^4 tons)
一.可供本地区消费的能源量	**Total Primary Energy Supply**	**-234.68**	**1538.36**
1.一次能源生产量	Indigenous Production		3213.34
2.外省(区、市)调入量	Moving In from Other Provinces	2.22	976.61
3.进口量	Import		1116.49
4.境内飞机和轮船在境外的加油量	Domestic Airplanes&Ships Refueling Abroad		0.19
5.本省(区、市)调出量(-)	Sending Out to Other Provinces(-)	-234.24	-3769.98
6.出口量(-)	Export(-)		-0.57
7.境外飞机和轮船在境内的加油量(-)	Oversea Airplanes&Ships Refueling Domestically(-)		-0.26
8.库存增(-)、减(+)量	Stock Change	-2.66	2.54
二.加工转换投入(-)产出(+)量	**Input(-) & Output(+) of Transformation**	**279.67**	**-25.98**
1.火力发电	Thermal Power		-0.27
2.供热	Heating Supply		-9.94
3.煤炭洗选	Coal Washing		
4.炼焦	Coking	300.68	
5.炼油及煤制油	Petroleum Refining and Coal-to-liquids	112.65	68.38
#油品再投入量(-)	Petroleum Products Input (-)	-167.53	-83.08
6.制气	Gas Works	33.87	-1.07
#再投入量(-)	Input (-)		
7.天然气液化	Natural Gas Liquefaction		
8.煤制品加工	Processing of Briquettes		
9.回收能	Recovery of Energy		
三.损失量	**Loss**		
四.终端消费量	**Total Final Consumption**	**44.99**	**1512.38**
1.农、林、牧、渔业	Agriculture, Forestry, Animal Husbandry and Fishery		111.01
2.工业	Industry	44.99	647.98
#用作原料、材料	Non-Energy Use	43.82	394.39
3.建筑业	Construction		107.10
4.交通运输、仓储和邮政业	Transport, Storage and Post		513.67
5.批发和零售业、住宿和餐饮业	Wholesale and Retail Trades, Hotels and Catering Services		23.48
6.其他	Others		12.33
7.居民生活	Residential		96.81
城镇	Urban		70.21
乡村	Rural		26.60
五.平衡差额	**Statistical Difference**		
六.消费量合计	**Total Energy Consumption**	**212.52**	**1538.36**

Continued 1

原油 (万吨) Crude Oil (10^4 tons)	汽油 (万吨) Gasoline (10^4 tons)	煤油 (万吨) Kerosene (10^4 tons)	柴油 (万吨) Diesel Oil (10^4 tons)	燃料油 (万吨) Fuel Oil (10^4 tons)	石脑油 (万吨) Naphtha (10^4 tons)	润滑油 (万吨) Lubricants (10^4 tons)	石蜡 (万吨) Paraffin Waxes (10^4 tons)	溶剂油 (万吨) White Spirit (10^4 tons)
2529.30	**-161.07**	**-15.30**	**-417.00**	**-25.97**	**-24.63**	**0.28**		**-0.34**
3213.34								
920.52	6.46		19.99			1.55		0.01
1116.02						0.36		
		0.19						
-2722.80	-157.81	-18.29	-420.86	-25.82	-23.65	-2.17		-1.52
			-0.16			-0.36		
		-0.26						
2.22	-9.72	3.06	-15.97	-0.15	-0.98	0.90		1.17
-2483.32	**398.84**	**66.08**	**961.16**	**26.77**	**24.64**			**0.65**
			-0.27					
			-0.06					
-2483.32	398.84	66.17	961.49	26.77	26.84			0.65
		-0.09			-2.20			
45.98	**237.77**	**50.78**	**544.16**	**0.80**	**0.01**	**0.28**		**0.31**
	26.68	1.50	82.47			0.01		
45.98	3.61	0.01	51.82	0.80	0.01	0.15		0.31
			0.22					0.20
	4.28		24.40			0.01		
	99.33	49.27	364.38			0.07		
	4.89		17.68			0.01		
	10.19		2.04			0.01		
	88.79		1.37			0.02		
	67.82		0.48			0.01		
	20.97		0.89			0.01		
2529.30	**237.77**	**50.87**	**544.49**	**0.80**	**2.21**	**0.28**		**0.31**

6-30 续表 2

项　　目	Item	石油沥青（万吨） Bitumen Asphalt (10^4 tons)	石油焦（万吨） Petroleum Coke (10^4 tons)
一.可供本地区消费的能源量	**Total Primary Energy Supply**	**-88.79**	**16.23**
1.一次能源生产量	Indigenous Production		
2.外省(区、市)调入量	Moving In from Other Provinces	5.78	17.49
3.进口量	Import		
4.境内飞机和轮船在境外的加油量	Domestic Airplanes&Ships Refueling Abroad		
5.本省(区、市)调出量(−)	Sending Out to Other Provinces(-)	-128.69	-2.55
6.出口量(−)	Export(-)		
7.境外飞机和轮船在境内的加油量(−)	Oversea Airplanes&Ships Refueling Domestically(-)		
8.库存增(−)、减(+)量	Stock Change	34.12	1.29
二.加工转换投入(−)产出(+)量	**Input(-) & Output(+) of Transformation**	**176.23**	**206.18**
1.火力发电	Thermal Power		
2.供热	Heating Supply		
3.煤炭洗选	Coal Washing		
4.炼焦	Coking		
5.炼油及煤制油	Petroleum Refining and Coal-to-liquids	176.24	206.18
#油品再投入量(−)	Petroleum Products Input (-)	-0.01	
6.制气	Gas Works		
#再投入量(−)	Input (-)		
7.天然气液化	Natural Gas Liquefaction		
8.煤制品加工	Processing of Briquettes		
9.回收能	Recovery of Energy		
三.损失量	**Loss**		
四.终端消费量	**Total Final Consumption**	**87.44**	**222.41**
1.农、林、牧、渔业	Agriculture, Forestry, Animal Husbandry and Fishery		
2.工业	Industry	9.24	222.41
#用作原料、材料	Non-Energy Use	8.72	221.63
3.建筑业	Construction	78.20	
4.交通运输、仓储和邮政业	Transport, Storage and Post		
5.批发和零售业、住宿和餐饮业	Wholesale and Retail Trades, Hotels and Catering Services		
6.其他	Others		
7.居民生活	Residential		
城镇	Urban		
乡村	Rural		
五.平衡差额	**Statistical Difference**		
六.消费量合计	**Total Energy Consumption**	**87.45**	**222.41**

Continued 2

液化石油气 (万吨) Liquefied Petroleum Gas (10^4 tons)	炼厂干气 (万吨) Refinery Gas (10^4 tons)	其他石油制品 (万吨) Other Petroleum Products (10^4 tons)	天然气 (亿立方米) Natural Gas (10^8 cu.m)	液化天然气 (万吨) Liquefied Natural Gas (10^4 tons)	热力 (万百万千焦) Heat (10^{10} kJ)	电力 (亿千瓦时) Electricity (10^8 kWh)	其他能源 (万吨标准煤) Other Energy (10^4 tce)
-18.20		**-256.15**	**127.66**	**-124.70**		**-82.33**	**-1.72**
			406.68			1125.63	
4.81				4.99		7.92	
		0.11	434.46				
-22.76		-243.06	-713.48	-128.55		-1215.88	
		-0.05					
-0.25		-13.15		-1.14			-1.72
43.90	**148.91**	**403.98**	**4.97**	**125.52**	**75386.71**	**3664.06**	**39.19**
			-4.02		-4696.25	3667.81	-62.51
	-9.88		-18.09		72266.09	-3.75	-9.13
51.08	159.86	477.58					-33.33
-7.18		-73.60					
	-1.07		39.15	51.74			50.02
			-0.56				
			-11.51	73.78			
					7816.87		94.14
						119.62	
25.70	**148.91**	**147.83**	**132.63**	**0.82**	**75386.71**	**3462.11**	**37.47**
0.35			0.04		23.81	151.66	
16.90	148.91	147.83	96.70	0.77	43361.46	2792.77	37.47
16.45		147.17	19.82				12.47
0.21			0.04		33.20	30.31	
0.62			8.86	0.05	167.79	55.35	
0.90			5.61		4182.70	67.25	
0.09			2.44		5034.47	173.32	
6.63			18.94		22583.28	191.45	
1.90			16.63		22583.28	97.47	
4.73			2.31			93.98	
32.88	**159.86**	**221.43**	**156.63**	**0.82**	**80082.96**	**3585.48**	**142.44**

七、香港、澳门特别行政区能源数据

Chapter 7　Energy Data for Hong Kong and Macao Special Administrative Region

7-1 香港主要能源及相关指标
Major Energy and Related Indicators of Hong Kong

项　目 Item	1990	2000	2005	2010	2015	2018	2019	2020	2021
能源供应总量（百万吨标准油） Total Energy Supply (Mtoe)	9.38	14.14	12.71	13.51	14.80	14.28	14.09	12.60	12.48
能源净进口量（百万吨标准油） Net Energy Imports (Mtoe)	11.93	19.90	23.14	31.61	30.16	32.37	30.79	23.84	22.71
油净进口量（百万吨标准油） Net Oil Imports (Mtoe)	6.45	12.85	13.57	21.25	19.55	21.84	20.69	14.99	13.31
油可供量（百万吨标准油） Oil Supply (Mtoe)	3.22	6.57	3.09	3.36	4.45	4.06	4.00	3.80	3.42
发电量（百万千瓦小时） Electricity Generation (GWh)	28940	31334	38454	38339	38004	36562	36931	35217	37201
能源最终消费量（百万吨标准油） Total Final Consumption of Energy (Mtoe)	5.19	9.34	6.88	7.20	7.64	8.05	8.14	7.89	7.64
人口数（百万人） Population (million persons)	5.7	6.7	6.8	7.0	7.3	7.5	7.5	7.5	7.4
国内生产总值（10亿美元,2015年价） GDP (10^9 USD,2015 prices)	121.8	179.5	220.8	267.6	309.4	337.5	331.8	310.2	330.1
人均国内生产总值（美元,2015年价） Per Capita GDP (USD,2015 prices)	21355	26933	32402	38091	42434	45291	44198	41465	44529
人均能源供应量（吨标准油／人） TES/Population (toe/capita)	1.64	2.12	1.87	1.92	2.03	1.92	1.88	1.68	1.68
人均电力消费量（千瓦小时／人） Electricity Consumption/Population(kWh/capita)	4182	5796	6340	6421	6399	6301	6325	6179	6180

资料来源：国际能源署《世界能源平衡表》。
Sources: World Energy Balances, IEA.

7-2 香港电力、煤气、水消费量
Consumption of Electricity, Gas and Water of Hong Kong

用　途	Use	2014	2015	2016	2017	2018	2019	2020	2021	2022
电力（万亿焦耳）	**Electricity (terajoule)**									
住宅	Residential	43415	42368	43120	42127	41965	42937	46675	47464	45427
商业	Commercial	102885	103893	103739	103893	105689	107162	101041	105631	104350
工业	Industrial	11281	11436	11252	11196	11081	10815	10672	11163	11087
街灯	Street Lighting	386	386	390	389	382	377	362	320	291
出口中国内地	Export to the Mainland of China	4414	4273	4338	4828	2002				
总计	Total	162381	162356	162838	162432	161118	161291	158751	164578	161155
煤气（万亿焦耳）	**Gas (terajoule)**									
住宅	Residential	15400	14941	15437	15319	15466	15021	16684	16015	15985
商业	Commercial	11762	11813	11900	12161	12368	11867	9609	10066	9709
工业	Industrial	1673	1649	1477	1569	1717	1824	1653	1596	1704
总计	Total	28835	28403	28814	29049	29550	28712	27947	27677	27398
水(万立方米)	**Water (10^4 Cubic Meters)**	**95900**	**93700**	**98700**	**98000**	**101300**	**99600**	**102700**	**105500**	**106600**

资料来源:《中国统计年鉴》。
Sources: China Statistical Yearbook.

7-3 香港油产品净进口量
Hong Kong Net Imports of Oil Products

年 份 Year	航空汽油与煤油(千公升) Aviation Gasoline and Kerosene (kilolitre)	无铅车用汽油(千公升) Unleaded Motor Gasoline (kilolitre)	轻质柴油、重质柴油与石脑油(千公升) Gas Oil, Diesel Oil and Naphtha (kilolitre)	燃料油(千公升) Fuel Oil (kilolitre)	液化石油气(公吨) Liquefied Petroleum Gas (tonne)	天然气(公吨) Natural Gas (tonne)
2008	6003457	447546	3582774	6625377	393208	2335754
2009	5807816	485331	7457229	6949268	381818	2268441
2010	6510406	512091	6576001	9731120	389001	2819069
2011	6990394	535880	5357958	7715460	399725	2245129
2012	6674012	546563	4492756	7263198	390508	2067391
2013	7050700	546062	4286927	7492322	375612	1947708
2014	6959479	497730	4090929	6309426	398240	1872188
2015	7380462	684924	6045939	7644214	377958	2388734
2016	7878127	671717	6779194	7242194	361962	2452208
2017	7787355	625679	7269099	8075000	377769	2444030
2018	8262736	634495	7857171	7477189	373268	2366549
2019	8056042	594940	7866795	6802047	347076	2444048
2020	4072214	607810	5877116	6089536	302152	3877847
2021	3693780	629719	4302364	5899012	307695	3784682
2022	3163629	584889	3271457	5171156	286254	3540787

资料来源:《香港能源统计》。
Sources: Hong Kong Energy Statistics.

7-4 香港煤产品净进口量
Hong Kong Net Imports of Coal Products

单位：公吨 (tonne)

年 份 Year	蒸馏煤与其他煤产品 Steam Coal and Other Coal	木炭 Wood Charcoal	无烟煤 Anthracite
2008	11344961	7374	162
2009	12331385	5831	389
2010	10324200	3932	99
2011	12528714	6094	163
2012	12350726	4954	9
2013	12971504	2524	2
2014	13788766	6935	131
2015	11184339	4908	141
2016	11161173	3470	
2017	10502586	3283	
2018	10884169	3761	3
2019	10035245	3249	38
2020	5485015	3935	
2021	6533462	3567	
2022	6215976	2797	714

资料来源：《香港能源统计》。
Sources: Hong Kong Energy Statistics.

7-5 香港电力生产、消费和进出口
Hong Kong Electricity Production, Consumption, Imports and Exports

单位：万亿焦耳 (terajoule)

年 份 Year	本地发电厂产电 Electricity Generated at Local Plants	由中国内地进口 Imports of Electrcity from Mainland of China	系统损耗 System Loss	出口往中国内地 Exports of Electricity to Mainland of China	由电表量度的本地电力耗用 Local Electricity Consumption as Measured at Meter Point
2008	136765	38883	15514	12789	147345
2009	139420	39468	16089	13432	149366
2010	137850	37838	15590	9392	150705
2011	140495	38646	17064	10645	151432
2012	139506	40160	18139	6617	154911
2013	140628	35889	17376	5940	153201
2014	143291	37038	17948	4414	157967
2015	136525	42272	16441	4273	158083
2016	137356	41835	16352	4338	158500
2017	132902	45274	15744	4828	157604
2018	131254	45357	15492	2002	159116
2019	132462	44571	15742		161291
2020	126307	45716	13272		158751
2021	133104	45197	13724		164578
2022	129928	44452	13225		161155

资料来源：《香港能源统计》。
Sources: Hong Kong Energy Statistics.

7-6 澳门电力供应及消费
Supply and Consumption of Electricity of Macao

单位：百万千瓦小时 (GWh)

项目 Item	2010	2015	2016	2017	2018	2019	2020	2021	2022
总供应量 Total Available Supply	3864	5017	5294	5417	5567	5806	5415	5688	5483
生产 Gross Production	1077	962	988	1465	656	830	562	495	609
进口 Imports	2786	4054	4306	3952	4911	4976	4853	5192	4874
本地购入 Local Purchases									
总消耗量 Total Consumption	3864	5017	5294	5417	5567	5806	5415	5688	5483
产电量损耗及流失量 Losses during Production	48	59	57	66	57	56	48	42	40
输电及配电流失量 Transmission and Distribution Losses	160	124	158	139	150	157	136	151	146
自耗量 Own Consumption of the Energy Sector	40	52	41	42	41	44	39	41	44
最终消耗 Final Consumption	3615	4781	5037	5170	5319	5549	5191	5454	5252
免费电力供应 Free Supply of Electricity	5	6	6	6	6	9	10	11	9
售电量 Sales Volume	3610	4775	5031	5164	5313	5540	5182	5443	5243
售电价值（百万澳门元） Sales Value (Million Mop)	4379	6245	6299	6272	6729	6908	6309	6784	6806

资料来源：《澳门统计年鉴》。
Sources: Macao Statistical Yearbook.

7-7 澳门电力、燃料及水消费量
Consumption of Electricity, Fuel and Water of Macao

用途	Use	2015	2016	2017	2018	2019	2020	2021	2022
电力（万千瓦小时）	Electricity (10^4 kWh)								
住宅	Residential	109745	111588	111439	113686	119593	131047	125449	124921
工业	Industrial	14520	15642	16224	15713	15440	14372	15544	14553
商业及公共照明	Commercial and Public Light	353807	376479	389319	402477	419845	373715	404371	385870
燃料	Fule								
重油(万公升)	Fule Oil (10^4 litres)	15058	15903	12289	4397	3445	3271	815	555
轻柴油(万公升)	Gas oil and Diesel (10^4 litres)	13504	12243	11786	11413	11087	8214	9389	8885
汽油(万公升)	Gasoline (10^4 litres)	10020	10231	10413	10905	11097	9266	10197	9081
液化石油气(公吨)	Liquefied Petroleum Gas (tonne)	44374	44607	41936	42297	40905	34426	34051	31187
水(万立方米)	Water (10^4 Cubic Meters)	8494	8670	8844	9094	9281	8552	8631	8325

资料来源：《中国统计年鉴》。
Sources: China Statistical Yearbook.

附录 1　台湾省能源数据

Appendix Ⅰ　Energy Data for Taiwan Province

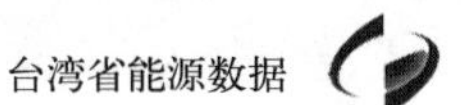

附录1-1　台湾省主要能源及相关指标

Major Energy Related Indicators of Taiwan Province

项　目 Item	1990	2000	2005	2010	2015	2018	2019	2020	2021
能源生产量（百万吨标准油） Energy Production (Mtoe)	10.68	12.02	12.76	13.24	12.10	9.96	11.55	11.32	10.92
净进口量（百万吨标准油） Net Imports (Mtoe)	40.52	77.29	92.39	99.21	102.39	105.48	102.72	100.63	115.97
能源供应量（百万吨标准油） Total Energy Supply (Mtoe)	46.66	82.47	99.72	108.71	110.55	112.07	109.51	107.26	122.57
油净进口量（百万吨标准油） Net Oil Imports (Mtoe)	28.40	44.91	48.20	48.20	46.30	45.92	42.99	42.00	46.31
油供应量（百万吨标准油） Oil Supply (Mtoe)	25.57	38.01	43.17	44.45	42.85	42.53	39.66	38.73	43.71
发电量（百万千瓦小时） Electricity Supply (GWh)	87462	181226	224416	244063	255153	272227	270982	276968	290936
终端能源消费量（百万吨标准油） Total Final Consumption of Energy (Mtoe)	29.81	50.08	62.91	69.68	70.93	72.27	69.79	70.51	79.12
人口数（百万人） Population (million persons)	20.48	21.97	22.71	23.19	23.56	23.73	23.77	23.82	23.86
国内生产总值（10亿美元，2015年价） GDP (10^9 USD,2015 prices)	160.54	306.81	374.84	463.18	534.52	579.89	597.66	617.74	658.23
人均国内生产总值（美元，2015年价） Per Capita GDP (USD, 2015 prices)	7847	13981	16525	19995	22713	24466	25164	25963	27593
人均能源供应量（吨标准油/人） Per Capita Energy Supply (toe/capita)	2.28	3.75	4.39	4.69	4.69	4.72	4.61	4.50	5.14
人均电力消费量（千瓦小时/人） Electricity Consumption/Population (kWh/capita)	4010	7873	9484	10108	10484	11084	11044	11258	11089

资料来源:国际能源署《世界能源平衡表》。
Sources: World Energy Balances, IEA.

附录1-2 台湾省分行业电力消费量
Taiwan Province Electricity Consumption by Sector

单位：百万千瓦小时 (GWh)

年 份 Year	总计 Total	农、林、牧、渔业 Agriculture,Forestry, Animal Husbandry, Fishery	采掘业 Mining and Quarrying	制造业 Manufacturing	建筑业 Construction	批发及零售业 Wholesale and Retail Trades	运输及仓储业 Transport and Storage	住宿及餐饮业 Hotels and Catering Services
2008	128644	2600	380	91207	566	6020	3005	2545
2009	121348	2582	338	85298	488	5701	3003	2547
2010	134135	2616	419	97113	472	5631	3143	2680
2011	138161	2726	435	101220	501	5461	3211	2744
2012	139134	2708	416	102170	542	5372	3277	2776
2013	142529	2751	469	105131	561	5320	3394	2854
2014	144579	2833	495	106758	626	5239	3494	2940
2015	145302	2916	482	106852	630	5243	3605	3047
2016	148697	2919	457	109594	589	5273	3727	3166
2017	153116	3034	448	113340	564	5167	3839	3212
2018	155640	3115	451	115293	542	5052	3892	3237
2019	155126	2855	222	114553	744	6871	4211	3441
2020	158473	3086	287	118061	771	6071	4273	3306
2021	166378	3119	300	126565	898	5832	4216	3032
2022	168573	3080	317	127344	899	6057	4345	3267

资料来源：中国台湾省编辑的《统计年鉴》，下同。
Sources: Statistical Yearbook, Taiwan Province of China, the same applies to tables following.

附录1-3 台湾省能源供给总量及构成
Taiwan Province Energy Supply and Composition

年 份 Year	供给量总计（百万公升油当量） Total Supply (10^3 kl oil equivalent)	占供给总量的比重(%) As Percentage of Total Supply (%)						
		煤炭 Coal	石油 Petroleum	天然气 Natural Gas	生物质及废弃物 Biomass and Waste	水力发电 Hydro Power	核能发电 Nuclear Power	其他 Other
2008	139289	30.3	50.8	8.8	1.3	0.3	8.5	0.1
2009	136415	28.3	52.6	8.7	1.2	0.3	8.8	0.1
2010	143008	29.5	50.1	10.3	1.2	0.3	8.4	0.1
2011	137677	32.0	45.6	11.8	1.3	0.3	8.9	0.2
2012	141611	30.0	47.8	12.1	1.2	0.4	8.3	0.2
2013	142809	30.8	47.0	11.9	1.2	0.4	8.4	0.2
2014	147144	29.9	47.9	12.3	1.2	0.3	8.3	0.2
2015	144859	29.9	47.7	13.3	1.2	0.3	7.3	0.2
2016	145213	29.6	48.4	13.8	1.2	0.4	6.3	0.2
2017	145229	30.5	48.0	15.3	1.1	0.4	4.5	0.3
2018	147174	29.7	47.7	15.4	1.1	0.3	5.4	0.4
2019	146722	30.2	46.3	15.1	1.2	0.4	6.4	0.5
2020	136819	30.4	43.5	17.4	1.2	0.2	6.7	0.7
2021	142625	31.1	42.8	18.3	1.2	0.2	5.6	0.7
2022	140240	29.7	43.7	19.1	1.2	0.4	4.9	1.0

 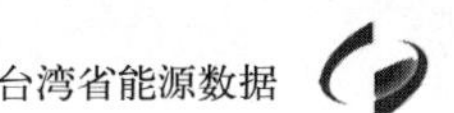

附录1-4 台湾省能源消费总量及分部门消费构成
Taiwan Province Energy Consumption and Composition by Sector

年 份 Year	消费总计 (百万公升油当量) Total Energy Consumption (10^3 kl oil equivalent)	占消费总量比重(%) As Percentage of Total Energy Consumption(%)						
		农业部门 Agriculture	工业部门 Industry	能源部门 Energy	运输部门 Transportation	服务业部门 Services	住宅部门 Residential	非能源消费 Non-energy Use
2009	78225	0.9	30.1	7.3	16.2	7.5	8.2	29.8
2010	83999	0.8	31.5	7.8	15.6	7.2	7.6	29.5
2011	81070	0.8	33.6	7.9	16.4	7.3	8.0	26.1
2012	81881	0.9	32.6	7.9	15.9	7.0	7.7	28.0
2013	83527	0.9	32.9	7.9	15.6	7.0	7.5	28.3
2014	84714	0.9	32.1	8.5	15.5	7.0	7.5	28.5
2015	85043	0.9	31.3	8.5	15.8	7.1	7.5	29.0
2016	85350	0.9	31.4	8.4	16.2	7.1	7.8	28.3
2017	85092	0.8	31.6	8.3	16.1	7.2	7.7	28.3
2018	86414	1.0	32.0	8.5	15.4	6.9	7.4	28.8
2019	83594	1.0	32.3	8.9	16.0	7.1	7.7	26.9
2020	83848	0.9	32.4	8.4	16.1	7.1	8.1	27.0
2021	88249	0.9	33.0	8.2	14.5	6.6	7.9	28.9
2022	83130	1.0	33.1	8.7	15.8	7.3	8.1	26.0

附录1-5 台湾省发电量和售电量
Taiwan Province Electricity Generation and Sale

单位：百万千瓦小时 (GWh)

年 份 Year	发电量 Electricity Generation					售电量 Electricity Sale			损失 Loss
	总计 Total	水力发电 Hydro Power	火力发电 Thermal Power	核能发电 Nuclear Power	再生能源发电 Renewable Power	总计 Total	工业用电 Industry Consumption	住户及商业用电 Residence and Commerce	
2009	193605	3290	145756	39981	4579	179239	121348	57890	9418
2010	207385	3047	159112	40029	5197	193313	134135	59179	9669
2011	213042	2889	164085	40522	5546	198637	138161	60476	10149
2012	211708	2924	162621	38887	7276	198391	139134	59256	9360
2013	213429	3174	162857	40079	7319	201945	142529	59416	7251
2014	219224	3108	166527	40801	8787	205956	144579	61377	8960
2015	219104	3023	165417	35143	15521	206491	145302	61189	8145
2016	225793	3282	180451	30461	11599	212531	148697	63835	8682
2017	231080	3322	194952	21560	11246	217213	153116	64097	8827
2018	233289	3359	191859	26656	11414	219108	155640	63468	9200
2019	232472	3196	184082	31147	14047	218727	155126	63601	8984
2020	238928	3147	191659	30342	13780	224813	158473	66339	9482
2021	248808	3173	203039	26818	15777	235341	166378	68963	8816
2022	250749	3052	203148	22917	21632	236763	168573	68190	9615

附录 2　有关国家和地区能源数据

Appendix Ⅱ　Energy Data for Related Countries or Areas

附录2-1 人口数
Population

单位：百万人 (million persons)

国家和地区	Country or Area	1973	1980	1990	2000	2010	2015	2019	2020	2021	比重% Percent of World
世界总计	**World**	**3922.6**	**4445.5**	**5296.2**	**6142.5**	**6965.4**	**7398.4**	**7735.7**	**7812.7**	**7881.6**	**100.00**
OECD合计	**OECD Total**	**944.7**	**1014.1**	**1112.7**	**1202.8**	**1291.9**	**1330.9**	**1361.9**	**1368.0**	**1372.0**	**17.41**
美国	United States	211.9	227.7	250.2	282.4	309.8	320.9	328.5	330.2	330.6	4.19
墨西哥	Mexico	57.1	70.4	87.1	100.9	114.1	120.8	125.8	126.9	128.0	1.62
日本	Japan	108.9	117.1	123.6	126.8	128.0	127.1	126.2	125.7	125.5	1.59
土耳其	Türkiye	38.1	44.4	55.1	64.3	73.1	78.2	82.6	83.4	84.1	1.07
德国	Germany	79.0	78.3	79.4	81.5	80.3	81.7	83.1	83.2	83.2	1.06
法国	France	53.3	55.2	58.3	60.9	65.0	66.6	67.8	68.0	68.2	0.87
英国	United Kingdom	56.2	56.3	57.2	58.9	62.8	65.1	66.8	67.1	67.5	0.86
意大利	Italy	54.8	56.4	56.7	56.9	59.8	60.2	59.7	59.4	59.1	0.75
韩国	Korea, Rep.	34.1	38.1	42.9	47.0	49.6	51.0	51.7	51.8	52.0	0.66
西班牙	Spain	35.3	38.0	39.3	40.6	46.6	46.4	47.1	47.4	47.3	0.60
加拿大	Canada	22.5	24.5	27.7	30.7	34.0	35.7	37.6	38.0	38.2	0.49
波兰	Poland	33.4	35.6	38.0	38.3	38.5	38.5	38.4	38.4	38.2	0.48
澳大利亚	Australia	13.6	14.8	17.1	19.0	22.0	23.8	25.4	25.7	25.7	0.33
非OECD合计	**NON-OECD Total**	**2977.9**	**3431.5**	**4183.6**	**4939.7**	**5673.5**	**6067.5**	**6373.8**	**6444.6**	**6509.6**	**82.59**
中国	China	881.9	981.2	1135.2	1262.6	1337.7	1379.9	1407.7	1411.1	1412.4	17.92
印度	India	596.1	696.8	870.5	1059.6	1240.6	1322.9	1383.1	1396.4	1407.6	17.86
印度尼西亚	Indonesia	124.7	148.2	182.2	214.1	244.0	259.1	269.6	271.9	273.8	3.47
巴基斯坦	Pakistan	64.3	80.6	115.4	154.4	194.5	211.0	223.3	227.2	231.4	2.94
巴西	Brazil	103.7	122.3	150.7	175.9	196.4	205.2	211.8	213.2	214.3	2.72
尼日利亚	Nigeria	59.6	73.0	95.2	122.9	161.0	184.0	203.3	208.3	213.4	2.71
孟加拉国	Bangladesh	71.1	83.9	107.1	129.2	148.4	157.8	165.5	167.4	169.4	2.15
俄罗斯	Russia			148.0	146.6	142.8	144.1	144.4	144.1	143.4	1.82
埃塞俄比亚	Ethiopia	30.7	34.9	47.9	67.0	89.2	102.5	114.1	117.2	120.3	1.53
菲律宾	Philippines	40.4	48.4	61.6	78.0	94.6	103.0	110.4	112.2	113.9	1.44
埃及	Egypt	37.1	43.7	57.2	71.4	87.3	97.7	105.6	107.5	109.3	1.39
刚果(金)	Congo, Dem. Rep.	21.9	26.7	36.0	48.6	66.4	78.7	89.9	92.9	95.9	1.22
伊朗	Iran	31.0	38.5	55.8	65.5	75.4	81.8	86.6	87.3	87.9	1.12

资料来源：国际能源署《世界能源平衡表》，下同。
Sources: World Energy Balances, IEA, the same applies to tables following.

附录2-2 国内生产总值汇率算法(2015年价格)
Gross Domestic Products Using Exchange Rates(2015 USD)

单位：10亿美元 (billion USD)

国家和地区	Country or Area	1973	1980	1990	2000	2010	2015	2019	2020	2021	比重% Percent of World
世界总计	**World**	**21719.3**	**27093.0**	**36175.3**	**48548.1**	**65395.4**	**75768.0**	**84818.8**	**82094.5**	**87086.4**	**100.00**
OECD合计	**OECD Total**	**16994.8**	**20610.8**	**27948.9**	**36633.3**	**43128.4**	**47286.3**	**51387.9**	**49187.1**	**51922.3**	**59.62**
美国	United States	5957.8	7080.8	9811.0	13754.3	16383.0	18206.0	19929.1	19377.4	20529.7	23.57
日本	Japan	1793.4	2263.1	3525.5	3988.1	4220.4	4446.5	4565.9	4370.6	4464.3	5.13
德国	Germany	1582.1	1867.2	2343.8	2834.9	3087.6	3357.0	3596.0	3463.3	3554.2	4.08
英国	United Kingdom	1333.1	1430.4	1846.1	2308.0	2660.6	2935.1	3174.4	2824.2	3038.8	3.49
法国	France	1064.9	1299.0	1660.8	2047.3	2314.2	2438.8	2617.5	2410.5	2573.7	2.96
意大利	Italy	978.9	1257.0	1566.2	1841.8	1900.0	1836.3	1917.8	1745.6	1867.6	2.14
韩国	Korea, Rep.	86.8	154.6	401.4	798.7	1261.0	1465.6	1637.6	1626.0	1693.4	1.94
加拿大	Canada	534.4	677.1	878.4	1164.2	1400.1	1557.1	1697.0	1610.9	1691.6	1.94
澳大利亚	Australia	339.2	411.4	569.3	794.9	1076.8	1231.1	1356.6	1332.0	1401.2	1.61
西班牙	Spain	465.9	545.3	730.3	971.0	1196.9	1196.0	1323.7	1173.8	1238.6	1.42
墨西哥	Mexico	326.2	514.3	620.4	875.0	1011.3	1170.0	1250.5	1150.6	1204.9	1.38
土耳其	Türkiye	154.7	196.8	287.0	413.4	613.5	863.4	995.3	1014.6	1129.8	1.30
荷兰	Netherlands	313.8	369.0	466.8	644.2	737.4	765.4	840.1	807.2	846.6	0.97
非OECD合计	**NON-OECD Total**	**4724.5**	**6482.2**	**8226.4**	**11914.8**	**22267.0**	**28481.7**	**33430.9**	**32907.4**	**35164.1**	**40.38**
中国	China	280.1	426.1	1035.5	2787.1	7594.5	11113.5	14363.9	14685.9	15926.9	18.29
印度	India	197.0	253.7	435.6	747.9	1546.9	2146.8	2744.4	2584.4	2818.3	3.24
巴西	Brazil	441.5	710.9	831.1	1186.4	1703.2	1802.2	1819.7	1760.1	1847.9	2.12
俄罗斯	Russia			1143.7	774.4	1241.5	1363.5	1461.5	1422.8	1502.8	1.73
印度尼西亚	Indonesia	83.5	138.1	257.1	388.9	657.8	860.9	1049.3	1027.7	1065.7	1.22
沙特阿拉伯	Saudi Arabia	229.8	344.0	284.2	366.7	510.8	669.5	709.6	678.8	705.4	0.81
阿根廷	Argentina	268.4	317.0	283.7	429.0	599.4	644.9	619.6	558.0	616.1	0.71
尼日利亚	Nigeria	112.4	143.5	136.8	167.9	393.2	494.6	511.0	501.8	520.1	0.60
伊朗	Iran	211.2	154.0	191.7	263.1	414.4	417.2	443.9	458.7	480.3	0.55
泰国	Thailand	41.3	66.5	142.2	221.5	347.0	401.3	460.2	431.9	438.6	0.50
南非	South Africa	126.8	159.3	185.0	221.6	311.5	346.5	359.3	336.5	353.0	0.41
委内瑞拉	Venezuela	331.9	393.3	426.6	524.6	713.9	717.5	291.7	204.3	205.3	0.24

附录2-3 能源生产总量
Total Production of Energy

单位：百万吨标准油 (Mtoe)

国家和地区	Country or Area	1973	1980	1990	2000	2010	2015	2019	2020	2021	比重% Percent of World
世界总计	**World**	**6195.84**	**7277.85**	**8784.02**	**10003.86**	**12780.70**	**13728.00**	**14753.82**	**14189.06**	**14672.75**	**100.00**
OECD合计	**OECD Total**	**2475.16**	**2931.58**	**3500.36**	**3917.55**	**4012.34**	**4301.33**	**4653.61**	**4431.30**	**4510.72**	**30.74**
美国	United States	1456.38	1553.39	1652.07	1666.45	1723.35	2019.23	2306.19	2156.87	2214.33	15.09
加拿大	Canada	198.24	207.17	276.72	373.50	396.88	470.60	538.88	518.98	539.12	3.67
澳大利亚	Australia	67.99	85.41	157.53	233.56	323.36	382.94	445.59	452.79	426.45	2.91
墨西哥	Mexico	47.28	147.04	195.54	229.31	222.54	189.58	150.41	152.95	153.87	1.05
法国	France	44.18	52.60	111.79	130.50	135.52	139.00	131.40	119.80	127.15	0.87
德国	Germany	171.66	185.63	186.16	135.22	131.58	119.92	104.24	96.68	101.66	0.69
英国	United Kingdom	108.52	197.86	208.01	272.50	147.90	117.08	120.65	116.58	100.17	0.68
非OECD合计	**NON-OECD Total**	**3720.68**	**4346.27**	**5283.66**	**6086.31**	**8768.36**	**9426.68**	**10100.21**	**9757.76**	**10162.02**	**69.26**
中国	China	431.39	615.51	880.88	1123.65	2235.41	2503.50	2719.54	2797.67	2982.39	20.33
俄罗斯	Russia			1293.22	978.11	1279.51	1334.44	1529.95	1429.92	1529.50	10.42
印度	India	125.22	155.94	254.97	327.73	470.16	526.76	580.60	570.11	608.93	4.15
沙特阿拉伯	Saudi Arabia	388.54	533.64	368.44	476.51	531.46	648.63	639.14	607.63	601.23	4.10
印度尼西亚	Indonesia	94.89	125.05	168.57	237.51	376.22	405.82	470.98	447.08	446.21	3.04
伊朗	Iran	309.73	80.76	187.84	253.67	342.27	322.70	355.75	355.01	383.84	2.62
巴西	Brazil	51.27	64.57	104.48	148.27	247.65	277.96	312.45	322.70	314.40	2.14
尼日利亚	Nigeria	136.89	144.86	146.32	198.31	255.48	257.47	261.61	239.91	230.68	1.57
阿联酋	United Arab Emirates	76.14	90.22	110.20	157.21	185.89	236.78	237.53	224.84	227.66	1.55
卡塔尔	Qatar	29.54	26.48	27.70	59.48	178.38	227.01	219.40	217.68	219.20	1.49
伊拉克	Iraq	102.86	135.49	110.34	134.75	124.60	183.24	248.77	212.56	213.04	1.45
哈萨克斯坦	Kazakhstan			90.98	78.58	156.88	144.55	166.94	159.03	157.40	1.07
阿尔及利亚	Algeria	56.49	65.74	100.11	142.23	154.37	146.17	148.41	136.39	154.27	1.05
科威特	Kuwait	160.23	93.60	50.37	114.23	134.55	168.14	162.08	150.35	148.94	1.02
南非	South Africa	40.36	73.17	114.54	143.60	156.77	155.84	157.96	151.35	140.39	0.96
哥伦比亚	Colombia	17.19	17.71	48.97	73.74	109.10	131.91	125.79	96.10	98.06	0.67
马来西亚	Malaysia	5.80	17.22	47.74	76.95	88.39	95.22	99.67	89.96	93.31	0.64
土库曼斯坦	Turkmenistan			72.97	45.98	47.26	81.26	81.08	77.65	78.31	0.53
安哥拉	Angola	11.68	11.30	28.65	43.19	96.97	98.74	81.11	77.08	68.91	0.47
委内瑞拉	Venezuela	201.23	137.46	144.84	219.31	201.18	184.10	84.70	57.96	58.74	0.40

附录2-4 能源生产量/能源供应总量(能源自给率)
Energy Production/TES(self-sufficiency)

国家和地区	Country or Area	1973	1980	1990	2000	2010	2015	2019	2020	2021
世界	**World**	**1.018**	**1.013**	**1.003**	**0.998**	**0.995**	**1.010**	**1.014**	**1.013**	**0.994**
OECD合计	**OECD Total**	**0.659**	**0.717**	**0.765**	**0.734**	**0.734**	**0.810**	**0.866**	**0.883**	**0.858**
澳大利亚	Australia	1.192	1.227	1.829	2.160	2.561	3.027	3.321	3.376	3.274
加拿大	Canada	1.244	1.079	1.308	1.481	1.542	1.711	1.768	1.827	1.857
美国	United States	0.842	0.861	0.863	0.733	0.778	0.924	1.043	1.060	1.035
墨西哥	Mexico	0.899	1.546	1.581	1.520	1.246	1.025	0.820	0.894	0.862
瑞典	Sweden	0.238	0.398	0.629	0.643	0.646	0.765	0.755	0.771	0.758
以色列	Israel	0.792	0.020	0.037	0.035	0.166	0.301	0.376	0.610	0.750
英国	United Kingdom	0.498	0.997	1.010	1.222	0.728	0.648	0.722	0.761	0.631
法国	France	0.245	0.274	0.500	0.519	0.516	0.551	0.542	0.550	0.540
瑞士	Switzerland	0.226	0.351	0.421	0.479	0.478	0.491	0.534	0.537	0.499
荷兰	Netherlands	0.916	1.116	0.902	0.782	0.861	0.665	0.460	0.393	0.370
德国	Germany	0.513	0.520	0.530	0.402	0.399	0.388	0.351	0.347	0.353
比利时	Belgium	0.142	0.173	0.274	0.237	0.264	0.204	0.288	0.273	0.324
西班牙	Spain	0.220	0.233	0.384	0.259	0.271	0.285	0.279	0.316	0.305
意大利	Italy	0.171	0.152	0.173	0.164	0.190	0.237	0.231	0.255	0.229
韩国	Korea, Rep.	0.313	0.225	0.243	0.185	0.180	0.188	0.172	0.191	0.180
日本	Japan	0.092	0.126	0.170	0.203	0.202	0.073	0.121	0.113	0.134
非OECD合计	**NON-OECD Total**	**1.735**	**1.489**	**1.329**	**1.378**	**1.249**	**1.194**	**1.155**	**1.123**	**1.106**
沙特阿拉伯	Saudi Arabia	53.716	17.157	6.351	4.462	2.738	2.771	2.758	2.653	2.588
委内瑞拉	Venezuela	10.544	4.206	3.657	3.739	2.664	2.880	2.174	1.875	1.917
印度尼西亚	Indonesia	2.487	2.245	1.709	1.526	1.843	1.986	1.931	1.922	1.895
俄罗斯	Russia			1.471	1.579	1.846	1.928	1.980	1.879	1.836
伊朗	Iran	15.012	2.122	2.710	2.062	1.675	1.359	1.282	1.236	1.308
南非	South Africa	0.821	1.075	1.277	1.314	1.179	1.213	1.223	1.213	1.130
巴西	Brazil	0.625	0.566	0.743	0.788	0.926	0.933	1.066	1.124	1.051
埃及	Egypt	1.196	2.127	1.673	1.311	1.152	0.881	1.017	0.963	0.960
阿根廷	Argentina	0.859	0.947	1.074	1.366	1.046	0.887	0.985	0.989	0.949
中国	China	1.011	1.029	1.008	0.992	0.881	0.835	0.803	0.799	0.798
印度	India	0.889	0.892	0.910	0.784	0.705	0.639	0.625	0.652	0.645
泰国	Thailand	0.520	0.507	0.632	0.605	0.599	0.554	0.536	0.490	0.472

附录2-5 能源供应总量/GDP(2015年价格)
TES/GDP(2015 USD)

单位：吨标准油/千美元 (toe per thousand USD)

国家和地区	Country or Area	1973	1980	1990	2000	2010	2015	2019	2020	2021
世界	**World**	**0.280**	**0.265**	**0.242**	**0.207**	**0.196**	**0.179**	**0.171**	**0.171**	**0.169**
OECD合计	**OECD Total**	**0.221**	**0.198**	**0.164**	**0.146**	**0.127**	**0.112**	**0.105**	**0.102**	**0.101**
韩国	Korea, Rep.	0.248	0.267	0.231	0.234	0.198	0.186	0.171	0.170	0.172
加拿大	Canada	0.298	0.284	0.241	0.217	0.184	0.177	0.180	0.176	0.172
墨西哥	Mexico	0.161	0.185	0.199	0.172	0.177	0.158	0.147	0.149	0.148
比利时	Belgium	0.229	0.194	0.163	0.159	0.139	0.114	0.111	0.107	0.112
美国	United States	0.290	0.255	0.195	0.165	0.135	0.120	0.111	0.105	0.104
西班牙	Spain	0.111	0.124	0.123	0.125	0.106	0.099	0.092	0.093	0.093
澳大利亚	Australia	0.168	0.169	0.151	0.136	0.117	0.103	0.099	0.101	0.093
法国	France	0.169	0.148	0.135	0.123	0.114	0.104	0.093	0.090	0.091
日本	Japan	0.179	0.152	0.124	0.129	0.118	0.097	0.091	0.088	0.090
瑞典	Sweden	0.194	0.179	0.160	0.131	0.112	0.089	0.089	0.082	0.084
荷兰	Netherlands	0.198	0.174	0.144	0.116	0.112	0.095	0.085	0.086	0.084
德国	Germany	0.212	0.191	0.150	0.119	0.107	0.092	0.083	0.080	0.081
意大利	Italy	0.122	0.104	0.094	0.093	0.091	0.083	0.078	0.079	0.080
以色列	Israel	0.135	0.107	0.109	0.099	0.092	0.072	0.061	0.064	0.060
英国	United Kingdom	0.164	0.139	0.112	0.097	0.076	0.062	0.053	0.054	0.052
瑞士	Switzerland	0.051	0.053	0.052	0.047	0.041	0.035	0.033	0.032	0.030
非OECD合计	**NON-OECD Total**	**0.454**	**0.450**	**0.483**	**0.371**	**0.315**	**0.277**	**0.262**	**0.264**	**0.261**
伊朗	Iran	0.098	0.247	0.362	0.468	0.493	0.569	0.625	0.626	0.611
俄罗斯	Russia			0.769	0.800	0.558	0.508	0.529	0.535	0.554
南非	South Africa	0.388	0.427	0.485	0.493	0.427	0.371	0.359	0.371	0.352
印度	India	0.715	0.689	0.643	0.559	0.431	0.384	0.339	0.338	0.335
沙特阿拉伯	Saudi Arabia	0.031	0.090	0.204	0.291	0.380	0.350	0.327	0.337	0.329
泰国	Thailand	0.380	0.332	0.298	0.328	0.340	0.338	0.301	0.306	0.296
中国	China	1.523	1.404	0.844	0.407	0.334	0.270	0.236	0.238	0.235
埃及	Egypt	0.226	0.232	0.288	0.233	0.259	0.241	0.231	0.221	0.228
印度尼西亚	Indonesia	0.457	0.403	0.384	0.400	0.310	0.237	0.232	0.226	0.221
巴西	Brazil	0.186	0.160	0.169	0.159	0.157	0.165	0.161	0.163	0.162
委内瑞拉	Venezuela	0.058	0.083	0.093	0.112	0.106	0.089	0.134	0.151	0.149
阿根廷	Argentina	0.130	0.127	0.155	0.141	0.125	0.128	0.128	0.132	0.130

附录2-6 人均能源供应量
TES/Population

单位：吨标准油/人 (toe per capita)

国家和地区	Country or Area	1973	1980	1990	2000	2010	2015	2019	2020	2021
世界	**World**	**1.551**	**1.616**	**1.653**	**1.632**	**1.845**	**1.837**	**1.880**	**1.792**	**1.873**
OECD合计	**OECD Total**	**3.975**	**4.030**	**4.111**	**4.435**	**4.233**	**3.991**	**3.947**	**3.667**	**3.832**
加拿大	Canada	7.085	7.830	7.639	8.221	7.569	7.705	8.105	7.469	7.591
美国	United States	8.163	7.925	7.652	8.048	7.153	6.806	6.732	6.164	6.470
韩国	Korea, Rep.	0.632	1.082	2.167	3.969	5.046	5.344	5.417	5.332	5.616
澳大利亚	Australia	4.191	4.701	5.048	5.681	5.730	5.312	5.289	5.220	5.060
比利时	Belgium	4.729	4.756	4.804	5.663	5.512	4.662	4.774	4.357	4.792
瑞典	Sweden	4.773	4.872	5.514	5.376	5.443	4.575	4.784	4.285	4.581
荷兰	Netherlands	4.615	4.550	4.490	4.695	4.979	4.294	4.129	3.978	4.058
德国	Germany	4.239	4.562	4.426	4.132	4.105	3.781	3.571	3.349	3.461
法国	France	3.378	3.477	3.841	4.131	4.041	3.791	3.577	3.204	3.451
日本	Japan	2.942	2.943	3.535	4.067	3.901	3.401	3.278	3.064	3.184
瑞士	Switzerland	2.936	3.138	3.574	3.434	3.313	2.923	2.851	2.687	2.616
意大利	Italy	2.176	2.319	2.584	3.012	2.904	2.533	2.494	2.313	2.529
西班牙	Spain	1.463	1.782	2.290	2.993	2.736	2.553	2.575	2.304	2.441
以色列	Israel	2.368	2.017	2.460	2.892	3.045	2.609	2.409	2.454	2.434
英国	United Kingdom	3.879	3.523	3.598	3.787	3.236	2.775	2.502	2.285	2.350
墨西哥	Mexico	0.921	1.351	1.421	1.495	1.565	1.530	1.458	1.348	1.394
非OECD合计	**NON-OECD Total**	**0.720**	**0.850**	**0.951**	**0.894**	**1.237**	**1.301**	**1.372**	**1.348**	**1.411**
沙特阿拉伯	Saudi Arabia	1.020	3.058	3.624	4.956	6.600	7.148	6.468	6.362	6.462
俄罗斯	Russia			5.943	4.225	4.853	4.803	5.351	5.283	5.809
伊朗	Iran	0.666	0.988	1.243	1.877	2.711	2.904	3.205	3.290	3.339
中国	China	0.484	0.609	0.770	0.897	1.896	2.173	2.407	2.481	2.647
南非	South Africa	2.017	2.309	2.250	2.335	2.567	2.299	2.223	2.121	2.092
泰国	Thailand	0.404	0.483	0.768	1.152	1.726	1.929	1.945	1.849	1.812
阿根廷	Argentina	1.389	1.437	1.344	1.633	1.831	1.919	1.765	1.627	1.750
巴西	Brazil	0.791	0.933	0.933	1.070	1.362	1.452	1.384	1.347	1.395
委内瑞拉	Venezuela	1.536	2.149	2.005	2.401	2.630	2.094	1.345	1.085	1.086
埃及	Egypt	0.251	0.373	0.587	0.583	0.857	0.825	0.871	0.848	0.891
印度尼西亚	Indonesia	0.306	0.376	0.542	0.727	0.837	0.789	0.905	0.856	0.860
印度	India	0.236	0.251	0.322	0.394	0.538	0.623	0.672	0.626	0.671

附录2-7 煤生产量
Coal Production

单位：百万吨标准油 (Mtoe)

国家和地区	Country or Area	1973	1980	1990	2000	2010	2015	2019	2020	2021	比重% Percent of World
世界总计	**World**	**1457.13**	**1791.95**	**2210.90**	**2272.79**	**3661.30**	**3865.95**	**4000.61**	**3825.25**	**4003.66**	**100.00**
中国	China	206.79	310.72	518.39	713.50	1722.49	1872.99	1957.53	1990.03	2112.97	52.78
印度	India	32.74	47.84	93.34	130.64	212.87	263.56	286.37	275.99	302.75	7.56
印度尼西亚	Indonesia	0.09	0.17	5.85	45.45	186.31	243.71	314.16	296.71	298.98	7.47
美国	United States	333.36	447.92	541.78	535.92	530.71	431.28	345.89	257.66	280.48	7.01
澳大利亚	Australia	40.25	51.90	106.10	164.58	246.56	298.58	300.86	294.61	273.90	6.84
俄罗斯	Russia			191.26	128.06	166.11	200.04	252.34	231.99	256.67	6.41
南非	South Africa	35.14	66.76	100.16	126.93	144.08	144.88	146.34	140.18	129.37	3.23
哈萨克斯坦	Kazakhstan			58.01	34.13	48.55	39.58	44.92	44.31	45.86	1.15
波兰	Poland	100.73	120.35	98.97	71.30	55.38	53.87	44.60	40.21	42.19	1.05
哥伦比亚	Colombia	1.84	2.71	14.68	26.27	51.07	58.77	57.94	34.23	38.37	0.96
德国	Germany	141.40	143.14	121.69	60.60	45.91	43.00	28.42	23.39	27.54	0.69
加拿大	Canada	11.70	20.25	37.93	34.41	33.95	30.86	27.77	24.45	25.10	0.63
乌克兰	Ukraine			85.30	36.23	33.53	20.18	14.32	12.69	8.17	0.20
英国	United Kingdom	75.89	73.96	53.61	18.66	10.84	5.11	1.70	1.10	0.70	0.02

附录2-8 原油和天然气凝析液生产量
Production of Crude Oil, NGL

单位：百万吨标准油 (Mtoe)

国家和地区	Country or Area	1973	1980	1990	2000	2010	2015	2019	2020	2021	比重% Percent of World
世界总计	**World**	**2938.23**	**3173.62**	**3241.54**	**3711.01**	**4104.07**	**4432.70**	**4549.83**	**4231.83**	**4283.68**	**100.00**
美国	United States	534.59	498.35	432.54	365.61	347.60	582.41	762.87	721.50	725.69	16.94
俄罗斯	Russia			526.25	323.26	506.54	536.28	563.68	518.75	531.71	12.41
沙特阿拉伯	Saudi Arabia	387.01	524.49	348.96	445.73	471.56	577.35	558.91	526.86	518.70	12.11
加拿大	Canada	96.53	83.64	94.15	128.43	167.16	226.30	276.61	264.95	279.73	6.53
伊拉克	Iraq	101.83	134.37	106.85	132.10	119.96	177.30	238.87	206.06	204.74	4.78
中国	China	54.58	107.85	138.31	163.08	203.16	214.76	191.28	195.06	199.20	4.65
阿联酋	United Arab Emirates	75.09	83.91	93.34	126.34	144.36	187.97	192.55	179.28	180.35	4.21
伊朗	Iran	298.72	75.86	167.42	202.58	218.37	163.67	148.95	133.09	155.98	3.64
巴西	Brazil	8.60	9.48	33.42	65.38	109.74	129.70	148.14	156.15	153.64	3.59
科威特	Kuwait	155.28	87.97	47.08	106.39	124.97	154.33	146.08	132.74	131.55	3.07
墨西哥	Mexico	27.49	114.64	153.28	171.19	155.26	130.95	98.15	97.91	98.86	2.31
挪威	Norway	1.51	24.34	83.66	167.75	100.62	93.45	80.80	95.78	97.71	2.28
哈萨克斯坦	Kazakhstan			26.45	36.10	82.99	80.79	92.17	87.30	87.48	2.04
尼日利亚	Nigeria	103.54	103.93	90.18	117.60	129.17	108.33	102.60	78.99	70.32	1.64
卡塔尔	Qatar	28.24	23.63	22.14	37.69	71.08	80.18	70.24	69.29	69.47	1.62
阿尔及利亚	Algeria	52.57	54.22	61.24	72.32	82.34	74.72	71.81	64.19	65.02	1.52
利比亚	Libya	109.04	92.20	67.98	71.34	90.48	21.73	64.83	20.92	63.50	1.48
安哥拉	Angola	8.33	7.58	23.83	37.60	90.26	91.33	67.82	62.99	55.94	1.31
阿曼	Oman	15.20	14.77	35.87	51.27	43.34	49.27	48.68	47.72	48.18	1.12
英国	United Kingdom	0.55	82.59	95.25	131.67	65.45	47.05	54.52	50.90	42.45	0.99
委内瑞拉	Venezuela	191.53	124.47	122.72	185.61	172.61	156.26	64.70	40.55	40.11	0.94
哥伦比亚	Colombia	9.84	6.65	23.03	35.83	40.92	52.57	47.38	42.01	39.69	0.93
阿塞拜疆	Azerbaijan			12.57	14.09	52.78	43.33	39.26	36.25	36.49	0.85
印度	India	7.35	10.74	35.32	37.24	43.14	41.88	37.77	35.49	34.50	0.81
印度尼西亚	Indonesia	67.43	79.50	74.59	71.60	48.44	40.44	38.04	36.34	33.62	0.78
阿根廷	Argentina	22.00	26.03	26.34	42.01	35.11	31.37	30.94	29.20	30.97	0.72
埃及	Egypt	8.64	30.26	46.23	36.11	35.23	35.11	31.32	31.28	29.87	0.70
马来西亚	Malaysia	4.43	13.71	30.63	32.28	34.40	33.57	31.93	28.73	26.57	0.62
厄瓜多尔	Ecuador	10.77	10.65	15.02	21.14	25.54	28.60	27.93	25.28	24.90	0.58

附录2-9 天然气生产量
Production of Natural Gas

单位：百万吨标准油 (Mtoe)

国家和地区	Country or Area	1973	1980	1990	2000	2010	2015	2019	2020	2021	比重% Percent of World
世界总计	**World**	**990.95**	**1240.31**	**1687.63**	**2059.79**	**2710.22**	**2974.43**	**3442.44**	**3353.00**	**3494.85**	**100.00**
美国	United States	502.76	454.69	418.21	446.95	494.79	636.67	799.93	787.82	812.19	23.24
俄罗斯	Russia			516.82	470.74	540.16	524.33	631.49	593.36	652.28	18.66
伊朗	Iran	10.05	3.66	19.12	49.85	121.72	155.73	202.05	217.43	223.95	6.41
中国	China	5.01	11.96	12.80	22.76	80.16	112.65	147.43	161.09	173.72	4.97
加拿大	Canada	61.38	63.64	88.58	148.36	129.42	139.15	158.76	154.97	161.05	4.61
卡塔尔	Qatar	1.29	2.85	5.56	21.78	107.30	146.83	149.16	148.39	149.72	4.28
澳大利亚	Australia	3.38	7.47	17.14	28.54	44.48	58.18	117.99	127.29	122.77	3.51
挪威	Norway		22.77	24.15	46.28	94.79	102.90	100.87	98.04	100.81	2.88
阿尔及利亚	Algeria	3.64	11.48	38.85	69.85	71.97	71.42	76.51	72.13	89.19	2.55
沙特阿拉伯	Saudi Arabia	1.54	9.15	19.49	30.78	59.90	71.27	80.20	80.70	82.42	2.36
土库曼斯坦	Turkmenistan			68.79	38.21	36.90	68.17	70.61	67.36	68.23	1.95
马来西亚	Malaysia	0.10	2.24	15.49	42.56	51.01	57.84	61.45	55.47	60.53	1.73
埃及	Egypt	0.07	1.59	6.73	14.44	46.41	31.29	56.81	50.97	58.08	1.66
印度尼西亚	Indonesia	0.33	14.97	42.14	61.16	74.81	65.49	58.11	51.19	50.98	1.46
阿联酋	United Arab Emirates	1.05	6.30	16.86	30.88	41.54	48.74	44.63	44.60	44.11	1.26
乌兹别克斯坦	Uzbekistan			33.01	41.22	48.21	39.91	49.31	40.42	43.69	1.25
尼日利亚	Nigeria	0.35	1.24	3.27	10.18	26.58	35.69	37.72	37.95	35.26	1.01
阿曼	Oman		0.31	2.44	9.06	23.76	28.28	33.13	32.49	34.81	1.00
阿根廷	Argentina	5.42	8.20	15.59	34.32	34.61	33.42	37.26	34.17	34.64	0.99
墨西哥	Mexico	10.55	21.56	22.76	33.39	42.58	34.37	27.42	31.26	31.69	0.91
英国	United Kingdom	24.45	31.32	40.93	97.55	49.79	34.96	33.76	34.00	28.17	0.81
印度	India	0.63	1.26	10.57	23.07	42.96	26.09	25.37	23.29	27.78	0.79
巴基斯坦	Pakistan	2.86	5.03	10.08	16.67	26.99	24.26	22.37	23.75	24.74	0.71
哈萨克斯坦	Kazakhstan			5.77	7.62	24.61	23.34	28.80	26.32	22.95	0.66
特立尼达和多巴	Trinidad and Tobago	1.59	2.44	4.70	12.19	35.83	31.99	30.56	25.63	22.05	0.63
泰国	Thailand			4.99	15.64	24.73	25.79	23.40	20.37	19.97	0.57
荷兰	Netherlands	53.76	68.91	54.53	52.76	64.72	39.45	23.84	17.26	15.52	0.44

附录2-10 终端能源消费总量
Total Final Consumption of Energy

单位：百万吨标准油 (Mtoe)

国家和地区	Country or Area	1973	1980	1990	2000	2010	2015	2019	2020	2021	比重% Percent of World
世界	**World**	**4638.23**	**5343.25**	**6241.63**	**7012.36**	**8829.09**	**9409.65**	**10025.62**	**9598.19**	**10082.10**	**100.00**
OECD合计	**OECD Total**	**2827.68**	**2960.95**	**3137.68**	**3658.42**	**3727.75**	**3667.41**	**3785.31**	**3531.80**	**3703.34**	**36.73**
美国	United States	1315.46	1311.37	1293.54	1546.28	1512.97	1508.45	1585.17	1457.98	1539.73	15.27
日本	Japan	233.98	235.62	290.37	335.77	313.62	292.85	279.53	263.66	267.24	2.65
德国	Germany	241.72	248.67	240.79	231.40	231.90	220.92	221.89	214.89	224.47	2.23
加拿大	Canada	131.43	155.07	158.45	181.52	184.05	192.81	202.77	185.27	191.13	1.90
韩国	Korea, Rep.	17.49	31.29	64.91	127.11	157.69	173.22	181.70	174.66	181.70	1.80
法国	France	142.23	141.29	141.58	161.49	159.77	153.61	149.71	137.71	150.94	1.50
英国	United Kingdom	143.23	131.29	138.17	150.74	137.25	124.92	124.72	114.10	119.38	1.18
意大利	Italy	96.56	102.23	114.95	128.84	133.75	118.84	117.72	107.44	117.79	1.17
墨西哥	Mexico	39.74	65.93	83.32	95.27	117.25	119.81	116.63	102.03	98.58	0.98
西班牙	Spain	38.54	48.12	60.77	85.49	92.25	79.47	85.70	77.00	82.68	0.82
澳大利亚	Australia	39.58	46.79	56.66	69.58	76.97	80.36	81.17	78.74	78.98	0.78
荷兰	Netherlands	47.66	54.32	53.94	59.40	65.27	55.75	56.24	54.63	55.98	0.56
比利时	Belgium	33.73	32.29	32.22	41.80	42.70	41.08	40.09	37.91	40.52	0.40
非OECD合计	**NON-OECD Total**	**1626.45**	**2203.56**	**2901.24**	**3078.72**	**4739.88**	**5356.59**	**5814.98**	**5768.78**	**6064.23**	**60.15**
中国	China	363.54	487.31	657.59	781.19	1645.01	1971.74	2121.00	2179.87	2316.69	22.98
印度	India	122.72	147.22	215.04	290.03	443.34	545.80	622.13	596.27	632.48	6.27
俄罗斯	Russia			625.05	417.89	446.65	452.54	521.44	509.44	544.57	5.40
巴西	Brazil	72.73	95.94	111.50	153.87	211.62	228.17	227.25	223.28	232.39	2.30
伊朗	Iran	16.60	27.58	54.71	94.79	157.56	181.53	212.23	215.98	223.47	2.22
沙特阿拉伯	Saudi Arabia	3.07	21.14	39.49	72.34	140.40	171.79	160.48	153.35	154.75	1.53
印度尼西亚	Indonesia	34.13	49.65	79.18	120.13	148.36	148.72	162.61	151.53	152.41	1.51
泰国	Thailand	10.97	15.25	29.17	51.08	84.43	98.10	103.21	96.97	94.41	0.94
南非	South Africa	37.09	43.74	51.05	54.69	61.07	64.11	63.43	59.30	61.60	0.61
埃及	Egypt	7.38	13.46	23.30	31.58	52.95	55.63	57.23	56.91	59.69	0.59
阿根廷	Argentina	24.24	28.16	29.91	42.58	53.47	58.01	56.61	51.36	56.29	0.56
委内瑞拉	Venezuela	12.34	21.62	25.91	32.95	42.49	35.49	20.56	12.46	12.01	0.12

附录2-11 煤炭供应量
Primary Supply of Coal

单位：百万吨标准油 (Mtoe)

国家和地区	Country or Area	1973	1980	1990	2000	2010	2015	2019	2020	2021	比重% Percent of World
世界	**World**	**1479.32**	**1775.06**	**2208.98**	**2310.64**	**3653.49**	**3839.95**	**3863.56**	**3757.41**	**4011.18**	**100.00**
OECD合计	**OECD Total**	**845.07**	**965.64**	**1074.61**	**1095.98**	**1087.21**	**946.88**	**767.14**	**654.91**	**710.99**	**17.73**
美国	United States	311.05	376.23	459.57	533.02	501.50	374.04	274.92	221.66	254.02	6.33
日本	Japan	57.86	59.56	76.70	97.01	115.44	119.07	111.94	102.01	109.13	2.72
韩国	Korea, Rep.	8.15	13.53	25.38	40.36	73.45	80.84	80.04	74.26	74.99	1.87
德国	Germany	139.40	141.02	128.59	84.82	78.95	79.41	56.39	44.61	53.18	1.33
波兰	Poland	74.70	99.80	78.87	56.35	54.74	48.33	44.00	40.87	45.41	1.13
土耳其	Türkiye	5.15	6.99	15.58	22.84	31.21	34.50	41.90	39.98	41.11	1.02
澳大利亚	Australia	22.58	27.32	34.89	48.15	50.47	42.92	46.74	42.58	40.22	1.00
捷克	Czech Rep.	35.39	33.35	31.45	21.64	18.73	16.42	14.23	12.24	12.84	0.32
加拿大	Canada	15.26	20.58	24.26	31.70	23.10	18.48	12.36	9.96	10.16	0.25
墨西哥	Mexico	1.82	2.37	4.13	6.88	13.26	11.44	11.79	8.81	7.62	0.19
英国	United Kingdom	76.43	68.80	63.11	36.53	30.97	23.91	5.93	5.43	5.63	0.14
意大利	Italy	8.10	11.68	14.63	12.56	13.67	12.30	6.48	5.10	5.54	0.14
西班牙	Spain	9.00	12.43	19.27	20.94	7.76	13.35	5.04	2.95	3.10	0.08
非OECD合计	**NON-OECD Total**	**634.26**	**809.42**	**1134.38**	**1214.66**	**2566.28**	**2893.07**	**3096.42**	**3102.50**	**3300.19**	**82.27**
中国	China	204.68	312.53	530.52	668.06	1790.42	1999.08	2071.57	2124.85	2266.17	56.50
印度	India	31.51	44.31	92.70	145.92	279.03	376.92	407.33	379.06	421.29	10.50
俄罗斯	Russia			190.11	119.31	105.49	115.74	124.48	114.30	127.84	3.19
南非	South Africa	33.84	47.68	66.54	81.78	100.63	94.70	95.00	91.66	87.29	2.18
印度尼西亚	Indonesia	0.08	0.16	3.55	12.01	31.84	39.69	68.76	68.33	71.33	1.78
越南	Viet Nam	1.55	2.27	2.22	4.37	14.65	24.41	46.55	50.78	46.74	1.17
哈萨克斯坦	Kazakhstan			39.95	19.76	34.51	27.34	34.47	32.61	33.53	0.84
马来西亚	Malaysia	0.01	0.05	1.36	2.31	14.60	17.52	21.14	24.82	22.81	0.57
乌克兰	Ukraine			81.12	38.44	38.03	29.99	25.99	22.78	20.78	0.52
巴西	Brazil	2.31	5.93	9.67	13.01	14.47	17.65	15.43	13.95	17.04	0.42
泰国	Thailand	0.10	0.47	3.82	7.67	16.36	16.86	16.39	17.10	15.77	0.39

附录2-12 石油供应量
Primary Supply of Oil

单位：百万吨标准油 (Mtoe)

国家和地区	Country or Area	1973	1980	1990	2000	2010	2015	2019	2020	2021	比重% Percent of World
世界	**World**	**2818.16**	**3105.03**	**3237.40**	**3684.24**	**4154.50**	**4361.97**	**4551.29**	**4129.16**	**4352.40**	**100.00**
OECD合计	**OECD Total**	**1974.65**	**1953.86**	**1890.95**	**2128.68**	**1983.41**	**1912.90**	**1902.79**	**1716.01**	**1824.41**	**41.92**
美国	United States	817.49	796.93	756.84	871.15	806.52	789.54	795.20	702.23	763.56	17.54
日本	Japan	248.93	233.68	248.81	253.10	201.18	184.15	160.92	148.30	150.66	3.46
韩国	Korea, Rep.	13.31	26.65	49.73	99.04	95.11	102.68	104.43	101.31	111.55	2.56
加拿大	Canada	79.39	88.52	76.51	87.10	94.40	101.70	103.51	92.82	94.99	2.18
德国	Germany	158.70	143.86	121.44	124.81	104.70	101.24	99.65	94.37	91.12	2.09
墨西哥	Mexico	32.47	64.45	80.79	89.33	94.43	90.35	83.04	72.29	78.18	1.80
法国	France	119.81	106.32	84.03	82.22	77.02	75.41	71.02	61.95	66.05	1.52
英国	United Kingdom	108.90	79.34	76.37	73.22	63.65	60.20	58.58	49.26	52.00	1.19
意大利	Italy	90.30	88.23	83.32	86.85	65.30	53.56	50.06	43.28	49.34	1.13
西班牙	Spain	37.60	49.77	45.47	61.61	57.70	48.69	51.51	44.08	48.23	1.11
土耳其	Türkiye	12.48	15.62	23.40	30.40	31.50	38.70	42.89	41.66	43.43	1.00
澳大利亚	Australia	26.58	30.07	31.20	34.15	41.61	42.44	43.95	44.36	42.45	0.98
荷兰	Netherlands	30.46	28.86	24.92	27.41	29.86	26.35	25.73	25.35	25.53	0.59
非OECD合计	**NON-OECD Total**	**659.41**	**972.42**	**1143.74**	**1280.34**	**1809.62**	**2063.64**	**2223.63**	**2116.39**	**2214.08**	**50.87**
中国	China	51.93	88.59	118.79	220.81	427.96	538.73	647.08	660.99	677.70	15.57
印度	India	24.28	33.20	61.10	111.99	162.07	206.42	235.67	206.99	223.40	5.13
俄罗斯	Russia			263.78	126.11	139.08	139.36	149.44	149.76	161.14	3.70
沙特阿拉伯	Saudi Arabia	5.70	21.95	38.51	76.00	134.23	162.81	151.47	148.26	149.77	3.44
巴西	Brazil	37.94	55.65	58.92	88.27	104.87	115.17	104.73	98.76	106.87	2.46
伊朗	Iran	16.42	32.58	50.39	68.52	79.55	78.79	85.40	79.51	81.94	1.88
印度尼西亚	Indonesia	10.73	20.23	33.35	57.87	67.39	71.25	76.56	67.68	68.06	1.56
泰国	Thailand	7.51	10.78	18.18	32.24	44.95	54.09	55.81	55.36	55.52	1.28
埃及	Egypt	6.53	11.33	22.85	22.37	34.04	38.94	31.91	33.24	35.94	0.83
阿根廷	Argentina	25.01	25.62	20.44	23.24	28.34	29.74	25.93	23.45	28.65	0.66
伊拉克	Iraq	3.62	8.60	18.18	23.98	27.93	30.43	38.81	28.80	27.54	0.63
委内瑞拉	Venezuela	9.14	19.57	18.61	30.58	47.11	36.32	19.27	14.04	12.14	0.28

附录2-13　天然气供应量
Primary Supply of Natural Gas

单位：百万吨标准油　　(Mtoe)

国家和地区	Country or Area	1973	1980	1990	2000	2010	2015	2019	2020	2021	比重% Percent of World
世界	**World**	**976.70**	**1231.36**	**1662.46**	**2067.73**	**2733.64**	**2925.82**	**3356.50**	**3322.10**	**3486.89**	**100.00**
OECD合计	**OECD Total**	**707.94**	**780.69**	**853.31**	**1171.52**	**1331.53**	**1386.41**	**1562.20**	**1529.99**	**1565.56**	**44.90**
美国	United States	514.66	476.92	438.36	547.74	556.08	646.51	742.30	719.04	723.10	20.74
加拿大	Canada	37.29	45.57	54.74	74.26	75.70	85.43	117.59	112.28	116.69	3.35
日本	Japan	5.07	21.40	44.12	65.63	86.00	100.46	92.00	92.16	86.72	2.49
德国	Germany	28.65	51.21	54.98	71.85	75.90	65.15	75.62	74.60	78.10	2.24
墨西哥	Mexico	10.50	19.14	23.13	35.48	54.24	64.66	68.65	70.33	72.47	2.08
英国	United Kingdom	25.11	40.32	47.20	87.40	84.82	61.88	65.75	61.99	65.80	1.89
意大利	Italy	14.23	22.73	39.00	57.94	68.06	55.30	60.95	58.29	62.43	1.79
韩国	Korea, Rep.			2.73	17.01	38.64	39.35	48.87	49.48	54.40	1.56
土耳其	Türkiye			2.86	12.64	31.39	39.38	37.04	39.71	49.12	1.41
法国	France	13.50	21.64	26.03	35.77	42.62	35.04	37.54	34.89	37.01	1.06
澳大利亚	Australia	3.38	7.47	14.79	19.27	27.38	33.06	33.98	37.19	36.54	1.05
非OECD合计	**NON-OECD Total**	**268.76**	**450.67**	**809.15**	**896.22**	**1402.11**	**1539.37**	**1794.09**	**1791.86**	**1921.00**	**55.09**
俄罗斯	Russia			367.39	319.01	383.54	364.25	418.03	412.14	457.31	13.11
中国	China	5.01	11.96	12.80	20.76	89.38	158.59	248.18	265.15	299.07	8.58
伊朗	Iran	3.22	3.66	17.48	52.63	122.15	155.31	187.60	203.34	208.02	5.97
沙特阿拉伯	Saudi Arabia	1.54	9.15	19.49	30.78	59.90	71.27	80.20	80.70	82.42	2.36
印度	India	0.63	1.26	10.57	23.07	54.40	45.13	55.49	52.59	55.07	1.58
阿联酋	United Arab Emirates	1.05	4.12	14.18	25.05	49.35	59.78	54.57	55.52	54.46	1.56
埃及	Egypt	0.07	1.59	6.73	14.44	35.81	36.77	52.66	50.97	53.72	1.54
马来西亚	Malaysia	0.10	2.24	6.80	24.73	31.20	37.54	39.22	36.59	42.65	1.22
阿尔及利亚	Algeria	1.55	5.83	12.17	16.84	23.32	34.42	40.13	38.57	42.40	1.22
乌兹别克斯坦	Uzbekistan			32.49	37.49	38.59	30.35	40.37	37.41	41.95	1.20
阿根廷	Argentina	6.87	9.89	17.42	30.41	37.20	42.90	42.74	40.04	40.77	1.17
卡塔尔	Qatar	1.29	2.85	5.56	9.47	22.38	36.58	38.21	37.94	39.53	1.13
巴西	Brazil	0.17	0.87	3.43	8.36	24.32	37.19	31.85	30.06	36.74	1.05
印度尼西亚	Indonesia	0.33	4.95	15.82	26.57	38.82	37.87	39.21	34.10	33.89	0.97
泰国	Thailand			4.99	17.37	32.97	37.75	35.92	33.25	33.54	0.96

附录2-14 总发电量
Total Electricity Generation

单位：百万千瓦时 (GWh)

国家和地区	Country or Area	1973	1980	1990	2000	2010	2015	2019	2020	2021	比重% Percent of World
世界总计	**World**	**6130875**	**8282467**	**11837007**	**15423383**	**21537897**	**24297236**	**26968895**	**26758635**	**28402087**	**100.00**
中国	China	168689	300630	621268	1355738	4197204	5838435	7472518	7731995	8559978	30.14
美国	United States	1965509	2427320	3202813	4025885	4354363	4297048	4370988	4238970	4354059	15.33
印度	India	72828	119260	289470	561059	972174	1357502	1648899	1536699	1635165	5.76
俄罗斯	Russia			1082152	876468	1036116	1065623	1119699	1087866	1157500	4.08
日本	Japan	465387	572531	861542	1055041	1163992	1054466	1031488	1008544	1039877	3.66
巴西	Brazil	64726	139380	222821	348910	515713	586501	633032	628765	656109	2.31
加拿大	Canada	270081	373278	482460	606106	602931	657838	652665	651347	642863	2.26
韩国	Korea, Rep.	14825	37239	105371	288526	496718	549047	578034	575324	608076	2.14
德国	Germany	374352	466340	547650	572313	626720	642388	600977	568908	583028	2.05
法国	France	182508	257308	416049	533601	562964	574508	566290	527886	550952	1.94
沙特阿拉伯	Saudi Arabia	2949	20452	69208	126191	240071	360281	387662	394341	408895	1.44
墨西哥	Mexico	37100	66962	115837	205675	275538	310712	344839	317680	379696	1.34
伊朗	Iran	12093	22380	59102	121383	232959	280633	311458	336239	344161	1.21
土耳其	Türkiye	12425	23275	57543	124922	211208	261783	303898	306703	334723	1.18
印度尼西亚	Indonesia	2370	7502	32667	93325	169755	233984	295445	291826	308661	1.09
英国	United Kingdom	281352	284071	317755	374375	379640	335350	321442	309210	305422	1.08
意大利	Italy	143916	183474	213147	269941	298773	281560	292018	278588	286979	1.01
西班牙	Spain	75660	109226	151209	220917	298320	277683	271029	259882	271091	0.95
澳大利亚	Australia	64411	95234	154287	209864	252614	251294	263660	264793	265115	0.93
南非	South Africa	64390	98951	165385	207837	256648	246736	247584	234726	239640	0.84
波兰	Poland	83908	120941	134438	143174	157089	164341	163282	157224	178870	0.63
瑞典	Sweden	78060	96316	145984	145231	148445	161985	168417	163782	171757	0.60
乌克兰	Ukraine			298626	171269	188828	162108	152794	148408	157915	0.56

附录2-15　国内生产总值电耗(2015年价)
Electricity Consumption/GDP (2015 USD)

单位：千瓦时/美元　　(kWh per USD)

国家和地区	Country or Area	1973	1980	1990	2000	2010	2015	2019	2020	2021
世界	**World**	**0.260**	**0.281**	**0.301**	**0.291**	**0.304**	**0.297**	**0.296**	**0.304**	**0.304**
OECD合计	**OECD Total**	**0.244**	**0.256**	**0.257**	**0.252**	**0.241**	**0.220**	**0.206**	**0.210**	**0.205**
非OECD合计	**NON-OECD Total**	**0.316**	**0.361**	**0.451**	**0.413**	**0.424**	**0.425**	**0.434**	**0.444**	**0.450**
英国	United Kingdom	0.197	0.184	0.166	0.156	0.135	0.113	0.100	0.107	0.101
德国	Germany	0.232	0.243	0.225	0.192	0.192	0.171	0.152	0.153	0.153
意大利	Italy	0.137	0.139	0.150	0.164	0.171	0.169	0.164	0.169	0.168
澳大利亚	Australia	0.167	0.211	0.256	0.246	0.221	0.195	0.187	0.191	0.181
法国	France	0.158	0.188	0.209	0.215	0.217	0.197	0.182	0.187	0.183
美国	United States	0.305	0.316	0.298	0.280	0.253	0.227	0.210	0.212	0.203
阿根廷	Argentina	0.090	0.110	0.151	0.181	0.191	0.212	0.209	0.229	0.216
日本	Japan	0.247	0.243	0.235	0.256	0.266	0.229	0.218	0.222	0.224
印度尼西亚	Indonesia	0.024	0.049	0.115	0.212	0.234	0.246	0.258	0.261	0.267
委内瑞拉	Venezuela	0.044	0.078	0.114	0.123	0.127	0.114	0.198	0.266	0.276
巴西	Brazil	0.128	0.173	0.262	0.280	0.273	0.294	0.303	0.311	0.309
加拿大	Canada	0.431	0.464	0.510	0.444	0.394	0.363	0.337	0.348	0.333
韩国	Korea, Rep.	0.156	0.225	0.253	0.348	0.382	0.365	0.343	0.344	0.350
埃及	Egypt	0.177	0.235	0.326	0.376	0.497	0.466	0.408	0.375	0.404
泰国	Thailand	0.157	0.207	0.282	0.412	0.447	0.443	0.435	0.448	0.443
印度	India	0.304	0.386	0.538	0.545	0.506	0.520	0.501	0.489	0.477
中国	China	0.554	0.649	0.560	0.450	0.518	0.499	0.498	0.506	0.519
沙特阿拉伯	Saudi Arabia	0.012	0.056	0.229	0.319	0.428	0.500	0.503	0.528	0.527
南非	South Africa	0.472	0.631	0.843	0.930	0.747	0.659	0.625	0.626	0.612
伊朗	Iran	0.056	0.135	0.277	0.386	0.474	0.567	0.613	0.641	0.627
俄罗斯	Russia			0.865	0.984	0.738	0.696	0.687	0.691	0.692

附录2-16 人均电力消费量
Electricity Consumption/Population

单位：千瓦时/人 (kWh per capita)

国家和地区	Country or Area	1973	1980	1990	2000	2010	2015	2019	2020	2021
世界	**World**	**1439**	**1715**	**2057**	**2304**	**2852**	**3040**	**3240**	**3191**	**3358**
OECD合计	**OECD Total**	**4395**	**5206**	**6460**	**7674**	**8061**	**7799**	**7756**	**7540**	**7753**
非OECD合计	**NON-OECD Total**	**501**	**683**	**886**	**996**	**1666**	**1996**	**2276**	**2268**	**2432**
加拿大	Canada	10242	12804	16183	16839	16224	15829	15216	14755	14737
美国	United States	8572	9841	11687	13660	13376	12865	12744	12447	12613
韩国	Korea, Rep.	397	914	2373	5907	9716	10482	10878	10814	11402
沙特阿拉伯	Saudi Arabia	393	1878	4075	5433	7435	10228	9962	9951	10341
澳大利亚	Australia	4158	5869	8527	10260	10811	10092	9977	9886	9828
日本	Japan	4060	4706	6714	8049	8776	8009	7887	7724	7975
俄罗斯	Russia			6688	5198	6410	6588	6953	6825	7252
法国	France	3155	4422	5967	7226	7740	7198	7013	6639	6908
德国	Germany	4654	5796	6646	6697	7401	7032	6580	6367	6529
中国	China	176	282	511	993	2944	4017	5082	5262	5848
意大利	Italy	2458	3105	4145	5300	5444	5141	5260	4969	5292
英国	United Kingdom	4669	4683	5357	6115	5713	5077	4770	4507	4539
南非	South Africa	2455	3411	3912	4399	4493	4084	3866	3582	3637
伊朗	Iran	383	540	951	1549	2603	2890	3141	3369	3425
阿根廷	Argentina	960	1245	1311	2100	2812	3166	2879	2814	2911
泰国	Thailand	167	301	727	1445	2271	2526	2807	2705	2713
巴西	Brazil	547	1003	1444	1886	2366	2583	2607	2569	2663
委内瑞拉	Venezuela	1165	2016	2463	2642	3149	2668	1997	1908	2009
埃及	Egypt	196	378	665	942	1647	1597	1537	1438	1575
印度尼西亚	Indonesia	16	46	162	386	630	818	1005	986	1040
印度	India	100	140	269	384	631	844	994	905	956

附录2-17 煤炭净进口量
Net Import of Coal

单位：百万吨标准油 (Mtoe)

国家和地区	Country or Area	1973	1980	1990	2000	2010	2015	2019	2020	2021
中国	China	-2.11	-3.17	-11.04	-40.75	84.26	111.37	156.11	163.39	171.37
日本	Japan	40.89	47.55	72.15	95.59	114.75	118.33	111.48	101.60	108.80
印度	India	-0.26	0.32	4.13	14.22	69.33	116.50	130.79	113.98	102.38
韩国	Korea, Rep.	0.34	3.47	15.73	37.55	72.95	81.13	80.07	72.91	73.97
德国	Germany	-3.07	-1.34	3.42	21.69	31.64	36.07	26.68	19.68	25.76
土耳其	Türkiye	0.01	0.53	3.92	9.07	14.65	21.86	24.15	25.27	23.66
巴西	Brazil	1.41	3.70	7.90	10.33	12.11	14.85	13.34	11.65	14.40
法国	France	9.49	20.23	12.82	12.84	12.08	9.18	7.30	5.10	6.22
荷兰	Netherlands	1.54	3.72	8.72	7.72	7.65	10.71	6.56	3.78	5.64
意大利	Italy	7.73	11.65	13.74	13.14	13.79	12.32	6.39	4.74	5.37
以色列	Israel	0.00	0.00	2.43	6.04	7.38	6.58	4.98	4.57	3.85
西班牙	Spain	2.13	4.11	7.07	12.84	6.75	10.24	4.54	1.70	3.27
英国	United Kingdom	-0.87	1.40	8.53	14.46	16.05	14.59	4.17	2.97	3.10
比利时	Belgium	4.55	7.18	9.61	7.32	3.69	3.28	3.10	2.41	2.40
朝鲜	DPR of Korea	0.33	0.44	1.65	-0.09	-2.76	-11.96	0.09	0.08	0.07
波兰	Poland	-26.17	-20.56	-20.12	-16.31	-2.74	-5.53	2.64	0.14	-1.66
蒙古	Mongolia			-0.14	0.01	-11.32	-9.84	-18.74	-14.55	-10.72
哈萨克斯坦	Kazakhstan			-18.06	-14.61	-13.18	-12.22	-10.17	-11.87	-12.10
加拿大	Canada	2.83	-0.04	-11.90	-4.19	-11.99	-12.80	-15.25	-14.34	-14.36
哥伦比亚	Colombia	-0.05	-0.97	-9.33	-24.43	-47.63	-50.92	-50.64	-48.21	-40.03
南非	South Africa	-1.30	-19.07	-33.62	-46.05	-43.45	-50.18	-51.35	-48.53	-42.08
美国	United States	-30.32	-57.01	-65.87	-28.30	-36.79	-37.92	-52.31	-38.43	-48.57
俄罗斯	Russia			-5.34	-10.08	-66.32	-85.92	-123.07	-119.54	-119.61
印度尼西亚	Indonesia	0.00	-0.04	-2.30	-33.45	-154.47	-204.02	-245.40	-215.96	-227.65
澳大利亚	Australia	-17.65	-27.81	-67.27	-121.43	-190.35	-253.83	-253.46	-250.44	-235.35

注：负数表示净出口。
Note: Negative numbers show net export.

附录2-18 石油净进口量
Net Import of Oil

单位：百万吨标准油 (Mtoe)

国家和地区	Country or Area	1973	1980	1990	2000	2010	2015	2019	2020	2021
中国	China	-1.84	-17.44	-24.15	74.68	252.86	344.97	498.15	538.11	514.48
印度	India	17.54	23.27	27.39	77.10	123.49	170.46	204.09	182.87	190.97
日本	Japan	273.08	251.70	261.81	268.06	210.57	193.15	171.43	151.51	159.06
韩国	Korea, Rep.	13.22	27.28	51.72	109.50	108.80	116.94	118.53	113.28	119.84
德国	Germany	160.84	148.86	122.12	126.89	112.11	108.26	108.31	97.17	94.65
新加坡	Singapore	12.24	8.00	24.50	39.71	61.66	74.78	79.22	75.88	73.33
法国	France	128.66	112.32	85.91	89.84	83.20	81.79	77.77	64.70	67.98
西班牙	Spain	41.01	49.92	49.66	71.00	69.01	61.23	64.47	51.63	54.70
美国	United States	303.36	340.08	374.40	549.54	508.20	266.23	76.82	20.14	48.68
意大利	Italy	98.34	92.76	85.14	87.96	66.80	52.43	52.44	41.90	44.97
土耳其	Türkiye	8.84	13.74	21.24	29.25	30.55	42.06	45.08	40.44	43.47
泰国	Thailand	8.28	12.16	17.59	27.51	31.99	36.74	41.64	39.40	40.17
荷兰	Netherlands	41.73	38.15	32.86	42.69	44.36	43.64	41.67	39.17	33.58
比利时	Belgium	31.46	26.41	22.26	29.56	32.53	30.40	30.65	26.43	27.35
英国	United Kingdom	115.95	1.93	-11.00	-46.72	10.89	26.97	18.78	5.43	14.31
希腊	Greece	11.58	13.22	14.34	19.32	17.02	14.59	13.71	11.91	11.17
厄瓜多尔	Ecuador	-9.15	-6.31	-10.08	-13.71	-14.17	-15.75	-15.11	-14.70	-12.72
墨西哥	Mexico	5.72	-47.58	-70.41	-76.60	-57.24	-36.94	-13.72	-24.63	-17.23
委内瑞拉	Venezuela	-181.43	-103.51	-100.78	-152.66	-125.84	-119.20	-45.11	-26.37	-27.75
尼日利亚	Nigeria	-101.01	-95.52	-79.40	-105.64	-108.46	-90.89	-77.99	-54.62	-41.29
阿尔及利亚	Algeria	-49.08	-45.75	-51.35	-62.39	-63.38	-53.58	-48.77	-42.65	-43.34
阿曼	Oman	-13.92	-13.58	-33.66	-48.84	-38.14	-43.38	-46.14	-42.70	-43.53
安哥拉	Angola	-7.27	-6.40	-22.46	-37.91	-84.63	-82.90	-61.52	-58.08	-49.99
利比亚	Libya	-109.39	-87.37	-60.60	-59.12	-74.33	-10.70	-49.50	-13.28	-52.72
卡塔尔	Qatar	-28.11	-23.21	-20.54	-38.06	-65.11	-74.44	-64.71	-63.21	-63.42
哈萨克斯坦	Kazakhstan			-4.97	-27.67	-70.07	-65.33	-74.47	-74.16	-71.79
伊朗	Iran	-279.48	-42.16	-116.13	-133.63	-131.87	-80.23	-61.28	-51.70	-72.19
挪威	Norway	6.58	-14.70	-72.83	-157.13	-88.09	-86.18	-71.99	-85.48	-89.61
科威特	Kuwait	-151.57	-79.09	-42.98	-95.23	-104.88	-135.59	-127.42	-120.52	-117.93
阿联酋	United Arab Emirates	-74.79	-78.80	-77.90	-107.62	-115.96	-139.75	-143.23	-137.60	-133.53
伊拉克	Iraq	-97.64	-125.45	-88.21	-107.42	-91.19	-148.45	-199.92	-176.73	-176.83
加拿大	Canada	-14.49	8.44	-14.86	-39.04	-69.08	-121.16	-169.75	-168.01	-182.99
俄罗斯	Russia			-261.26	-192.21	-356.33	-377.24	-398.97	-357.45	-354.99
沙特阿拉伯	Saudi Arabia	-367.79	-497.39	-307.04	-365.70	-330.29	-405.86	-408.53	-375.96	-365.66

注：负数表示净出口。
Note: Negative numbers show net export.

附录2-19 天然气净进口量
Net Import of Natural Gas

单位：百万吨标准油 (Mtoe)

国家和地区	Country or Area	1973	1980	1990	2000	2010	2015	2019	2020	2021
中国	China				-2.01	9.22	45.94	100.74	104.06	125.35
日本	Japan	2.79	19.54	42.29	63.47	82.65	97.84	89.97	89.83	84.06
德国	Germany	12.30	35.32	41.75	56.87	61.64	58.68	75.67	66.47	69.99
意大利	Italy	1.65	11.77	25.31	47.01	61.60	50.00	57.94	54.12	58.52
韩国	Korea, Rep.			2.68	17.07	39.29	38.94	48.19	48.06	54.74
土耳其	Türkiye			2.68	12.05	30.79	39.36	36.60	39.15	48.02
英国	United Kingdom	0.67	9.00	6.18	-9.31	33.90	26.47	32.56	28.81	37.54
法国	France	7.56	16.18	24.37	35.78	39.55	34.52	39.22	33.05	35.58
西班牙	Spain	0.93	1.41	3.69	15.47	30.95	23.78	31.40	27.24	29.54
白俄罗斯	Belarus			12.69	14.21	17.91	15.60	16.20	14.97	15.28
波兰	Poland	1.39	4.31	6.77	6.61	8.87	9.95	13.37	13.31	15.23
比利时	Belgium	7.11	8.89	8.22	13.28	16.79	13.85	15.48	14.99	15.17
泰国	Thailand				1.73	8.24	11.96	12.52	12.89	13.57
阿联酋	United Arab Emirates		-2.18	-2.68	-5.83	7.81	11.04	9.94	10.92	10.35
捷克	Czech Rep.	0.72	2.41	4.79	7.48	6.85	6.16	7.86	6.26	7.18
乌克兰	Ukraine			73.48	47.27	29.55	13.29	9.51	7.39	6.38
阿根廷	Argentina	1.45	1.69	1.82	-3.88	2.59	9.49	5.47	5.89	6.13
乌兹别克斯坦	Uzbekistan			-0.52	-3.83	-9.48	-8.70	-9.93	-2.48	-2.77
文莱	Brunei Darussalam	-1.27	-7.77	-6.26	-7.63	-7.59	-7.19	-6.56	-6.58	-5.80
阿曼	Oman				-3.67	-8.86	-7.19	-10.26	-10.06	-10.64
印度尼西亚	Indonesia		-10.02	-26.32	-34.60	-35.98	-27.62	-18.90	-17.09	-17.09
马来西亚	Malaysia		-0.01	-8.69	-17.83	-19.81	-20.30	-22.22	-18.88	-17.88
尼日利亚	Nigeria				-4.42	-17.75	-21.51	-22.38	-22.53	-18.61
加拿大	Canada	-22.78	-18.38	-32.52	-81.35	-60.42	-49.11	-42.43	-39.93	-46.74
阿尔及利亚	Algeria	-2.09	-5.65	-26.68	-53.01	-48.65	-37.00	-36.38	-33.56	-46.78
土库曼斯坦	Turkmenistan			-56.53	-27.31	-19.55	-51.28	-53.02	-49.07	-49.94
澳大利亚	Australia			-2.35	-9.27	-17.10	-25.05	-83.70	-89.40	-86.70
美国	United States	22.12	21.68	33.19	82.21	60.76	22.20	-46.21	-65.26	92.17
挪威	Norway		-21.90	-22.17	-42.14	-88.48	-96.75	-95.89	-93.45	-95.61
卡塔尔	Qatar				-12.31	-84.92	-110.25	-110.96	-110.45	-110.19
俄罗斯	Russia			-145.28	-146.07	-150.68	-157.74	-206.05	-188.85	-192.53

注：负数表示净出口。
Note: Negative numbers show net export.

附录2-20 主要高耗能产品单位能耗中外比较
Energy Consumption for Main Energy Intensive Products by Comparing China with Selected Countries

1. 火电厂发电煤耗 Gross Coal Consumption Rate for Fossil-Fired Power Plant

单位： 克标准煤/千瓦时 (gce/kWh)

国家	Country	1990	1995	2000	2005	2010	2015	2016	2017	2018	2019	2020	2021	2022
中国①	China	392	379	363	343	312	297	294	292	290	289	287	281	280.2
日本②	Japan	317	315	303	301	294								

注(Notes)：①6MW以上机组(>6MW Unit)。

②九大电力公司平均(Average level of 9 key electricity companies)。

资料来源(Sources)：1.中国电力企业联合会(China Electricity Council)。

2.The Institute of Energy Economics, Japan, Handbook of Energy and Economic Statistics in Japan.

2. 火电厂供电煤耗 Net Coal Consumption Rate for Fossil-fired Power Plant

单位： 克标准煤/千瓦时 (gce/kWh)

国家	Country	1990	1995	2000	2005	2010	2015	2016	2017	2018	2019	2020	2021	2022
中国	China	427	412	392	370	333	315	312	309	308	306	305	303	302
日本	Japan	332	331	316	314	306								
意大利	Italy	326	319	315	288	275								

资料来源(Sources)：1.中国电力企业联合会(China Electricity Council)。
2.The Institute of Energy Economics, Japan, Handbook of Energy and Economic Statistics in Japan.
3.International Energy Agency, Electricity Information.

2022年电源结构 2022 Power Generation by Source

单位： % (%)

国家	Country	石油 (Petroleum)	天然气 (Natural Gas)	煤炭 (Coal)	核电 (Nuclear Power)	水电 (Hydro Power)	可再生能源 (Renewable Energy)	其他 (Others)
中国	China	0.1	3.3	61.0	4.7	14.7	15.4	0.7
美国	United States	0.6	39.9	19.9	17.9	5.7	15.8	0.3
日本	Japan	3.9	30.9	29.9	5.0	7.2	14.7	8.3
意大利	Italy	3.4	54.4	6.1		9.8	25.1	1.3

资料来源(Sources)：Energy Institute Statistical Review of World Energy, https://www.energyinst.org/statistical-review.

3. 钢可比能耗 Comparable Energy Consumption for Steel

单位：千克标准煤/吨 (kgce/ton)

国家	Country	1990	1995	2000	2005	2010	2015	2016	2017	2018	2019	2020	2021	2022
中国①	China	997	976	784	732	681	644	640	634	613	605	603	598	608.4
德国	Germany			602										
日本	Japan	629	656	646	640	612								

注(Notes)：①大中型钢铁企业平均值(Average level of key enterprises)。
*综合能耗中的电耗，均按发电煤耗折算标准煤(In the full energy consumption, all of conversion from electric to coal equivalent according to gross coal consumption for fossil-fired power plant)。

资料来源(Sources)：1.中国钢铁工业协会(China Iron and Steel Association)。
2.德国钢铁协会(German Steel Federation)。
3.The Institute of Energy Economics, Japan, Handbook of Energy and Economic Statistics in Japan.

4. 电解铝交流电耗 Alternating Current Power Consumption for Electrolytic Aluminium

单位：千瓦时/吨 (kWh/ton)

国家	Country	1990	1995	2000	2005	2010	2015	2016	2017	2018	2019	2020	2021	2022
中国	China	17100	16620	15418	14575	13979	13562	13599	13577	13555	13257	13244	12966	12447
国际先进水平	International Advanced Level	14400	14400	14400	14100	12900	12900	12900						

资料来源(Sources)：中国有色金属工业协会(China Ferrous Metals Industry Association)。

5. 水泥综合能耗 Fully Energy Consumption for Cement

单位：千克标准煤/吨 (kgce/ton)

国家	Country	1990	1995	2000	2005	2010	2015	2016	2017	2018	2019	2020	2021	2022
中国	China	201	199	172	149	143	137	135	135	132	131	128	127	126
德国	Germany					101								
日本	Japan	123	124	126	127	130								

注(Notes)：综合能耗中的电耗，均按发电煤耗折算标准煤(In the full energy consumption, all of conversion from electric to coal equivalent according to gross coal consumption for fossil-fired power plant)。

资料来源(Sources)：1.中国水泥协会(China Cement Association)。
2.德国水泥工程协会(Verein Deutscher Zementwerke,VDZ)。
3.The Institute of Energy Economics, Japan, Handbook of Energy and Economic Statistics in Japan.

6. 乙烯综合能耗 Fully Energy Consumption for Ethylene

单位: 千克标准煤/吨 (kgce/ton)

国家 Country	1990	2000	2005	2010	2015	2016	2017	2018	2019	2020	2021	2022
中国① China	1580	1125	1073	950	854	842	841	840	839	837	837	867
国际先进水平 International Advanced Level	897	714	629②	629	629	629						

注(Notes): ①主要用石脑油作原料(Feedstocks of ethylene production is used naphtha mainly)。

②中东地区平均值，主要用乙烷作原料(Average level of Middle-East region, feedstocks of ethylene production is used ethane mainly)。

*综合能耗中的电耗，均按发电煤耗折算标准煤(In the full energy consumption, all of conversion from electric to coal equivalant according to gross coal consumption for fossil-fired power plant)。

资料来源(Sources): 中国石油和化学工业联合会(China Petroleum and Chemical Industry Federation)。

7. 合成氨综合能耗 Fully Energy Consumption for Sythetic Ammonia

单位: 千克标准煤/吨 (kgce/ton)

国家 Country	1990	1995	2000	2005	2010	2015	2016	2017	2018	2019	2020	2021	2022
中国① China	2035	1849	1699	1650	1587	1495	1486	1463	1453	1418	1422	1442	1430
美国② United States	1000	1000	1000	990	990	990	990						

注(Notes): ①大、中、小型装置平均值，2020年煤占合成氨原料80%(Average level of large, medium and small size installation. In 2020, the coal amount to 80% of the feedstocks for sythetic ammonia)。

②以天然气为原料的大型装置的平均值，2020年天然气占合成氨原料98%(Average level of large size installation by natural gas. In 2020, the natural gas amount to 98% of the feedstocks for sythetic ammonia)。

资料来源(Sources): 同表6 (Same Table 6)。

8. 纸和纸板综合能耗 Full Energy Consumption for Paper and Paperboard

单位: 千克标准煤/吨 (kgce/ton)

国家 Country	1990	2000	2005	2010	2015	2016	2017	2018	2019	2020	2021	2022
中国 China	1550	1540	1380	1200	1045	1027	1006	981	962	947	939	930
日本 Japan	744	678	640	581								

注(Notes): 产品能耗为自制浆企业平均(Average level of enterprises which made pulp by oneself)。

资料来源(Sources): 1.中国造纸协会(China Paper Association)。

2 .The Institute of Energy Economics, Japan, Handbook of Energy and Economic Statistics in Japan, 2016 Edition.

附录 3　主要统计指标解释

Appendix Ⅲ　Explanatory Notes of Main Statistical Indicators

主要统计指标解释

国内生产总值(GDP) 指一个国家所有常住单位在一定时期内生产活动的最终成果。国内生产总值有三种表现形态，即价值形态、收入形态和产品形态。从价值形态看，它是所有常住单位在一定时期内生产的全部货物和服务价值与同期投入的全部非固定资产货物和服务价值的差额，即所有常住单位的增加值之和；从收入形态看，它是所有常住单位在一定时期内创造并分配给常住单位和非常住单位的初次收入之和；从产品形态看，它是所有常住单位在一定时期内最终使用的货物和服务价值与货物和服务净出口价值之和。在实际核算中，国内生产总值有三种计算方法，即生产法、收入法和支出法。三种方法分别从不同的方面反映国内生产总值及其构成。

三次产业 三产业的划分是世界上较为常用的产业结构分类，但各国的划分不尽一致。根据《国民经济行业分类》（GB/T 4754—2017）和《三次产业划分规定》，我国的三次产业划分是：

第一产业 是指农、林、牧、渔业（不含农、林、牧、渔服务业）。

第二产业 是指采矿业（不含开采辅助活动），制造业（不含金属制品、机械和设备修理业），电力、热力、燃气及水生产和供应业，建筑业。

第三产业 即服务业，是指除第一产业、第二产业以外的其他行业。

一次能源生产总量 指一定时期内全国（地区）一次能源生产量的总和，是观察全国（地区）能源生产水平、规模、构成和发展速度的总量指标。包括：原煤、原油、天然气、水电、核电及其他动力能（如风能、地热能等）发电量等。不包括低热值燃料生产量和由一次能源加工转换而成的二次能源产量。

能源消费总量 指一定地域内（国家或地区）国民经济各行业和居民家庭在一定时期消费的各种能源的总和。能源消费总量分为三部分，即终端能源消费量、能源加工转换损失量和能源损失量。

(1) 终端能源消费量指一定时期内用于消费（而非用于加工转换产出其他能源）的各种能源之和。

(2) 能源加工转换损失量指一定时期内全国（地区）投入加工转换的各种能源数量之和与产出各种能源产品之和的差额。它是观察能源在加工转换过程中损失量变化的指标。

(3) 能源损失量指一定时期内能源在输送、分配、储存过程中发生的损失和由客观原因造成的各种损失量。不包括各种气体能源放空、放散量。

能源生产弹性系数 是研究能源生产增长速度与国民经济增长速度之间关系的指标。计算公式：

$$\text{能源生产弹性系数}=\frac{\text{能源生产总量年平均增长速度}}{\text{国民经济年平均增长速度}}$$

本资料采用国内生产总值指标计算国民经济年平均增长速度。

电力生产弹性系数 是研究电力生产增长速度与国民经济增长速度之间关系的指标。计算公式：

$$电力生产弹性系数=\frac{电力生产量年平均增长速度}{国民经济年平均增长速度}$$

能源消费弹性系数　反映能源消费增长速度与国民经济增长速度之间关系的指标。计算公式：

$$能源消费弹性系数=\frac{能源消费总量年平均增长速度}{国民经济年平均增长速度}$$

电力消费弹性系数　反映电力消费增长速度与国民经济增长速度之间关系的指标。计算公式：

$$电力消费弹性系数=\frac{电力消费量年平均增长速度}{国民经济年平均增长速度}$$

能源加工转换效率　指一定时期内能源经过加工转换后，产出的各种能源产品的数量与投入加工转换的各种能源数量的比率。它是观察能源加工转换装置和生产工艺先进与落后、管理水平高低等的重要指标。计算公式：

$$能源加工转换效率=\frac{能源加工转换产出量}{能源加工转换投入量}\times100\%$$

Explanatory Notes on Main Statistical Indicators

Gross Domestic Product (GDP): refers to the final products produced by all resident units in a country during a certain period of time. Gross domestic product is expressed in three different perspectives, namely value, income, and products respectively. GDP in its value perspective refers to the balance of total value of all goods and services produced by all resident units during a certain period of time, minus the total value of input of goods and services of the nature of non-fixed assets; in other words, it is the sum of the value-added of all resident units. GDP from the perspective of income includes the primary income created by all resident units and distributed to resident and non-resident units. GDP from the perspective of products refers to the value of all goods and services for final demand by all resident units plus the net exports of goods and services during a given period of time. In the practice of national accounting, gross domestic product is calculated from three approaches, namely production approach, income approach and expenditure approach, which reflect gross domestic product and its composition from different angles.

Three Strata of Industry: Classification of economic activities into three strata of industry is a common practice in the world, although the grouping varies to some extent from country to country. In China, according to *Industrial classification for National Economic Activities* (GB/T 4754-2017) and *Dividing Basis of Three Industries*, economic activities are categorized into the following three strata of industry:

Primary Industry: refers to agriculture, forestry, animal husbandry and fishery industries (not including services in support of agriculture, forestry, animal husbandry and fishery industries).

Secondary Industry: refers to mining and quarrying (not including support activities for mining), manufacturing (not including repair service of metal products, machinery and equipment), production and supply of electricity, heat, gas and water, and construction.

Tertiary Industry: refers to all other economic activities not included in the primary or secondary industries.

Total Primary Energy Production: refers to the total production of primary energy in a given period of time. It is a comprehensive indicator to show the capacity, scale, composition and development of energy production of the country (region). It includes that of coal, crude oil, natural gas, hydro power and electricity generated by other means such as wind power and geothermal power, etc. However, it excludes the production of fuels of low calorific value, solar thermal and the secondary energy converted from the primary energy.

Total Energy Consumption: refers to the total consumption of energy of various kinds of national economy industries and residents in a certain area (country or region) in a given period of time. Total energy consumption can be divided into three parts:

(1) Final Energy Consumption: refers to the various kinds of energy used for consumption, not involving the energy for transformation in a given of period time.

(2) Losses During Energy Transformation: refers to the total input of various kinds of energy for transformation, minus the total output of various kinds of energy in the country in a given period of time. It is an indicator to show the losses that occurs during the process of energy transformation.

(3) Other Losses: refers to the total of the losses of energy during the course of energy transport, distribution and storage and the losses caused by any objective reason in a given period of time. The losses of various kinds of gas due to gas discharges and stocktaking is excluded.

Elasticity Ratio of Energy Production: is an indicator to show the relationship between the growth rate of energy production and the growth rate of the national economy. The formula is:

$$\text{Elasticity Ratio of Energy Production} = \frac{\text{Average Annual Growth Rate of Energy Production}}{\text{Average Annual Growth Rate of National Economy}}$$

The gross domestic products (GDP) is used to calculate the growth rate of national economy in this book.

Elasticity Ratio of Electricity Production: is an indicator to show the relationship between the growth rate of electricity production and the growth rate of the national economy. The formula is:

$$\text{Elasticity Ratio of Electricity Production} = \frac{\text{Average Annual Growth Rate of Electricity Production}}{\text{Average Annual Growth Rate of National Economy}}$$

Elasticity Ratio of Energy Consumption: is an indicator to show the relationship between the growth rate of energy consumption and the growth rate of the national economy. The formula is:

$$\text{Elasticity Ratio of Energy Consumption} = \frac{\text{Average Annual Growth Rate of Energy Consumption}}{\text{Average Annual Growth Rate of National Economy}}$$

Elasticity Ratio of Electricity Consumption: is an indicator to show the relationship between the growth rate of electricity consumption and the growth rate of the national economy. The formula is:

$$\text{Elasticity Ratio of Electricity Consumption} = \frac{\text{Average Annual Growth Rate of Electricity Consumption}}{\text{Average Annual Growth Rate of National Economy}}$$

Efficiency Ratio of Energy Transformation: refers to the ratio of the total output of energy products after transformation and the total input of energy for transformation in the same reference period. It is an indicator to show the current conditions of energy transformation equipment, production technique and management. The formula is:

$$\text{Efficiency of Energy Transformation} = \frac{\text{Output of Energy after Transformation}}{\text{Input of Energy for Transformation}} \times 100\%$$

附录 4　各种能源折标准煤参考系数

Appendix Ⅳ　Conversion Factors from Physical Units to Coal Equivalent

各种能源折标准煤参考系数

能源名称	平均低位发热量	折标准煤系数
原煤	20 908 千焦 / (5 000 千卡) / 千克	0.7143 千克标准煤 / 千克
洗精煤	26 344 千焦 / (6 300 千卡) / 千克	0.9000 千克标准煤 / 千克
其他洗煤		
洗中煤	8 363 千焦 / (2 000 千卡) / 千克	0.2857 千克标准煤 / 千克
煤泥	8 363～12 545 千焦 / (2 000～3 000千卡)/ 千克	0.2857～0.4286 千克标准煤 / 千克
焦炭	28 435 千焦 / (6 800 千卡) / 千克	0.9714 千克标准煤 / 千克
原油	41 816 千焦 / (10 000 千卡) / 千克	1.4286 千克标准煤 / 千克
燃料油	41 816 千焦 / (10 000 千卡) / 千克	1.4286 千克标准煤 / 千克
汽油	43 070 千焦 / (10 300 千卡) / 千克	1.4714 千克标准煤 / 千克
煤油	43 070 千焦 / (10 300 千卡) / 千克	1.4714 千克标准煤 / 千克
柴油	42 652 千焦 / (10 200 千卡) / 千克	1.4571 千克标准煤 / 千克
液化石油气	50 179 千焦 / (12 000 千卡) / 千克	1.7143 千克标准煤 / 千克
炼厂干气	45 998 千焦 / (11 000 千卡) / 千克	1.5714 千克标准煤 / 千克
天然气	32 238～38 931千焦 / (7 700～9 310 千卡) / 立方米	1.1000～1.3300 千克标准煤 / 立方米
焦炉煤气	16 726～17 981千焦/ (4 000～4 300千卡)/ 立方米	0.5714～0.6143 千克标准煤 / 立方米
其他煤气		
发生炉煤气	5 227 千焦 / (1 250 千卡) / 立方米	0.1786 千克标准煤 / 立方米
重油催化裂解煤气	19 235 千焦 / (4 600 千卡) / 立方米	0.6571 千克标准煤 / 立方米
重油热裂解煤气	35 544 千焦 / (8 500 千卡) / 立方米	1.2143 千克标准煤 / 立方米
焦炭制气	16 308 千焦 / (3 900 千卡) / 立方米	0.5571 千克标准煤 / 立方米
压力气化煤气	15 054 千焦 / (3 600 千卡) / 立方米	0.5143 千克标准煤 / 立方米
水煤气	10 454 千焦 / (2 500 千卡) / 立方米	0.3571 千克标准煤 / 立方米
煤焦油	33 453 千焦 / (8 000 千卡) / 千克	1.1429 千克标准煤 / 千克
粗苯	41 816 千焦 / (10 000 千卡) / 千克	1.4286 千克标准煤 / 千克
热力(当量)		0.03412 千克标准煤 / 百万焦耳 (0.14286 千克标准煤 / 1000 千卡)
电力(当量)	3 600 千焦 / (860 千卡) / 千瓦时	0.1229 千克标准煤 / 千瓦时
(等价)	按当年火电发电标准煤耗计算	
生物质能		
人粪	18 817 千焦 / (4 500 千卡) / 千克	0.643 千克标准煤 / 千克
牛粪	13 799 千焦 / (3 300 千卡) / 千克	0.471 千克标准煤 / 千克
猪粪	12 545 千焦 / (3 000 千卡) / 千克	0.429 千克标准煤 / 千克
羊、驴、马、骡粪	15 472 千焦 / (3 700 千卡) / 千克	0.529 千克标准煤 / 千克
鸡粪	18 817 千焦 / (4 500 千卡) / 千克	0.643 千克标准煤 / 千克
大豆秆、 棉花秆	15 890 千焦 / (3 800 千卡) / 千克	0.543 千克标准煤 / 千克
稻秆	12 545 千焦 / (3 000 千卡) / 千克	0.429 千克标准煤 / 千克
麦秆	14 635 千焦 / (3 500 千卡) / 千克	0.500 千克标准煤 / 千克
玉米秆	15 472 千焦 / (3 700 千卡) / 千克	0.529 千克标准煤 / 千克
杂草	13 799 千焦 / (3 300 千卡) / 千克	0.471 千克标准煤 / 千克
树叶	14 635 千焦 / (3 500 千卡) / 千克	0.500 千克标准煤 / 千克
薪柴	16 726 千焦 / (4 000 千卡) / 千克	0.571 千克标准煤 / 千克
沼气	20 908 千焦 / (5 000 千卡) / 立方米	0.714 千克标准煤 / 立方米

Conversion Factors from Physical Units to Coal Equivalent

Energy	Average Low Calorific Value	Conversion Factor
Raw Coal	20 908 kjoule / (5 000 kcal) / kg	0.7143 kgce / kg
Cleaned Coal	26 344 kjoule / (6 300 kcal) / kg	0.9000 kgce / kg
Other Washed Coal		
Middlings	8 363 kjoule / (2 000 kcal) / kg	0.2857 kgce / kg
Slimes	8 363～12 545 kjoule / (2 000～3 000kcal)/ kg	0.2857～0.4286 kgce / kg
Coke	28 435 kjoule / (6 800 kcal) / kg	0.9714 kgce / kg
Crude Oil	41 816 kjoule / (10 000 kcal) / kg	1.4286 kgce / kg
Fuel Oil	41 816 kjoule / (10 000 kcal) / kg	1.4286 kgce / kg
Gasoline	43 070 kjoule / (10 300 kcal) / kg	1.4714 kgce / kg
Kerosene	43 070 kjoule / (10 300 kcal) / kg	1.4714 kgce / kg
Diesel	42 652 kjoule / (10 200 kcal) / kg	1.4571 kgce / kg
Liquefied Petroleum Gas	50 179 kjoule / (12 000 kcal) / kg	1.7143 kgce / kg
Refinery Gas	45 998 kjoule / (11 000 kcal) / kg	1.5714 kgce / kg
Natural Gas	32 238～38 931kjoule / (7 700～9 310 kcal) / cu.m	1.1000～1.3300 kgce / cu.m
Coke Oven Gas	16 726～17 981kjoule/ (4 000～ 4 300kcal)/ cu.m	0.5714～0.6143 kgce / cu.m
Other Coal Gas		
By Gas Furnace	5 227 kjoule / (1 250 kcal) / cu.m	0.1786 kgce / cu.m
By Heavy Oil Catalytic Cracking	19 235 kjoule / (4 600 kcal) / cu.m	0.6571 kgce / cu.m
By Heavy Oil Thermal Cracking	35 544 kjoule / (8 500 kcal) / cu.m	1.2143 kgce / cu.m
Coke Gas	16 308 kjoule / (3 900 kcal) / cu.m	0.5571 kgce / cu.m
By Pressure Gasification	15 054 kjoule / (3 600 kcal) / cu.m	0.5143 kgce / cu.m
Water Coal Gas	10 454 kjoule / (2 500 kcal) / cu.m	0.3571 kgce / cu.m
Coal Tar	33 453 kjoule / (8 000 kcal) / kg	1.1429 kgce / kg
Benzene	41 816 kjoule / (10 000 kcal) / kg	1.4286 kgce / kg
Heat (in calorific value)		0.03412 kgce / Mjoule (0.14286 kgce / 1000 kcal)
Electricity (in calorific value)	3 600 kjoule / (860 kcal) / kWh	0.1229 kgce / kWh
(in coal equivalent)	calculated by average coal input for thermal power generation in the year	
Biomass Energy		
Night Soil	18 817 kjoule / (4 500 kcal) / kg	0.643 kgce / kg
Cow Dung	13 799 kjoule / (3 300 kcal) / kg	0.471 kgce / kg
Pig Dung	12 545 kjoule / (3 000 kcal) / kg	0.429 kgce / kg
Sheep/Donkey/Horse/Mule Dung	15 472 kjoule / (3 700 kcal) / kg	0.529 kgce / kg
Poultry Manure	18 817 kjoule / (4 500 kcal) / kg	0.643 kgce / kg
Soybean Stalk, Cotton Stalk	15 890 kjoule / (3 800 kcal) / kg	0.543 kgce / kg
Paddy Stalk	12 545 kjoule / (3 000 kcal) / kg	0.429 kgce / kg
Wheat stalk	14 635 kjoule / (3 500 kcal) / kg	0.500 kgce / kg
Maize Stalk	15 472 kjoule / (3 700 kcal) / kg	0.529 kgce / kg
Fireweed	13 799 kjoule / (3 300 kcal) / kg	0.471 kgce / kg
Leaves	14 635 kjoule / (3 500 kcal) / kg	0.500 kgce / kg
Firewood	16 726 kjoule / (4 000 kcal) / kg	0.571 kgce / kg
Biogas	20 908 kjoule / (5 000 kcal) / cu.m	0.714 kgce / cu.m